Die Benediktsregel

Die Benediktsregel

Eine Anleitung
zu christlichem Leben

Der vollständige Text der Regel
übersetzt und erklärt von
Georg Holzherr
Abt von Einsiedeln

Benziger Verlag

FRATRIBUS EREMI

Umschlaggestaltung: Peter Kunz, Rüti b/Bülach
unter Verwendung einer Miniatur aus einer Prunkhandschrift
des 11. Jahrhunderts aus Monte Cassino. Codex latinus 1202
der Vatikanischen Bibliothek.
ISBN 3 545 20066 3

INHALT

EINFÜHRUNG

«*Die Regel des heiligen Benedikt,* übersetzt und kurz erklärt von Dr. Pater Eugen Pfiffner, Dekan von Maria Einsiedeln, Benziger Verlag, Einsiedeln – Zürich» erschien vor bald vierzig Jahren. Das ausgezeichnete Sprachempfinden des Verfassers ließ ein Werk entstehen, an dem seither erschienene deutsche Übersetzungen nicht vorbeigehen konnten.

1 *Zur Übersetzung*

Ich wurde eingeladen, zum *Jubiläumsjahr des heiligen Benedikt* das Werk von P. Eugen Pfiffner neu aufzulegen. Der Wandel des Sprachgefühls, der notwendige Einbau von Forschungsergebnissen der letzten Jahre und die Übernahme der Verszählung machten aber eine Neubearbeitung des Textes notwendig.

Bei der Übersetzungsarbeit konnte ich mich wertvoller *Hilfen* bedienen[1]. Von der christlichen und monastischen Latinität des 6. Jahrhunderts ausgehend suchte ich eine treue und gut lesbare Übersetzung zu schaffen. Freiheiten habe ich mir hinsichtlich der nicht aussagekräftigen Häufung von Füllwörtern und der unpräzisen Modi des Verbs erlaubt. Solche Eigenheiten sind für die späte Latinität Benedikts typisch, der es im übrigen durchaus versteht, prägnante und wohlklingende Sätze zu formulieren. Ferner habe ich gelegentlich die schwankende Terminologie für liturgische Handlungen und für Klosterämter normalisiert.

2 *Zum Kommentar*

Benedikts Regel ist für Mönche geschrieben. Doch wurde sie verfaßt längst bevor es «Benediktiner», «Basilianer» oder «Augustiner» gab. Die geistliche Lehre der Regel ist weitgehend identisch mit der *altkirchlichen Spiritualität* überhaupt. Ich halte es für wichtig, diese den engagierten Christen unserer Zeit zugänglich zu machen.

Die Regel ist eine Kurzfassung der Heiligen Schrift. Benedikt will Menschen der Seligpreisungen formen[2]. Prototyp der Mönche ist Christus. Mönche sind Christen, die sich voll für die kirchliche Gemeinschaft engagieren. Die Apostelgeschichte bietet die Modellvorstellung dafür[3]. Die frühen Mönchsväter und Benedikt setzen dieses *biblische Leitbild* in eine klösterliche Lebensordnung um, deren Institutionen freilich wandelbar bleiben. Jede Interpretation der Benediktsregel muß von diesem biblischen Hintergrund ausgehen. Die am Ende jedes Kapitels verzeichneten Belegstellen verweisen auf biblische Zitate, Anklänge und Anspielungen. In Kapitälchen gesetzte Worte und Sätze der Übersetzung sollen den Leser ebenfalls auf diesen Hintergrund aufmerksam machen. Gelegentlich bringt auch der Kommentar Hinweise in diese Richtung.

In seinem Schlußkapitel weist Benedikt über seine «kurze» Regel hinaus auf die «heiligen Väter» hin, aus denen er geschöpft hat. In seine Regel haben sich vor allem die *Quellen* der orientalischen Spiritualität ergossen. Die geistliche Lehre des Ostens hat sich im Westen weiterentwickelt. Benedikt stellt im 6. Jahrhundert eine Synthese zwischen der Spiritualität des Ostens und des Westens her. Der Kontakt mit diesen Wurzeln der christlichen Spiritualität ist auch heute unerläßlich.

Das *II. Vatikanum* hat nicht nur «Mönche» und nicht nur Ordensleute, sondern die Christen überhaupt auf die orientalischen Quellen hingewiesen, aus denen Benedikt schöpft: «Im Orient finden sich die Reichtümer jener geistlichen Traditionen, die besonders im Mönchtum ihre Ausprägung gefunden haben. Denn seit den glorreichen Zeiten der heiligen Väter blühte dort jene monastische Spiritualität, die sich von dorther auch in den Gegenden des Abendlandes ausbreitete und aus der das Ordenswesen der Lateiner als aus seiner Quelle seinen Ursprung nahm und immer wieder neue Kräfte erhielt. Deshalb wird mit Nachdruck empfohlen, daß die Katholiken sich mehr mit diesen geistlichen Reichtümern der orientalischen Väter vertraut machen, die den Menschen in seiner Ganzheit zur Betrachtung der göttlichen Dinge emporführen»[4].

Hieronymus schrieb im Jahr 404: «Wer Freude hat am Studium des heiligen zönobitischen Lebens, trinke eher aus den Quellen als aus abgeleiteten Bächlein»[5]. In diesem Sinn illustriert mein Kommentar die Regel mit Texten, die ich aus jenen lateinischen Versionen neu übertrug[6], die Benedikt selber kennen konnte. Außerdem zitiere ich gelegentlich den für das Mönchtum so bedeutsamen Origenes (†253)[7] und die Lebensbeschreibung Benedikts aus der Feder Papst Gregors des Großen (†604). Quellenverweise, die den Zugang zu *Benedikts eigener geistiger Welt* erschließen, finden sich in vielen Editionen der Regel. Ein wissenschaftlicher Apparat hilft aber wenigen Lesern, weil ihnen die entsprechenden Texte kaum zugänglich sind. Wenn aber die geistlichen Quellen der Benediktsregel nicht fließen, wirkt sie leicht wie ein längst versiegter Brunnen oder wird allzu «gesetzlich» ausgelegt. Diese Überlegungen haben mich zu einem Kommentar in der vorliegenden Form veranlaßt. Ich hoffe, daß aus den Wurzeln der Benediktsregel spirituelle Lebenskräfte der frühen, ungeteilten Christenheit in unsere Gegenwart hinein fließen. Gegenwartsfragen diskutiere ich nicht ausdrücklich; der *Gegenwartsbezug* der alten Texte ist meist offensichtlich. Im übrigen fehlt es nicht an neuen Arbeiten, die Benedikts Regel mit den Problemen der Gegenwart konfrontieren[8].

Auf Schritt und Tritt habe ich das monumentale, elfbändige Werk von Dom Adalbert de Vogüé und einzelne seiner Artikel benützt[9]. Hilfreich waren mir ferner eine große Materialiensammlung von Dom E. Goutagny[10], die Regelausgaben von B. Steidle und von H. Rochais–E. Manning[11]. Die im französischen Sprachraum intensiv betriebenen Studien zur Benediktsregel sollten auch bei uns Früchte tragen. Mein Kommentar befaßt sich hauptsächlich mit den *spirituell* bedeutsamen Teilen der Regel. Der Umstand, daß Benedikt manche Teile aus dem «Magister» übernommen hat oder daß vielleicht nach Benedikts Tod noch Einschübe in die Regel vorgenommen wurden[12], ist kein Grund, entsprechende Teile nicht zu kommentieren oder in kontroversen Fällen nicht von «Benedikt» zu sprechen.

3 *Eine meditative Lektüre der Regel*

In den Benediktinerklöstern liest man die Regel täglich, doch nur einen ganz kurzen Abschnitt jeden Tag. Die Regel ist wie ein alter, schwerer Rotwein, den man in kleinen Schlücken genießt. Wer das Maß überschreitet oder nicht mit Verstand zu trinken weiß, ist zu bedauern. Kopf und Herz, Seele und Gemüt sollen die Worte der Regel kosten, wie sich das Auge an der Farbe des Weins erfreut, während Zunge, Nase und Gaumen auf ihre Art die köstliche Gabe Gottes gustieren. – Hat man einen Ausspruch Benedikts auf der Zunge gekostet, indem man ihn wiederholt vor sich hersprach, wird man weiter sinnen, vielleicht in Betrachtung biblischen Worten, Gleichnissen oder Gestalten nachgehen, die in uns abklingen, oder der Person, dem Geheimnis und der Lehre Jesu. Das ist die *altkirchliche «Meditationsmethode»* des Ostens und des Westens; sie wird immer wieder in ein spontanes Gebet münden.
Der Kommentar illustriert den Text der Regel mit Väterworten, die mithelfen können, Auge und Ohr des Herzens zu öffnen. Einen systematisch aufgebauten Kommentar habe ich bewußt vermieden. Er würde wenig zur Geistigkeit Benedikts passen. Bei diesem Vorgehen taucht freilich dasselbe Thema an verschiedenen Stellen auf. Verweise auf Parallelstellen und ein Stichwortverzeichnis ermöglichen *systematische* Durchblicke.
Einführung und Kommentar orientieren über den gegenwärtigen Stand der Forschung; doch ist nicht «Wissenschaft» das Ziel dieses Buches. Dafür muß man die angeführten Regelausgaben und -kommentare zur Hand nehmen. In besonderen Fällen nenne ich im Text den Namen des Autors, dessen Werk in einer bestimmten Frage zu konsultieren ist. Der Kommentar will nicht Wissensstoff anhäufen, sondern im Sinn der alten Spiritualität dazu helfen, daß die ganze Person aus ihrer Mitte heraus Auge und Ohr werden kann für Gott. Die ganze Askese der Regel will eine *«Theologie* (Gottesschau) *des Herzens»* vorbereiten.

Um zu verstehen, warum bestimmte Texte alter Väter und Mönchsschriftsteller für den Kommentar ausgewählt wurden, wird es gut sein, im folgenden einen Blick auf die Vorgeschichte der Benediktsregel und in Benedikts eigene geistliche Lektüre zu werfen.

4 *Der südgallische und jurassische Mutterboden der Benediktsregel*

Vor bald fünfzig Jahren wurde erstmals die Priorität der anonymen sogenannten *«Regel des Magisters»* vor der Regel Benedikts behauptet. Danach setzte ein intensives Regelstudium ein, das eine gewisse Klärung gebracht hat. Man akzeptiert heute allgemein die neue These: ein Viertel der Benediktsregel ist – vereinfachend gesagt – aus diesem «Magister» übernommen; zwei weitere Viertel sind stark von ihm beeinflußt; ein Viertel weist keine Beziehung zum «Magister» auf[13]. Über diese erste Feststellung hinaus setzt sich immer mehr die von den belgischen Forschern F. Masai († 1979) und E. Manning vertretene Auffassung durch, daß die sogenannte «Magisterregel» im Jura entstanden ist und daß ihre Wurzeln im südgallischen Mönchtum zu suchen sind.
Die wichtigste Pflanzstätte des südgallischen Mönchtums war das Inselkloster *Lérins* (vor Cannes), das um 410 gegründet wurde. Teils über die «Magisterregel» ist bei Benedikt der Einfluß folgender «Väter von Lérins» spürbar:
- *Honoratus*, Gründer von Lerins, Bischof von Arles († 428/9);
- *Hilarius*, Schüler und Verfasser des Lebens von Honoratus, Bischof von Arles († 449);
- *Eucherius*, Bischof von Lyon († 450/55);
- *Faustus*, Bischof von Riez († 490/500);
- *Caesarius*, Bischof von Arles († 542), Verfasser einer Nonnen- und einer Mönchsregel und von «Predigten für Mönche»; zu seinem Kreis zählt:
- *Ferreolus*, Bischof von Uzès († 581), Verfasser der mit Benedikt zeitgenössischen «Regula Ferioli».

Aus dem Umkreis von Lérins sind uns eine Anzahl von *Schriften* bekannt, die in der «Magisterregel» verwertet wurden und über sie teils wörtlich in die Benediktsregel Eingang gefunden haben:
- die *«2. Regel der Väter»* (um 426/7)[14];
- die *«Regel der 4 Väter»* (um 460/70)[15];
- die *«Dienstakten des Herzens»* (actus militiae cordis)[16];
- eine *«Regel des Klosters»*[17];
- eine Schrift *«über die Demut»*[18].

Als ein frommer Christ namens Romanus († um 463) auf seinem Landgut im *Jura* ein Kloster gründen wollte, wurde er zuerst Mönch im Rhonekloster von Lyon[19], um Regel und Leben der dortigen Mönche kennen zu lernen. Er nahm dann entsprechende Schriften[20] mit sich und begann im Jura die Gründung des ersten Klosters, dem bald andere folgten[21]. Die vom Gründer mitgebrachten Schriften wurden später weiter bearbeitet und mit Zusätzen versehen. So entsteht allmählich die sogenannte «Magisterregel». Wir kennen die Reihe der bedeutendsten Mönchsväter im Jura:

- *Romanus* (†um 463), der Gründer;
- *Lupicinus* (†um 480); zu seiner Zeit liegt eine frühe Redaktionsphase der «Magisterregel» vor, die in Süditalien bekannt wird[22];
- *Eugendus* (†um 510) hat die «ursprünglichen Bestimmungen» mit aller Sorgfalt vervollkommnet[23];
- ein *unbekannter Verfasser* schreibt für das um 515 erneuerte Kloster St. Maurice im Wallis die «Lebensbeschreibung der Juraväter» zusammen mit einer Regel[24], womit nur die Endfassung der «Magisterregel» gemeint sein kann; der Verfasser hat dabei das inzwischen ziemlich umfangreich gewordene Material neu geordnet[25].

Benedikt hat vermutlich eine frühe Redaktionsphase der «Magisterregel» gekannt, etwa den Zustand, den sie unter Abt Lupicinus erreicht hat. Vielleicht gibt Benedikt selber versteckte Hinweise auf den «Magistertext»[26]. Der anonyme Text erhielt übrigens den Namen *«Regel des Magisters»*, weil alle Kapitel nach dem Schema aufgebaut sind: «Der Schüler frägt. – Der Meister (Magister) antwortet». Dieses Schema ist von Basilius (†379) her bekannt, der auf ihm gestellte Fragen stets mit Schriftworten und einigen Erläuterungen antwortet. – Obwohl Benedikt vom «Magister» ausgeht, folgt er ihm keineswegs sklavisch. Von der Tendenz des «Magisters» zu langatmiger Darstellung, von seiner Freude an ritualistischen Details und von seinem Hang zu Gleichmacherei und Schulmeisterei spürt man bei Benedikt nichts[27]. Benedikt hat seine Vorlage nicht nur gekürzt, sondern auch ausgeglichen und ergänzt durch Gedankengut, das er andern «heiligen Vätern» entnommen hat und durch seine eigene, viel Augenmaß und Kirchlichkeit verratende Sicht.

5 *Die Wurzeln der Benediktsregel in Afrika, Ägypten und Kleinasien*

Benedikt zitiert in seinem Schlußkapitel zweimal die *«heiligen Väter»*[28]. Ähnlich wie die Heilige Schrift[29] waren sie ihm durch intensive Lektüre[30] so vertraut, daß ihre Gedanken und Formulierungen in seine Feder einfließen, auch wenn er sie nicht direkt ausschreibt. Ein Abschnitt aus der «Lebensbeschreibung der Mönchsväter im Jura»[31] vermittelt uns ein Bild von jenem Dossier an (ins Lateinische übertragenen) Schriften, die einem Mönch des 6. Jahrhunderts zur Verfügung stehen konnten: «Wir wollen keineswegs aus einer unangebrachten Anmaßung heraus die ‹Einrichtungen› herabsetzen, die herausgegeben wurden vom großen heiligen Basilius, dem Bischof der Hauptstadt Kappadokiens, von den heiligen Vätern von Lérins, auch vom heiligen Pachomius, einem frühen Abt der Syrer(!), und in jüngerer Zeit vom ehrwürdigen Kassian. Wir lesen zwar ihre Regeln täglich, wollen uns aber an die folgende Regel halten, die mit Rücksicht auf das Klima des Landes und die Erfordernisse der Arbeit eingeführt wurde. Wir ziehen diese (folgende) Regel denjenigen der Orientalen vor, weil diese Regel beim Temperament und den Schwächen der Gallier effizienter und leichter durchgeführt werden kann ...» – An diesem Text fällt uns die Hochschätzung der «Väter von Lérins» auf, über die wir schon gesprochen haben, ferner die Bewunderung für die orientalischen Mönchsschriften, wobei aber in der Praxis einer westlichen Regel der Vorzug gegeben wird. Die dabei angekündigte Regel ist die «Magisterregel», obwohl das Manuskript an dieser Stelle eine Lücke aufweist[32].

Andere Väter als die im vorhin zitierten Passus aus der «Lebensbeschreibung der Juraväter» erwähnten spielen in der Benediktsregel kaum eine nennenswerte Rolle. *Cyprian*, Bischof und Märtyrer in Karthago (†258) ist am ehesten zu erwähnen. Er wurde viel gelesen, und seine Vater-unser-Erklärung klingt in den «Dienstakten des Herzens» und damit auch in der Benediktsregel an[33]. Dies ist einer der Wege, auf denen die Spiritualität der Märtyrerzeit in die Regel Benedikts gelangte. Die Nostalgie nach der Märtyrerzeit ist bei Benedikt nicht minder groß[34] als das Heimweh nach der Urkirche[35].

Basilius der Große (330–379), Bischof von Caesarea in Kappadokien[36], ist der einzige Autor, den Benedikt mit Namen erwähnt. Er empfiehlt im Schlußkapitel «die Regel unseres heiligen Vaters Basilius»[37]. Auch die ersten Sätze des Vorworts sind einer Basilius zugeschriebenen «Ermahnung» entnommen[38]. Will Benedikt seine Regel unter das Patronat des Basilius stellen?[39] Jedenfalls ist dessen Einfluß in der Benediktsregel dauernd spürbar, vor allem seine Wertschätzung des Gemeinschaftslebens und seine maßvolle Art.

Pachomius (†347) wurde in den Juraklöstern ebenfalls gelesen[40]. Von Geburt Ägypter hat er als junger, überforderter Soldat die Liebestätigkeit einer christlichen Gemeinde kennengelernt und kam so zum Glauben. Am Nil in Oberägypten gründete er das Kloster Tabennisi in der Thebais, dann acht weitere Männer- und zwei Frauenklöster, so daß er Generalabt einer riesigen Schar von Mönchen wurde. Seine Regeln sind kurze, asketische und organisatorische Weisungen[41].

Horsiesi (†um 380) der zweite Nachfolger des Pachomius hat ein «Buch» verfaßt[42], das eine hochstehende, schriftgemäße Spiritualität bezeugt und um den Gedanken der «koinonia» (Gemeinschaft) kreist.

Augustinus, Bischof von Hippo (354–430), vollzog den Schritt zum Glauben, nachdem ihm das Leben des ägyptischen Mönches Antonius († 356) erzählt worden war. Er wurde Mönch, gründete ein Kloster und sammelte als Bischof in Hippo (Nordafrika) eine klösterlich lebende Klerikergemeinschaft um sich. Er befaßte sich oft mit dem in Nordafrika blühenden (und die Vandalenfälle überdauernden) Mönchtum[43]. Aus Augustins Regel[44] übernimmt Benedikt die Modellvorstellung der Urkirche von Jerusalem für das Kloster, besonders in Kapiteln, in denen er sich vom «Magister» entfernt[45]. Das südgallische Mönchtum hat sich erst unter Caesarius († 542), der einen gemäßigten Augustinismus vertrat, mit der Gnadenlehre des Bischofs von Hippo versöhnt. Zunächst hatten die Mönche den Eindruck, diese Gnadenlehre unterlaufe eine engagierte persönliche Askese und waren eher der Gnadenlehre des Origenes verpflichtet.

Origenes (um 185–253/4), Sohn eines Märtyrers und selber Blutzeuge, lehrte an der Katechetenschule seiner Heimatstadt Alexandrien. Er förderte die Schriftkenntnis und -frömmigkeit[46] und forderte zum asketischen Kampf gegen das Böse auf[47], ohne die Notwendigkeit der Gnade zu leugnen. Diese Auffassung ist auch in der «Magisterregel» anzutreffen, welche einen «weisen Satz des Origenes» anführt[48]. Über den «Magister» fand diese alte Gnadenlehre auch in die Regel Benedikts Eingang[49]. Überhaupt war der Einfluß des Origenes auf das Mönchtum sehr groß.[50]

Evagrius Pontikus († 399), der sich in den Schriften des Origenes auskannte, trug die Lehre vom «Aufstieg» vor: «Der Glaube stärkt die Furcht Gottes, diese wird gestärkt durch die Selbstbeherrschung (enkrateia), welche unerschütterlich wird durch Ausdauer (hypomone) und Hoffnung(elpis). Aus ihnen wird die Freiheit von Emotionen (apatheia) geboren, welche die Liebe (agape) zur Tochter hat. Die Agape ist die Tür der naturgemäßen Erkenntnis (gnosis physike); ihr folgen die Gotteskenntnis (theologia) und am Ziel die Seligkeit (makariotes)»[51]. Diese Leitmotive der Lehre vom «Aufstieg» haben die Werke des Kassian geprägt und sich in der «Magister»- und Benediktsregel niedergeschlagen[52].

Johannes Kassian (360–430/5) ist stark dem Gedankengut des Origenes verpflichtet, u. a. über Evagrius. Nach guten Studien besuchte er als junger Mönch auf Reisen, die zusammen vierzehn Jahre dauerten, die Mönche in Ägypten, vor allem die halberemitischen Siedlungen im Nildelta, sowie die Mönche in Syrien, Palästina und Mesopotamien. Auf diesen Reisen assimilierte er sich das Gedankengut des Origenes († 253), das unter den Mönchen weiterlebte, aber auch die Mystik Gregors von Nyssa († 349), des Bruders von Basilius († 379). – Um 415 gründete Kassian in Marseille ein Männer- und ein Frauenkloster und schrieb seine beiden breit angelegten Bücher[53]. Kassian propagiert in diesen von Benedikt zweimal empfohlenen[54] «Unterredungen» und «Einrichtungen» die ägyptische Spiritualität, wobei er die Anpassung an die klimatischen Verhältnisse des Westens fordert[55]. Benedikt ist oft, z. B. in seiner Sicht des Abtes als Lehrer[56] oder in seiner Lehre über die «Discretio»[57] von Kassian abhängig. – Unter den «Einrichtungen» müssen nicht ausschließlich diejenigen Kassians verstanden werden[58].

Die *«Lebensbeschreibungen der Väter»* werden von Benedikt empfohlen[58] und klingen bei ihm selber oft an. Im einzelnen zählen hierher:

– das *«Leben des Antonius»* († 356)[59];
– das *«Leben des Pachomius»* ((† 346)[60];
– die *«Geschichte der Mönche in Aegypten»*[61];
– das *«Leben des Honoratus»* von Lérins († 428)[62];
– das *«Leben der Juraväter»* (um 515 geschrieben);
– die *«Aussprüche der Väter»*[63].

6 *Treffpunkt westlicher und östlicher Spiritualität und Tor in die Zukunft*

Bei Benedikt sammelt und verdichtet sich ein Traditionsstrom, der aus Ägypten, Syrien, aus dem griechischen Kleinasien, aus Nordafrika, Südgallien und aus dem Jura stammt. Ihre in alle Provinzen und weit in die *Vergangenheit* reichenden Wurzeln erklären die innere Kraft der Regel Benedikts. Man darf Benedikt keineswegs als Gegenspieler des orientalischen Mönchtums hinstellen, doch hat er Akzentverschiebungen von großer Tragweite vorgenommen, indem er zum Beispiel frühere asketische Übungen zugunsten eines neuen Arbeitsethos zurücktreten ließ.

Die Verwurzelung Benedikts in der besten spirituellen Überlieferung der noch ungeteilten Christenheit erklärt zum großen Teil die kaum zu überschätzende Wirkung seiner Regel im Abendland. Sie ist das *Basisdokument* des westlichen Mönchtums und Ordenslebens. Sie ist auch die Lehrmeisterin der jungen germanischen Völker geworden. Die Regel hat diese «Sitte und Anstand»[64] gelehrt, aber auch das «Bete und arbeite!», das «Ertrage!» und «Halte Frieden!». Benedikt brachte diesen Völkern ein christliches Verständnis von Gemeinschaft und Autorität und lehrte sie die Fürsorge für Kranke, Arme und Fremde.

Wenn auch der Geist Benedikts von den *neuen Völkern* nicht in allem rezepiert wurde, muß man sich doch wundern, wie seine Regel im Westen alle andern Regeln zurücktreten ließ und tief in das Bewußtsein der neuen Völker trat. Den Gründen dieser Entwicklung ist im folgenden nachzugehen.

7 *Eine Lebensbeschreibung als geistliche Botschaft*

Papst *Gregor der Große* († 604) schrieb um 593 seine vier Bücher «Dialoge». Die Gesprächsform erinnert an griechische Schriftsteller. Gregor will in diesen Büchern zeigen, daß man nicht nur in fremden Landen, etwa in der ägyptischen Wüste oder in Gallien ein geistlicher Mensch werden kann, sondern auch auf italienischem Boden. Er berichtet von den «Zeichen und Wundern» zahlreicher Bischöfe und Mönche, die «Gottesmänner» waren. Das ganze zweite Buch der Dialoge gilt dabei einer einzigen herausragenden Gestalt, nämlich Benedictus (dem «Gesegneten»). Gregor will «zum Lobpreis des Erlösers einige von den Wundern des ehrwürdigen Mannes Benedictus erzählen»[65].

Bei dieser Zielsetzung darf man in Gregors Lebensbeschreibung des heiligen Benedikt nicht den Stil moderner Geschichtsschreibung erwarten. Papst Gregor windet mit viel Erzählerfreude einen Strauß *«Fioretti»* um das Leben des Heiligen. Er benützt die gern gehörten Wunderberichte, um eine Lehre zu verkünden. Er erklärt moralische und asketische Fragen und vermittelt eine überraschend vielfältige psychologische, spirituelle und mystische Erfahrung. – Viele der tiefen Einsichten Gregors, die er vielleicht von Konstantinopel mitbrachte, habe ich in den Kommentar eingebaut.

«Dieser Mann war erfüllt vom Geist aller Gerechten»[66], stellt Gregors Gesprächspartner über Benedikt fest. Die vorausgehenden Wundererzählungen hatten den Sinn, Benedikt «Geist und Kraft» der Apostel und Propheten zuzuschreiben. Bildhaft erklärt Gregor, daß Benedikt ein Mann der Kirche ist, eine schriftgemäße Lebensform gepflegt und nach ersten, unzulänglichen Versuchen eine *authentische* Form des Klosterlebens vorgelebt und gelehrt hat.

Deshalb weist Gregor der Große dem Abt von Montecassino einen hervorragenden Platz innerhalb seiner vier Bücher «Dialoge über die Wunder der italischen Väter» an. Im zweiten dieser Bücher tritt allein Benedikt auf, gleichsam als die *Mittelfigur* eines Mosaiks, umgeben von den vielen Nebengestalten des ersten und dritten Buches. Das vierte Buch zeigt dann, «daß die Seele nach dem Tod fortlebt»[67] und bildet als Paradieserzählung gleichsam das Firmament über dem gesamten Mosaik.

Gregor bemerkt gegen Ende seiner Lebensbeschreibung Benedikts: «Er schreibt in lichtvoller Sprache eine Mönchsregel, die sich durch ihr Augenmaß auszeichnet»[68]. Das hohe *Lob dieses Abtes und seiner Regel* aus dem Mund Papst Gregors des Großen hat entscheidend dazu beigetragen, daß die germanischen Völker dieser Regel den Vorzug vor allen andern gaben.

8 *Historische Umrisse von Benedikts Leben*

Die rhetorische Erzählung Papst Gregors (†604) enthält eine lange Reihe *verifizierbarer* Angaben:
- bestimmte Orte (Nursia, Rom, Subiaco, Terracina);
- dem Papst oder seinem Gesprächspartner bekannte beteiligte Personen und Gewährsmänner (deren Existenz z. T. durch andere Quellen belegt ist);
- antike Tempelbauten (von denen Überreste erhalten sind).

So läßt sich der historische Rahmen des Benediktslebens einigermaßen rekonstruieren.
Benedikt wird als Sohn freier Eltern im kargen Hochtal von *Nursia* (Norcia) geboren, etwa zu Beginn des 6. Jahrhunderts[69]. Unter den Zeitgenossen war die «Nursina durities» (die Härte der Leute von Nursia) sprichwörtlich. Als junger Mann kommt Benedikt zum Studium nach *Rom*, findet aber hier keinen Weg nach vorn. Angewidert flieht er die dekadente Atmosphäre dieser Stadt. Er will «Gott allein gefallen»[70]. Zunächst soll er sich einem Kreis von Asketen in *Enfide* (Affile) in den Sabiner Bergen angeschlossen haben. Bald beginnt er – wie viele Mönche seiner Zeit – ein Einsiedlerleben. Er sucht das Tal von *Subiaco* auf, das etwa 80 km östlich von Rom liegt und sich durch die Naturschönheit seiner bewendeten Felshänge, seines Sees und des Anio-Flusses auszeichnet. Hier lebt er in strenger Einsamkeit und beginnt so den Weg der inneren Läuterung.
Der junge Asket wird bekannt und beginnt, ratsuchende Menschen anzuziehen. Jetzt bittet ihn die Mönchsgemeinschaft von *Vicovaro*, deren Abt gestorben ist, er möge ihr vorstehen. Er zögert, dem Ruf zu folgen, weil ihm das Ideal eines strengen Mönchslebens vorschwebt. Tatsächlich scheitert er am Widerstand dieser andersgesinnten Mönche und zieht sich von Vicovaro nach *Subiaco* zurück. Hier scharen sich neue Schüler um ihn. Er organisiert für sie ein zönobitisches Leben in «zwölf Klöstern ... mit je zwölf Mönchen, nach den Satzungen der Väter»[71]. Mit diesem letzten Ausdruck ist vielleicht eine der Fassungen der «Magisterregel» gemeint; Benedikt hat diese Regel sicher gekannt. Es ist nicht ausgeschlossen, daß die Einseitigkeit der «Magisterregel» mit ein Grund dafür war, daß Benedikt auch in Subiaco auf Schwierigkeiten stieß (E. Manning).
Die Mönchsklöster von Subiaco existieren weiter, aber Benedikt selber zieht auf die Anhöhe von *Montecassino*, etwa 140 km südlich von Rom. Er zerstört dort einen Apollo-Altar, errichtet Oratorien zu Ehren von Martinus und Johannes dem Täufer, sowie die Räume eines Klosters. Hier schreibt er nun seine Regel. Aus Erfahrung weiß er, daß die betont «vertikale» Sicht der «Magisterregel» einer «horizontalen» Ergänzung bedarf: Christus ist nicht nur im Abt, sondern auch im Bruder, im Armen,

im Gast, im Kranken zu sehen. Der Einfluß des Augustinus (†430) ist wirksam, ebenso der damals in Süditalien bedeutende griechische Einfluß[71b]

9 *Entstehungszeit der Regel und Todesjahr Benedikts*

Noch ein anderes Motiv muß Benedikt zur Niederschrift seiner Regel veranlaßt haben. Er mußte an die Äbte denken, die den von ihm gegründeten Klöstern nach seinem Tod vorstehen werden:
- in *Montecassino* werden es die Äbte Constantinus und Simplicius sein;
- in *Subiaco*, wo Benedikt nach seinem Tod weiter verehrt wird, sind es Maurus und Honoratus (um 593), der zuvor Mönch in Montecassino war;
- in *Terracina* gründet Benedikt ein Kloster (wohl an der Stelle eines antiken Tempels auf einer Anhöhe über dem Meer) und überwacht selber die Einrichtung;
- im *Lateran* zu Rom entsteht (noch zu Bendikts Zeit?) das St. Pankratius-Kloster, in das sich die Mönche von Montecassino nach der Zerstörung ihres Hauses durch die Langobarden (581) zurückziehen; hier wird Valentinianus (†vor 593) Abt, der noch unter Benedikt Mönch in Montecassino war.

Von diesen Überlegungen her, die den Reformabt Benedikt als Bezugsperson für eine Reihe von Klöstern erweisen, fällt auch neues Licht auf das Problem des Todesjahres Benedikts.

E. Manning, dem wir hier folgen, macht folgende Feststellungen:
- die eben angeführten Abtslisten von Montecassino, Subiaco und vom Lateran, die bis in die Abfassungszeit von Gregors Dialogen (593) führen, fallen sehr kurz aus, wenn Benedikt selber schon – wie es der traditionellen Annahme entspricht – 547 gestorben ist;
- Benedikt hat nach Gregor den Bischof Sabinus von Canusium in Apulien (†um 566) und den Bischof Constantius von Aquino (†um 570) noch selber gekannt, und zwar als Bischöfe;
- Exhilaratus, der unter Benedikt Mönch in Montecassino war, ist zur Zeit Gregors noch rüstig, und der Gesprächspartner Gregors weiß 593 noch um die Bekehrung des Exhilaratus zum Mönchsstand;
- der Enkel jenes Priesters oder Bischofs Florentius, der, angeblich um 529, Benedikts Weggang aus Subiaco erzwang, indem er ihn zu vergiften suchte und nackte Mädchen vor den Augen der Mönche tanzen ließ, ist um 593 erst Subdiakon.

Diese Angaben passen schlecht zu einem frühen Todesdatum Benedikts schon um 547. E. Manning möchte deshalb Benedikts Todesjahr bis gegen 575 hinausschieben. So erklärt sich leichter, daß Benedikt die Zerstörung

seines Klosters (581) durch die sich nähernden Langobarden voraussehen konnte (Gregor berichtet eine entsprechende Prophezeiung).
Ich habe schon vor Jahren darauf hingewiesen, daß die Observanzen des damals führenden südgallischen Mönchtums, mit dem Benedikts Regel viele verwandte Züge aufweist, erst gegen Ende des Jahrhunderts jenen *Entwicklungsstand* erreicht haben, den Benedikt angeblich schon vor 547 vorausgenommen hätte[72].
Ein spätes Todesdatum Benedikts und eine direkte Beziehung zum Kloster im Lateran könnten, wie E. Manning mit Recht bemerkt, auch die merkwürdig «basilikale» und einen relativ späten Entwicklungsstand der Liturgie wiedergebende Gottesdienstordnung der Benediktsregel erklären[73]. Hat Benedikt diese Ordnung in den Grundzügen noch selber für ein zu seiner Zeit im Lateran entstehendes Kloster entworfen? Oder ist diese Gottesdienstordnung erst um 620 von anderer Hand in die Regel eingefügt worden?[74].

10 *Die Regel hat Zukunft*

Das Vorhandensein der Benediktsregel im Lateran ist von weittragender Bedeutung für ihre Verbreitung. Auch das erste Auftauchen der Regel außerhalb von Rom erklärt sich leichter. Zwei Gruppen von römischen Mönchen reisten um diese Zeit als Missionare *über Gallien nach England*. Eine erste Erwähnung der «Regula Sancti Benedicti» findet sich in den Akten eines «Konzils», das der heilige Leodegar, von 663–668 Bischof von Autun, abhielt[75]. Auszüge aus der Benediktsregel finden sich in der Nonnenregel des Donatus von Besançon (660–665) und bei Chrodegang von Metz (um 742–766). Das älteste erhaltene Manuskript der Regel ist der Codex Oxoniensis (Oxford), Hatton 48, geschrieben in Südengland um 700–710, der den kurzen Prologschluß und die sogenannten «Interpolationen» aufweist. Die Regel wanderte nach Norden!
Heute frägt man, ob nicht der Angelsachse Willibald, der 729–739 in *Montecassino* weilte, das um 717 von Abt Petronax von Brescia neugegründet worden war (also nicht vom Lateran aus), der dortigen Gemeinschaft die erste Kunde von der Regel brachte (B. Steidle).
Die von Paulus Diaconus repräsentierte *Tradition* will, daß die Mönche von Montecassino die Regel bei ihrer Flucht in den Lateran mitnahmen und daß Papst Zacharias († 752) sie um 750 aus der Lateranbibliothek an Abt Petronax von Montecassino zurückgab[76].
Auf Wunsch Karls des Großen († 814) sei eine Abschrift nach Aachen gekommen; der Reformabt *Benedikt von Aniane* († 821)[77] erreichte auf verschiedenen Synoden (von 816–818), daß die Benediktsregel zur alleinigen Regel des Frankenreiches erklärt wurde.

Um 817 schickte Abt Haito von der *Reichenau* die Mönche Grimald und Tatto zu Benedikt von Aniane nach Aachen, damit sie im Sinn der karolingischen Reform ausgebildet würden. Auf Bitten des Reichenauer Bibliothekars Reginbert fertigten sie eine genaue Abschrift des erwähnten Aachener Regelexemplars an. Es weist den längern Prologschluß auf[78]. – Als Grimald 841 Abt von St. Gallen wurde, kam eine Kopie der in Aachen für die Reichenau gefertigte Abschrift der Regel nach *St. Gallen*. Sie liegt bis heute als Codex 914 in der Stiftsbibliothek. Dieser Codex gilt als wertvollster Textzeuge der Benediktsregel. Er liegt den modernen lateinischen Regelausgaben zugrunde. (L. Traube – R. Hanslik – B. Steidle)

11 *Ein Wunsch*

Ebenfalls aus der Reichenau brachte um die gleiche Zeit der heilige Meinrad (†861) die älteste Regelabschrift unserer Bibliothek (9. Jahrhundert) nach *Einsiedeln*. Einer der ersten Äbte oder Mönche hat diesen Regeltext mit kurzen interlinearen Glossen versehen. Er wollte offenbar einem Bedürfnis nach Deutung und Erklärung entgegenkommen.
Ich hoffe, daß auch mein Kommentar einem Bedürfnis entspricht und vielen helfen kann, die Regel zu verstehen, die W. Nigg «eines der wichtigsten Dokumente der Christenheit» nennt.
Ich danke zum Schluß Dom Adalbert de Vogüé (La Pierre-qui-vire), Dom E. Manning (Rochefort) und P. Basilius Steidle (Beuron), deren Werke ich benützen durfte, sowie meinen Mitbrüdern Dr. P. Alfons Kemmer und Dr. P. Odo Lang, die mir bei den Korrekturen halfen.

†Georg Holzherr
Abt von Einsiedeln

Übersichtskarte
Rhein
Rhône
JURA
Reichenau
St. Maurice
Arles
Mailand
Lérins
Lyon
Uzès
Marseille
Nursia
Rom
Subiaco
Montecassino
Terracina
Byzanz
Caesarea
Antiochia
CHALKIS
Jerusalem
Hippo
Carthago
Alexandria
SKETISCHE
WÜSTE
(Antonius)
Nil
THEBAIS
Tabennisi

TEXT DER BENEDIKTSREGEL UND KOMMENTAR

VORWORT

1 HÖRE, MEIN SOHN, auf DIE LEHREN des Meisters,
und NEIGE DAS OHR deines Herzens.
Nimm die MAHNUNG des gütigen VATERS willig an,
und erfülle sie in der Tat.
2 So wirst du durch mühevollen Gehorsam
zu dem heimkehren,
von dem du dich in trägem Ungehorsam entfernt hast.
3 An dich richtet sich nun mein Wort, wer immer du bist,
wenn du dem Eigenwillen entsagst
und die starken, glänzenden Waffen des Gehorsams ergreifst,
um dem wahren König, Christus, dem Herrn, zu dienen.

4 Zuerst flehe in inständigem Gebet,
er möge alles, was du Gutes zu tun beginnst,
zur Vollendung führen.
5 Nachdem er uns gnädig unter seine Söhne gezählt hat,
soll er sich nie betrüben müssen, weil wir schlecht leben.
6 Mit seinen uns geschenkten Gaben
sollen wir ihm vielmehr stets so zu Willen sein,
daß er einst nicht wie ein erzÜRNTer Vater
seine Söhne entERBT;
7 noch weniger möge er uns als strenger Herr,
ergrimmt über unsere Missetaten,
wie NICHTSNUTZIGE KNECHTE der ewigen Strafe übergeben,
da wir ihm nicht zur Herrlichkeit folgen wollten.

8 Stehen wir also endlich einmal auf,
da uns die Schrift mit den Worten weckt:
DIE STUNDE IST GEKOMMEN, AUFZUSTEHEN VOM SCHLAF.
9 Öffnen wir unsere Augen dem göttlichen LICHT,
und hören wir mit aufgeschreckten Ohren,
was uns die göttliche STIMME jeden Tag mahnend zuruft:
10 HEUTE, WENN IHR SEINE STIMME HÖRT,
VERHÄRTET EURE HERZEN NICHT!

11 Und ferner: WER OHREN HAT, ZU HÖREN, DER HÖRE,
WAS DER GEIST DEN GEMEINDEN SAGT.
12 Und was sagt er? KOMMT, IHR SÖHNE, HÖRT MIR ZU!
DIE FURCHT DES HERRN WILL ICH EUCH LEHREN.
13 LAUFT, SOLANGE IHR DAS LICHT des Lebens HABT,
DAMIT EUCH NICHT DIE FINSTERNIS des Todes ÜBERFÄLLT!

14 Das ruft der Herr der Volksmenge zu,
in der er seinen ARBEITER sucht, und fährt weiter:
15 WER IST DER MENSCH, DER DAS LEBEN LIEBT
UND GUTE TAGE ZU SEHEN WÜNSCHT?
16 Wenn du das hörst und antwortest: «Ich»,
so sagt dir Gott:
17 Willst du das wahre und ewige Leben haben,
SO BEWAHRE DEINE ZUNGE VOR BÖSEM
UND DEINE LIPPEN VOR FALSCHER REDE!
MEIDE DAS BÖSE, UND TU DAS GUTE;
SUCHE DEN FRIEDEN UND JAGE IHM NACH!
18 Tut ihr das,
werden MEINE AUGEN AUF EUCH ruhen,
und meine Ohren werden eure Gebete hören,
und BEVOR IHR MICH ANRUFT, WERDE ich SAGEN: HIER BIN ICH.
19 Was könnte angenehmer klingen, liebe Brüder,
als diese STIMME DES HERRN, der uns einlädt?
20 Seht, in seiner Güte zeigt uns der Herr den WEG ZUM LEBEN.
21 UMGÜRTEN wir uns also mit dem Glauben,
erfüllen wir in allem treu unsere Pflicht,
und schreiten wir voran auf den Wegen des Herrn,
unter der Führung des EVANGELIUMS,
damit wir ihn SCHAUEN dürfen
der uns IN SEIN REICH GERUFEN hat.

22 Wenn wir IM ZELT seines Reiches WOHNEN wollen,
müssen wir mit guten Taten voraneilen;
sonst kommen wir nie dorthin.
23 Doch fragen wir mit dem Propheten den Herrn:

HERR, WER DARF GAST SEIN IN DEINEM ZELT,
WER DARF WEILEN AUF DEINEM HEILIGEN BERG?
24 Hören wir, Brüder, was der Herr auf diese Frage antwortet,
indem er uns den Weg zu seinem Zelte weist.
25 Er sagt: WER MAKELLOS LEBT UND DAS RECHTE TUT;
26 WER VON HERZEN DIE WAHRHEIT SAGT
UND MIT SEINER ZUNGE NICHT VERLEUMDET;
27 WER SEINEM FREUND NICHTS BÖSES ANTUT
UND SEINEN NÄCHSTEN NICHT SCHMÄHT;
28 wer den BÖSEN, den Teufel, der ihm etwas einflüstert,
samt den Einflüsterungen aus dem Blickfeld seines Herzens
vertreibt und ZUNICHTE MACHT;
wer solche TeufelsKINDER von Gedanken PACKT
und an CHRISTUS ZERSCHMETTERT;
29 wer DEN HERRN FÜRCHTET
und sich wegen seines treuen Dienstes nicht überhebt,
sondern glaubt, daß alles Gute, das ihm eigen ist,
eigenes Können übersteigt und Werk des Herrn ist;
30 solche Menschen PREISEN DEN HERRN, der IN IHNEN WIRKT,
und sagen mit dem Propheten:
NICHT UNS, O HERR, BRING ZU EHREN,
NICHT UNS, SONDERN DEINEN NAMEN!
31 So hat auch der Apostel Paulus in seiner Verkündigung
nichts sich selber zugeschrieben;
er sagt: DURCH GOTTES GNADE BIN ICH, WAS ICH BIN.
32 Und weiter sagt er: WER SICH RÜHMT, RÜHME SICH DES
HERRN.
33 Ebenso sagt der Herr im Evangelium:
WER DIESE MEINE WORTE HÖRT UND DANACH HANDELT,
IST WIE EIN KLUGER MANN, DER SEIN HAUS AUF FELS BAUTE.
34 EIN WOLKENBRUCH KAM,
STÜRME TOBTEN UND RÜTTELTEN AM HAUS;
ABER ES STÜRZTE NICHT EIN, DENN ES WAR AUF FELS GEBAUT.

35 So SCHLIESST DER HERR SEINE PREDIGT.
Er erwartet nun Tag für Tag von uns,

daß wir diesen seinen heiligen Mahnungen
mit Taten antworten.
36 Deshalb werden uns die Tage dieses Lebens
als Gnadenfrist verlängert,
damit wir unsere schlechte Haltung bessern;
37 sagt doch der Apostel: WEISST DU NICHT,
DASS DIE LANGMUT GOTTES DICH ZUR UMKEHR TREIBT?
38 Denn in seiner Güte sagt der Herr:
ICH HABE KEIN GEFALLEN AM TOD DES SCHULDIGEN,
SONDERN DARAN, DASS ER UMKEHRT UND AM LEBEN BLEIBT.
39 Brüder, wir haben nun den Herrn gefragt,
wer in seinem Zelt wohnen darf,
und vernommen, was einem Bewohner geboten ist;
wenn wir nur die Pflichten eines Bewohners erfüllen,
[werden wir Erben des Himmelreiches sein.]*
40 Wir müssen also Herz und Leib bereiten für den Dienst
im heiligen Gehorsam gegen diese Gebote.
41 Weil aber unsere NATUR nicht genug Kraft dazu besitzt,
wollen wir den Herrn bitten,
daß er uns die Hilfe seiner GNADE zukommen lasse.
42 Wenn wir der Strafe im Reich des Todes entfliehen
und zum ewigen Leben gelangen wollen,
43 müssen wir jetzt, solange unsere Frist läuft,
solange wir in diesem Leib sind
und IM LICHT dieses Lebens noch alles erfüllen können,
44 mit raschen Schritten EILEN
und tun, was uns für ewig helfen wird.

45 Wir wollen deshalb
eine SCHULE für den Dienst DES HERRN gründen.
46 Bei ihrer Einrichtung
möchten wir nichts Hartes, NICHTS SCHWERES anordnen.
47 Wird aber aus einem angemessenen Grund

* So schließt das Vorwort im ältesten Manuskript
(sog. «interpolierte» Version).

zur Läuterung von Fehlern und zur Erhaltung der Liebe
eine etwas strengere Forderung gestellt,
48 sollst du nicht, von plötzlicher Angst verwirrt,
vor dem WEG DES HEILS zurückschrecken,
der am Anfang nichts anders als ENG sein kann.
49 Wer aber im religiösen Leben und im Glauben voranschreitet,
dem WEITET SICH DAS HERZ,
und mit der UNSAGBAREN FREUDE der LIEBE
EILT ER VORAN AUF DEM WEG DER GEBOTE Gottes.
50 So wollen wir die Schule dieses Meisters nie verlassen,
sondern im Kloster BIS ZUM TOD IN seiner LEHRE VERHARREN
und in Geduld AM LEIDEN CHRISTI TEILNEHMEN,
DAMIT wir AUCH verdienen, an SEINEM Reiche teilzuhaben.
Amen.
[Ende des Vorworts]

1 Spr 1,8; 4,1.20; 6,20; Dtn 6,4; Mk 12,29 **2** Vgl. Gen 3,17 **5** Vgl. Röm 8,15; Eph 1,5; 1 Joh 3,1–2 **6** Vgl. Eph 2,3; 5,6; Röm 8,17 **7** Mt 25,30 **8** Röm 13,11 **9** Vgl. Ps 119, 105; 2 Petr 1,19; Joh 8,12; Ex 19,18–19; Mt 17,5 **10** Ps 95,8 **11** Offb 2,7; vgl. Mt 11,15 **12** Ps 34,12 **13** Joh 12,35 **14** Vgl. Mt 20,1–6; 1 Kor 3,9 **15** Ps 34,13 **17** Ps 34,14–15 **18** Ps 34,16; Jes 58,9; 65,24 **19** Ps 95,7; Joh 3,29; 10,3–4.16; Offb 3,20 **20** Ps 16,11 **21** Eph 6,14–15; Lk 12,35; Mt 5,8; 1 Thes 2,12; Ex 12,11 **22** Ps 15,1; Hebr 9,11 **23** Ps 15,1 **25–27** Ps 15,2–3 **28** Ps 15,4; vgl. Ps 137,9; 1 Kor 10,4 **29–30** Ps 15,4 **30** Lk 1,46; 2,20; 17,15; Mt 16,20; 1 Kor 12,6; Ps 115,1 **31** 1 Kor 15,10 **32** 2 Kor 10,17; vgl. Jer 9,22–23 **33–34** Mt 7,24–25 **35** Mt 7,28**36** Vgl. Hebr 12,15 **37** Röm 2,4 **38** Ez 33,11 **41** Eph 2,3; Röm 3,24 **43–44** Vgl. Joh 12,35 **44** Vgl. 1 Kor 9,24 **45** Vgl. Mt 11,29 **46** Vgl. Mt 11,30 **48** Vgl. Apg 16,17; Mt 7,14 **49** Vgl. Ps 119,32; vgl. 1 Ptr 1,8 **50** Phil 2,8; Apg 2,42; 2 Joh 9; 1 Petr 4,13; Kol 1,24; Röm 8,17

1 a. Wer spricht in diesem Vorwort (=Vw) der Regel Benedikts (= RB)? Man hat oft gerätselt, wer der einleitend genannte «Meister» ist. Der Verfasser drückt sich bewußt unbestimmt aus. «Diese Worte stammen von mir, sind aber aus einer göttlichen Quelle geschöpft. Ich vermittle dir nicht eine neue Lehre, sondern was ich von den Vätern gelernt habe.» Diese Auskunft gibt eine dem Basilius († 379) zugeschriebene Schrift, der Benedikt zu Beginn seines Prologs folgt[1]; sie hält fest, daß die Regel nicht ei-

ne Neuschöpfung sein will, sondern aus der *Heiligen Schrift* geschöpft ist, so wie diese von den *Vätern* interpretiert und auf ein asketisches Leben übertragen wurde[2].

b. Benedikt beginnt betont mit *«Höre!»* Er spricht einen «Hörer des Wortes» an. Die Regel und was sie beschreibt, soll als eine Schöpfung des Wortes erscheinen. Die Heilige Schrift tritt gerade im «Vorwort» oft personifiziert auf; sie «weckt» und «ruft» und wird vernommen als «Stimme» des einladenden Herrn[3]. Auch Horsiesi († um 380) beginnt sein «Buch» über das pachomianische Zönobitentum mit dem prophetischen Wort: «Höre, Israel, die Gebote des Lebens!» (Bar 3,9). Das ist die Eröffnung des wichtigsten Gebetes eines frommen Juden, des «Sh'ma Israel»: «Höre, Israel, der Herr, unser Gott, der Herr ist einzig!» (Dtn 6,4). Diesem Anruf soll ein intensives «Horchen» entsprechen. Das «Herz» muß sich dafür «neigen».

In diesen Einleitungsworten wird bereits die Grundhaltung der Demut[4] angesprochen. Es wird zugleich deutlich, daß sich die Regel an den ganzen, den leib-seelischen Menschen richten will oder im biblischen Sinn an das «Herz», also an die ganze Person und an ihr Gewissen. Man darf sagen, daß die Regel eine *«Spiritualität des Herzens»* entwickeln will[5].

c. Benedikt gibt sich nicht mit Gefühlen zufrieden, sondern drängt zur *Tat.* Der Same des Wortes soll Frucht tragen. Der Mönch muß wie ein jeder Christ aus dem Wort Gottes leben, aber dieses Wort in besonders intensiver Weise verwirklichen. – Mit den «Lehren» oder «Geboten» des «Meisters»[6] wird der Blick auf die Regel selbst gelenkt.

2 a. In den beiden ersten Sätzen des Prologs faßt Benedikt das «Vorwort» der «Regel des Magisters» (= RM) prägnant zusammen. Beim «Magister» ruft ein «Lehrer» den «Hörer» auf, er möge aus dieser «Schrift» Gottes Wort hören und ihm gehorchen, nämlich an der *«Wegscheide des eigenen Herzens»*[7] wählen zwischen dem Weg «zum Herrn» oder dem Weg «ins Verderben». Benedikt spricht konkret von der «Rückkehr» aus der Gottferne. Voraussetzung ist das Hören-Gehorchen. Der Gehorsam ist für den Menschen zunächst eine asketische «Arbeit»; erst gegen Schluß der Regel wird Benedikt den Gehorsam als «Wert» (bonum) bezeichnen[8]. Zunächst zieht die Adams-Schuld das «Arbeiten im Schweiß des Angesichts»[9] nach sich. Auf diese «Mühe» oder die asketische Arbeit an sich selbst wollte sich das alte Mönchtum nichts einbilden. «Einer der Altväter sagte: Ohne Demut ist alle Mühe eitel. Die Demut ist die Vorläuferin der Liebe»[10].

Dem asketischen «Bemühen» entgegengesetzt ist die «Trägheit» oder *«Acedia»*, nämlich der Mangel an Sinn für Spiritualität oder die religiöse Uninteressiertheit[11].

b. Aber nicht von der Askese wird die Befreiung von der menschlichen Schuldverstrickung erwartet, sondern von Christus, dem zweiten Adam, dem wir uns zuwenden müssen[12]. Der *Gehorsam* ihm gegenüber führt zur Gerechtigkeit. Der Mensch muß «von Herzen der Lehre gehorsam» sein[13], die Christus verkündet. Von diesem Ansatz her entwickelt Benedikt seine Spiritualität des Herzens[14].

3 a. Die *Absage* an eine um sich selber kreisende, sterile Ichbezogenheit und die *Zusage* an Christus erklärt den tieferen Sinn der Askese. Sie kann nur verstanden werden aus der Bindung an diese Person: Jesus Christus. Nicht Doktrinen, Normen oder Praktiken, sondern die persönliche Bindung an Jesus begeistern zu seiner Nachfolge oder zur Askese. Wie Benedikt mit verhaltener Begeisterung andeutet, übertrifft diese Beziehung alle Bande eines Soldaten an seinen «König». Basilius schrieb: «In dieser Welt ist ein Soldat immer bereit und willens, einem Befehl zu gehorchen, wohin er auch geschickt wird. Er wird es nicht wagen, sich wegen seiner Frau oder seiner Kinder zu entschuldigen. Noch viel mehr wird ein Soldat Christi sich durch nichts abhalten lassen, dem Befehl seines Königs zu gehorchen. Ein Soldat dieser Welt zieht gegen einen sichtbaren Feind in den Krieg. Gegen dich aber wird ein unsichtbarer Feind nicht aufhören zu kämpfen»[15].

Das von Benedikt übernommene Bild des Dienstes und Kampfes für Christus und gegen die Macht des Bösen stammt vom Apostel Paulus[16]. Es signalisiert eine Verlagerung des äußeren, blutigen Kampfes der Märtyrer an die *innere Front.* Immer noch gilt die Losung, die der Märtyrer vor dem Richter brauchte: «Ich diene Christus, dem wahren König!» – Bei Benedikt ist unverändert die Sicht des Origenes (†253) vorhanden: «Innen in dir mußt du den Kampf führen. Inwendig ist jener schlechte Bau, der umzulegen ist. Dein Feind geht aus deinem Herzen hervor»[17].

b. Die Sätze Benedikts fassen aber auch die *Taufkatechese* des «Magisters»[18] zusammen. Diese stammt aus einer spirituellen Schrift, die mit «Dienstakten des Herzens» (actus militiae cordis) betitelt war und um 440 in Südgallien zirkulierte. Wenn eine solche Taufkatechese, die ursprünglich für «Christen» bestimmt war, nun die Basis der klösterlichen Spiritualität bildet, ist der «Mönch» für den Magister und für Benedikt schlicht ein

«Christ». In dieser Taufkatechese lädt die «gütige Stimme» des Herrn die von Eva oder der «Mutter Erde» Geborenen, mit aller Schuld Adams «Belasteten» und auf den Wegen eines «Lebens im Exil» Herumirrenden zum «erfrischenden Quell» der Taufe ein, wo sie sich in der «Absage» an die Sünde von einer «tödlichen Last» befreien und neugeboren aus Christus in ihm einen «Vater» finden und in dem von der Kirche vermittelten «Gesetz Christi», das heißt in der Gnade, eine helfende «Mutter». – Benedikt nimmt diese Theologie auf mit den Worten von der «Arbeit des Gehorsams» und von der «Absage», die an die Mönchsprofess denken lassen, die ihrerseits als Analogie zur Taufe gesehen wurde[19]. Die Tauf-Absage an den «Pomp» des Bösen konkretisiert sich in der Entsagung der Askese[20].

c. Diese «Entsagung» wird von Basilius (†379) positiv und ganz mit neutestamentlichen Worten erklärt: «Wem *aus Liebe zu Christus* die ganze Welt gekreuzigt ist und er der Welt, wie kann er sich zum Sklaven von Problemen und Zwängen dieser Welt machen, da ihn der Herr doch anweist, aus Liebe zu ihm sich selbst zu verleugnen»[21]. – Benedikts Lehrmeister Kassian (†430/35) hat seine Werke für Menschen geschrieben, die «entsagen» (renuntiantes)[22]. Er systematisiert «die Überlieferung der Väter vereint mit der Autorität der Schrift» und spricht von der Entsagung: 1. als Verzicht auf Geld und Besitz, 2. als Änderung des früheren Lebensstils mit seinen Süchten, 3. als Umorientierung vom Aktuellen und Materiellen zum Künftigen und Unsichtbaren[23]. Die Entscheidung für Christus erscheint so als wirkliche Alternative. In dieser Radikalität ist sie dem Christen nicht auferlegt. Sie wird frei gewählt aus Enthusiasmus für Christus.

4 Beim «Magister» folgt auf die Tauf-Katechese eine Vater-unser-Erklärung[24]. Benedikt fordert an dieser Stelle kurz zum Gebet auf, das aller Aktivität vorangeht. Vor den Aufforderungen zur Askese zeigt er, daß die *Gnade Christi* unser Bemühen tragen muß[25]. Christus ist nicht nur der Dienstherr, sondern auch der helfende Vater. Die Formulierung selber klingt nicht augustinisch, sondern semipelagianisch: Der Mensch beginnt, Gott vollendet. Aber der Gnadenstreit ist längst beigelegt. So bedient sich Benedikt einer praxisnahen Formel: Bemühe dich, auch Gott wird helfen! Ähnlich äußerten sich Origenes (†253), Kassian (†430), Caesarius (†542) und die Väter von Lérins. Eine theologische Reflexion über die «zuvorkommende» Gnade liegt nicht in Benedikts Absicht[26]. Er ist hier vielleicht von der «Ermahnung» des Basilius beeinflußt, dessen Gedanken er sicher

teilt: «Erbitte nichts gleichsam auf Grund deiner eigenen Verdienste; und wenn du dir einer guten Tat bewußt bist, verbirg sie! Wenn du schweigst, wird es dir Gott vielfach erstatten ... Was immer für ein Werk du zu tun beginnst, rufe zuerst den Herrn an, und laß nicht ab, ihm Dank zu sagen, wenn es vollendet ist»[27].

5–7 Hier beginnt ein wörtlich aus der «Magisterregel»[28] übernommener *Psalmenkommentar*[29]. An die Stelle der einladenden Du-Form tritt das «Wir» der Gemeinschaft. Am Anfang steht das Motiv der Gotteskindschaft. Es erinnert an die unsern «Herzen» innewohnende «Liebe Gottes», an den «Geist, der uns zu Söhnen macht», zu «Erben Gottes und Miterben Christi»[30]. Das Motiv des Gerichts bildet die Kehrseite. Für Basilius († 379) werden wir uns selber zum Gericht: «Wenn wir Gott die Liebe versagen, ... verfallen wir unweigerlich dem Zorn[31] ... Es kann uns keine schlimmere Strafe treffen, als wenn wir uns der Liebe Gottes entfremden»[32].

8–11 a. In vielen Variationen schildert der Verfasser den biblischen Weckruf zur *Wachsamkeit*. Er soll «Ohren» und «Herz» treffen. Während der Autor sonst Wendungen liebt wie «jeden Tag», «jederzeit», «stets», «an allen Orten», situiert er hier den Anspruch Gottes im «Heute». Benedikt hat diese Stelle[32a] eigens in den «Magistertext» eingefügt. Doch soll auch deutlich werden, daß wir den Anruf frei aufnehmen: «Wer Ohren hat ...». «Verhärtet eurer Herz nicht!».

b. Vor allem die östliche Spiritualität pflegt vor der «Verhärtung des Herzens» zu warnen, vor einer «Sprödigkeit» oder «Sklerose» des Herzens, also vor *mangelnder Sensibilität*. Aber die östlichen Väter kannten auch ein Heilmittel: «Abt Poimen wurde von jemand über die Herzenshärte befragt. Der Altvater antwortete und sprach: Das Wasser ist von Natur aus weich, der Stein dagegen hart. Wenn aber Wasser dauernd auf einen Stein tropft, höhlt es ihn aus. So ist auch das Wort Gottes fein und mild, unser Herz dagegen hart. Wer aber das Wort Gottes häufig hört und es betrachtet, schafft der Gottesfurcht einen Raum im Herzen, so daß sie einziehen kann»[33].

c. Eine echte innere Sensibilität ist «heute» notwendig gegenüber der Stimme des Herrn[34]. Sie wird hier zum *Zuspruch des Geistes* an die «Kirchen»[35]. Damit sind die Gemeinden, die Teilkirchen angesprochen. Das Kloster versteht sich als kirchliche Gemeinschaft[36].

d. Dem Hören auf Gottes Wort entspricht das *Schauen* des göttlichen Lichtes, womit die johanneische Theologie anklingt[37]. Die

Aussagen über das Licht stehen hier zu Beginn eines Psalmenkommentars, der auf die Taufe anspielt[38]. Die Kirche hat die Taufe stets als Erleuchtung mit dem Licht Christi verstanden[39]. Das Doppelmotiv des Hörens auf die Stimme Gottes und des Schauens eines göttlichen Lichtes ist der östlichen Mystik besonders vertraut. Sie geht aus von den Gotteserscheinungen auf dem Sinai und auf dem Tabor[40] mit ihren äußern Manifestationen, die Ehrfurcht und Faszination gleichzeitig auslösen: Licht, leuchtende Wolke, Donner, zum «Hören» mahnende Stimme[41]. Diese Offenbarung Gottes im Licht und im Wort geschieht jetzt im «Herzen». So erklärt Origenes (†253): «Das ist gesunde Lehre, daß nicht der Mensch selber der wahre Meister der Tugend sein kann. ‹Der den Menschen die Weisheit lehrt›, so steht es in den Psalmen, ist kein anderer als Gott. Es lehrt aber Gott, indem er in die Seele des von ihm Lernenden hineinleuchtet und den Geist mit seinem eigenen Wort erhellt. Und wenn auch gerechte Menschen uns unterweisen, ... ist es doch der Herr, der durch sie hindurch uns lehrt. Die Einsicht selbst und das Öffnen unseres Herzens zur Aufnahme der göttlichen Lehre geschieht durch göttliche Gnade»[42]. Ein Blick auf den Prolog des Johannesevangeliums über die Menschwerdung des Wortes, welches das Licht ist, das jeden Menschen erleuchtet[43], zeigt den Hintergrund dieser Theologie.

e. In johanneischer Sicht erfährt Basilius (†379) nicht nur die göttliche Lehre, sondern besonders die Liebe zwischen Gott und Mensch als ein unbeschreibliches inneres Licht: «Ich erfahre die *Liebe Gottes* auf ganz unsagbare Weise. Sie kann eher erfahren als ausgesprochen werden. Sie ist ein unbeschreibliches Licht. Wenn meine Rede den Vergleich mit Blitz oder Donner heranziehen wollte, würde das Gehör es nicht ertragen, nicht aufnehmen können. Wenn du einen blendenden Lichtstrahl, wenn du den klaren Schein des Mondes, wenn du das Sonnenlicht vergleichst, sind sie alle dieser Herrlichkeit gegenüber dunkel und düsterer als die finstere Nacht ... Mit unseren leiblichen Augen erblicken wir diesen Glanz nicht, aber Seele und Geist schauen ihn. Wenn dieser Glanz Seele und Geist von Heiligen durchdringt, treibt er tief in sie hinein den brennenden Trieb, ihn zu lieben ... ‹Wann darf ich kommen und Gottes Antlitz schauen? ... Meine Seele dürstet nach Gott, nach dem lebendigen Gott.»[44]

f. Wir schauen also das göttliche Licht in den Sakramenten des Glaubens, in denen Christus uns anspricht und unter Zeichen uns sichtbar begegnet. Wir schauen dieses Licht in der Lehre des

Evangeliums und erfahren es im Geschenk der göttlichen Liebe. – In diesem Licht sind die alttestamentlichen Psalmen und «Propheten» zu lesen, für die der Autor eine Vorliebe hat. Er spricht selber in der *bildhaften Sprache der Bibel*, nicht in abstrakt-theoretischer Weise. So regt er die Meditation an. Vom Wortsinn, von den Bildern und Gleichnissen der Schrift sollen wir aufsteigen zur Erkenntnis der tieferen Wirklichkeiten des Glaubens und zur liebenden Schau Gottes. Ein oberflächlicher Blick übersieht leicht die mystische Tiefe mancher Texte der Regel. Nach Evagrius (†399)[45] und Kassian (†430), darf man die heilige Lehre nicht ohne Unterscheidung an jedermann weitergeben; vielen gegenüber sind «die Geheimnisse des geistlichen Sinnes zu verhüllen»[46].

12–13 a. Der Psalmenkommentar legt zuerst *Psalm 34* aus, der gern in Ansprachen an Taufbewerber benützt wurde und auch der bevorzugte Kommuniongesang der alten Kirche war: «Kommt, meine Söhne, hört ... Kostet und seht ... und ihr werdet erleuchtet ...»[47].

b. Vom Wort Gottes getroffen empfindet der Mensch als erste Reaktion «Furcht»: *Betroffenheit* über seine Unzulänglichkeit, seine Grenzen und seine Schuld; Angst vor der «Finsternis», in der jede Orientierung fehlt, und vor einem sinnlosen «Tod». Doch wird aus der knechtischen Furcht[48] die Ehrfurcht vor dem heiligen Gott. Sie führt zur Läuterung des Herzens[49].

14–15 Gott will das Heil des Menschen. Er sucht ihn, bietet ihm *Leben und Glück* an. Er sucht ihn auch als Mitarbeiter im Heilswerk: in der Arbeit an der eigenen Person und im Dienst am andern.

16–17 Der Wechsel zur Du-Form deutet das persönliche Betroffensein durch Gottes Wort an. Auch die Antwort muß eine freie und persönliche sein: *«Ich!»* Wer den letzten Sinn des Lebens und seine jenseitige Erfüllung sucht, darf die Forderungen zwischenmenschlicher Gerechtigkeit nicht übersehen. Sie sind Voraussetzungen des *Friedens*, von dem die Regel oft spricht[50], wobei sie oft «Frieden und Liebe» in einem Zug nennt[51]. Das «Suchen nach dem Frieden» führt zur «Liebe», die am Ende des Vorworts als Ziel genannt wird[52], ebenso am Ende des Kapitels über die Instrumente der guten Werke[53], am Schluß des Demutskapitels[54] und am Schluß der ganzen Regel[55]. Das Suchen nach «Frieden» ist zuletzt identisch mit dem «Suchen nach Gott»[56].

18–20 Die innere Erfahrung der Nähe Gottes geht dem Gebet voraus und ist tröstlich. Gott ist für uns Auge und Ohr, wie wir es für ihn sein sollen. Er lädt uns ein zu einem vertrauten Zwiegespräch «von Angesicht zu Angesicht»[57]. Die Frömmigkeit Benedikts wie der Väter überhaupt ist eine verhaltene, sobald aber von der *«Stimme» Christi* die Rede ist, kommt es zu einem spontanen Ausruf, der eine tiefe Schrift- und Christusfrömmigkeit kundtut. Sie hat eine Parallele in der Bruderliebe[58].

21 a. «Den Gürtel nicht ablegen»[59] heißt, wachend und bereit auf das Kommen des Herrn warten wie Menschen, die sich für den Auszug und einen langen Marsch durch die Wüste rüsten[60]. Ausrüstung für ein christliches Leben, das sich unterwegs weiß, ist der schlichte *Glaube*, der das Bewußtsein der Gegenwart Gottes (die «Furcht Gottes») hervorbringt und damit die Bewährung im Guten ermöglicht[61].

b. Das *Evangelium* muß die «Führung» eines christlichen Lebens übernehmen. Im Prolog wie im Schlußkapitel wird ausdrücklich die Schrift als *die* Norm schlechthin vorgestellt. Das Evangelium darf dabei nicht ein erbaulicher Privatbesitz bleiben. Es ist zu verkünden. Der sogenannte «interpolierte» Text der Regel (wohl die ältere Fassung) fügt hinzu: «(Zieht an) als Schuhe, die Bereitschaft für das Evangelium vom Frieden zu kämpfen»[62]. Unser Leben soll Christus sichtbar machen. Dieses Apostolat obliegt jedem Christen. Voraussetzung ist, daß uns das Evangelium zur zweiten Natur wird. «Unter der Führung des Evangeliums» wurden die Mönche zu Heiligen und deswegen auch zu Zeugen des Glaubens[62a]. Ihre erstaunliche Strahlkraft machte sie zu Glaubensboten, auch wenn sie nicht Wanderprediger waren.

22–27 a. Das *Ziel* ist ins Auge gekommen. Auf dem langen Weg durch die Wüste muß man sich beeilen, wenn man das Ziel erreichen und sich vertrauter Zeltgemeinschaft oder fürsorglicher Gastfreundschaft erfreuen will.

b. Das Bild vom eiligen Lauf nimmt keinen Bezug auf Röm 9,16: «Also kommt es nicht auf das Laufen und Wollen des Menschen an, sondern auf das Erbarmen Gottes.» Ohne die Notwendigkeit der Gnade zu leugnen, pries Origenes (†253) diesen «Lauf, der ans Ziel will, im Drang nach dem Guten»[63]. Augustinus (†430) hält mit der gleichen Paulusstelle fest, man müsse «alles Gott zuschreiben, der den guten Willen des Menschen zur Unterstützung vorbereitet und nach der Vorbereitung unterstützt»[64]. Hier scheint das Gelingen des christlichen Bemühens ausschließlich der Gnade zugeschrieben zu werden. Origenes (†253) dagegen unterstreicht auch die Bedeutung des menschlichen Mittuns: «Unsere Vollendung geschieht nicht ohne irgendein Mittun unsererseits, aber Gott wirkt dabei das meiste»[65]. Die Mönchsväter haben gelegentlich die Chancen unserer *Freiheit* und eines kraftvollen Willens markant herausgestrichen: Abbas Allois sprach: «Wenn ein Mensch will, gelangt er an einem einzigen Tag, bis es Abend wird, zum Maße Gottes»[66].

c. Der Herr, der uns auf den Weg gerufen hat, ist selber *der* Bewohner des *Zeltes*, zu dem wir unterwegs sind. «Er hat unter uns gewohnt» (wörtlich: «sein Zelt aufgeschlagen»)[67]. Er ist der Mensch der Gemeinschaft schlechthin. Sind wir der Gemeinschaft mit Christus würdig? Frage und Antwort stehen in *Psalm 15*, der nun kommentiert wird. Auch dieser Psalm wurde gern vor Taufbewerbern erklärt. Das Grundethos des Mönchs ist identisch mit dem Lebensprogramm des Christen.

28 a. Wie in der Schrift und in der altkirchlichen Literatur, z. B. in Märtyrerakten oder in Lebensbeschreibungen von Mönchsvätern[68] wird die *Auseinandersetzung* mit dem Bösen[69] als ein Ringen oder als ein Kampf für und mit Christus[70] und gegen den Teufel[71] dargestellt. Christus ist der «Fels»[72], an dem alles Gottwidrige zerschellt. Athanasius (†373) beschreibt in dieser Sicht den Höhepunkt des «Kampfes» des 35jährigen Antonius (†356) gegen das Böse: «Jesus vergaß den Kampf seines Dieners nicht und wurde sein Beschützer. Als dieser seine Augen erhob, sah er, wie von oben her ein Gipfel sichtbar wurde. Die Schatten wichen und die Strahlen des Lichtes ergossen sich über ihn ... Antonius fühlte, daß der Herr gegenwärtig war und sprach: ‹Wo warst du, guter Jesus, wo warst du? Warum bist du mir (bei meinem Ringen) nicht von Anfang an beigestanden und hast meine Verletzungen geheilt?› Da vernahm er eine Stimme, die sagte: ‹Antonius! Ich war immer hier, um zu sehen, wie du aus dem Kampf hervorgingest. Du hast nicht aufgehört, mannhaft zu ringen. Darum werde ich für immer dein Helfer sein.›»[73]

b. Der Ort der Auseinandersetzung mit dem Bösen war für das alte Mönchtum die *«Wüste»*, wo auch Christus versucht wurde. Es ist der Bereich der Einsamkeit und Isoliertheit[74]. Sie birgt die Gefahr der Vereinsamung und gleichzeitig die Chance der persönlichen Bewährung in sich. Hier hat sich der Mönch den Dämonen der Süchtigkeit (im Essen und Trinken), der sexuellen Zügellosigkeit, der Aggressivität, der materialistischen Gesinnung, der depressiven Stimmungen, der Ängstlichkeit, der Gleichgültigkeit, der falschen Exaltiertheit und der egoistischen Überheblichkeit zu stellen[75]. Wie sich zeigt, sah man leicht auch in innerseelischen Störungen und Schwierigkeiten das personifizierte Böse, «die listigen Anschläge des Teufels»[76].

c. Prototyp dieses Kampfes mit dem Bösen ist Jesus in seiner «Versuchung»[77]. Prototypen sind auch die *Märtyrer*, von denen die «Akten des Martyriums» berichten, wie sie dem Bösen bis auf das Blut widerstanden. Den Märtyrern suchen die Mönche in ihrem asketischen Ringen nachzueifern. So heißt es z. B. von Antonius, daß er «der Sehnsucht nach bereits ein Märtyrer war»[78]. Der in die «Magisterregel» eingegangene Traktat über die Spiritualität[79] heißt «Akten des Kriegsdienstes in den Herzen»[80], was an den Begriff der Märtyrerakten anklingt. Diese Sicht müssen wir bei Benedikt voraussetzen, der eine Spiritualität des Herzens vorlegt[81] und hier von «Einflüsterungen» spricht, die im «Herzen» vernommen werden. Die Auseinandersetzung mit dem Bösen spielt sich jetzt nicht mehr im Stadion ab, sondern vor dem Forum des Herzens[82]. Kassian (†430) sagt, wir müßten alle «Winkel unseres Herzens» mit positiven Kräften besetzen, damit nicht ein Ungeist sie leer finde und mit sieben andern dahin zurückkehre[83].

d. Neben dem Verweis auf Jesus als Helfer im Kampf finden wir häufig die *Askese als Waffe* im Kampf erwähnt. Athanasius (†373) schreibt in der Lebensbeschreibung des Antonius: «Starke Waffen gegen die Dämonen sind ein lauteres Leben und der wahre, vertrauende Glaube an Gott. Glaubt mir, ich weiß es aus eigener Erfahrung: Satan fürchtet die Nachtwachen, das Gebet, das Fasten, die Milde, die freiwillige Armut, die Verachtung der eitlen Ruhmsucht, Demut, Barmherzigkeit, Beherrschung des Zorns und vor allem das für die Liebe Christi gereinigte Herz von Menschen, die Gott fürchten.»[84]

e. Das Ringen und die «Versuchungen» wurden von Origenes (†253) als Chance kritischer Selbsterkenntnis verstanden: «Alles, was unsere Seele in sich aufnahm, und was allen außer Gott verborgen ist, auch ihr selbst, kommt durch die Anfechtung ans Licht»[85]. Für diese klärende innere Auseinandersetzung ist die Gabe der *«Unterscheidung der Geister»*[86] wichtig[87]. Origenes hat dafür Regeln aufgestellt: «Unsere Seele ist entweder vom wahren Licht erleuchtet, das nie erlischt, das Christus selber ist, oder aber, wenn sie dieses ewige Licht nicht in sich hat, muß sie von einem vergänglichen Licht bestrahlt werden, von dem, der sich ‹in einen Engel des Lichts umgestaltet› und mit falschem Licht die Seele des Sünders erleuchtet, damit ihm, was zeitlich und hinfällig ist, im Schein des Guten und Wertvollen erscheine»[88]. «Es erfährt aber einer die Einwirkung des guten Geistes, ... wenn er zum Guten hinbewegt und gerufen wird, und zu Himmlischem und Göttlichem begeistert, ... immer freilich so, daß es der Freiheit und dem Urteil des Menschen anheimgestellt bleibt, ob er folgen will oder nicht. Daher ist es möglich, durch offenbare

‹Unterscheidung› zu erkennen, auf welche Art die Seele durch die Gegenwart des guten Geistes bewegt wird, nämlich wenn sie durch die gegenwärtige Einsprechung nicht die geringste Verdüsterung des Geistes erleidet»[89].

f. Die Väterliteratur erweckt oft den Eindruck, diese Menschen seien von *Dämonenangst* geplagt gewesen. Doch muß man sich bewußt bleiben, daß sie den festen Glauben hatten: wo man Christus, seinem Geist und seiner Kraft Raum gibt, verliert das Böse alle Kraft. Vor einem wahrhaft Gläubigen, der ein Geistträger ist, löst sich aller Teufelsspuk in Nichts auf[90]. Nur die eigene Sünde gibt nach Origenes († 253) dem Bösen Zugang in unser Inneres[91]. «Das Zeichen des Kreuzes und der Glaube an den Herrn ist uns eine unbezwingliche Mauer»[92].

g. Bei Benedikt finden wir nur selten eine Anspielung auf den Teufel[93]. Offenbar wollte er nicht einem falschen Geisterglauben Vorschub leisten. Später wird Gregor der Große († 604) in seinen Dialogen Benedikt als *Geistträger* darstellen. Benedikt durchschaut phantastische, teuflische Trugbilder, die seine Mönche erschrecken als ein Nichts[94]. Er liest in den Herzen und durchschaut geheime Fehler seiner Mönche[95]. Er hat vor allem die Unterscheidungsgabe und läßt sich durch keine Verstellung täuschen. Der Gotenkönig Totila (541–552) «wollte prüfen, ob der Mann Gottes wirklich prophetischen Geist besitze». Er steckte einen seiner Mannen, namens Ringgo, in «königliche Gewänder», gab ihm «die Grafen Wult, Ruderich und Blidin» und «Waffenträger» zur Seite und ließ ihn so zum Kloster ziehen, während Totila in «einiger Entfernung» versteckt zurückblieb. «Benedikt saß an einem erhöhten Platz. Sobald er Ringgo kommen sah und von ihm erblickt werden konnte, rief Benedikt ihm zu: ‹Leg ab, mein Sohn, leg ab, was nicht dein ist!›» Dieser fiel vor Schreck zur Erde, und der Trupp kehrte schleunigst zu Totila zurück[96]. Benedikt ist also Geistträger, besitzt die Gabe der Unterscheidung und wirkt «Erweise von Kraft» wie einst die Apostel und Propheten. Er ist ausgewiesen als apostolischer und prophetischer Mann: «Dieser Mann war voll des Geistes aller Gerechten (nämlich der Propheten und Apostel)»[97]. Die Gabe der Prophetie übte er u. a. aus, als König Totila selber zu ihm kam und von Benedikt vernehmen mußte, er, Totila, werde «in Rom einmarschieren, über das Meer setzen, neun Jahre regieren und im zehnten sterben»[98].

29–32 a. Die *Furcht des Herrn*[99], eine ehrfürchtige Betroffenheit von der Heiligkeit Gottes, äußert sich im «treuen Dienst», d. h. in der «guten Observanz», in der Pflichterfüllung und Askese[100].

b. Mit einem tiefen und starken Wort fordern der «Magister» und Benedikt auf, daß wir *«den Herrn preisen, der in uns wirkt»*. Das ist der Glaube an den Primat der Gnade vor allem Menschenwerk. Ihm entspricht eine Haltung demütigen Lobpreises, wie sie Maria eigen war[101]. Der Verfasser braucht nicht das abstrakte Wort «Gnade», sondern läßt die Leser das Lobgebet an den «in ihnen wirkenden Herrn» richten[102]. Diese Sätze über den Herrn als «Arbeiter» in unserer Seele und über das demütige Gotteslob zeigen Christus in unserem asketischen Bemühen gegenwärtig[103] und legen den Grund zur Gebetslehre, die später entfaltet wird[104].

33–34 Um zu kürzen, läßt Benedikt den Schluß von Psalm 15 weg[105], so daß der Übergang zum folgenden Bild vom unerschütterlichen «Felsen», der Christus ist,[106] fehlt.

35–36 Der Herr, der in diesem ganzen Psalmenkommentar gesprochen hat, «beendet» seine Rede mit den Schlußworten der Bergpredigt[107]. Jetzt *«wartet»* er schweigend auf unsere Reaktion. «Täglich» erwartet er uns beim Gebet, bei der Arbeit, bei der Pflichterfüllung. Er hält Ausschau nach uns wie ein Vater[108]. Aber es ist uns eine «Frist» gesetzt, die zu Bekehrung drängt. Dieses Bewußtsein heißt «Furcht Gottes»[109].

37–38 Gott ist in seiner «Geduld» oder *«Langmut»* (makrothymia) großzügig. Die Langmut ist die eines Bauern, der vertrauensvoll auf das Heranwachsen der Ernte wartet[110]. Die Frist ist gesetzt, damit wir uns läutern und am Leben bleiben. Hier klingt wieder die johanneische Theologie an: «Ich bin gekommen, damit sie das Leben haben und es in Fülle haben»[111].

39 Der sogenannte «interpolierte Text», der vielleicht ursprünglich ist, schließt den Prolog nach: «wenn wir nur die Pflichten eines Bewohners erfüllen» mit «werden wir Erben des himmlischen Reiches sein»[112]. Die Vorstellung der Zeltgemeinschaft mit Gott gilt sowohl für die Zeit der Bewährung wie für die *Vollendung*. Origenes († 253) hat für diesen Übergang das tiefe Wort: «Gott tritt in die Seele, und die Seele wandert in Gott aus»[113].

40 Die Regel entfaltet eine Spiritualität des «Herzens»[114]. Dabei zielt sie aber nicht auf bloße Innerlichkeit, sondern auf *Menschlichkeit* überhaupt. Der ganze leib-seelische Mensch ist für den «Soldatendienst» zu rüsten. In dieser Formulierung steckt wieder das Motiv des Kampfes gegen die Macht des Ungeistes, welcher der guten Botschaft Christi entgegensteht[115]. Der ganze Mensch soll in seinem «Herzen» oder Gewissen bei sich selber sein. Er darf sich nicht von äußern Sachzwängen vereinnahmen lassen und soll seine Kräfte nicht ziellos verzetteln. Dies ist ein

ganzes Programm gegen einen kühlen Intellektualismus und gegen eine Fragmentierung der Person. Wenn sich «Herz und Leib» zusammenfinden – man nennt das innere «Sammlung» – um sich gehorsam der Führung Gottes unterzuordnen, muß der Mensch in einer komplexen und auseinanderstrebenden Umwelt nicht fürchten, seine eigene Mitte zu verlieren.

41 Diesen Satz könnte man im semipelagianischen Sinn verstehen[116]: Die «Hilfe der Gnade» scheint erst nötig zu werden, wenn die «Natur» selbst nicht ans Ziel kommt. Der Verfasser spielt aber eher auf Eph 2,6 an: Auf die Gnade ist angewiesen, wer *«von Natur aus* zu den Kindern des Zorns» gehört[117]. Wir begegnen hier keinen Illusionen über eine von Natur aus «heile Welt». Der Autor weiß um die Krisenhaftigkeit menschlicher Existenz, glaubt aber, daß diese Menschenwelt zu Gott hin offen ist, daß wir beten dürfen.

42–44 Schon früher eingeführte Motive werden hier gebündelt, zum Teil nur andeutungsweise: Tod und Leben, Licht und Finsternis, offene Frist und definitive Entscheidung, Existenz im Leib und neues Dasein, Furcht und Vertrauen, Weg und Ziel.

45–50 Dieser letzte Abschnitt des Prologs ist eine Vorstellung des *Klosters*. In der Taufkatechese des «Magisters»[118] waren die Worte zu lesen: «Lernt von mir; denn ich bin gütig und von Herzen demütig, so werdet ihr Ruhe finden für eure Seele. Denn mein Joch drückt nicht, und meine Last ist leicht»[119]. Vom Herrn «lernen» heißt soviel wie sein Schüler werden. Dies entspricht der Einladung: «Geht zu allen Völkern, und macht alle Menschen zu meinen Schülern (Jüngern) ... und lehrt sie, alles zu befolgen ...[120]. Diesen Hintergrund darf man nicht vergessen, wenn man sieht, daß der Satz des Magisters von der «Schule für den Dienst des Herrn»[121] in diesen längern Schluß des Vorworts übernommen wurde. In der «Magisterregel» steht zehnmal für das Kloster der Begriff «Schule». Benedikt vermeidet diesen Begriff, wohl um der Schulmeisterei des Magisters und seiner Idee einer Tugendkonkurrenz unter den «Schülern» zu wehren[122]. Der Satz von der «Schule für den Dienst des Herrn» findet eine Erläuterung[123]. Dabei wird in deutlicher Anspielung an Mt 11,29 erklärt, daß diese Schule keine schweren Lasten aufbürden soll. Den Schluß[124] bildet wieder ein Satz des «Magisters».

45 a. *«Schule»* (schola) bezeichnet im 6. Jahrhundert einen dienstlichen Versammlungsraum für Soldaten, Arbeiter oder Schüler, dann die Mitglieder dieser «Schule» und schließlich den Dienst selber, hier den Dienst Christi[125]. Dieser Dienst schließt das «Verharren in der Lehre» ein, wie später in Erinnerung an ein

Wort der Apostelgeschichte formuliert wird[126]. Christus verkündet diese Lehre, und ihm «dient» man. Dieser Dienst, den er lehrt, umfaßt das Hören-Gehorchen gegenüber seiner Stimme[127], die Absage an die belastende Sünde oder den soldatischen Kampf gegen sie und die Zusage an Christus[128], sowie die Praxis des Dienstes: das Training oder die Askese[129].
b. Wenn das Kloster «Schule des Herrn» ist, gehören seine Glieder zum *«Jüngerkreis des Herrn»*. Diese Jünger anerkennen Jesus als ihren Meister. Zu diesem Kreis gehörten die Zwölf[130], eine Gruppe, die ihm folgte[131] oder von ihm ausgesandt wurde.[132] Die Zahl der «Jünger» war groß[133], ja schließlich heißen im Neuen Testament die Gläubigen «Jünger» oder «Schüler»[134]. Das Kloster verwirklicht nichts anderes als die für alle Gläubigen gültige Berufung in den Jüngerkreis, freilich in einer bewußten und unübersehbaren Art. – Nach den Worten der Regel ist die «Schule für den Dienst des Herrn» zu «gründen» und «einzurichten». Die Heilige Schrift bietet den Plan oder eine umrißhafte Skizze für diese Gründung. Das Kloster ist eine konkrete Realisierung des Plans, nicht die einzige oder von jeher existierende Ausführung des Entwurfs.

46 In unserer Regel stoßen wir mehrmals auf Bemerkungen, die eine Besorgnis über den dekadenten Zustand des zeitgenössischen Mönchtums verraten[135]. Gleichzeitig meldet sich das Bedenken, die Regel könnte von Anfängern als Überforderung empfunden werden. Dazu wird zuerst festgehalten, daß im Kloster nicht Härten oder Schwierigkeiten um ihrer selbst willen gepflegt werden, weder aus Willkür noch aus einer negativen oder lebensfeindlichen Haltung heraus. Gerade die Regel Benedikts bringt auch bewußte Erleichterungen im Vergleich zur früheren Praxis[136]. Im übrigen versuchten die Mönche verständlich zu machen, daß erst die gelebte *Erfahrung* zeigt, wie gut der klösterliche Weg gangbar ist, während Doktrin und Institution zunächst wie eine Überforderung wirken können. Einer «erbat von Abt Moses ein Wort. Der Altvater sagte zu ihm: ‹Geh, setz dich in deine Zelle, und die Zelle wird dich alles lehren!›»[137]. Nicht theoretische Diskussionen, nicht ein Zaudern oder ein Kalkulieren der Risiken, sondern das mutige «Gehen» und die erlebte Praxis führen auf diesem Weg voran.

47 a. Die «strengeren Forderungen», die den Anfängern vorauszusagen sind[138], werden motiviert. Der Text erinnert an Kassian (†430). Dieser warnt davor, Charismen und Wunderkräfte zu überschätzen. Entscheidend bleibt für alle die Frage, «ob sie ihre Fehler gebessert haben». Diese *Läuterung* werde «je nach per-

sönlichem Bemühen durch Gottes Gnade geschenkt. Es ist das ‹praktische Wissen›, das der Apostel mit einem andern Wort ‹Liebe› (caritas) nennt. Sie ist allem, ... selbst einem glorreichen Martyrium vorzuziehen»[139].

b. Wie bei Kassian (†430) werden das Bemühen um Läuterung und die *Liebe* als Inhalt der Askese vorgestellt. Die handlungsbezogene Liebe heißt bei Kassian ‹praktisches Wissen› (im Unterschied zur Kontemplation). Diese Liebe steht höher als alle andern Charismen. Sie darf etwas kosten. Man darf ihretwegen auf echte menschliche Möglichkeiten verzichten[140]. Gegen Ende des Vorworts kommt so das Ziel des christlichen wie des klösterlichen Weges in Sicht: die Liebe.

48–49 a. Das Herrenwort von den «zwei Wegen»[141] etwas abwandelnd beschränkt der Verfasser die «Engheit» des Weges auf seinen «Anfang» ein. Im Dilemma zwischen Dekadenz und Überforderung ist ihm der Gedanke des Voranschreitens und des *Aufstiegs* hilfreich[142]. Es gibt die Chance des Suchens und des Vorankommens. Bloße Permissivität ist keine echte Lösung. Vom «Anfänger» ist erwartet, daß er Schwierigkeiten nicht umgeht, sondern «voranschreitet» und schließlich zur Vollendung gelangt[143].

b. Der Mensch ist auf einen *«Weg des Heils»* berufen. Die Führung liegt bei Gott, wie Kassian (†430) betont, der sonst die Chancen der menschlichen Freiheit unterstreicht: «Den ersten Anfang von gutem Willen hat Gottes Geist uns eingegeben. Es mag sein, daß er uns selber und unmittelbar auf den Weg des Heils geführt hat; oder er hat uns durch einen guten Menschen dazu ermuntert; oder er hat uns durch eine Fügung geführt. Auch die Vollendung aller positiven Kräfte in uns ist Gottes Gabe an uns. Unsere Aufgabe ist es, auszuführen, wozu Gott uns einlädt und hilft, ob wir dies mit Hingabe oder nachlässig tun»[144].

c. Jedenfalls besteht kein Grund zu einem panikartigen *«Zurückschrecken»* oder zur «Flucht»[145] vor diesem Weg, wenn seine Schwierigkeiten bewußt werden. Größer muß das Vertrauen in die Hilfe Gottes sein: Abt David, von dem Kassian (†430) berichtet, lehrte, «daß uns der Anfang unserer Bekehrung und unseres Glaubens und die Kraft, Leiden(schaften) auszuhalten, vom Herrn geschenkt werden»[146].

d. Das Wort von der *«unsagbaren Freude der Liebe»* erinnert an das von eschatologischer Hoffnung geprägte Schriftwort: «Ihn habt ihr nicht gesehen und dennoch liebt ihr ihn; ihn seht ihr auch jetzt nicht; aber ihr glaubt an ihn und jubelt in unsagbarer, von himmlischer Herrlichkeit verklärter Freude»[147].

e. Vom *«weiten Herzen»* sprechen die Väter oft[148]. Es ist weit, weil die «Liebe Gottes ausgegossen ist in unsern Herzen durch den Heiligen Geist»[149]. Ambrosius (†397) schrieb: «Der Weg sei eng, das Herz weit, damit es das Innewohnen des Vaters, des Sohnes und des Heiligen Geistes bestehen kann»[150]. Das Thema ist vielfältig abgewandelt worden. Kassian (†430)[151] hält allein das «weite Herz» fähig, «den Frieden oder die Ruhe»[152] zu erlangen. Ein ungeduldiger, kleinmütiger oder engherziger Mensch erliegt jeder «Sturzflut» von «Aggressivität» oder «Depression». Durch «Geduld»[153] und «Liebe» dagegen werden die «offenen Räume» eines «weiten Herzens» geschaffen, in denen die «Sturzfluten der Emotion» rasch verebben.
Das Herz ist also der Ort, wo sich die *Harmonie* mit Gott und mit dem Nächsten einstellen muß, dann ist es aber auch der Ort der innern Harmonie der Person. – Hilarius von Arles (†449) schreibt über seinen Vorgänger Honoratus (†428/9), der ebenfalls Mönch von Lérins war, fast im gleichen Atemzug, es sei ihm die «innere Reinheit» und die «Weite der Liebe» eigen gewesen. Diese innere Harmonie habe sich auf dem Gesicht des Honoratus gespiegelt[154]. – Dies wird auch ein Hauptthema der letzten Kapitel sein: Liebe und Frieden unter den Menschen und in Gott.
f. Gregor der Große (†604) wird später das Thema des «weiten Herzens» aufnehmen. Er schildert eine *mystische Erfahrung* Benedikts beim Tod seines Freundes, des Bischofs Germanus von Capua. Benedikt sah, in der Nacht betend am Fenster stehend, himmlisches Licht die Dunkelheit taghell überstrahlen und darin «die ganze Welt wie in einem einzigen Sonnenstrahl vereinigt». Gregor erklärt dieses mystische und zugleich kosmische Erlebnis: «Einer Seele, die ihren Schöpfer schaut, ist alles Geschaffene klein und eng. Wenn sie auch nur ein wenig vom Licht des Schöpfers zu schauen vermag, wird ihr alles, was geschaffen ist, klein. Denn im Licht der innern Schau weitet sich das Innere der Seele und dehnt sich so in Gott hinein aus, daß sie sich über die Welt erhebt. Die Seele des Sehers übersteigt auch sich selbst. Wenn sie vom Licht Gottes ergriffen und über sich selbst hinaus erhoben wird, weitet sie sich innerlich. Über alles erhöht sieht sie sich selber unter sich und begreift nun, wie klein alles ist, was sie nicht umgreifen konnte, als sie noch erniedrigt war ... Wenn gesagt wird, die Welt habe sich vor seinen Augen vereinigt, bedeutet das nicht, Himmel und Erde hätten sich zusammengezogen. Vielmehr hat sich das Innere des Sehers geweitet. Er wurde in Gott hinein entrückt und konnte mühelos alles schauen, was un-

ter Gott ist. Im Licht, das den Augen seines Leibes leuchtete, war das innere Licht gegenwärtig. Es ergriff die Seele des Sehers, erhob sie und zeigte ihm so, wie eng und klein alle niederen Dinge sind»[155].

Das Motiv des «weiten Herzens» geht in diesem Text Gregors über in eine Aussage über die mystische Schau göttlichen Lichtes und über eine *Annäherung an Gott*, ja eine Zusammenschau mit ihm. Nach der Darstellung Gregors gelangte Benedikt nur für einen kurzen Augenblick auf diesen höchsten Gipfel der Mystik und erst nach Jahren der Vorbereitung und des Aufstiegs. Zuerst mußte Benedikt sich erproben und bewähren. Er mußte die Versuchungen der Arroganz, sexueller Triebansprüche und der Aggressivität meistern. Er mußte Lehrer oder geistlicher Vater werden und als Geistträger durch «Erweise von Geist und Kraft» das Leben der Propheten und Apostel vergegenwärtigen. Erst auf dieser Höhe wird seine Seele vom Licht Gottes für einen Augenblick über sich selber hinausgerissen in Gott hinein (A. de Vogüé).

50 a. Der letzte Satz des Vorworts ist wieder aus dem «Magister» übernommen. Das Wort vom «Verharren in der Lehre Christi», das zum Bild von der «Schule des Herrn» paßt[156] erinnert an die Beschreibung der *Urkirche* von Jerusalem[157]. Man will nicht irgendwo im Abseits «verharren», sondern mitten im Herzen der Kirche.

b. Jetzt erst fällt der Ausdruck *«Kloster»* (monasterium). Dieser Begriff findet sich nicht in der Schrift. Erst nachdem die Schriftengemäßheit der Einrichtung aufgezeigt ist, wird die Bezeichnung eingeführt. Das Kloster erscheint als eine Gemeinschaft von Schülern des Herrn und stellt seinen Jüngerkreis dar[158]. Schon für Kassian (†430) ist das Kloster gleichsam «Schule und Sportanlage für unsere Ausbildung». Auszubilden sind die «Kräfte» der «Großmut» oder «Langmut», der «unerschütterlichen Geduld» oder Ausdauer»[159]. Der «Magister» scheint sich von Kassian inspirieren zu lassen, der schrieb: «Die Geduld und die restlose Treue, mit der sie in der einmal angenommenen ‹professio› verharren und nie den Eigenwillen tun, macht aus ihnen täglich solche, die gekreuzigt sind für die Welt[160] und lebendige Märtyrer»[161]. Diese Motive klingen in der Formulierung des Schlußsatzes des Vorworts an. Das Kreuz Christi, sein «Gehorsam bis zum Tod»[162] sind zentrale Themen der spirituellen Kapitel der Regel[163]. Diese gleichen Motive hat zuvor Origenes (†253) entwickelt, wobei er im Übergang von der Furcht zur Liebe, den Hindurchgang vom Kreuz zur Auferstehung und zur Neuheit des Lebens in Christus sieht[164].

c. Der Christ soll sich wie die Märtyrer Christus angleichen. Jesus hat das Leiden nicht bloß passiv hingenommen, sondern gehorsam bejaht. Dieses aktive, freiwillige Antreten zum Leidens-Kampf ist angedeutet im Begriff der «Geduld», der positiv verstanden werden muß als ein vertrauendes «Ausharren» oder «Standhalten» im Sinn der neutestamentlichen «hypomone»[165]. Der gläubige Christ fühlt seine Grenzen und Schwächen wohl[166], aber aus der gläubigen Verbundenheit mit Christus erwächst ihm eine ungeahnte «Kraft» (dynamis) oder «Geduld» und «Durchhaltekraft» (hypomone), die sich vorbildhaft im «Kampf» der Märtyer gezeigt haben[167]. Kraft, Geduld und Beharrlichkeit oder Langmut sind *Gaben des Geistes.* Sie gehören zum neuen Leben in Christus[168].

d. So schlägt sich im letzten Satz des Vorworts die Sehnsucht gläubiger Christen nach jener Christusverbundenheit und jenen Geistesgaben nieder, die den *Märtyrern* eigen waren. Wir lesen z. B. im «Martyrium des Polykarp» († 22. Februar 156): «Wir wollen die Märtyrer als Schüler und Nachahmer des Herrn so lieben, wie sie es verdienen ..., damit auch wir zu ihrer Gemeinschaft (koinonia) gehören und ihre Mitschüler werden»[169].

e. Das Kloster ist wie die Kirche eine «Schule des Herrn», in der ein «Kriegsdienst» des «Herzens» geleistet wird, nicht ein Kampf mit äußern Verfolgern. Diese Schule vermittelt die *Gemeinschaft* mit dem Herrn. Er schenkt dem Kreis der Jünger die «Kraft» zum «Zeugnis» (martyrion). Horsiesi (†um 380) zitiert dazu die Apostelgeschichte[170]: «Mit großer Kraft (dynamis) legten die Apostel Zeugnis (martyrion) ab von der Auferstehung Jesu, des Herrn»[171]. Es geht um den Austausch von Geistes- und Lebenskräften eines neuen Daseins: «Freut euch, daß ihr Anteil an den Leiden Christi habt; denn so könnt ihr auch bei der Offenbarung seiner Herrlichkeit voll Freude jubeln!»[172].

TEXT DER REGEL

«Regel» heißt sie, weil sie die Lebensform derer regelt,
die gehorchen.

KAPITEL 1
VON DEN MÖNCHSARTEN

1 Bekanntlich gibt es vier Arten von Mönchen.
2 Die erste ist die der Zönobiten, die im Kloster
unter Regel und Abt ihren Dienst leisten.
3 Die zweite Art sind die Anachoreten oder Eremiten.
Es sind Mönche,
die nicht im Neulingseifer der Bekehrung,
vielmehr durch lange Prüfungszeit im Kloster bewährt
4 und durch die Mithilfe vieler Brüder geschult
gegen den Teufel zu kämpfen gelernt haben.
5 Gut gerüstet treten sie aus der Reihe der Brüder heraus
zum Einzelkampf in der Wüste.
Furchtlos und auch ohne den Beistand eines andern
vermögen sie mit Gottes Hilfe
eigenhändig und im Alleingang
gegen die Laster des Fleisches und der Gedanken zu kämpfen.

6 Eine dritte, ganz abscheuliche Art von Mönchen
sind die Sarabaiten.
Sie wurden nie WIE GOLD IM SCHMELZOFEN GEPRÜFT,
weder durch eine Regel noch durch eine erfahrene Führung,
sondern sind weich wie Blei.
7 Sie wahren in ihren Werken noch immer der Welt die Treue
und BELÜGEN Gott offensichtlich mit ihrer Tonsur.
8 Zu zweit oder dritt oder einzeln leben sie ohne Hirten,

in den eigenen, nicht in des Herrn HÜRDEN eingeschlossen.
Gesetz ist ihnen, was die Begierden verlangen.
9 Alle eigenen Ansichten und Wünsche nennen sie heilig;
was sie nicht wollen, halten sie für unerlaubt.

10 Die vierte Art Mönche sind die sogenannten Gyrovagen.
Zeit ihres Lebens ziehen sie von Land zu Land
und lassen sich je drei oder vier Tage
in den Zellen dieser oder jener Mönche beherbergen;
11 immer unstet und nie beständig
sind sie den eigenen Trieben und der Gaumenlust dienstbar
und in allem schlimmer als die Sarabaiten.

12 Vom erbärmlichen Leben all dieser Mönche
schweigen wir lieber, als daß wir davon reden.
13 Lassen wir sie also beiseite und gehen wir daran,
der kraftvollsten Art, den Zönobiten,
mit Gottes Hilfe eine Lebensordnung zu geben.

6 Weish 3,6 **7** Ps 81,16; Apg 5,3 **8** Vgl. Ez 34; Ps 23; Lk 15,4–7; Joh 10,1–16

1 a. Der «Magister», aus dem das Kapitel zum großen Teil übernommen ist[1], vermeidet den Begriff *«Mönch»* fast immer und zieht den «Bruder»-Namen vor. Ebenso hält es Benedikt; doch klingt bei ihm der Begriff «Mönch» wie ein verpflichtender Ehrenname, den er in gewichtigem Zusammenhang braucht. Das erste Kapitel beginnt betont mit diesem Ausdruck, der den «einzelnen» bezeichnet[2]. Augustinus (†430) hält den Ausdruck für geeignet, weil die Klostergemeinschaft nicht eine Menge, sondern *«ein* Herz und *eine* Seele»[3] sei[4]. Die Tradition legt den Ausdruck auch auf das Suchen des «Einen Notwendigen»[5] aus oder auf die Abbildung der göttlichen Einheit, die das Gegenbild der Zersplitterung ist.
b. Der «Magister» bezieht die Aufzählung der Mönchsarten weitgehend von Kassian (†430)[6], der seinerseits auf einer aus dem Jahr 384 stammenden Darstellung des Hieronymus[7] von den Mönchsarten in Ägypten fußt.

2 a. Der *«Zönobit»* lebt im «koinobion», also in einer «Lebensge-

meinschaft»[8]. Der Verfasser gibt dafür eine Umschreibung mit «Monasterium» (Haus der Mönche)[9].

b. Andere Mönchsregeln entfalten gleich zu Beginn die Idee der *«Lebensgemeinschaft»*. Sie ist der Leitgedanke des pachomianischen Mönchtums. Pachomius (†346) selber hat den Weg zum christlichen Glauben und die Berufung zum Mönchsleben über die Erfahrung von Gemeinschaftstugenden gefunden. Als zwanzigjähriger Rekrut im römischen Heer, mitgenommen von einer Reise und schlechter Behandlung, hatte er die uneigennützige Nächstenliebe und Gastfreundschaft von «Christen» einer ägyptischen Stadt erlebt[10].

Sein zweiter Nachfolger Horsiesi (†um 380) spricht nicht nur davon, daß «Vater (Pachomius) erstmals die Zönobien begründet hat»[11], er erklärt sie auch als «Kreis der Gemeinschaft *(koinonia)*: «Daß aber unser Kreis der Gemeinschaft *(koinonia)*, die uns verbindet, von Gott stammt, das hat uns der Apostel gelehrt, da er sagt: ‹Vergeßt nicht Gutes zu tun und zu teilen (koinonia), denn an solchen Opfern hat Gott sein Wohlgefallen›[12]. Ein gleiches lesen wir in der Apostelgeschichte: ‹Die Gemeinde der Gläubigen war *ein* Herz und *eine* Seele. Keiner nannte etwas von dem, was er hatte, sein Eigentum, sondern sie hatten alles gemeinsam (koina). Mit großer Kraft (dynamis) legten die Apostel Zeugnis (martyrion) ab von der Auferstehung Jesu›[13]»[14]. So ist der Koinonia- oder Communio-Gedanke das Leitmotiv der pachomianischen Spiritualität[15].

c. Kassian (†430) übernimmt die Modell-Vorstellung von der *Jerusalemer Urgemeinde*[16]: «Die ganze Kirche lebte damals so, während sich heute nur wenige in den Klöstern finden, die dieses Leben führen»[17]. In diesen Worten schlägt sich eine gewisse Nostalgie nach dem «apostolischen Leben» der Urkirche nieder. Das Idealbild der Apostelgeschichte begeistert. Unübersehbar ist bei Kassian auch eine Tendenz, christliches Gemeindeleben fast nur in den Klöstern verwirklicht zu sehen, weil er nur hier die Gütergemeinschaft findet.

d. Die «Regel der 4 Väter»[18] legt Gewicht auf andere, in der Apostelgeschichte[19] miterwähnte Momente des Gemeindelebens, nämlich auf Einmütigkeit, Liebe und Freude: «Der Heilige Geist sagt: ‹Seht doch, wie gut und schön ist es, wenn Brüder miteinander in Eintracht wohnen›[20]; und ebenso: ‹Er läßt sie einmütig im Hause wohnen›[21]. Wenn diese *Regel der Liebe* feststeht, die vom Heiligen Geist aufgezeigt und ausgewiesen ist, können wir weiterschreiten und begründete Anweisungen geben. Wir wünschen vor allem, daß alle Brüder einmütig in einem

Haus wohnen, in dem die Freude daheim ist»[22]. Ein Ethos von Einmütigkeit, Liebe und Freude ist die Grundlage eines christlichen Gemeinschaftslebens.

e. Diese *biblischen Argumente* für das Gemeinschaftsleben sind Gemeingut der Mönchsschriftsteller. Es sei nur auf Augustinus (†430) verwiesen[23], für den das Gemeinschaftsleben der Urkirche *das* Modell des Klosters ist. Benedikt selber beruft sich eher zurückhaltend und wohl unter dem Einfluß Augustins auf das Gemeindeleben der Urkirche[24]. Das Motiv der Bruderliebe wird von Benedikt erst in den Schlußkapiteln voll entfaltet, weil die Liebe als Ziel des Weges erscheinen soll, der zu Gott führt[25].

f. Zur Definition des Klosters gehört das *«Dienstleisten»* (militare). Das Wort weist auf das asketische Bemühen, den Kampf für Christus und gegen das Böse hin[26], doch ist zur Zeit Benedikts die ursprüngliche Bedeutung von «militare» verblaßt. Es bedeutet «dienen».

g. Der Dienst wird «unter der *Regel*» geleistet. Diese ist vorrangig gegenüber dem Abt, der sich wie alle andern an die Regel halten muß[27]. Kassian (†430) erwähnt in seiner Beschreibung der «Zönobiten» die Regel noch nicht: «Sie leben in Gemeinschaft zusammen und werden von einem Ältern (senior) mit Urteilsgabe geleitet»[28]. Die Überlegungen, die gerade im südgallischen Mönchtum dazu führten, der Regel eine vorrangige Bedeutung zuzumessen, finden wir beim «Magister» in einem Abschnitt, der dem Abtskapitel vorangeht[29]: «Der Herr hat seiner Kirche ... drei Stufen für die Verkündigung der Lehre bestimmt: ‹erstens Propheten, zweitens Apostel, drittens Lehrer›[30]. Durch ihre Weisung und Lehre sollen die Gemeinden (ecclesiae) und Schulen (scholae) Christi geleitet werden ...» Wer die «Hirten» und wer «unsere Lehrer» hört, der hört Christus selber[31]. In dieser Sicht ist die «Lehre Christi»[32] das Grundgesetz des Klosters. Diese «Lehre»[33] ist zum Teil eingegangen in die geschriebene Regel, die sich dauernd auf die «von Gott beglaubigten Worte» der Schrift abstützt[34]. So erklärt sich die Forderung, daß alle der Regel zu gehorchen haben[35], aus ihrem Charakter als Kurzfassung der Heiligen Schrift.

h. Zur Struktur der Klosters gehört sodann notwendig der *Abt*. Im Sinn des Magisters zählt der Abt zu den «Lehrern» und den «Hirten», die nach der Zeit der Apostel den «Schulen» vorstehen, so wie die Bischöfe den Kirchen vorstehen[36]. Die Funktion des Abtes wird also in einer Analogie zu den kirchlichen Vorstehern gesehen, nicht aus einem profanen oder familiären Modell abgeleitet. Der Verfasser bleibt konsequent bei seinem Verständnis des Klosters als einer «Schule des Herrn»[37], die mitten in der «Kirche» errichtet ist[38] und in welcher der Abt als «Lehrer» und «Hirte» wirkt[39].

3–5 a. Wenn sich der «Magister» und Benedikt positiv für das Eremitentum aussprechen, stehen sie ohne Zweifel unter dem Einfluß Kassians (†430). Dieser hat die Entstehung des Mönchtums und der *Eremiten* damit erklärt, daß der Enthusiasmus der apostolischen Zeit in einigen Christen lebendig blieb: «Nach dem Tod der Apostel begann die Menge der Gläubigen in ihrem Eifer zu erkalten ... Aber es gab Menschen, in denen das Feuer der apostolischen Zeit glühte. Um dem ursprünglichen Leitbild treu zu bleiben, verließen sie die Städte und die Gesellschaft derer, die glaubten, sie selbst und die Kirche Gottes dürften sich ohne alle Askese in einem bequemen Leben einrichten. Einige zogen darum in die Umgebung der Städte und in die Einsamkeit. Sie begannen für sich selber die Regeln zu beobachten, von denen sie wußten, daß die Apostel sie für den ganzen Leib der Kirche aufgestellt hatten ... Wegen ihres einsamen Lebens ohne Familie erhielten sie den Namen Mönche, das heißt ‹einsam Lebende›. In der Folge nannte man sie von ihrer Lebensgemeinschaft her ‹Zönobiten› ... Wie Blumen und Früchte aus einer kräftig treibenden Wurzel gingen aus dieser Lebensform die heiligen Einsiedler hervor ... Sie suchen die Einsamkeit auf weder aus Angst noch aus ungesundem Übereifer, sondern weil sie sich nach höherer Vollkommenheit und nach kontemplativer Hingabe an Gott sehnen ... Mit gutem Grund heißen sie daher ‹Anachoreten› oder ‹Menschen des Auszugs›. Es genügt ihnen nämlich nicht, die Nachstellungen des Bösen gemeinsam mit andern siegreich zu bekämpfen, sondern sie suchen den offenen Kampf und die unmittelbare Auseinandersetzung mit den Dämonen. Deshalb dringen sie furchtlos in die endlose Wüste vor»[40]. In dieser begeisterten und idealisierenden Darstellung fällt wieder auf, daß das «Kämpfen» im Mittelpunkt steht[41]. Dabei spricht der «Magister» vom Kampf gegen die «Laster des Fleisches und der Gedanken». Dies ist eine Engführung. Der biblische Begriff «Fleisch» bezeichnet das naturhaft-irdische Ich[42]. Der Kampf gegen schlechte «Gedanken» war ursprünglich gegen die seelischen Wurzeln der Sünde gerichtet. Origenes (†253) schrieb: «Die schlechten Gedanken sind Wurzel und Anfang jeder Sünde»[43].

b. Die vom «Magister» und von Benedikt genannten Voraussetzungen für das Einsiedlerleben finden sich schon bei Kassian (†430)[44]. Dabei fällt aber auf, wie sehr die hier ausgesprochene

Anerkennung des «Eremiten»[45] zu einem indirekten *Lob des Gemeinschaftslebens* wird, denn dieses vermittelt: 1. «Bewährung», die mehr zählt als unerleuchteter Eifer[46]; 2. «Schulung»[47], «gute Ausrüstung» und «Befähigung» für alle Auseinandersetzungen, wie sie nur dem Geistträger möglich sind[48]; 3. «Sicherheit» und «Beistand», nämlich zuverlässige Orientierung durch den «Zuspruch»[49] anderer, bei denen der Geistbesitz vorausgesetzt wird, oder durch die brüderliche «Tröstung» in seelischer oder leiblicher Not; 4. die «Reihe der Brüder»: das Leben in der Gemeinschaft[50] vermittelt Freude. «Seht doch, wie gut und schön ist es, wenn Brüder miteinander in Eintracht wohnen»[51]. Augustinus (†430) sagt zu diesem Vers, er habe «die Klöster geboren». Das Leben in der «Reihe der Brüder» ist nicht bloß ein unpersönliches Nebeneinander, sondern ein mit Seele und Herz erfahrenes Miteinander. Es vermittelt Geborgenheit. Normatives Vorbild ist die Urgemeinde von Jerusalem[52], nicht ein anderes soziologisches Modell. Der religiös-kirchliche Kern des klösterlichen Gemeinschaftslebens darf nicht übersehen werden. Wer im Kloster nur – im Sinn der Gruppenpsychologie – «Nestwärme» sucht, müßte enttäuscht werden. Umgekehrt darf man sagen, daß helfende Kräfte, wie sie das klösterliche Gemeinschaftsleben freisetzt, in jeder kirchlichen Gemeinschaft wirksam sind, z. B. in der Ortskirche, in der Familie.

c. Schon Basilius (†379) hat sich intensiv mit der Frage befaßt, ob es besser sei, ein religiös-kontemplatives Leben allein und in der Einsamkeit zu führen oder *«mit Brüdern»* zusammen in einer kirchlichen Gemeinschaft, ohne daß er diesen Begriff exklusiv von einem «Kloster» verstehen würde. Er hält grundsätzlich fest: «Aus vielen Gründen ist es besser, ein gemeinsames Leben mit Gleichgesinnten zu führen.» Er nennt folgende Gründe: 1. Materiell sind wir auf gegenseitige Hilfe angewiesen. 2. Weil «die Liebe nicht den eigenen Vorteil sucht»[53], wendet sie sich andern zu. 3. Kritik anderer ist hilfreich. 4. Gemeinsam lassen sich die Gebote der Nächstenliebe effizienter verwirklichen: Krankenpflege, Gastfreundschaft ... 5. Erst als Gemeinschaft sind wir «*ein* Leib in Christus ... Glieder, die einander zugehören» und können uns «freuen mit den Fröhlichen, weinen mit den Weinenden»[54]. 6. Ein einzelner kann nicht alle Gaben des Geistes empfangen[55]. In einer *Charismen-Gemeinschaft* empfängt sie einer nicht vergeblich, sondern kann sie kommunikativ für andere einsetzen. 7. Das (Dank-)Gebet einer Gemeinschaft ist besonders wertvoll, kraft der Gnade, die auf jedem einzelnen ruht. 8. Das einsame Leben hat Gefahren: fehlende Wachsamkeit gegenüber dem Bösen; unkritische Selbstüberschätzung; bloß theoretisches, statt praktisches Christenleben; Unmöglichkeit eines kirchlichen Gemeinschaftslebens im Sinn der Schrift[56].

d. Der «Magister» und Benedikt unterstreichen, daß Gottes *Gnade* unerläßlich ist, wenn ein Mönch sich auf die absolute Intimität mit Gott einlassen will[57].

6–9 a. *«Sarabaiten»* sind nach Kassian († 430) entartete Zönobiten. Sie sind ohne Obern und ohne Schulung, verfallen leicht einer falschen Askese und bleiben in materiellen Sorgen verstrickt[58]. Geschichtlich freilich hat das Mönchtum mit den frühchristlichen Asketen begonnen, die allein oder in kleinsten Gruppen lebten[59]. Diese spontane, aber gefährdete Urform organisierte sich im Zönobitentum.

b. Der «Magister» und Benedikt urteilen streng über die Sarabaiten. Es sind im eigenen, religiös verbrämten Egoismus befangene Mönche. Sie kreisen um das eigene Ich und seine *vermeintliche Freiheit*, die nur Orientierungslosigkeit ist. Der Heilsindividualismus wie auch der Gruppenegoismus eines nur mit sich selbst beschäftigten Mönchtums und ebenso ein sattes christliches Spießbürgertum werden als Lebenslüge entlarvt. Dieses Gegenbild macht die positiven Züge eines echten Zönobiums deutlicher sichtbar.

Das Motiv *«Hirt und Herde»*[60] ist im Blick auf Christus zu verstehen und bestimmt das Verhältnis der klösterlichen Lebensgemeinschaft zu ihm, von dem sie Nahrung, Schutz und Führung erwartet und auf dessen Stimme sie hören soll[61].

10–11 a. *«Gyrovagen»* sind «herumziehende» Mönche. Der «Magister» hat dieser «vierten Art» einen Namen gegeben. Benedikt schildert knapp ihren Egoismus[62]. Kassian († 430) nennt die Wurzel des Übels, das diesen Mönchstyp charakterisiert: «der üble Geist der Acedia», d. h. die religiöse Uninteressiertheit und Flachheit. Dieser religiöse Überdruß «läßt den Mönch ohne alle Energie und ohne den Willen zu geistlichem Fortschritt in seiner Zelle sitzen oder vertreibt ihn daraus und macht aus ihm einen unbeständigen und arbeitsscheuen Reisenden, der die Häuser der Brüder und die Klöster aufsucht, um sich verköstigen zu lassen»[63]. Kassian lehnt also ein Mönchtum ohne geistliche Dynamik ab, ebenso die Arbeitsscheu und Alibi-Übungen wie das Herumziehen.

b. Neben der Kompensation, die in einem genüßlichen Leben[64] besteht, lehnt Benedikt besonders entschieden die *Unbeständigkeit* ab. Auf andere von Kassian genannte Gefahren geht er hier nicht ein, wohl aber betont er wie an andern Stellen die Beständigkeit[65]. Es gab freilich ein Wandermönchtum aus religiösem Motiv. Man denke an Glaubensboten[66] oder an Asketen, die auf der Pilgerschaft das Unbekanntsein und die innere Ruhe suchten[67].

12–13 Die Schlußbemerkung über die *«kraftvolle Art* der Zönobiten» zeigt, wo die Sympathien Benedikts liegen und leitet über zum Abtskapitel.

KAPITEL 2
WIE DER ABT SEIN SOLL

1 Der Abt, der würdig ist, dem Kloster vorzustehen,
bleibe sich stets bewußt, wie er genannt wird;
er mache den Namen «Oberer» durch seine Taten wahr.
2 Er gilt nämlich im Kloster als Stellvertreter Christi,
wird er doch mit dessen eigenem Beinamen gerufen,
3 wie der Apostel sagt:
IHR HABT DEN GEIST EMPFANGEN, DER EUCH ZU SÖHNEN MACHT,
DEN GEIST, IN DEM WIR RUFEN: ABBA, VATER.
4 Darum darf der Abt nichts lehren, anordnen oder befehlen,
was vom Gebot des Herrn abweicht,
5 sondern sein Befehl und seine Lehre sollen
wie ein SAUERTEIG der göttlichen GERECHTIGKEIT
die Herzen der Jünger durchdringen.
6 Er denke ständig daran, daß im furchtbaren Gericht Gottes
beides Gegenstand der Rechenschaft sein wird:
seine Lehre und der Gehorsam der Jünger.
7 Auch wisse der Abt,
daß die Verantwortung auf den Hirten fällt,
wenn der HAUSVATER
bei seinen Schafen einen Mißertrag feststellt.
8 Ganz gleich wird freilich auch gelten:
Hat der Hirt einer unruhigen und ungehorsamen Herde
alle Hirtensorge erwiesen,
und gegen ihr krankhaftes Verhalten

die ganze Heilkunst eingesetzt,
9 dann wird er im Gericht des Herrn freigesprochen,
und er darf mit dem Propheten zum Herrn sagen:
DEINE GERECHTIGKEIT HABE ICH NICHT IM HERZEN VERBORGEN;
ICH HABE VON DEINER TREUE UND HILFE GESPROCHEN;
SIE ABER HABEN MICH VERACHTET UND VERSCHMÄHT.
10 Dann wird schließlich über die Schafe,
die sich im Ungehorsam seiner Sorge widersetzten,
die Strafe kommen: der allgewaltige Tod.

11 Wer also den Namen «Abt» annimmt,
muß seine Jünger mit doppelter Lehre leiten;
12 das heißt: er zeige eher durch Taten als mit Worten,
was gut und heilig ist.
Den fähigen Jüngern lege er Gottes Gebote in Worten dar,
den HARTHERZIGEN und den einfältigeren
zeige er den Willen Gottes durch sein Beispiel.
13 Hat er seine Jünger gelehrt, daß etwas verboten ist,
zeige er auch durch sein Beispiel,
daß man es nicht tun darf.
Sonst könnte er ANDERN PREDIGEN
UND SELBST VERWORFEN WERDEN.
14 Und Gott soll ihm nicht eines Tages
um seiner Sünden willen sagen:
WAS ZÄHLST DU MEINE GEBOTE AUF
UND NIMMST MEINEN BUND IN DEINEN MUND?
DABEI IST ZUCHT DIR VERHASST
UND MEINE WORTE WIRFST DU HINTER DICH.
15 Und: DU SIEHST DEN SPLITTER IM AUGE DEINES BRUDERS,
ABER DEN BALKEN IN DEINEN AUGEN BEMERKST DU NICHT.

16 Er mache im Kloster keinen Unterschied der Person.
17 Er liebe den einen nicht mehr als den andern,
außer er fände einen treuer und gehorsamer.
18 Wer frei geboren ist, darf nicht über den gestellt werden,
der aus dem Sklavenstand ins Kloster tritt,

wenn dafür nicht ein anderer, vernünftiger Grund besteht.
19 Auch sonst kann der Abt einen im Rang erhöhen,
wenn es ihm die Gerechtigkeit so zu fordern scheint.
Ist dies nicht der Fall,
soll jeder seinen Platz behalten;
20 denn OB SKLAVE ODER FREIER MANN,
IN CHRISTUS SIND WIR ALLE EINS,
und unter dem gleichen Herrn
tragen wir die Last der gleichen Dienstpflichten;
BEI GOTT GIBT ES JA KEIN ANSEHEN DER PERSON.
21 Nur dann gelten wir bei ihm mehr,
wenn wir ein besseres Leben führen als andere
und demütig bleiben.
22 Der Abt bezeuge also allen die gleiche Liebe
und stelle allen die gleichen Forderungen,
wie es jeder einzelne verdient.

23 Wenn der Abt seine Lehre vorträgt,
richte er sich stets nach dem Beispiel des Apostels,
der sagt: WEISE ZURECHT, TADLE, ERMAHNE!
24 Das heißt: Je nach ZEIT und Umständen
verbinde er Strenge mit Liebenswürdigkeit;
er zeige bald den Ernst des Meisters,
bald die liebevolle Güte des Vaters.
25 Die Ungezogenen und Unruhigen also
soll er sehr streng zurechtweisen,
die Gehorsamen aber, die FRIEDLICHEN und GEDULDIGEN
zum Fortschritt im Guten ermutigen.
Gleichgültige und Widerspenstige tadle und strafe er;
das ist unsere Mahnung.

26 Er darf nicht ÜBER DIE SÜNDEN von Schuldigen HINWEGSEHEN,
sondern gleich am Anfang
schneide er das Böse mit der Wurzel aus,
so gut es ihm möglich ist.
Er bedenke, daß ihm sonst das gleiche droht
wie Eli, dem Priester von Schilo.

27 Die Vornehmen und verständigen Gemüter mag er
bei der ersten und zweiten Mahnung
mit Worten zurechtweisen;
28 die Frechen und Harten, die Stolzen und Ungehorsamen
strafe er gleich beim Entstehen der Sünde
mit der Rute oder mit körperlicher Züchtigung.
Weiß er doch, daß geschrieben steht:
DER TOR WIRD DURCH WORTE NICHT GEBESSERT.
29 Und wiederum: SCHLAG DEINEN SOHN MIT DEM STOCK,
SO BEWAHRST DU SEIN LEBEN VOR DEM UNTERGANG.

30 Der Abt bedenke immer, was er ist;
er bedenke, was er für einen Namen trägt;
und er wisse: WEM MAN VIEL ANVERTRAUT HAT,
VON DEM WIRD MAN UM SO MEHR FORDERN.

31 Er wisse, wie schwer und mühevoll die Aufgabe ist,
die er übernommen hat:
Seelen zu leiten und der Eigenart vieler zu dienen,
dem einen mit freundlichen Worten,
einem andern mit Tadel, einem dritten mit gutem Rat.
32 Dem Charakter und der Fassungskraft jedes einzelnen
suche er zu entsprechen
und sich allen so verständnisvoll anzupassen,
daß er an der ihm anvertrauten Herde
nicht nur keinen Schaden leidet,
sondern sich am Gedeihen einer guten Herde freuen kann.
33 Vor allem darf er nicht hinwegsehen
über das Heil der ihm anvertrauten Seelen
oder es geringschätzen und sich größere Sorgen machen
um vergängliche, irdische und hinfällige Dinge.
34 Er sei sich vielmehr stets seiner Aufgabe bewußt:
Er hat SEELEN zu leiten,
FÜR DIE er einst auch RECHENSCHAFT ABLEGEN muß.
35 Die vielleicht zu geringen Einkünfte
sollen ihn nicht beunruhigen;

er denke an das Schriftwort:
EUCH MUSS ES ZUERST UM DAS REICH GOTTES
UND UM SEINE GERECHTIGKEIT GEHEN;
DANN WIRD EUCH ALLES ANDERE DAZUGEGEBEN.
36 Und ferner: WER DEN HERRN FÜRCHTET, LEIDET KEINEN MANGEL.

•

37 Er wisse: Wer die Leitung von SEELEN übernimmt,
muß sich BEREITEN, RECHENSCHAFT ABZULEGEN.
38 FÜR so viele SEELEN, als er für Brüder verantwortlich ist,
für sie alle, das wisse er ganz sicher,
ist er am Tag des GERICHTS
dem Herrn RECHENSCHAFT schuldig,
dazu ohne Zweifel auch für seine eigene Seele.
39 Stets in Furcht vor der Untersuchung,
die ihm als Hirt der ihm anvertrauten Schafe bevorsteht,
wird die Verantwortung für andere ihm helfen,
die Verantwortung für sich selber ernst zu nehmen.
40 Und indem er mit seinen Mahnungen
andern zur Besserung verhilft,
läutert er sich von den eigenen Fehlern.

2 Vgl. RB 63,13 **3** Röm 8,15; Gal 4,6 **5** Vgl. Mt 13,33; Mt 5,20; 6,1.33; Röm 1,17; 3,22 **7** Vgl. Joh 21,15–16; Lk 14,21 **8** Vgl. Mt 13,27; 21,33; 24,43 **9** Ps 40,11; Jes 1,2; Ez 20,27 **12** Vgl. Jes 46,12 (lat.) **13** 1 Kor 9,27 **14** Ps 50,16–17 **15** Mt 7,3 **20** Vgl. Eph 6,8; Gal 3,28; Röm 2,11 **23** 2 Tim 4,2 **24** Vgl. Kor 3,1ff **25** Mt 5,4.10 **26** Weish 11; 1 Sam 2,11–4,18 **28** Vgl. Spr 29,19 **29** Spr 23,13–14; vgl. 13,24 **30** Luk 12,48 **32** Vgl. Joh 21,15–16 **34** Hebr 13,17 **35** Vgl. Mt 6,33 **36** Ps 34,10 **37** Vgl. 1 Petr 3,15; Hebr 13,17 **38** Vgl. Hebr 13,17; 1 Petr 4,5

1–10 a. Der «Magister»[1] legt auf Grund einer bereits allgemein gewordenen Tradition ein reflektiertes Abtsbild vor. Aussagen der Schrift über Christus und über die apostolischen Dienste werden unbefangen auf den Abt übertragen, weil er in Analogie zum Bischof Vorsteher einer kirchlichen Gemeinschaft ist, nämlich der «Schule Christi»[2]. Die hier entwickelte Theologie des Abtes läßt sich deshalb auf jeden kirchlichen Vorsteher übertragen wie überhaupt auf ein christliches Verständnis der *Autorität.*

b. Eigentlicher Abt und Hausherr des Klosters ist Christus. Der Abt ist im Licht des Glaubens sein *«Stellvertreter».*

Er ist *«Oberer»* (maior). Wie der Hausherr einen aus seinen Dienern als «maior-domus» bezeichnet und als seinen Stellvertreter über das übrige Gesinde setzt, so setzt Christus im «Haus Gottes», nämlich in der Kirche oder im Kloster, als seine Vertreter die Bischöfe und Kleriker oder den Abt und die Vorgesetzten ein. Für Benedikt ist das Kloster ein «Haus Gottes»[3]. Der Abt hat darin eine Dienst- und Vermittlungsfunktion zwischen Christus und den Mönchen.

c. Der Abt wird als *geistlicher Vater* verstanden, weil er wie Christus im Kreis der Jünger «den Vater offenbart».[4] Der Abt muß in gewisser Weise auch von der Gemeinschaft her erklärt werden. Die einzelnen, die den Geist Christi in sich tragen[5], wünschen die Vaterschaft Gottes in ihrer Mitte konkret vergegenwärtigt zu sehen[6]. Auf Grund des Geistempfangs nennen sie den Abt «Abba-Vater», dies im Blick auf Christus. Der Glaube, daß Gott, der uns den Geist verleiht, uns annimmt, schenkt die Kraft, uns selber anzunehmen, die andern anzunehmen und zu «tragen» und in der Autorität des Abtes die väterliche Güte des Herrn zu sehen. In der alten Kirche war man gewohnt, Christus als Vater zu sehen, weil er neues Leben vermittelt[7]. Basilius († 379) empfiehlt, die als «Väter» zu betrachten, die «jemand durch das Evangelium gezeugt haben»[8] und die als «Brüder», die den gleichen «Geist, der zu Söhnen macht»,[9] empfangen haben[10]. Schon in den ägyptischen Klöstern nannte man z. B. Pachomius († 346) «unsern heiligen Vater»[11]. Der «geistliche Vater», um den sich Schüler zu sammeln beginnen, ist der Prototyp des Abtes[12], wofür die «Lebensbeschreibungen der Väter» zahllose Beispiele bringen.

d. Der Abt. ist *Lehrer,* aber nur wenn er gleichsam Christus die Stimme leiht[13]. Daß er nichts lehren darf, was gegen Gottes Willen oder gegen die Schrift ist, sagt auch Basilius († 379)[14]. Die Lehre Christi ist so vorzutragen, daß sie den Bereich des Herzens erreicht und sich dort entfalten kann. Die Bindung an den Herrn und die Mahnung zur Verantwortung des Hirten vor dem Gericht Gottes soll jedem falschen Absolutismus des Abtes vorbeugen.

e. In Analogie zu den *Hirten* der Kirche spielt der Verfasser an die Hirtenrede des Ezechiel an[15], wie es ähnlich viele Mönchsschriftsteller tun, um jeder Neigung zu einem autokratischen Herrschaftssystem Vorschub zu leisten[16].

f. Auch die *ärztliche* Funktion des Hirten wird gern herausgestellt[17].

11–15 a. Der Abt ist Lehrer durch Wort und Beispiel. Als geistlicher Vater ahmt er die *Pädagogik Christi* nach. Davon sprach schon

Klemens von Alexandrien († vor 215). In Ägypten begann man, die Klöster als «Schulen» zu bezeichnen, vielleicht in Erinnerung an das «didaskalejon» oder die Katechetenschule. Ein «senior», also ein älterer, erfahrener Asket unterrichtet Jünger, die sich seiner Autorität unterstellen. Kassian († 430) suchte diese Vorstellung des Klosters als einer «Schule» im Westen zu fördern[18]. Tatsächlich wollte man in ägyptischen Klöstern durch Katechesen[19] und durch eine beispielhafte Praxis[20] alle fördern. Lérins hat den Begriff der «Schule» übernommen, Benedikt drängt ihn eher zurück[21], ohne die vorrangige Bedeutung der Schriftkenntnis zu schmälern.
b. Die Unterscheidung zwischen «fähigen» und «einfältigeren Schülern»(!)[22] ist eingebettet in die Mahnung, der Abt müsse sich dem individuellen Charakter anpassen. Die Person und ihre Eigenart ist in einer Gemeinschaft zu akzeptieren und zu achten[23]; nur so kann man sich in einer Gemeinschaft integrieren.

16–22 Das Gebot, allen die gleiche Liebe entgegenzubringen und das Verbot der Parteilichkeit[24] wird mit der paulinischen Lehre von der Einheit und *Gleichheit* aller in Christus begründet[25]. Das ist die Grundvoraussetzung eines echten Gemeinschaftslebens. Benedikt fügt in den Magistertext eine eigene Bemerkung[26] über die ihn beschäftigende Frage der Rangordnung. Soziale Unterschiede läßt er nicht als Grund für eine Bevorzugung gelten, wohl aber nennt er eigens andere Motive[27]. Eine Bemerkung des Magisters, daß Gott die Erde sowohl Guten wie Bösen dienen läßt, streicht er[28], weil sie ihm zu gleichmacherisch klingen mochte[29].

23–25 Das Thema von der Anpassung an die *individuell verschiedenen Charaktere* wird mit einem für viele Mönchsregeln wegleitenden Apostelwort begründet. Wieder wird eine Weisung für kirchliche Vorsteher auf den Abt übertragen[30]. – Benedikt streicht[31] einen Absatz des «Magisters», der Jesus vorstellt, wie er ein Kind an die Hand nimmt, um ein Beispiel der Demut zu geben. Ebenso streicht er des «Magisters» Forderung nach einer sowohl väterlichen wie mütterlichen Liebe zu allen. – Für ein ausgeglichenes Nebeneinander von Güte und Strenge hat sich schon Origenes († 253) ausgesprochen[32].

26 Benedikt hat in den «Magistertext» diese Mahnung zum sofortigen Vorgehen gegen Fehler eingefügt. Der Hinweis auf *Eli* soll vor falscher Nachgiebigkeit warnen[33]. Die Aufforderung zum sofortigen «Amputieren»[34] eines Fehlers wird im späteren zweiten Abtskapitel ausdrücklich gemildert, denn es wird dort ein «kluges und liebevolles» Vorgehen nahegelegt[35]. Basilius († 379) empfiehlt, so vorzugehen wie ein Vater oder wie ein Arzt gegenüber dem kranken Sohn[36].

27–29 Diese ebenfalls von Benedikt eingefügten Verse handeln wieder von der *Anpassung* an den individuellen Charakter[37]. Der Tonfall gegenüber den «Hartherzigen»[38] und Unverständigen wird streng[39].

30 Der «Magister» verweist wieder auf die *Verantwortung* des Abtes[40].

31–32 a. Dieser Zusatz Benedikts über die *Anpassung* an den Charakter der einzelnen[41] verrät eine Hauptsorge Benedikts, die ihn ehrt. Im ganzen Kontext tritt der Abt als Geistträger und Seelsorger auf[42]. Typisch für diese Seelsorge ist die *Zuwendung zum einzelnen*. Sie spielt von Person zu Person, ja sie setzt die «Herzenskenntnis» voraus. Wegweisend konnte das Bild des ersten Abtes von Lérins sein: Honoratus (†428) «durchschaute die Eigenart jedes einzelnen. Besserte sich einer, so paßte er auch die Zurechtweisung an. Diesem begegnete er streng, jenem freundlich ... Er trug die Seelen der einzelnen gleichsam in der eigenen Seele». Er habe über einen «gottgeschenkten Instinkt» verfügt, so daß er «die Kräfte, die seelische Verfassung, selbst den Magen und den Schlaf» jedes einzelnen kannte, die Begeisterten zügelte, die Säumigen anspornte[43]. Er wußte «Freundlichkeit mit Strenge zu mischen»[44]. Die Gabe der Herzenskenntnis macht zum charismatischen Seelsorger.

b. Für die Bemerkung über die Schwierigkeit des *Seelsorge-* und Hirtendienstes gibt es in den Mönchsregeln wenig direkte Parallelen. Augustinus (†430) mahnt die Brüder, spontan zu gehorchen und so sich selber eine Wohltat zu erweisen(!) und zugleich dem Vorgesetzten die Verantwortung zu erleichtern[45]. – Das Bild von der «anvertrauten Herde» ist traditionell[46].

33–36 Zu dieser Mahnung Benedikts, den *Vorrang des Spirituellen* zu wahren, finden sich kaum Parallelen in andern Abtsspiegeln[47]. Der Abt trägt auch die Verantwortung für das materielle Wohl aller. Die Mönche verzichten auf eigenen Besitz[48] und übergeben sich einem «Mann Gottes», der die Vorsehung Gottes repräsentiert[49]. Als geistlicher Mensch soll der Abt die Prioritäten richtig setzen. Er «soll die Seelen der Brüder von den irdischen Wirklichkeiten emporführen zu den himmlischen, kraft seiner übernatürlichen Gaben von Liebe und Wahrheit»[50]. Für die Verwaltung der Klostergüter wird besonders die Gabe der «Weisheit» vorausgesetzt[51]. Da im Kloster alles einer sakralen Sphäre zugehört[52], ist es für Benedikt normal, daß sich der geistliche Lehrer auch mit «Weltlichem» beschäftigt[53].

37–40 Dieser «Magistertext» variiert nochmals die Themen Seelsorge, Hirtenpflicht und Verantwortung.[54].

KAPITEL 3
VON DER EINBERUFUNG DER BRÜDER ZUM RAT

1 Sooft im Kloster wichtige Fragen zu behandeln sind,
rufe der Abt die ganze Gemeinschaft zusammen
und lege selber dar, um was es geht.
2 Hat er dann den Rat der Brüder gehört,
überlege er alles bei sich selbst
und tue, was er für zuträglicher hält.
3 Wir haben aber deshalb bestimmt,
daß alle zur Beratung einberufen werden,
weil der Herr oft einem JÜNGEREN OFFENBART,
was das Beste ist.
4 Doch sollen die Brüder ihren Rat
in aller Demut und Bescheidenheit geben
und sich nicht unterfangen,
ihre eigenen Ansichten hartnäckig zu verteidigen.
5 Der Entscheid hange vielmehr vom Abt ab,
und wenn er etwas für heilsamer erachtet,
sollen ihm alle gehorchen.
6 Wie es aber den Jüngern zukommt,
dem Meister zu gehorchen,
so schickt es sich für den Meister,
alles weitsichtig und gerecht zu ordnen.

7 In allem sollen daher alle der Regel folgen
wie einer Lehrmeisterin,
und keiner darf sich anmaßen, von ihr abzuweichen.
8 Keiner folge im Kloster dem Willen des eigenen Herzens,
9 und niemand nehme sich heraus, gegen seinen Abt
frech oder außerhalb des Klosters
in Opposition zu treten.
10 Hat sich einer das angemaßt,
verfalle er den Strafen der Regel.

11 Der Abt selber jedoch handle immer in Gottesfurcht
und halte sich an die Regel im klaren Bewußtsein,
daß er für alle seine Entscheide
vor GOTT, dem gerechten Richter,
RECHENSCHAFT ABLEGEN muß

12 Sind aber Geschäfte zu behandeln,
die für das Kloster weniger wichtig sind,
so ziehe es nur die Älteren zu Rate,
13 nach dem Schriftwort: TU ALLES MIT RAT,
DANN BRAUCHST DU NACH DER TAT NICHTS ZU BEREUEN.

3 Mt 11,25 11 Röm 14,12 13 Spr 31,3 (VL); Sir 32,24

1–3 a. Aus Ansätzen beim «Magister»[1] entwickelt Benedikt ein eigenes Kapitel über den *Brüderrat.* Benedikt ist hier fortschrittlich. In früheren Mönchsregeln findet sich die Institution nirgends so klar umschrieben[3]. Vielleicht muß man auch mit dem Einfluß des oströmischen Staatskirchenrechtes rechnen[4].

b. Das Gewicht, das Benedikt diesem Brüderrat gibt, zeigt, daß er die *Solidarität* und Mitverantwortung aller wichtig nimmt. Aussprachen in der Gemeinschaft sind dem Wohl des ganzen Klosters förderlich.

c. Wenn Benedikt die Einberufung des Brüderrates vorschreibt, hält er doch an der *Leitungsfunktion* des Abtes fest. Dieser ist zuständig und verantwortlich für die Vorlage von Traktanden und für die Information der Brüder, die ihre Mitverantwortung wahrnehmen sollen. Der Abt führt die Verhandlungen und trifft nach einem Prozeß umsichtiger und kollegialer Meinungsbildung die Entscheidung.

d. Der Abt hat den Rat aller Brüder zu hören. Gott teilt das Charisma des Rates zu, wie er will. Damit dieses Charisma fruchtbar werden und der Wille Gottes erkannt werden kann, sind alle zum Rat einzuberufen. Primär geht es nicht um «Bürgerrechte» oder demokratische Mehrheitsverhältnisse[5]. Innerhalb der Kirche denkt man nicht in den Kategorien von Parteien und Mehrheiten, sondern sucht nach einem *«Konsens»*, der aus dem Wirken des Geistes in allen Gliedern stammen soll. Origenes († 253) hat einmal von einem «geistbeseelten Konsens der gesamten Kirche» gesprochen[6].

e. Diese Überlegungen veranlassen Benedikt, auch die *Jüngern* zum Rat einzuladen. So sehr das frühe Mönchtum Rat und Leitung der Ältern schätzte[7], war es doch bereit, das Wirken des Geistes in Jüngern anzuerkennen. Kassian (†430) erzählt über Abt Paphnutius: «Von jungen Jahren an war er durch die Gnade eine besonders wertvolle Kraft. Die bekanntesten und erfahrensten unter den damaligen Ältern bewunderten seinen Ernst und seine unerschütterliche Standhaftigkeit. Seiner Jugend zum Trotz stellten sie ihn wegen seiner Tugend den Ältern gleich und führten ihn in ihren Kreis ein»[8]. In einer religiösen Perspektive löst sich der Generationenkonflikt.

4–6 a. Von allen Ratgebern ist Anstand und Zurückhaltung erwartet. Sie wissen, daß guter Rat eine *Gnadengabe* ist, und sie kennen ihre eigenen Grenzen. Pointiert zeigt das folgende Erzählung: «In der Sketis wurde ein Bruder als schuldig erfunden. Die Ältern wollten eine Versammlung halten. Sie schickten zu Abt Moses und ließen ihm sagen, er möge kommen. Dieser aber wollte nicht kommen. Da schickte der Presbyter zu ihm und ließ sagen: ‹Komm! Die Schar der Brüder wartet auf dich!› Da stand er auf und kam. Er nahm aber einen alten, löcherigen Korb, füllte ihn mit Sand und schleppte ihn hinter sich her. Da ging man ihm entgegen und fragte: ‹Was soll das, Vater?› Der Greis antwortete: ‹Meine Sünden laufen hinter mir her, aber ich kann sie nicht sehen. Und da soll ich heute kommen, um über fremde Sünden zu richten?› Als sie das hörten, verzichteten sie auf einen Spruch über den Bruder und verziehen ihm»[9].

b. Der Abt soll sich von der Gabe der *Unterscheidung* leiten lassen. Die Entscheidungsfindung muß auf das ausgerichtet sein, was «heilsamer» ist. Kassian (†430) erklärt zur «Unterscheidungsgabe»: Sie meidet jede Übertreibung nach rechts oder links und lehrt den Mönch, stets auf dem goldenen Weg voranzuschreiten; sie pflegt weder – rechts – exaltierte Tugendleistungen (durch Überschreitung der Grenzen einer rechten Askese aus übertriebenem Eifer oder aus Selbstüberschätzung), noch wird sie nach links abweichen und aus Laxheit alle Fehler grassieren lassen (also unter dem Vorwand, den Leib in guter Verfassung zu halten, geistig lau werden)»[10]. Ein Maßhalten, das nicht Minimalismus ist!

7–11 Benedikt weiß, daß der Abt Fehler und Schwächen hat (was der «Magister» nirgends zugibt). Anderseits sucht Benedikt die Autorität des Abtes zu stützen. Er hat sich aber an die *Regel* als Grundgesetz zu halten, ebenso wie alle andern. Unter dieser Voraussetzung vertraut Benedikt dem Abt mehr Ermessensfreiheit und Entscheidungsvollmacht an als der «Magister», der alle Fragen bis ins Detail zu regeln sucht. Die Benediktsregel stellt vieles der Unterscheidungsgabe des Abtes anheim. Man muß nicht am Buchstaben der Regel hängen bleiben[11]. Die Regel ist so flexibel, daß sie neuen Situationen angepaßt werden kann. Sie bleibt jedoch ein verbindliches «Gesetz»[12], weil sie als Kurzfassung der Schrift verstanden sein will und auf diese verweist[13] wie auf die beste Tradition der Väter[14]. Selbst der Buchstabe einer überholten Einzelvorschrift des 6. Jahrhunderts kann noch eine Aussagekraft besitzen, wenn man sich der Intention des Verfassers bewußt bleibt.

12–13 Dieser kleine *«Rat der Ältern»* scheint ganz eine Frucht der persönlichen Erfahrung Benedikts zu sein. Vielleicht war seine Gemeinschaft bedeutend größer als die des «Magisters» und konnte nicht häufig für «weniger wichtige Geschäfte» zusammengerufen werden. Dieser sachliche Grund mag zur Entwicklung einer neuen Institution geführt haben. Gesellschaftliche Strukturen sollen ja dem Wohl der Personen und der Gemeinschaft dienen. Ein kleiner Rat von erfahrenen und sachverständigen Brüdern ist rasch funktionsfähig, wenn sich die Probleme drängen.

KAPITEL 4
MIT WAS FÜR INSTRUMENTEN DAS GUTE GETAN WIRD

1 Zuerst: DEN HERRN, GOTT, LIEBEN
VON GANZEM HERZEN, VON GANZER SEELE UND MIT GANZER KRAFT
2 Dann: DEN NÄCHSTEN LIEBEN WIE SICH SELBST.
3 Dann: NICHT TÖTEN.
4 NICHT DIE EHE BRECHEN.
5 NICHT STEHLEN.
6 NICHT BEGEHREN.
7 NICHT FALSCH AUSSAGEN.
8 ALLE Menschen EHREN.
9 Und KEINEM ANDERN ANTUN,
WAS man SELBST NICHT ERTRAGEN MÖCHTE.

10 SICH SELBST VERLEUGNEN, um Christus NACHZUFOLGEN.
11 DEN LEIB ZÜCHTIGEN.
12 Kein genießerisches Leben führen.
13 Das Fasten lieben.
14 Den Armen helfen.
15 Einen NACKTEN BEKLEIDEN.
16 Einen KRANKEN BESUCHEN.
17 Einen TOTEN BEGRABEN.
18 In der BEDRÄNGNIS Hilfe leisten.
19 Einen Trauernden trösten.

20 Sich VOM Treiben DER WELT FERNHALTEN.
21 Nichts der LIEBE zu Christus vorziehen.
22 Nicht im Zorn handeln.
23 Nicht auf Rache sinnen.
24 Nicht FALSCHHEIT IM HERZEN tragen.
25 Nicht unaufrichtig Frieden bieten.
26 Nie von der Liebe lassen.
27 NICHT SCHWÖREN, um nicht etwa FALSCH ZU SCHWÖREN.
28 DIE WAHRHEIT MIT HERZ und MUND BEKENNEN.

29 NICHT BÖSES MIT BÖSEM VERGELTEN.
30 KEIN UNRECHT TUN, aber ERLITTENES UNRECHT mit Geduld ERTRAGEN.
31 DIE FEINDE LIEBEN.
32 Wenn einer uns FLUCHT, NICHT ZURÜCKFLUCHEN, SONDERN ihn vielmehr SEGNEN.
33 UM DER GERECHTIGKEIT WILLEN VERFOLGUNG LEIDEN.

34 NICHT STOLZ sein.
35 KEIN TRINKER sein.
36 Nicht UNMÄSSIG sein im Essen.
37 Nicht schlafsüchtig,
38 nicht TRÄGE,
39 nicht kritiksüchtig,
40 kein EHRABSCHNEIDER sein.

41 Seine HOFFNUNG auf Gott SETZEN.
42 Hat man bei sich etwas Gutes gesehen,
es Gott zuschreiben, nicht sich selber;
43 vom Bösen aber immer wissen,
daß man es selber begangen hat,
und es sich selbst zuschreiben.

44 Den TAG DES GERICHTES fürchten.
45 Vor der Hölle zittern.
46 Mit der ganzen Sehnsucht des Geistes
nach dem ewigen Leben verlangen.
47 Sich täglich den drohenden Tod vor Augen halten.
48 Jederzeit das eigene Tun und Lassen überwachen.
49 Sicher wissen, daß uns GOTT überall IM AUGE BEHÄLT.
50 Schlechte Gedanken, die sich in unser Herz einschleichen,
sofort an Christus ZERSCHMETTERN
und dem geistlichen Vater eröffnen.
51 SEINE ZUNGE VOR SCHLECHTEN und unanständigen REDEN hüten.
52 Das VIELE REDEN nicht lieben.
53 LEERE oder zum LACHEN reizende WORTE meiden.
54 Nicht dauernd oder schallend lachen.

55 Die heiligen Lesungen gern hören.
56 Sich oft zum Gebet niederwerfen.
57 Täglich im Gebet, unter Tränen und Seufzen,
Gott die eigenen früheren SÜNDEN bekennen.
58 Von diesen Sünden sich in Zukunft bessern.

59 DAS BEGEHREN DES FLEISCHES NICHT ERFÜLLEN.
60 Den EIGENWILLEN hassen.
61 Den Vorschriften des Abtes in allem gehorchen,
selbst wenn er – was fern sei – anders handelt;
man denke an das Gebot des Herrn:
TUT, WAS SIE EUCH SAGEN;
ABER RICHTET EUCH NICHT NACH DEM, WAS SIE TUN.
62 Nicht heilig genannt werden wollen, bevor man es ist;

sondern es zuerst sein,
damit man mit mehr Grund so genannt werden kann.

63 Die Gebote Gottes täglich in die Tat umsetzen.
64 Die KEUSCHHEIT LIEBEN.
65 NIEMAND HASSEN.
66 Keine EIFERSUCHT hegen.
67 Nicht aus Neid handeln.
68 Den STREIT nicht lieben.
69 Die Überheblichkeit fliehen.
70 Die ÄLTEREN EHREN.
71 Die Jüngeren lieben.
72 Aus der Liebe zu Christus FÜR DIE FEINDE BETEN.
73 Hat man sich mit jemand entzweit,
VOR SONNENUNTERGANG wieder Frieden schließen.

74 Und nie an GOTTES BARMHERZIGKEIT verzweifeln.

75 Das sind die Instrumente der geistlichen Kunst!
76 Wenn wir sie Tag und Nacht unermüdlich handhaben
und sie am Tag des Gerichtes wieder abgeben,
werden wir vom Herrn jenen Lohn empfangen,
den er selber versprochen hat:
77 WAS KEIN AUGE GESEHEN UND KEIN OHR GEHÖRT HAT:
DAS GROSSE, DAS GOTT DENEN BEREITET HAT, DIE IHN LIEBEN.

78 Die Werkstatt aber,
in der wir all dieser Arbeit eifrig obliegen,
ist die Abgeschlossenheit des Klosters
mit der Beständigkeit in der Gemeinschaft.

1 Mk 12,30; Lk 10,27 **2** Mk 12,31; Lk 10,28 **3–5** Mt 19,18–19; Lk 18,20; Röm 13,9 **6** Ex 20,17; Dtn 5,4; Röm 13,9 **7** Mt 19,18; Mk 10,19; Lk 18,20 **8** 1 Petr 2,17 **9** Mt 7,12; Tob 4,15; vgl. RB 61,14; 70,7 **10** Mt 16,24; Lk 9,23 **11** 1 Kor 9,27 **13** Vgl. Mt 4,2; 17,20 **15–16** Mt 25,36; Tob 1,17 **17** Tob 1,17; 2,7.9 **18** Jak 1,27 **20** Vgl. Röm 12,2; Jak 1,27 **21** Vgl. Mt 10,37 **24** Vgl. Spr 12,20 **24** Mt 5,33.34 **28** Ps 15,2.3 **29** 1 Petr 3,9; vgl. Röm 12,17 **30** Vgl. Mt 20,13; 1 Kor 6,7 **31** Mt 5,44; Lk 6,27 **32** Lk 6,28;

1 Kor 4,12; 1 Petr 3,9 **33** 1 Kor 4,12; 1 Petr 3,14; Mt 5,10 **34–35** Tit 1,7 **36** Vgl. Sir 37,31 **38** Röm 12,11 **39–40** Vgl. Weish 1,11 **41** Ps 40,5 **44** Mt 12,36 **49** Vgl. Spr 15,3; Ps 14,2 **50** Vgl. Ps 136,9; 1 Kor 10,4; vgl. RB Vw 28 **51** Vgl. Eph 4,29 **52** Spr 10,19 **53** Vgl. Jer 10,15; Eph 5,6 **57** Vgl. Mt 6,12 **59** Gal 5,16 **60** Vgl. Sir 18,30 **61** Mt 23,3 **64** Jdt 15,11 (lat.) **65** Vgl. Lev 19,17 **66–68** Jak 3,16 **70** Vgl. Lev 19,32 **72** Vgl. Mt 5,44 **73** Vgl. Eph 4,26 **74** Luk 1,78 **77** 1 Kor 2,9; vgl. Jes 64,3

1–9 a. Ähnliche Reihen christlicher Grundregeln, aus dem Liebesgebot, dem Dekalog und der goldenen Regel bestehend, existierten längst vor der «Magisterregel»[1], der Benedikt dieses Kapitel zur Hauptsache entnommen hat[2]. Das Kapitel über die «geistliche Kunst»[3] ist in der ursprünglichen Anlage eine altkirchliche *Moralkatechese für Laien.* Die Grundverpflichtungen von Laien und Mönchen sind identisch. Ohne diese Grundlagen gibt es keine «geistliche Kunst».

b. Pachomius († 346) stellt an den Anfang einer kleinen Sammlung ethischer, speziell zwischenmenschlicher Normen[4] den Satz: «Die *Liebe* ist die Erfüllung (pleroma) der Gebote»[5]. – Basilius († 379) beginnt seine Mönchsregel mit der Frage nach dem Hauptgebot[6]. Er erklärt dann die Grundkraft der Liebe: «Die Kraft zur Liebe wohnt der Seele vom ersten Anfang der Erschaffung inne. Dazu sind keine äußern Beweise nötig. Ich weiß es aus eigener Erfahrung. Alle Menschen sehnen sich nach dem, was gut ist ... Was ist aber so gut, wie Gott selber? Ja, was ist überhaupt gut, außer Gott? Was ist so herrlich, strahlend oder schön, daß wir es, gleichsam von einer Naturgewalt mitgerissen lieben müssen, wie es Gott ist und wie wir es von Gott glauben müssen? Wo gibt es soviel Gnade? Welche Liebesflamme kann uns seelisch so bis in die geheimste Tiefe entzünden wie die Gottesliebe die geheimen Abgründe des Geistes entflammt?»[7].

c. Basilius († 379) verankert das Doppelgebot der Liebe in Christus und seiner Liebe[8]. Dann fährt er mit einem Vergleich fort, der an unseren Begriff der *«geistlichen Kunst»* denken läßt: «Das Planen unseres Handelns muß sich also nach seinem (des Herrn) Willen richten. Er muß sich wie in einem Spiegelbild in unserem Handeln zeigen. Immer im Blick auf ihn (den Herrn) sollen wir unserem Handeln eine Gestalt geben, indem wir das Auge des Herzens fest auf ihn ausrichten. Wie die Kunstwerke aus unserem Lebensbereich verraten, daß sie von einem Intellekt inspiriert sind und wie das Werk der Hände durch ein Konzept des

Geistes geleitet wird, so bleibt auch für unser Tun dieser eine Leitplan und dieser einzige Orientierungspunkt, wenn wir Gott gefallen sollen. Nach diesem Leitplan müssen wir uns richten, wenn wir die Gebote ins Werk setzen ..., indem wir stets Gottes eingedenk sind»[9]. So sind nach Basilius vom Leitbild und -plan der Gottes- und Christusliebe her alle unsere Werke zu gestalten. Das ist die «geistliche Kunst». Die Liebe steht bei ihm[10] eindeutig am Anfang des Weges und ist nicht ausschließlich das Ziel des Aufstiegs[11]. Sie begründet auch die Trennung von einer gottfremden «Welt» und den Zusammenschluß in einer Lebensgemeinschaft gläubiger Menschen[12].

d. Zwei Gedanken hebt Benedikt eigens hervor: den Respekt vor der Person des andern[13] und die «goldene Regel» des sozialen Zusammenlebens[14]. Ohne Wahrung der Personwürde und ohne praktische Anerkennung der *Gleichberechtigung* der andern gibt es kein christliches Ethos. Ohne echte Menschlichkeit und ohne gelebte Moral gibt es keine Spiritualität.

10–19 a. Die Fortsetzung[15] ist ebenfalls ein Geflecht von Schriftstellen. Sie handeln von Verzicht und Liebe und beginnen mit dem Blick auf *Christus*.

b. Die *Selbstbeherrschung* ist eine Voraussetzung der Nachfolge Christi. Sie muß eingeübt werden[16] durch freiwillige Enthaltsamkeit. In der Erinnerung an Jesus gilt eine besondere Vorliebe dem «Fasten»[17].

c. Vom Fasten geht der Blick über auf die *Armen*. Konsumaskese aus Selbstlosigkeit macht Mittel frei und Herzen verfügbar für die Notleidenden. Mit ihnen hat sich Jesus in der Gerichtsrede identifiziert[18]. In dieser Perspektive werden die leiblichen und geistlichen Werke der Barmherzigkeit aufgezählt.

d. Die *Mildtätigkeit* war im alten Mönchtum hochgeschätzt. Oft wird erzählt, in der Hand der Mönche habe sich das Brot für die Armen vervielfacht[19]. Gelegentlich zeigt sich auch der Wille, Hilfe zur Selbsthilfe zu bieten: «Ein Mönch hatte einen bedürftigen Bruder in der Welt. Alles, was der Mönch erarbeitete, schenkte er seinem Bruder. Aber je mehr er ihm gab, um so ärmer wurde der Bruder. Der Mönch ging und berichtete das einem Altvater. Dieser sagte zu ihm: ‹Wenn du auf mich hören willst, gib ihm nichts mehr, sondern sag ihm: Fang du jetzt zu arbeiten an, und bring etwas vom Erarbeiteten *mir*! Nimm an die Hand, was dir etwas einbringt. Wenn du einen Fremden oder armen Alten kennst, gib ihm etwas, und bitte ihn, für dich zu beten.› Der Mönch hielt sich an diese Worte. Als sein weltlicher Bruder zu ihm kam, richtete er ihm aus, was der Altvater gesagt hatte. Der Bruder ging traurig von dannen. Aber siehe da, eines Tages bringt er ihm aus seinem Garten einige Salatköpfe. Der Mönch gibt sie den Altvätern weiter und bittet sie, für seinen Bruder zu beten. Dieser empfängt den Segen und kehrt nach Hause zurück. Später brachte er wieder Salat und drei Brote. Der Mönch nahm sie entgegen und tat wie vorher. Jener empfing den Segen und kehrte zurück. Als er das dritte Mal kam, brachte er viele Lebensmittel, Wein und Früchte mit. Sein Bruder konnte nur staunen, rief die Armen herbei und verpflegte sie. Der Mönch sagte zu seinem weltlichen Bruder: ‹Brauchst du etwas Brot?› Dieser antwortete: ‹Nein, mein Herr! Als ich noch deine Gaben empfing, waren sie wie verzehrendes Feuer in meinem Haus. Jetzt aber, wo ich von dir nichts mehr bekomme, habe ich Überfluß, und Gott segnet mich.›»[20]

e. Wo Mönche in Gemeinschaft lebten, wurde die Liebestätigkeit organisiert.So erzählt Kassian (†430), die Laien hätten «gewetteifert», gleichsam den «Zehnten» ihrer Einkünfte Abt Johannes zu überbringen, «der damals auf Grund seines heiligmäßigen Lebens gewählt wurde, um der *Diakonie* vorzustehen». Bei der Wahl habe man den besten Mann zu finden gesucht. Der Betreuer der Diakonie hatte die Verteilung der Almosen an die Armen vorzunehmen; bei den Spendern bedankte er sich dafür mit einem «Wort des Zuspruchs», einem «Geistgeschenk»[21]. Diese Gabe des Trostwortes wird in unserer Aufzählung von «Werken der Barmherzigkeit» eigens erwähnt[22]. Die älteste Mönchsgeneration sah im Schriftwort die entscheidende Lebenshilfe, hielt aber auch viel auf das gute Wort eines Bruders[23]; von einem Mönch erwartete man ein solches Geistgeschenk[24].

20–33 a. Der Beginn dieses Teiles gemahnt an einen Vorgang bei der Taufe: die Absage an den Satan und seinen «Pomp» (das «weltliche Treiben») und die Zusage an Christus[25]. Diese Zusage ist mit einer von Cyprian (†258) überlieferten, altkirchlichen Formel wiedergegeben[26], die sich auch in der von Athanasius (†373) verfaßten Lebensbeschreibung des Antonius» (†356)[27] findet: «Seine mit Salz gewürzte Rede tröstete die Traurigen, belehrte die Unwissenden, versöhnte die Zürnenden und enthielt für alle den Rat, *nichts der Liebe zu Christus vorzuziehen*». Die Verbundenheit mit Christus hat zur Folge, daß der Geist Christi aus unserem Wort und unserer Lebensführung spricht. Mit seinem Geist unvereinbar sind Aggressivität[28] und das Benehmen eines «falschen Bruders»[29]. Wo der Geist Christi lebt, bleibt im Herzen kein Raum für Falschheit oder Bosheit. Ein Väterspruch sagt: «Wer eine Bosheit im Erinnerungsvermögen seiner Seele verstekken will, gleicht einem, der Feuer im Stroh verstreckt»[30]. Weder für offene, noch für versteckte Bosheit, sondern für die Liebe[31] und für die Wahrheit[32] soll das Herz offen stehen.

b. Weitere Merksätze[33] beschäftigen sich mit dem *Teufelskreis des Bösen*. Unrecht erzeugt neues Unrecht. Gewalt ruft der Gewalt. Angst sucht andere einzuschüchtern und provoziert Widerstand. Der Christ steigt nicht in diese Automatismen ein. «Laß dich nicht vom Bösen besiegen, sondern besiege das Böse durch das Gute»[34]. – Der Teufelskreis wird nur unterbrochen, wenn die Feindesliebe an die Stelle des Hasses und die Geduld[35] an die Stelle der Gewalt treten. Geduld und Standhalten in der Verfolgung war die Tugend des Märtyrers und soll die eines engagierten Christen sein: «Ein Bruder bat einen Altvater: ‹Sag mir ein Wort, damit ich es halte und so zum Leben komme!› Der Altvater antwortete ihm: ‹Wenn du eine Beleidigung mit Geduld zu ertragen vermagst, ist das groß und übertrifft alle Erweise von Kraft»[36].

34–40 a. Diese Reihe negativer Merksätze richtet sich gegen die Wurzeln der Sünde. Sie beginnt mit der Warnung vor *Arroganz*, denn der Stolz ist *die* Wurzel alles Bösen[37]. «Ein Altvater sprach: Ich ziehe eine mit Demut ertragene Niederlage einem mit Stolz errungenen Sieg vor»[38]. Im Zusammenhang[39] folgt der Satz gegen die «Weintrinker». Die Mahnungen zur *Selbstbeherrschung*[40] wollen nicht in einem der Gesundheit abträglichen Sinn ausgelegt werden. Im alten Mönchtum sind bei aller Empfehlung der Askese die Warnungen vor Übertreibungen häufig. So lesen wir zum Beispiel bei Kassian: «Geben wir der Natur, was sie (an Schlaf) braucht, damit wir nicht genötigt sind, am Tag das zurückzunehmen, was wir der Nacht (durch Wachen) vorenthalten haben. Wer seinem ‹Fleisch› nicht in einem vernünftigen Maß nur einen kleinen Teil vorenthält, sondern ihm jeden Anspruch auf Schlaf zu verweigern versucht, wird dem ‹Fleisch› zuletzt sicher alles zugestehen. Man sollte sich vom Zuviel enthalten, nicht sich das Notwendige vorenthalten»[41].

b. Benedikt spricht oft vom «Murren»[42], womit er ein *kritiksüchtiges* Querulantentum meint. Er lehnt damit eine negative Haltung ab, die alles schlecht machen muß[43]. Diese Haltung verrät ein gestörtes Verhältnis zur Umwelt, das aus Minderwertigkeitsgefühlen stammen mag oder aus der Angst, zu kurz zu kommen. Weil man den eigenen Platz nicht akzeptiert, werden andere erbarmungslos kritisiert[44]. Unter Christen darf diese Haltung nicht bejaht werden[45]. Sie gleicht der verständnislosen Ablehnung der Liebe Jesu[46] und der Ablehnung der Führung durch

Gott und Mose[47] und zählt darum zu den oft genannten Sünden[48].

41–50 a. Von jetzt an sind die Schriftzitate seltener als im ersten Teil. Es beginnt eine Reihe asketischer und spiritueller Mahnworte. In der Mitte des 4. Kapitels richtet sich der Blick auf Gott[49]. Dieser Blick weckt die Hoffnung, welche den Gedanken an Lohn und Vergeltung einschließt[50], die freilich der Liebe untergeordnet sind[51]. Der Blick auf Gott weckt aber vor allem ein tiefes Vertrauen. Von ihm stammt alles, was gut ist. Basilius († 379) vertritt denselben gläubigen *Optimismus*: «Die Kräfte zur Erfüllung aller Gebote, die wir von Gott empfangen haben, tragen wir in uns selber, sie sind uns eingepflanzt. So haben wir keine Schwierigkeit, weil etwas Neues oder Fremdes von uns gefordert würde, aber es besteht für uns auch kein Anlaß zur Überheblichkeit, als ob wir Gott etwas mehr darbringen könnten, als was wir von ihm mit der Erschaffung unserer Natur empfangen haben. Wir müssen nur, was von Gott uns mitgegeben wurde, zu einem rechten Werk entwickeln, wie es sich gehört. Dann leben wir so, daß man uns als eine wertvolle Kraft betrachten muß. Wenn wir aber die guten Qualitäten der Natur verderben, wenden wir uns dem Bösen zu. Die Definition des Bösen lautet also: Nicht gemäß den von Gott der Seele eingegebenen Impulsen leben. Die Definition der positiven Haltung dagegen lautet: Gemäß den von Gott der Seele eingegebenen Regungen leben, das heißt nach Gottes Gebot und nach dem Gewissen»[52].

b. Nachdem die Verantwortung des Menschen aufgezeigt ist, folgen Mahnworte über Gericht, über Strafe und ewiges Leben, nach dem wir – wie Benedikt in den Magistertext eingefügt – «mit der ganzen Sehnsucht des Geistes verlangen» sollen[53]. Das alte Mönchtum suchte den Gedanken an den Tod und an die *letzten Dinge* nicht zu verdrängen; es sah in diesem Gedanken vielmehr eine Kraft zur guten Bewältigung des Lebens. Ein Väterspruch lautet: «Denke stets an dein Ende, vergiß das ewige Gericht nicht, dann ist nichts Gemeines in dir»[54]. Viele Erzählungen sprechen von der offenen und unkomplizierten Haltung von Asketen gegenüber dem Tod: «Es verbreitete sich die Nachricht, in der sketischen Wüste liege ein Altvater im Sterben. Da kamen die Brüder, umstanden sein Lager, kleideten ihn ein und begannen zu weinen. Er aber öffnete die Augen und lachte. Er lachte nochmals und so dreimal. Erstaunt fragten ihn die Brüder: ‹Sag uns, Abba, warum lachst du, wenn wir weinen?› Er sprach: ‹Einmal habe ich gelacht, weil ihr den Tod fürchtet. Ein zweites Mal lachte ich, weil ihr nicht bereit seid. Ein drittes Mal lachte ich, weil ich von der Mühe in die Ruhe eingehe und ihr darüber weint!› Sogleich schloß er die Augen und starb»[55]. Athanasius (†373) berichtet, wie Antonius (†356) gefaßt, ja heiter dem Tod entgegenging. Er habe vor dem Sterben seine Habseligkeiten als Andenken verschenkt und verfügt, daß nichts von seinen sterblichen Überresten irgendwohin verbracht werden dürfe, sondern daß sein Leib an einer nur den Brüdern bekannten Stelle beigesetzt werden solle[56]. Athanasius (†373) fügt hinzu: «Er schaute den Tod lächelnd an»[57]. Nach der Erzählung Gregors des Großen (†604) ging auch Benedikt in dieser aufrechten Haltung dem Tod bewußt entgegen: «Sechs Tage vor seinem Hinscheiden ließ er sich sein Grab öffnen. Danach ergriff ihn ein Fieber. Hitzequalen nahmen ihm die letzten Kräfte. Täglich verschlimmerte sich die Krankheit. Am sechsten Tag ließ er sich von seinen Jüngern in das Oratorium tragen. Dort stärkte er sich für den Heimgang mit dem Empfang des Leibes und Blutes des Herrn. Er hielt, von seinen Jüngern gestützt, die geschwächten Glieder aufrecht. So stand er mit zum Himmel erhobenen Händen und tat unter Worten des Gebetes den letzten Atemzug»[58].

c. Die Kraft zu dieser vertrauend offenen Haltung im Angesicht des Todes stammt aus der zur zweiten Natur gewordenen Ausrichtung auf Christus hin. Gegen ihn richten weder Tod noch Teufel[59] etwas aus. So erklärt Kassian (†430): «Wir müssen wissen, wohin sich unser Geist fest ausrichten soll ... Keinen Augenblick wollen wir den Blick von *Christus* abwenden. Und wenn sich unsere Augen nur wenig von ihm abgewandt haben sollten, wollen wir die Augen unseres Herzens sogleich wieder ihm zuwenden und die Seelenspitze ganz gerade und linear auf ihn hin orientieren. Das alles geschieht in der Tiefe der Seele. Wenn der Teufel daraus vertrieben ist, wird dort das Reich Gottes in uns begründet»[60]. Dieser Gedanke stammt aus der Schule des Origenes (†253). So sagt etwa Evagrius Pontikus (†399): «Das Himmelreich ist die friedvolle Seele (apatheia psyches; Gemüts-Ruhe), erfüllt von der Erkenntnis des wahrhaft Seienden»[61]. Wenn die «Augen unseres Herzens» ruhig in die «Augen Gottes»[62] schauen, ist dies das Reich. Voraussetzung ist die Läuterung des Herzens, damit es gleichsam zu einem ungetrübten Spiegel für den Blick Gottes wird. Deswegen müssen wir uns «überwachen» und «hüten»[63], damit sich Gott im Spiegel eines reinen Herzens abbilden kann. Abt Poimen sprach: «Sich selber bewachen, sich prüfend betrachten und die Unterscheidungsgabe üben, das ist seelische Askese»[64]. Ein selbstkritisches Gewissen ist Voraussetzung für die Begegnung mit Gott.

d. So erscheint ein Leben, das sich vor den Augen Gottes oder in der Gegenwart Gottes vollzieht, der uns durchschaut[65], als der Anfang des Reiches. Das bewußte Erleben der *Gegenwart Gottes*[66] läßt keinen Raum für «schlechte Gedanken»[67]. Die ägyptischen Väter wußten, daß nicht jede spontane seelische Regung, jeder «ins Herz einschleichende schlechte Gedanke» schon Sünde ist. Ein Altvater sprach: «Wir werden nicht verurteilt, wenn schlechte Gedanken bei uns eintreten, sondern wenn wir schlecht mit ihnen umgehen. Solche Gedanken können uns Anlaß werden, daß wir Schiffbruch erleiden oder daß wir die Siegeskrone empfangen»[68]. Mit seelsorglicher Unterscheidungsgabe gab ein Altvater einem von allen Seiten angefochtenen Fragesteller die Antwort: «Versuche nicht nach allen Richtungen gleichzeitig zurückzuschlagen, sondern nur nach einer einzigen.» Er möge überlegen, welches die Anführerin der Anfechtungen sei und gegen die sich wehren. «So werden auch die restlichen bösen Gedanken gedemütigt»[69].

e. Benedikt rät, ungute Gedanken an Christus, dem «Felsen»[70] zu zerschlagen. Dem «Magistertext» fügt er hinzu, man möge solche Gedanken *«dem geistlichen Vater eröffnen»*[71]. «Die Alten sagen, es sei immer ein deutliches Zeichen einer teuflischen Eingebung, wenn wir uns scheuen, unsere Gedanken oder Pläne einem Ältern zu eröffnen»[72]. Als sich ein ängstlicher Mönch vor Abt Poimen eröffnete und erzählte, er werde dauernd von Gedanken angefochten, befahl der Altvater, er möge die Zelle verlassen und draußen den Wind aufhalten. «Das kann ich nicht», antwortete der Mönch. «Wenn du schon dazu nicht fähig bist, dann ist es noch weniger deine Schuld, daß du die Gedanken nicht hindern kannst, bei dir einzutreten. Aber du kannst dich gegen sie standhaft zeigen.»[73] Der Eröffnung entspricht die seelsorgliche Zuwendung des «geistlichen Vaters», sein therapeutisches Wort, das Trost und Stärkung bringt.

51–54 Eine kurze Reihe von Sätzen befaßt sich mit dem *Menschenwort* und den Zungensünden. Ganz im Sinn der Schrift wurden sie von den Mönchen als ein Verstoß gegen das Hauptgebot der Nächstenliebe ernst genommen[74]. Ein Väterwort lautet: «Lieber Fleisch essen und Wein trinken als durch Ehrabschneidung das Fleisch von Brüdern verzehren»[75]. Im Wort spricht der Mensch sich selber aus. Darum wird eine Inflation leerer Worte[76] abgelehnt. Der Magister zitiert einen «weisen Satz des Origenes»: «Besser einen Stein ins Leere werfen als ein Wort»[77]. Jeder ist verantwortlich für das Zeugnis, das ein Wegwerf-Wort über ihn selber ablegt. Darauf weist der Väterspruch hin: «Dein Mund spreche kein schlechtes Wort, denn der Rebstock trägt keine Dornen[78]. In der gleichen Reihe von Sprüchen, die Abt Hyperechios zugeschrieben sind, wird ein emotional unbeherrschtes Reden als Zeichen einer allgemeinen Triebhaftigkeit der Person hingestellt: «Ein Mönch, der im Augenblick des Zorns seine Zunge nicht zurückhalten kann, wird auch seine körperliche Leidenschaft nie beherrschen».[79]

55–58 a. An die Mahnungen zum rechten Menschenwort schließt sich das Thema des *Hörens und Antwortens* auf Gottes Wort an. Schon Cyprian (†258) hatte geschrieben: «Sei fleißig beim Gebet und bei der Lesung: einmal sprich du mit Gott, dann wieder spreche Gott mit dir!»[80].

b. Dem jungen Kassian (†430) sagte ein erfahrener Mönch: «Wenn du dich verzweifelt um die innere Lauterkeit bemühst, bietet sich ein rasch wirksames Heilmittel an. Wende den beharrlichen Fleiß, mit dem du früher Weltliches (kriegerische oder frivole Fabeln) studiert hast, jetzt der Lesung und dem Studium der geistlichen Schriften zu!»[81]. Das *«Heilmittel der Schrift»*[82] ist freilich nur wirksam, wenn die Seele nicht mit «Allotria» («mit allem andern») überfüttert wird.

c. Das Wort der Schrift hat eine heilende und reinigende, aber auch eine vereinigende Kraft. Der Gewährsmann Kassians (†430) erklärt dazu: «Bemühe dich in jeder Weise, irdische Sorgen und Gedanken aufzugeben und dich mit Fleiß und Ausdauer der heiligen Lesung zu widmen, bis diese ständige Lesung deinen Geist erfüllt und dich nach ihrem Bild formt. So wird deine Seele zur auserwählten Lade des göttlichen Bundes und zum königlichen Priestertum ..., weil sie das Heiligtum nie verläßt»[83]. Diese hohe Wertschätzung der heiligen Schrift um ihrer *vergöttlichenden Kraft* willen ist der alexandrinischen Tradition eigen[84]. Klemens von Alexandrien (†vor 215) schrieb: «Wenn jemand seinen Irrtum aufgibt, um auf die Stimme der Schrift zu hören und seinen Geist für die Wahrheit zu öffnen, ist er nicht länger ein bloßer Mensch. Er ist in gewissem Sinn Gott geworden»[85]. Ein schönes Zeugnis für die Aneignung der Schrift ist die Benediktsregel selber, die gleichsam eine Kurzfassung des Alten und Neuen Testaments ist[86].

d. Das Wort des Herrn: *«Betet ohne Unterlaß»*[87] wird interpretiert: «Sich oft zum Gebet niederwerfen!»[88] Es scheint, daß man nicht einfach übersetzen darf: «dem Gebet obliegen»; denn es war Brauch, nach einer Weile des langsamen, halblauten Lesens, des Repetierens und «meditierenden» Vor-sich-her-Summens eines Textes sich zu einem intensiven «Glutgebet» niederzuwerfen[89]. Für solches Beten galt die Empfehlung: «Man sollte häufig, aber kurz beten», damit sich nicht bei langem Verweilen Ungehöriges ins Herz einschleiche[90]. Der Ort des Gebetes ist das Herz: «Wir beten in unserem ‹Kämmerlein›[91], wenn wir unser Herz vom Getümmel aller Ideen und Besorgnisse gänzlich fernhalten und unsere Wünsche gleichsam insgeheim und vertraulich dem Herrn eröffnen»[92]. Das Gebet muß aus der Mitte der Person stammen.

e. Weil das Zwiegespräch mit Gott in der Personmitte stattfinden soll, muß das Herz rein und frei von Fehlern sein[93]. Das entspricht wieder der Gebetslehre Kassians (†430): «Das ganze Ziel eines Mönchs und die *Vollkommenheit des Herzens* ist in einem ausdauernden und unablässigen Beten zu suchen und – soweit es die menschliche Schwäche zuläßt – in der unerschütterlichen innern Ruhe[94] und dauernden Reinheit. Um dieses Zieles willen mühen wir uns bei der körperlichen Arbeit und pflegen stets die Zerknirschung des Geistes»[95]. Diese «Zerknirschung»[96] äußert sich beim Gebet[97].

f. Diese Reinheit des Herzens ist nicht ein in sich selbst ruhendes «Ziel», nicht Selbstzweck. Sie führt den Beter vielmehr zur Schau Gottes, ja zu einer Vereinigung mit Gott in der Liebe. Das ist die Gebetslehre Kassians (†430): Die Reinheit des Herzens ermöglicht uns, «*Jesus mit dem innern Auge der Seele zu sehen*, sei es in der Demut seiner Menschwerdung, sei es in seiner Herrlichkeit oder in seiner glorreichen, majestätischen Wiederkunft ... Nur jene werden mit reinem Herzen seine Gottheit schauen, die von den niedern und irdischen Werken und Ideen aufsteigen und sich mit ihm auf den hohen Berg der Einsamkeit begeben ... Man kann zwar Jesus auch in Städten und Dörfern sehen ..., aber nicht in derselben strahlenden Klarheit, in der er auf dem Berg erschien ... Er zog sich ‹auf den Berg zurück, um ganz allein zu beten›[98]. Sein Beispiel ist für uns eine Lehre. Wenn wir mit reinem und ungeteiltem Herzen zu Gott beten wollen, müssen wir alle Gemeinheiten und die Hektik der Öffentlichkeit meiden, um schon in unserer leiblichen Existenz wenigstens bruchstückweise und abbildhaft jener künftigen Herrlichkeit nahe zu kommen, die den Heiligen verheißen ist, damit für uns ‹Gott alles in allem ist›[99]. Dann wird sich für uns jenes Gebet des Herrn vollkommen verwirklichen, das unser Erlöser für seine Jünger an den Vater gerichtet hat: ‹damit die Liebe, mit der du mich geliebt hast, in ihnen ist und damit ich in ihnen bin›[100] und ferner: ‹Alle sollen eins sein: Wie du, Vater, in mir bist und ich in dir bin, sollen auch sie in uns sein›[101]. Dann wird jene vollkommene Liebe, mit der ‹er uns zuerst geliebt hat›[102] auch unser Herz und Gemüt erfüllen, und das Gebet des Herrn wird sich verwirklichen, von dem wir glauben, daß es nie unerfüllt bleiben kann. Dies werden die Anzeichen dafür sein: Gott wird unsere ganze Liebe sein, unsere Sehnsucht, das Ziel unseres Suchens und Bemühens, der Inhalt unserer Gedanken. Wir werden für ihn leben, von ihm sprechen, ihn atmen. Gott, das ist jene jetzt schon bestehende Einheit des Vaters mit dem Sohn und des Sohnes mit dem Vater. Sie wird in unser Gemüt und unsere Seele eingesenkt»[103].

g. Diese Gebetslehre Kassians (†430) strebt dem Gipfel der Gottesschau und der Tiefe liebender Einheit mit Gott zu. Dabei fällt wieder auf, wie sehr das Schema des Aufstiegs und des Suchens, das am Anfang schmerzlich ist, seinem Denken zugrundeliegt[104]. Diese Lehre von der notwendigen Bekehrung und der Besserung «unter Tränen»[105] findet sich in einem Wort der seligen «Amma» Synkletika: «Wenn sich ein Sünder zu Gott bekehren will, kostet ihm das zuerst einen anstrengenden Kampf, später stellt sich eine unsagbare Freude ein. Wenn man ein Feuer anzünden will, belästigt uns zuerst der Rauch und treibt die Tränen in die Augen. Aber so erreicht man das Ziel. Es steht nämlich geschrieben: ‹Unser Gott ist ein verzehrendes *Feuer*›[106]. Darum müssen wir das göttliche Feuer mit Mühen und unter Tränen in uns entfachen»[107]. Der Blick fällt dabei auf Jesus, der «unter Tränen Gebet und Bitten vor den gebracht hat, der ihn aus dem Tod retten konnte»[108]. Jede Gotteserfahrung setzt eine Bekehrung zu ihm voraus und ein persönliches Betroffensein[109] von ihm. Sie ist in der Begegnung mit Jesus möglich.

59–61 a. Vom Gedanken der Reinheit des Herzens beim Gebet erfolgt der Übergang zu Mahnungen über die Reinheit des Begehrens, die Selbstlosigkeit des Wollens und den lauteren, uneigennützigen Gehorsam. Aus einer betroffenen lebendigen Gotteserfahrung in einem *«reinen Herzen»* erwachsen diese Früchte[110], die zugleich unerläßliche Voraussetzungen der Begegnung mit Gott sind. – «Abt Theonas sprach: Unsere Seele ist befangen und wird von der Anschauung Gottes zurückgehalten, wenn uns Leidenschaften des Fleisches gefangen halten»[111].

b. Abt Hyperechios sagte: «Das Kleinod des Mönchs ist der *Gehorsam*. Wer sich den Gehorsam zueigen gemacht hat, dessen Gebet wird erhört. Er steht mit Vertrauen vor dem Gekreuzigten; denn der Herr trat in dieser Gesinnung zum Kreuz hinzu: ‹Gehorsam geworden bis zum Tod›[112]»[113]. Gehorsam heißt hier die Vereinigung des Willens mit demjenigen Christi und Gottes:

«Dein Wille geschehe!». Wer aus dieser Gesinnung heraus betet, betet im Namen Jesu und wird erhört. Er trägt in sich jene Kraft des «Vertrauens» (fiducia, parrhesia) die den Märtyrern eigen war und alles vermag, da Christus in der Kraft des Geistes gegenwärtig ist. Den Satz der Vorlage: «den Mahnungen des Abtes gehorchen»[114] erweitert Benedikt, indem er – was seine Gewohnheit ist – auf mögliche subjektive Schwierigkeiten des Gehorsams bei den Untergebenen eingeht und zeigt, in welchem Geist dem Obern zu begegnen ist, der als fehlbar angesehen wird. Ein Gedanke, der dem Magister fremd ist.

62–73 a. Diese letzten Mahnungen handeln besonders von den Beziehungen zum Nächsten; eine selbstlose Gottesliebe muß fruchtbar werden. Der Merksatz über *Pseudo-Heiligkeit* und echte Heiligkeit bildet die Einleitung. In den mit manchen Sätzen dieses 4. Kapitels merkwürdig gleichlautenden Märtyrerakten des Julianus[115] findet sich folgende Erklärung: «Wer nicht heilig genannt werden will, bevor er es ist, gefällt Gott. Viele lassen sich so nennen, ohne es zu sein ... Sie leben von der bloßen Aussicht, das zu werden, was ihr Name besagt. Diese ‹Gewißheit› läßt sie lau und gleichgültig werden. Sie sollen sich anstrengen, so zu werden, wie sie heißen. Es gibt nämlich viele Heilige, von denen niemand sagt, daß sie es sind. Diese wollen nicht, daß jedermann zu wissen bekommt, wie sie demütig sind und voll Gnade. So werden sie den Lohn empfangen von dem, der weiß, was sie sind. Noch in diesem Leib lebend verdienen sie diese große Gnade; später gehen sie in die innige Freundschaft mit Gott ein. Sie haben zunächst von Christus die Belehrung empfangen, nun dienen sie den andern mit der Gnadengabe, die Gott ihnen verliehen hat. So ‹gewinnen›[116] sie zuerst sich selber, dann die andern». Heiligkeit ist also Gabe und Aufgabe; sie stammt von Gott und führt zu ihm, nicht ohne andere auf ihren Weg mitzunehmen.

b. *Gottes Gebote* zu erfüllen ist die Grundpflicht jedes christlichen und geistlichen Lebens. «Ein Altvater sprach: Das erwartet Gott von einem Christen, daß einer den göttlichen Schriften gehorcht, damit sie seine Worte und Taten beseelen, und daß er mit seinen Vorstehern und mit den orthodoxen Vätern übereinstimmt»[117]. Man beachte die Nuancen dieses Väterwortes: Gottes Wort im Tun «gehorchen», mit der Kirche und ihren qualifizierten Vertretern «übereinstimmen». Der Gehorsam richtet sich letztlich auf Gott und auf ihn allein.

c. Die *Keuschheit* ist ein liebenswürdiger Wert[118]. Origenes († 253) sah in der Keuschheit ein Geschenk, das sich der Mensch und Gott gegenseitig machen[119]: «Opfern wir ihm (Gott) unsere, das heißt des Leibes Keuschheit auf, so werden wir von ihm die Keuschheit des Geistes empfangen, und opfern wir unsere Sinnlichkeit, so werden wir von ihm seinen Sinn erhalten, wie der Apostel sagt: ‹Wir haben den Sinn Christi›[120]»[121]. Kassian († 430) rühmt die Keuschheit als Gnadengabe, die nur existentiell erfahren, nicht intellektuell analysiert werden kann: «Die Gaben, die Gott als sein eigenes Werk täglich seinen Heiligen schenkt, und mit denen er sie besonders großzügig überhäuft, kann einzig *die* Seele kennen, die sich ihrer erfreuen darf. Sie ganz allein ist in ihrem Gewissen die geheime Zeugin dieser Gnadengaben, so daß sie, von der Glut-Liebe (zu Gott) zum Anblick materieller und irdischer Dinge zurückgekehrt, keine Worte findet, um zu erklären, was sie erfahren hat. Selbst Intelligenz und Reflexion sind nicht imstande, sich einen Begriff davon zu machen»[122].

Obwohl Kassian († 430) in der Keuschheit eine Gnadengabe Gottes sieht[123], weiß er um den allseitigen Einsatz der Person, den die Keuschheit voraussetzt: «Je mehr Raum die Milde und die Geduld im Herzen finden, um so mehr Fortschritte macht die Reinheit des Körpers. Je mehr sich einer von den Triebregungen der Aggressivität fernhalten kann, um so eher verharrt er in der Keuschheit ... Denn der Erlöser hat diese Seligpreisung ausgesprochen: Selig, die *keine Gewalt* anwenden, denn sie werden das Land erben›[124]»[125]. So erscheint die Keuschheit als eine christliche Alternative zum Macht- und Besitzwillen[126].

Die Keuschheit ist nicht zu bewahren ohne die Geistesgabe des *Starkmutes*: «Man erzählte von der Äbtissin Sarrah, daß der Dämon der Unkeuschheit während dreizehn Jahren heftig gegen sie ankämpfte. Sie hat nie gebetet, daß dieser Kampf ein Ende nehme, sondern sie sprach nur dieses Gebet: ‹Herr, gib mir Starkmut›»[127].

d. Die anschließenden Merksätze fordern in negativen Formulierungen die Liebe zum Nächsten. Auch in Gedanken darf sich kein zerstörerischer Machtwille[128], kein bitterer Eifer[129] und keine Arroganz[130] breit machen. Abt Poimen sprach: «Es gibt nichts größeres als die Liebe[131]; und niemand hat eine größere Liebe als wer sein Leben hingibt für seinen Nächsten[132]. Wenn also jemand eine bittere Rede hört und im gleichen Ton antworten könnte, soll er sich standhaft beherrschen und dem andern nicht beleidigend antworten. Oder es erträgt jemand einen ihm zugefügten Schaden mit Geduld, ohne dem zurückzuzahlen, der ihn beleidigt oder den Schaden gestiftet hat. Ein solcher Mensch gibt sein Leben hin für den Nächsten»[133]. In diesem Text kommen wieder der standhafte Starkmut und die Geduld der Märtyrer in den Blick[134]. Diese christliche Tapferkeit wird hier mit der heroischen *Nächstenliebe* identifiziert, wie Christus sie selbst dem Feind gegenüber gefordert hat[135].

e. Benedikt fügt vier Merksätze in den «Magistertext» ein[136]. Er geht dabei auf das Verhältnis von *«jung und alt»* ein und behandelt das Thema wie im Kapitel über die Rangordnung[137]. Dem natürlichen Alter kommt seine relative Bedeutung zu, wenn auch im Kloster oder vor den Augen Gottes andere Kriterien gelten als profane Rangfragen[138], was Benedikt auch an anderer Stelle eigens festgehalten hat[139]. – «Ein Altvater hatte einen bewährten Jünger, den er einmal in depressiver Verstimmung wegjagte. Der Jünger setzte sich draußen nieder und wartete. Als der Altvater die Tür öffnete und ihn vorfand, leistete er bei dem Jüngern Buße und sprach: Du sollst jetzt mein ‹Vater› sein, denn deine Demut und deine standhafte Geduld übertreffen mein kleinmütiges Wesen. Komm herein! Von jetzt an sollst du der ‹Ältere› und der ‹Vater› sein, ich aber der ‹Jünger› und der ‹Schüler›. Denn durch die Tat hast du mein Alter übertroffen»[140].

f. Vor dem Abschluß der ganzen Moralkatechese tritt wieder Christus ins Blickfeld[141]. Seine Bergpredigt und sein Liebesgebot bildeten bereits den Hintergrund vieler Merksätze[142]. Die Empfehlung der *Feindesliebe*[143] wird konkretisiert: Man betet im Blick auf Christus und mit seiner Liebe für die Feinde. Vorbild ist Stephanus[144].

g. So ist der Weg frei für die Versöhnung[145]. Einem Christen obliegt als «priesterliche»[146] Pflicht der «Dienst der Versöhnung»[147]: «Selig, die *Frieden stiften*, denn sie werden Söhne Gottes genannt werden»[148].

74 Der letzte Merksatz ist wieder auf Gott zentriert. Das Motiv der Liebe Gottes, mit dem das Kapitel begonnen hatte, klingt nochmals an. Es ist der Grund unserer *Hoffnung*[149]. Kassian († 430) kommentiert das Paulus-Wort vom «Helm der Hoffnung auf das Heil»[150] wie folgt: «Der Helm schützt das Haupt. Unser Haupt aber ist Christus. Dieses Oberhaupt müssen wir stets wie mit einem schlagsicheren Helm schützen, nämlich mit der Hoffnung auf die künftigen Güter, und dies in allen Versuchungen und Verfolgungen, in denen wir allem voran unsern Glauben an Christus ohne Schmälerung oder Einschränkung bewahren»[151]. Mit andern Worten: Die eschatologische Hoffnung gehört zum Kern unseres Christusglaubens[152]. Der Gedanke an die letzten Dinge, die auf uns warten, kann durch keinen Progressismus und keine diesseitige Futurologie ersetzt werden.

75 a. Was beim Magister auch «heilige Kunst»[153] heißt, wird hier

«geistliche Kunst» genannt. Die hier entworfene Asketik dient der Spiritualität. Durch das «Tun des Wortes»[154] sollen «geistliche Menschen» nach dem Plan Gottes geformt werden[155], in denen Gott seine Kraft erweisen kann[156]. Die in diesem Kapitel enthaltene Katechese aus dem 5. Jahrhundert ist eine für jeden Christen einschlägige Kurzformel für Moral und Spiritualität. Sie wird dem Abt als Programm in die Hand gegeben[157].

b. Das Kapitel über die «geistliche Kunst» beginnt wie die großen Mönchsregeln mit der Gottes- und Nächstenliebe. Die «geistliche Kunst» folgt in den *«Dienstakten des Herzens»*[158] auf die Taufkatechese, die Vater-unser-Erklärung und den Psalmenkommentar für die Täuflinge. Glauben, Taufe, Gebet und Gnade sind die Wurzeln christlicher Moral und Spiritualität. Beim «Magister» und bei Benedikt unterbrechen die Kapitel über die Mönchsarten, den Abt und den Rat die ursprüngliche Abfolge der «Dienstakten» (Masai-Manning)[159].

76–77 a. Alle stehen jetzt unterschiedslos als «Wir» vor Gott und erwarten gemäß der Schrift den *Lohn*[160]. Benedikt hat ein ungebrochenes Vertrauen zu Gott, der den himmlischen Lohn auszahlen wird[161]. Die phantasievolle Schilderung des Paradieses beim «Magister»[162] hat Benedikt in seiner Fassung des «Magistertextes» noch nicht vorgefunden, oder er hat sie weggelassen; er setzt ein Schriftwort ein, das die Liebe als Ziel nennt[163]. Benedikt will nicht die Ewigkeit schildern, sondern den Weg und Aufstieg zum Himmel[164].

b. Im Vergleich zum Ziel, das heißt der Liebe, sind die asketischen Übungen nur «Instrumente», nicht selber die «Vollkommenheit»[165]. Der «Magister» führt eine eigene Liste von «geistlichen Werkzeugen» an[166]: «Glaube, Hoffnung, Liebe[167], Friede, Freude, Milde[168], vor allem Demut, Gehorsam und Schweigsamkeit[169], Keuschheit des Leibes, Lauterkeit des Gewissens, Enthaltsamkeit, Reinheit, Einfachheit, Wohlwollen und Güte[170], Barmherzigkeit, Frömmigkeit, Mäßigkeit, Wachsamkeit, Nüchternheit, Gerechtigkeit, Billigkeit, Wahrheit, Liebe, Mäßigung, Maß und Ausdauer bis ans Ziel.» In dieser Liste von Grundtugenden fehlen die des Apostolats. Der «Heilige» gibt schon durch sein Leben unübersehbar Zeugnis.

78 a. Am Schluß des Kapitels wird das *Kloster* als «Werkstatt» der Askese vorgestellt. Die klösterliche Askese ist bis auf gewisse spezifische Züge, die ihr das eigene Profil geben, identisch mit der aus der heiligen Schrift erhobenen christlichen Spiritualität. So hat eine kirchliche Moralkatechese ihren Platz in der Klosterregel.

b. Die Definition des Klosters[171] ist von Benedikt unter Abänderung des Magistertextes formuliert worden. Er nennt hier zwei aufeinanderbezogene Elemente: die «Abgeschlossenheit des Klosterbezirks»[172] und die «Beständigkeit in der Gemeinschaft»[173]. Die «Werkstatt» soll ein relativ ungestörter Raum sein, damit das *«Werk Gottes»* gelingt: der «geistliche Mensch». Der Werkraum selber ist erfüllt vom Leben der Gemeinschaft. In ihr und in ihren verschiedenartigen Gliedern ist der Geist Gottes am Werk[174], und zwar durch den gegenseitigen Beistand, den die einzelnen hier finden.

KAPITEL 5
VOM GEHORSAM

1 Die erste Stufe der Demut ist unverzüglicher Gehorsam.
2 Er kennzeichnet alle, die nichts höher schätzen
als ihre Liebe zu Christus.
3 Wegen des heiligen Dienstes, den sie gelobt haben,
oder aus Furcht vor der Hölle
oder wegen der Herrlichkeit des ewigen Lebens
4 dulden sie nach einem Befehl des Obern keinerlei Zögern,
sondern führen ihn aus, als wäre er Gottes Befehl.
5 Von ihnen sagt der Herr:
SOBALD SIE MICH NUR HÖREN, GEHORCHEN SIE.
6 Ebenso sagt er zu den Lehrern:
WER EUCH HÖRT, DER HÖRT MICH.
7 Die so gesinnt sind, geben EIGENE INTERESSEN sogleich auf
und gehen vom Eigenwillen ab;
8 sie legen SOFORT alles aus den Händen,
LASSEN ihre Arbeit unvollendet LIEGEN,
und mit den flinken Schritten des Gehorsams
FOLGEN sie in der Tat dem Ruf dessen, der befiehlt.
9 Mit einer Raschheit, wie sie der Gottesfurcht eigen ist,
wird dann beides fast im gleichen Augenblick verwirklicht:
der Befehl des Meisters
und die sogleich vollbrachte Tat des Jüngers.

10 Wen die Liebe drängt, zum ewigen Leben voranzuschreiten,
11 der wählt den schmalen Weg, von dem der Herr sagt:
SCHMAL IST DER WEG, DER ZUM LEBEN FÜHRT.
12 Sie folgen nicht dem eigenen Gutdünken,
gehorchen nicht der eigenen Lust und Laune,
sondern gehen ihren Weg
unter der Führung und dem Befehl eines andern.
Sie verbleiben in den Klöstern
und verlangen, einen Abt als Vorgesetzten zu haben.
13 Wer so denkt, ahmt ohne Zweifel den Herrn nach, der sagt:
ICH BIN NICHT GEKOMMEN, MEINEN WILLEN ZU TUN,
SONDERN DEN WILLEN DESSEN, DER MICH GESANDT HAT.

14 Der Gehorsam, den wir meinen, ist nur dann Gott wohlgefällig
und den Menschen angenehm, wenn ein Befehl
nicht zaghaft, nicht saumselig, nicht lustlos
oder gar mit Murren und unter Widerspruch ausgeführt wird;
15 denn der Gehorsam, der den Obern geleistet wird,
wird Gott dargebracht.
er hat ja gesagt: WER EUCH HÖRT, HÖRT MICH.
16 Auch müssen ihn die Jünger mit frohem Herzen leisten,
denn: GOTT LIEBT EINEN FRÖHLICHEN GEBER.
17 Wenn nämlich ein Jünger nur mit Mißmut gehorcht
oder wenn er sich kritiksüchtig gibt,
sei es auch nur im Herzen, nicht mit dem Mund,
18 dann hat Gott kein Gefallen an ihm,
auch wenn der Befehl ausgeführt wird,
denn Gott sieht sein Herz murren.
19 Für solches Tun empfängt einer keinen Lohn,
er verfällt vielmehr der Strafe der Murrer,
wenn er nicht Genugtuung leistet und sich bessert.

5 Ps 18,45 **6** Lk 10,16 **7–8** Vgl. Mt 4,22; 1 Kor 13,5 **11** Vgl. Mt 7,14 **12** Vgl. Gal 5,16–17; Mt 6,10; vgl. RB 4,59–61; 7,19–25 **13** Joh 6,38; vgl. Mt 26,39 **14** Vgl. Mt 21,29 **15** Lk 10,16 **16** 2 Kor 9,7; vgl. Sir 35,10–11 **19** Vgl. 1 Kor 10,10

1–9 a. Der Gehorsam ist für Benedikt ein Grund-«*Wert*», der wesentlich im Aufeinander-Hören und in der gegenseitigen Dienstbereitschaft besteht[1]. In diesem Kapitel begegnet aber der Gehorsam zunächst als «erste Stufe der Demut». Es handelt sich um die originale «erste Stufe der Demut» aus einem Traktat über die Demut, der noch vor Kassian († 430) und vor dem «Magister» in Südgallien zirkulierte und einem Abt Pinufius zugeschrieben war (Manning)[2]. «Gehorchen» ist hier fast identisch mit dem «Hören» auf Christus, eigentlich auf den österlichen Ruf zur Umkehr, zum Glauben und zur Taufe; solcher Gehorsam ist dem Ungehorsam Adams entgegengesetzt[3]. Wer sich bekehrt, hört auf die gütige Stimme des Herrn, will ihm folgen und Schüler dieses Lehrers werden[4].

b. Der Gehorsam hat also seinen Platz im Raum der *Christusliebe*[5]. Sie war ein besonderes Anliegen des Honoratus († 428), des Gründers von Lérins: «Sein Ziel war stets, ... liebend die Liebe zu Christus und zum Nächsten einzupflanzen, ... die Freude zu erneuern und die Sehnsucht nach Christus immer so brennen zu lassen wie am ersten Tag der Bekehrung»[6]. Die von Honoratus beispielhaft vorgelebte Liebe hat sich auf seine Jünger übertragen: «In seinem Kloster ist die Gnade des heiligen Geistes verblieben und bestärkt worden durch Beispiel und Ermahnung eines so hervorragenden Lehrers. Das erweist sich in verschiedenen Charismen und Gnadengaben, in Demut und Milde, in ungeheuchelter Liebe»[7]. So äußert sich Hilarius von Arles († 449) über seinen Meister.

c. Wer der Stimme Christi folgen will, verläßt alles[8] und sucht einen verläßlichen *Lehrer* auf[9], der die Gebote des Herrn zu verkünden vermag. Im Orient wie im Westen sammelten sich anfänglich «Schüler» oder «Jünger» um einen erfahrenen «Ältern» (senior) oder «Vater», der sie in der Lehre Christi durch Wort und Beispiel unterweisen sollte und dem sie ihre Fehler eröffnen konnten. Darum heißt das Leitmotiv dieses Kapitels: «Wer euch hört, der hört mich»[10]. Die den Aposteln gegebene, sonst von den Bischöfen verstandene Verheißung wird unbefangen auf die «Lehrer» im Kloster übertragen, weil sie für fähig gehalten werden, das Wort Gottes weiterzugeben.

d. Es ist verständlich, wenn der Gehorsam in dieser Sicht als Grund-«Wert» vorgestellt wird. Er ist die «*Demut*», oder der «Dienmut»[11] im Bereich des Handelns. Aus Liebe zu Christus[12] «gelobt» man ihm den «Dienst»[13]. Das eschatologische Furcht- und Lohnmotiv begleitet den Entschluß zur Bekehrung[14].

e. Ferner erklärt sich, wie der Inhalt eines im Gehorsam erteilten

Auftrags einem *«Befehl Gottes»* gleichgesetzt werden kann[15]. Auch der Psalmvers, in welchem der «Herr» spricht: «Sobald sie mich nur hören, gehorchen sie mir»[16], weist in die Richtung eines «absteigenden» Gehorsamsverständnisses. Oben steht Christus. Als «Herr» befiehlt er durch die von ihm gesetzten «Lehrer». Die Jünger gehorchen.

f. Wenn einer sich *«bekehren»* will ist dieser «vertikale» Gehorsam, der später durch die «horizontale» Perspektive ergänzt wird, unerläßlich[17]: Die Altväter «lehren, daß keiner von den Emotionen der Aggressivität, der depressiven Stimmungen oder der sexuellen Triebwünsche frei wird, und daß keiner zu wahrer Herzensdemut, zu dauerhafter Einheit mit den Brüdern oder zu fester und bleibender Einmütigkeit gelangt, ja daß keiner auf längere Zeit im Kloster verbleibt, wenn er nicht zuerst gelernt hat, seinen Eigenwillen zurückzustellen»[18]. Eine echte Bekehrung setzt eine wirkliche, seelische Änderung voraus, was jedoch nicht den Verlust der eigenen Individualität bedeutet[19]. Den «Eigenwillen» aufgeben heißt, von jenen innern, sperrigen Widerständen und Egoismen abkommen, die viel seelische Energien absorbieren und Spannungen mit den Mitmenschen provozieren. Nicht der Verzicht auf die Individualität ist das Ziel, sondern das offene Eingehen auf die andern und die willige Einfügung in die Gemeinschaft, wie aus dem eben angeführten Text Kassians deutlich hervorgeht.

g. Die Aufgaben der Belehrung und *Leitung* sind nicht weniger anspruchsvoll als der Gehorsam selber: «Die Altväter erklären: Andere gut leiten oder sich gut leiten lassen ist Sache von Weisen. Sie erklären es als ein sehr hohes Gnadengeschenk und eine Gabe des Heiligen Geistes. Keiner kann den ihm Anvertrauten heilsame Weisungen geben, außer er sei in allen Fragen des Ethos selber gut unterrichtet. Keiner kann einem Altvater gehorchen, außer er sei wirklich von Gottesfurcht erfüllt und von vollkommener Demut»[20]. So ist der Gehorsam eine Offenheit gegenüber der Führung durch den Heiligen Geist. Solcher Gehorsam ist nur in der Perspektive des christlichen Glaubens verständlich. Er übersteigt weit den funktionalen Gehorsam, wie er in einer gut funktionierenden Organisation unerläßlich ist.

h. Der Herr selber, dessen Stimme wir lieben, erwartet die Antwort des Gehorsams. Dieser wird deshalb spontan, rasch und bereitwillig geleistet[21]. Gern erzählen Mönchsschriften vom unverzüglichen Gehorsam eines Schreibers, der von seiner Arbeit weggerufen wird und den Buchstaben Omega mitten im Kreis abbricht, um unverzüglich zu gehorchen[22]. – Ebenso häufig ist vom heroischen Gehorsam die Rede, der gelegentlich mit dem Glaubensgehorsam Abrahams verglichen wird[23], ferner vom «unmöglichen Gehorsam», dem Benedikt später ein eigenes Kapitel widmen wird[24].

10–13 a. Diese Verse handeln vom *«engen Weg» der Zönobiten*[25]. Der Gehorsam erscheint jetzt als ein progressiver Vorgang, als ein Suchen, als ein von der Liebe beseeltes, eiliges Voranschreiten. Die Grenzen des Selbst sollen in einem Elan der Liebe durchbrochen werden. Gefragt ist nicht bloß nach zuverlässiger Orientierung oder nach der «richtigen» Weisung eines Lehrers. Der Gehorsame will sich vielmehr in die Selbsthingabe Christi und in seine «drängende Liebe»[26] einlassen. Man gehorcht aus freier, innerer Spontaneität, nicht aus Zwang oder abwägender Berechnung. Vorbild sind der Glaubensgehorsam der Märtyrer, die Selbstentäußerung und der Gehorsam des Gekreuzigten[27], der Gehorsam des Gottesknechtes[28]. Wir dürfen hier vom Liebesgehorsam sprechen. Christus hat ihn vorgelebt. Durch seine Selbstentäußerung ist er unser Bruder geworden und hat eine neue Gemeinschaft unter den Menschen begründet. In diese Dynamik will der Zönobit eintreten.

b. Die aufgeführten Motive finden sich bei Kassian (†430) an einer Stelle[29], die sich verschiedentlich mit unserem Text berührt: «Der Athlet Christi, der den geistlichen Kampf nach den Kampfregeln bestehen will und vom Herrn die Siegerehrung empfangen möchte, muß sich beeilen, zuerst dieses wilde Tier[30] (der Arroganz) zu besiegen, das alle wertvollen Kräfte wegfrißt ... Das Gebäude wertvoller seelischer Qualitäten kann in uns nicht errichtet werden, wenn nicht zuerst in unserem Herzen das Fundament echter Demut gelegt wird. Nur diese feste Basis vermag die zum First aufragende Vollkommenheit und Liebe ‹standhaft› zu tragen. So müssen wir also ... tief aus dem Herzen heraus den Brüdern in der Gesinnung der Demut begegnen und dürfen nicht zulassen, daß sie gekränkt werden oder Schaden leiden. Soweit kommen wir aber nie, wenn wir nicht *aus Liebe zu Christus* in aufrichtiger Selbstentsagung leben, die im Verzicht auf eigenen Besitz und in der Entblößung (ähnlich der des Gekreuzigten) besteht, und wenn wir nicht mit schlichtem Herzen das Joch des Gehorsams annehmen und keinem andern Willen folgen als der Anordnung des Abtes, ... die man für heilig und von Gott gegeben hält.»

14–19 a. Im eben zitierten Text Kassians (†430) ist vom Gehorsam gegenüber dem Abt, aber auch von einer demütigen Gehorsamsgesinnung gegenüber den Brüdern die Rede. Im Text der Regel kommt die Gemeinschaft wenigstens andeutungsweise ins Blickfeld, wenn von einem Gehorsam gesprochen wird, «der den Menschen angenehm ist». Die «Ausrichtung auf Gott» wird deswegen nicht zurückgenommen. Doch ist deutlich die subjektive Gehorsamshaltung im Blick, die ihre Auswirkungen im zwischenmenschlichen Bereich hat: Widerspruch, Mißmut oder frohe Willigkeit sind ja feststellbar. Sie belasten eine Gemeinschaft oder geben ihr Auftrieb. Man darf diesen *gemeinschaftsbezogenen* Charakter des Gehorsams nicht übersehen, obwohl unsere Regel beim Verhältnis «Lehrer – Jünger» ansetzt.

b. Manche Mönchsregeln setzen umgekehrt bei diesem Gemeinschaftsbezug des Gehorsams an. Bei Pachomius († 346) gilt zwar auch der sofortige Gehorsam[31], aber er spricht nirgends vom Aufsuchen eines «Lehrers». Sein Leitgedanke ist die *«Koinonia»*, das heißt die brüderliche Liebe und Gemeinschaft. Die Brüder, die sich zu einer Gemeinschaft zusammengefunden haben, unterwerfen sich «frei» und «in Freude» den Vorgesetzten: «Aber auch ihr Brüder alle, die ihr euch nach der Ordnung und in freier Dienstbarkeit unterworfen habt, sollt ‹eure Lenden umgürtet halten und brennende Lampen in euren Händen tragen›, nach dem Vorbild der ‹Knechte, die ihren Herrn erwarten ... Selig sind die Knechte, die der Herr bei seinem Kommen wachend findet›[32] ... ‹Freut euch im Herrn!›[33]. Seid dem Vater untertan in allem Gehorsam, ‹ohne Murren und Hintergedanken›[34], mit einfältigem Herzen, bereit zu jedem guten Werk»[35]. Gehorsam ist also hier «freie Dienstbereitschaft» zum Wohl der Brüder in der Gemeinschaft. Dieser Gemeinschaftsgehorsam ist dennoch auf Christus, den Herrn, bezogen, der sich zum Diener aller gemacht hat. Es ist ein froher, nicht ein murrender Gehorsam, der aus einem schlichten Herzen kommt. – Unsere Regel spricht alle diese Qualitäten an: Man gehorcht wie ein «freudiger Geber»[36], ohne ein «murrendes Herz»[37].

c. Der Christ trägt nicht ein «steinernes Herz» in sich, sondern «ein neues Herz» und einen «neuen Geist»[38], so daß er «frei» in der «neuen Wirklichkeit des Geistes dienen»[39] kann. Die positive innere Offenheit für die andern trägt eine Gemeinschaft und verbreitet Freude. Dieser Haltung ist das *Murren*[40] entgegengesetzt. Eine konstruktive Gesinnung wird mit aller Entschiedenheit gefordert von Basilius, der unsern Text und seine Gedankenfolge beeinflußt zu haben scheint[41]. Basilius († 379) wünscht einen «dem Nächsten angenehmen»[42], nicht nur sich selber genehmen Gehorsam[43], einen Gehorsam ohne Widerrede[44] und ohne Murren[45] und ohne Kränkung eines Bruders[46]. Basilius schreibt sogar: «Wer murrt, soll der Gemeinschaft der Brüder ein Fremder sein.» Er «muß ganz offensichtlich an Unglauben kranken»[47]. In einer negativen Einstellung kann die Gemeinschaft ihren Geist, der ihr von Christus geschenkt ist, in keiner Weise wiedererkennen. Obwohl Pachomius († 346) und Basilius († 379) nicht beim Lehrer-Jünger-Verhältnis ansetzen, sondern bei der Gemeinschaft und ihren Bedürfnissen, wird die Pflicht zum Gehorsam klar festgehalten und mit dem Beispiel Jesu motiviert. So schreibt Basilius: «Es bringt Schaden, wenn man jeden in allen Dingen nach seiner Willkür handeln läßt ... Man muß den Auftrag der Vorgesetzten annehmen, auch wenn er dem Willen der Beauftragten zuwider ist, und dies nach dem Beispiel des Herrn, der sagt: ‹Vater, nicht mein Wille geschehe, sondern der deine!›[48]»[49]

d. Für Benedikt muß die Bindung an die Gemeinschaft eine besondere «Beständigkeit»[50] aufweisen. Dies legt den Willen zur *Identifikation* mit der Gemeinschaft im Gehorsam nahe. Ein «zaghafter, saumseliger, mißmutiger, lustloser Gehorsam»[51] ist mit der Grundintention nicht vereinbar. Einen nur unter Druck geleisteten Gehorsam nennt Kassian († 430) «erzwungen»[52]. Die Identifikation mit der Gemeinschaft weckt die spontane Bereitschaft, einen Vorgesetzten anzuerkennen. Das ist die Sicht des Augustinus († 430): «Gehorcht dem Vorgesetzten, wie man einem Vater gehorcht, und erweist ihm die gebührende Ehre, um nicht über ihn Gott zu beleidigen ...»[53] Man fühlt sich in der Gemeinschaft einer Familie zugehörig, die einen «Vater» braucht. Dem klösterlichen Vorgesetzten gehorcht man, wie man in der Familie oder in der Kirche gehorcht.

e. Ein Spannungsfeld besteht zwischen dem unbedingten Gehorsam und der persönlichen Verantwortung. Benedikt legt nirgends nahe, diese Spannung durch die Aufhebung einer der beiden Komponenten zu beheben. Einerseits sieht er im Gehorsam mehr als eine bloß soziologische Ordnungsfunktion. Der Gehorsam muß auf Gott ausgerichtet sein[54] wie der Gehorsam Christi[55]. Die «Regel der vier Väter», die vom Gemeinschaftsgedanken ausgeht, sieht in der Angleichung an Christus das Ziel des Gehorsamsweges: «Die Spitze des Kreuzes ist erreicht, wenn man als erstes in allem den Gehorsam übt und nie nach dem Eigenwillen handelt, sondern dem Befehl des Obern folgt»[56]. Der Blick auf das Kreuz verstellt die christliche Freude nicht, denn dieselbe Regel spricht von einem in voller Ergebenheit, «wie einem Gebot des Herrn» geleisteten Gehorsam[57]. – Dieser hohen Anforderung muß nach Benedikts Meinung der Obere entsprechen. Er darf nämlich «nichts lehren, anordnen oder befehlen, was vom Gebot des Herrn abweicht»[58]. So wird im Prinzip auf der andern Seite, beim Gehorchenden, keine *Gewissensfrage* entstehen. Vielleicht ist dies ein Grund dafür, daß Benedikt einen «Magistertext»[59] übergeht, der anrät, alle Verantwortung auf den Obern abzuschieben und so das Gewissen zu entlasten. Ganz im Gegenteil: Die Verantwortung muß im «Herzen»[60], also in der Personmitte, im Gewissen wahrgenommen werden. Wenn der Obere sich an Gottes Gebot hält, ist ein Gewissenskonflikt nicht zu befürchten[61].

f. Der Schlußsatz des Kapitels, der von Benedikt stammt, nimmt nochmals das *Lohnmotiv* auf und fügt eine Strafdrohung hinzu, immerhin nicht ohne die Chance von Buße und Besserung zu erwähnen.

KAPITEL 6
VON DER SCHWEIGSAMKEIT

1 Wir wollen tun, was der Prophet sagt:
ICH SAGTE: ICH WILL AUF MEINE WEGE ACHTEN,
DAMIT ICH NICHT SÜNDIGE MIT MEINER ZUNGE.
ICH VERSTUMMTE, VERDEMÜTIGTE MICH UND SCHWIEG VOM GUTEN.
2 Mit diesen Worten zeigt der Prophet,
daß man der Schweigsamkeit zuliebe
bisweilen sogar auf gute Worte verzichten soll;
umso mehr ist es Pflicht, schlechte Reden zu meiden,
weil diese Sünde gestraft wird.
3 Deshalb soll das Sprechen, mag es sich auch
um gute, heilige und erbauliche Worte handeln,
vollkommenen Jüngern nur selten erlaubt werden,
damit sie ein ernstes, gemessenes Schweigen üben;
4 denn es steht geschrieben:
BEIM VIELEN REDEN BLEIBT DIE SÜNDE NICHT AUS.
5 und anderswo: TOD UND LEBEN STEHEN IN DER MACHT DER ZUNGI
6 Reden und Lehren nämlich sind Sache des Meisters,
Schweigen und Hören kommen dem Schüler zu.

7 Muß man also den Obern etwas fragen,
so stelle man die Bitte mit Ehrfurcht,
in aller Demut und Bescheidenheit.
8 Ausgelassene Späße aber, unnütze und lächerliche Reden
verbannen und verbieten wir für immer und an allen Orten,
und wir gestatten nicht,
daß ein Jünger zu solchen Reden den Mund öffnet.

1 Ps 39,2–3 4 Spr 10,19 5 Spr 18,21 6 Vgl. RB 3,6

1 Das einleitende Zitat läßt die wichtigsten Motive des ganzen, gekürzt aus dem «Magister»[1] übernommenen Kapitels anklingen: das Schweigen zur Vermeidung von Zungensünden[2], zum Aufbau eines Raumes der Stille, in der die Person sie selber sein kann[3] und zum Erweis einer Demut, die ihr Vorbild in Jesus und seinem Schweigen hat[4]. Wer sich zum Herrn bekehrt und «von Herzen demütig» ist[5] wird in der Tat und im Wort die *Demut* des Herrn üben[6], nämlich im Gehorsam[7] und im Schweigen[8], die nach Kassian der Demut zugeordnet sind[9] und in drei aufeinander folgenden Kapiteln der Regel behandelt werden.

2–5 a. Diese Sätze kommentieren das einleitende Psalmzitat. Ähnliche Mahnungen stehen im Demutskapitel[10]. Dort wird deutlich, daß kein unmenschlicher Mutismus, *kein «tödliches Schweigen»* angestrebt wird[11]. Wenn Benedikt erklärt, welches Reden zulässig ist, ersetzt er den Ausdruck des «Magisters»: «heilige» Worte durch «überlegte» Worte[12]. Benedikt vertritt kein superasketisches und weltfremdes Ideal. Er läßt anderes gelten als nur religiöse Gespräche, wünscht aber ein überlegtes Reden. Eigens gibt er an, wie man reden soll: freundlich, bescheiden, überlegt oder mit Angabe der Gründe[13]. Innerhalb der Gemeinschaft wird Benedikt später auf dem Dialog und einem gehorsamen «Aufeinander-Hören»[14] bestehen.

b. Klarer als unsere Regel hat Basilius († 379) gezeigt, daß es Zeiten der Stille und *Zeiten des Wortes* geben muß: «Stille und Schweigsamkeit sind gut, wenn sie den Personen und Zeiten angemessen sind ... Das Schweigen ist notwendig, um Sünden der Zunge und provozierende Reden zu verhindern. Es lerne einer, passend, zur rechten Zeit und positiv zu reden, wie geschrieben steht: ‹Eure Worte seien stets freundlich, aber mit Salz gewürzt, denn ihr müßt jedem in der rechten Weise antworten können›[15]»[16]. In den Klöstern sind seit den Anfängen Zeiten des

Schweigens vorgesehen, zum Beispiel, nach Pachomius († 346), beim Essen[17], bei der Arbeit[18] oder beim Baden[19].

c. Das überdeutliche Mahnwort des Apostels: «Die Zunge kann kein Mensch zähmen, dieses ruhelose Übel, voll von tödlichem Gift»[20], führt zu bewußter *Zurückhaltung* im Reden[21]. Im Hintergrund steht das Beispiel Jesu, der schwieg, wo andere protestiert hätten[22]. Der Ungeist verrät sich dadurch, daß er «schreien» muß[23]. Jesus gebietet den Dämonen zu schweigen[24]. «Vollkommene Jünger»[25] sollen als «geistliche Menschen», als Geistträger, keine auch nur entfernt «dämonischen» Unworte von sich geben. Im Wort spricht die Person sich selber aus[26].

d. In den Anfängen suchten Mönche die *Wüste* auf, um im Schweigen und in der Einsamkeit, frei von Sünden, «Ruhe zu finden für die Seelen»[27]. Man will Distanz gewinnen und sich nicht total vereinnahmen lassen von einer sachintensiven Umwelt, von der Flut der Informationen und von den Zwängen der Gesellschaft. Berühmt ist das Wort, das Abt Arsenios, ehemals kaiserlicher Hofbeamter, hörte: «Asenios! Zieh dich zurück! Sei still! Werde ruhig!»[28]. Die äußere Ruhe soll eine innere Dynamik ermöglichen. «Altvater Sisoes sagte: Schweigen heißt pilgern!»[29] Man will nicht passiv verharren, sondern aufbrechen, sich nicht in den Dingen verlieren, sondern zu einem höheren Ziel unterwegs sein. Der Geist treibt dazu an. Jesus selbst ging «vom Geist getrieben in die Wüste»[30]. Mehr als einmal heißt es von ihm, er habe eine «einsame Stätte» aufgesucht, «um zu beten» oder «um auszuruhen»[31].

e. Ein Hauch der Stille und des Schweigens der Wüste und etwas von ihrem Glutwind, vom Gluthauch des Geistes, muß durch jedes Kloster, jede Zelle und jedes Herz wehen. Der «Magister» wollte «ein Kloster der Schweigsamkeit und des Friedens» einrichten[32]. Jeder muß sich einen *Raum der Stille* bewahren: «Das Ziel seiner Berufung, nämlich die alles übertreffende, reine Gottesschau, kann er nicht anders erreichen als im Schweigen, im beharrlichen Verweilen in seiner Zelle und in der Meditation (der Schrift)»[33].

f. Stille, Beständigkeit und «Meditation» sind also nach Kassian († 430) unerläßlich auf dem Weg zur Kontemplation und zum *mystischen Gebet*, für die er im übrigen keine Spezialkenntnisse voraussetzt und die er auch nicht als Ausnahmefälle[34] betrachtet. Das gibt Kassian († 430) im Anschluß an seine Vater-unser-Erklärung zu verstehen: «Dieses Gebet schließt offenbar alle Vollkommenheit in sich ein. Der Herr selber hat uns mit seiner ganzen Autorität das Beispiel und das entsprechende Gebot gegeben. Dieses Gebet führt alle, die mit ihm vertraut sind, zu dem erwähnten[35] alles überragenden Zustand empor, nämlich zu jenem Glutgebet, das nur wenige aus Erfahrung kennen und das eine wirklich unbeschreibbar hohe Stufe des Gebetes ist. Es überschreitet die sinnenhafte Erfahrung des Menschen: kein Laut der Stimme, keine Bewegung der Zunge, kein formuliertes Wort! Die Seele taucht gleichsam in das Licht, das von oben einstrahlt[36]. Sie bedient sich nicht mehr der menschlichen Sprache. Wie eine Flutwelle brechen alle Kräfte des Gemüts gleichzeitig auf. Aus einer randvollen Quelle springt das Gebet empor, strömt Gott entgegen und spricht sich wortlos vor ihm aus. Blitzscnell und in einem Augenblick realisiert die Seele so Vieles und so Großes, daß sie es kaum aussprechen, noch auch im Gedächtnis überfliegen kann, wenn sie zu sich selbst zurückkehrt. – Unser Herr selber hat das Bild dieses Zustandes vorgezeichnet, und zwar durch die Art seines Betens, wenn er sich allein auf den Berg zurückzog und an einem einsamen Ort betete[37] oder wenn er in seinem Todeskampf Blutstropfen vergoß[38], ein unnachahmliches Beispiel tiefer, inniger Hingabe»[39].

g. Diese Lehre über das kontemplative und mystische Gebet stützt sich auf das Evangelium. Während Jesus betet, erfährt er die Geisttaufe[40] und die Verklärung[41]. Er betet nach der Lehrtätigkeit, spät am Abend, allein auf dem Berg[42]; er betete in der Frühe, als es noch dunkel war, *«auch wenn alle ihn suchen»*[43]. Sein Gebet will einen intimen Charakter haben, ist aber auf seine Apostel[44], seine Jünger[45] und seine Sendung[46] ausgerichtet. Die Jünger suchen die Nähe des einsam betenden Jesus[47], und er teilt seine Gebetserfahrung mit ihnen. Wie es der eben zitierte Text Kassians zeigt, führt seine Gebetslehre die Jünger zu mystischer Erfahrung. So steht *der Herr*, in der Intimität seines Betens, als *Vorbild der Kontemplation* vor den Jüngern.

Christliche Meditation kann wohl auch vom Erfahrungsschatz des *außerchristlichen Mönchtums*, von seinen Methoden der Sammlung und gelöster Innerlichkeit lernen. Das Suchen nach Stille und «Schweigen» ist ein menschliches Grundbedürfnis. Christlich wird solche Meditation noch nicht durch innere Ruhe oder durch die Loslösung von allem Besitz- und Machtwillen, sondern erst durch den Blick auf Jesus; nur in der Begegnung mit dem Gekreuzigten und Auferstandenen erfahren wir mehr als einen Gott der Philosophen, nämlich seinen Vater. «Der Herr selber hat den höchsten Wert nicht in irgendeiner, auch guten Anstrengung gesehen. ‹Nur *Eines* ist notwendig›[48], sagt der Herr, daß wir nämlich zur Schau von ihm selbst gelangen, die wirklich nur Eines und einfach ist»[49].

i. Es fällt auf, wie in allen Texten Kassians (†430) die Meditation ins Schauen mündet, in eine intuitive und unmittelbare Erfahrung Gottes, die nur in seinem Licht und nur den Augen des Glaubens möglich ist. – «Abba Besarion sprach sterbend: Der Mönch muß ganz Auge sein wie die Cherubim und Seraphim»[50]. Benedikt erwähnt nie ausdrücklich das meditative Schweigen oder seine Funktion im Hinblick auf die Erfahrung Gottes. Doch wird man annehmen dürfen, daß ihm das Schweigen *mehr als eine lärm- oder geräuschlose Zeit* bedeutet. Das Schweigen ermöglicht eine kontemplative Haltung, aus der heraus sich Herz und Mund für das Gebet öffnen[51].

6–7 a. Die Regel ist für «Anfänger» geschrieben[52]. So überrascht es nicht, daß vom Lehrer-Schüler-Verhältnis die Rede ist. Benedikt vermeidet aber in den von ihm selber formulierten Kapiteln den Ausdruck *«Schüler»*[53], während der «Magister» ihn ununterbrochen benützt.

Benedikt sorgt sich um die *Demut* und Bescheidenheit des «Jüngers» gegenüber dem Obern[54]. Vielleicht verrät das Schwierigkeiten in seinem Kloster[55], vielleicht will er bloß der jugendlichen Voreiligkeit einen Riegel stoßen: «Ein Altvater sprach: ‹Ich möchte eher belehrt werden als lehren!›. Er sagte auch: ‹Gib dich nicht vor der Zeit als Lehrer, sonst kannst du während der restlichen Zeit deines Lebens an Einsicht nur noch abnehmen.›»[56].

b. Als «Schüler» will ein Christ «Hörer des Wortes»[57] sein. Er geht bei Christus und den von ihm gesetzten Lehrern in die Schule[58]. Das Wort aber wird schweigend in der Tiefe des Herzens aufgenommen: «Alles ruht in der *Tiefe der Seele*»[59].

8 Basilius (†379) sieht einen Zusammenhang zwischen *Unbeherrschtheit* und unanständigem Reden, Lachen und Benehmen. Die innere Freude äußert sich maßvoll[60]. Das Reden ist wertvoll, wenn es den Glauben fördert[61] und die Liebe nicht verletzt[62]. Auf die auferbauende Kraft des guten Wortes geht Benedikt an dieser Stelle nicht ein[63].

KAPITEL 7
VON DER DEMUT

1 Brüder, die göttliche Schrift ruft uns zu:
JEDER, DER SICH SELBST ERHÖHT, WIRD ERNIEDRIGT,
UND WER SICH SELBST ERNIEDRIGT, WIRD ERHÖHT.
2 Wie uns die Schrift mit diesen Worten zeigt,
ist es eine Art Stolz,
wenn sich jemand irgendwie erhöht.
3 Davor hütet sich der Prophet, wie sein Wort nahelegt:
HERR, MEIN HERZ IST NICHT STOLZ,
NICHT HOCHMÜTIG BLICKEN MEINE AUGEN.
ICH GEHE NICHT UM MIT DINGEN,
DIE MIR ZU WUNDERBAR UND ZU HOCH SIND.
4 Doch was wird geschehen,
WENN MEIN SINNEN NICHT DEMÜTIG WAR,
WENN ICH MEINE SEELE ERHÖHT HABE?
WIE DAS ENTWÖHNTE KIND BEI SEINER MUTTER,
SO BEHANDELST DU DANN MEINE SEELE.

5 Brüder, wenn wir den Gipfel höchster Demut erreichen
und rasch zur himmlischen Höhe gelangen wollen,
zu der man durch ein demütiges Leben hienieden aufsteigt,
6 müssen wir jene Leiter aufrichten
und in unserem Tun besteigen,
die Jakob im TRAUM erschien,
und auf der er ENGEL AUF- UND NIEDERSTEIGEN SAH.
7 Jenes Herunter- und Hinaufsteigen kann unserer Ansicht nach
gar nicht anders verstanden werden,
als daß die Erhöhung absteigen,
die Erniedrigung aufsteigen läßt.
8 Die aufgerichtete Leiter ist unser irdisches Leben,
das der Herr himmelwärts emporrichtet,
wenn unser Herz demütig wird.
9 Die Holme der Leiter aber

erklären wir als unsern Leib und unsere Seele.
In diese Holme fügt der Ruf Gottes
verschiedene Stufen der Demut und Pflichterfüllung ein,
die wir ersteigen sollen.

10 Auf der ersten Stufe der Demut
hält man sich Gott stets mit Ehrfurcht vor Augen
und hütet sich sehr, ihn zu vergessen;
11 man erinnert sich dauernd an alle Gebote Gottes
und erwägt im Geist bei sich selber immer,
wie die Hölle jene um der Sünden willen brennt,
die Gott verachten,
während ewiges Leben denen bereitet ist,
die Gott fürchten.
12 Man nimmt sich allzeit in acht vor Sünden und Fehlern
der Gedanken oder der ZUNGE, der Hände, der Füße
oder des Eigenwillens wie auch DER BEGIERDEN DES FLEISCHES.
13 Der Mensch sei überzeugt:
Gott SCHAUT VOM HIMMEL HER
jederzeit und immer AUF IHN HERAB,
DAS AUGE GOTTES sieht stets und überall sein Tun,
und die Engel erstatten darüber allezeit Bericht.

14 Der Prophet weist uns darauf hin, denn er zeigt,
daß Gott uns stets gegenwärtig ist
bei unsern Gedanken,
indem er sagt: GOTT PRÜFT AUF HERZ UND NIEREN,
15 und ferner: DER HERR KENNT DIE GEDANKEN DER MENSCHEN;
16 auch heißt es: VON FERN ERKENNST DU MEINE GEDANKEN,
17 und: DAS DENKEN DES MENSCHEN MUSS SICH DIR ERÖFFNEN.
18 Um sich aber über seine verkehrten Gedanken,
ein Gewissen zu machen,
soll ein guter Bruder in seinem Herzen wiederholen:
Dann WERDE ICH VOR IHM OHNE MAKEL SEIN,
WENN ICH MICH IN ACHT NEHME VOR MEINER SCHLECHTIGKEIT.

19 Den Eigenwillen zu tun, verwehrt uns die Schrift
mit den Worten: VON DEINEM EIGENWILLEN HALTE DICH FERN!
20 Und ebenso bitten wir Gott täglich im Gebet,
daß sein WILLE an uns GESCHEHE.
21 Mit Grund werden wir also belehrt,
nicht unsern Willen zu tun;
wir müssen nur beachten, was die Heilige Schrift sagt:
ES GIBT WEGE, DIE DEN MENSCHEN RECHT SCHEINEN,
DIE ABER AM ENDE IN DIE TIEFE DER HÖLLE HINABFÜHREN.
22 So zittern wir auch vor dem Wort,
das über die Gleichgültigen gesagt ist:
IN IHREM EIGENWILLEN SIND SIE VERDORBEN
UND ABSCHEULICH GEWORDEN.

23 Auch was das Verlangen unseres Fleisches betrifft,
wollen wir Gott stets gegenwärtig glauben,
denn der Prophet sagt zum Herrn:
ALL MEIN SEHNEN LIEGT OFFEN VOR DIR.
24 Hüten wir uns also vor böser Begierde,
denn: Der Tod lauert an der Schwelle der Lust.
25 Darum heißt das Gebot der Schrift:
FOLGE NICHT DEINEN BEGIERDEN!

26 Wenn DIE AUGEN DES HERRN WACHEN ÜBER GUTE UND BÖSE,
27 und DER HERR VOM HIMMEL HERAB
immer AUF DIE MENSCHEN BLICKT,
um zu sehen, OB NOCH EIN VERSTÄNDIGER DA IST,
DER GOTT SUCHT,
28 und wenn die Engel, die uns zugeteilt sind,
täglich dem Herrn bei Tag und Nacht
Bericht erstatten über die Werke, die wir tun,
29 dann, Brüder, müssen wir uns stets in acht nehmen
damit Gott uns nicht zu irgend einer Stunde,
wie der Prophet im Psalm sagt,
ABTRÜNNIG UND VERDORBEN sieht.
30 Und wenn er uns jetzt schont,

weil er gütig ist und erwartet,
daß wir uns zum Bessern bekehren,
soll er uns nicht dereinst sagen müssen:
DAS HAST DU GETAN, UND ICH HABE GESCHWIEGEN.

31 Auf der zweiten Stufe der Demut steht,
wer seinen Eigenwillen nicht liebt
und keine Freude daran findet,
seine Begierden zu befriedigen,
32 sondern in seinem Tun den Herrn nachahmt, der sagt:
ICH BIN NICHT GEKOMMEN, UM MEINEN WILLEN ZU TUN,
SONDERN DEN WILLEN DESSEN, DER MICH GESANDT HAT.
33 Auch heißt es in einer Schrift:
DER EIGENWILLE BESTRAFT SICH SELBST,
BINDENDE NOTWENDIGKEIT BEREITET EINE KRONE.
34 Auf der dritten Stufe der Demut
unterwirft man sich dem Obern aus Liebe zu Gott
im vollkommenem Gehorsam, indem man den Herrn nachahmt,
von dem der Apostel sagt: ER WAR GEHORSAM BIS ZUM TOD.

35 Auf der vierten Stufe der Demut steht,
wer auch bei widrigen Aufträgen
und selbst bei jedem zugefügten Unrecht
diesen Gehorsam übt,
dabei schweigen kann und bewußt die Geduld bewahrt.
36 Er erträgt alles, ohne müde zu werden und davonzulaufen;
die Schrift sagt ja: WER BIS ZUM ENDE STANDHAFT BLEIBT,
DER WIRD GERETTET.
37 Ebenso: HAB FESTEN MUT, UND HOFFE AUF DEN HERRN!
38 Die Getreuen müssen für den Herrn alles aushalten,
auch was ihnen zuwiderläuft.
Das zeigt die Schrift, denn denen die leiden,
legt sie das Wort in den Mund: UM DEINETWILLEN
WERDEN WIR DEN GANZEN TAG DEM TOD AUSGESETZT,
BEHANDELT WIE SCHAFE,
DIE MAN ZUM SCHLACHTEN BESTIMMT HAT.

39 Aber weil sie zuversichtlich auf Gottes Vergeltung hoffen,
fahren sie mit Freuden fort und sagen:
DOCH ALL DAS ÜBERWINDEN WIR DURCH DEN,
DER UNS GELIEBT HAT.
40 Und an anderer Stelle heißt es in der Schrift:
DU HAST, O GOTT, UNS GEPRÜFT
UND UNS GELÄUTERT WIE MAN SILBER LÄUTERT IM FEUER.
DU BRACHTEST UNS IN SCHWERE BEDRÄNGNIS
UND LEGTEST UNS EINE DRÜCKENDE LAST AUF DIE SCHULTER.
41 Und um zu zeigen, daß wir unter einem Obern sein müssen,
fährt sie mit den Worten weiter:
DU HAST MENSCHEN ÜBER UNSERE KÖPFE GESETZT.
42 Auch erfüllen sie das Gebot des Herrn,
selbst bei Kränkung und ungerechter Behandlung,
kraft der Geduld, mit der sie
AUF DIE EINE BACKE GESCHLAGEN, AUCH DIE ANDERE HINHALTEN,
UM EIN HEMD BESTOHLEN, AUCH DEN MANTEL LASSEN,
GEZWUNGEN EINE MEILE MITZUGEHEN, ZWEI MEILEN GEHEN.
43 Mit dem Apostel Paulus ERTRAGEN sie FALSCHE BRÜDER,
erdulden VERFOLGUNG
und SEGNEN, DIE IHNEN FLUCHEN.

44 Auf der fünften Stufe der Demut steht,
wer alle schlechten Gedanken,
die sich ihm ins Herz schleichen,
und die heimlich begangenen Sünden
seinem Abt nicht verbirgt, sondern ihm demütig bekennt.
45 Die Schrift ermahnt uns dazu mit den Worten:
ERÖFFNE DEM HERRN DEINEN WEG, UND VERTRAU AUF IHN!
46 Sie sagt auch: BEKENNT DEM HERRN, DENN ER IST GÜTIG,
DENN SEINE HULD WÄHRT EWIG.
47 Ferner spricht der Prophet: ICH BEKANNTE DIR MEINE SÜNDE
UND VERBARG MEINE SCHULD NICHT VOR DIR.
48 ICH SAGTE: ICH WILL DEM HERRN MEINE FREVEL BEKENNEN.
UND DU HAST MIR DIE SCHULD MEINES HERZENS VERGEBEN.

49 Auf der sechsten Stufe der Demut ist der Mönch
mit dem Allermindesten und Letzten zufrieden
und hält sich, bei allem, was man ihm aufträgt,
für einen schlechten und untauglichen Arbeiter.
50 Mit dem Propheten sagt er sich:
ICH WAR TÖRICHT UND OHNE VERSTAND,
WAR WIE EIN STÜCK VIEH VOR DIR.
ICH ABER BLEIBE IMMER BEI DIR.

51 Auf der siebten Stufe der Demut
erklärt man nicht nur mit Worten,
sondern glaubt auch im tiefsten Herzensgrund,
der Letzte und Geringste unter allen zu sein.
52 Man demütigt sich und sagt mit dem Propheten:
ICH ABER BIN EIN WURM UND KEIN MENSCH,
DER LEUTE SPOTT, VOM VOLK VERACHTET.
53 ICH HABE MICH ERHÖHT
UND WURDE GEDEMÜTIGT UND BESCHÄMT.
54 ferner: DASS ICH GEDEMÜTIGT WURDE, WAR FÜR MICH GUT;
DAMIT ICH DEINE GEBOTE LERNE.

55 Auf der achten Stufe der Demut tut der Mönch nur,
wozu die gemeinsame Regel des Klosters
und das Beispiel der Ältern mahnen.

56 Auf der neunten Stufe der Demut
HÄLT der Mönch SEINE Zunge vom Reden ZURÜCK;
er kann schweigen und spricht nicht, bevor er gefragt wird.
57 Die Schrift zeigt das mit den Worten an:
BEI VIELEM REDEN BLEIBT DIE SÜNDE NICHT AUS.
58 Und: DER SCHWÄTZER SOLL NICHT BESTEHEN IM LAND.

59 Auf der zehnten Stufe der Demut steht,
wer nicht leicht und über alles lacht;
weil geschrieben steht: DER TOR LACHT MIT LAUTER STIMME.

60 Auf der elften Stufe der Demut spricht der Mönch, wenn er redet:
ruhig und ohne Gelächter, bescheiden und ernst,
mit kurzen, überlegten Worten, und macht kein Geschrei,
61 wie geschrieben steht: DEN WEISEN ERKENNT MAN DARAN,
DASS ER NICHT VIELE WORTE MACHT.

62 Auf der zwölften Stufe der Demut
bewahrt der Mönch die Demut nicht bloß im Herzen,
sondern gibt sie auch nach außen kund,
sogar in seiner Körperhaltung.
63 Mit andern Worten: Beim Gottesdienst, im Oratorium,
im Kloster, im Garten, unterwegs, auf dem Feld,
wo immer er sitzt, geht oder steht,
stets neige er sein Haupt und schlage die Augen nieder.
64 Wegen seiner Sünden halte er sich jederzeit für schuldig
und sehe sich schon jetzt
vor das schreckliche Gericht gestellt.
65 Er wiederhole im Herzen
die Worte des Zöllners im Evangelium,
der mit zur Erde gesenktem Blick sprach:
HERR, ICH SÜNDER BIN NICHT WÜRDIG,
MEINE AUGEN ZUM HIMMEL ZU ERHEBEN.
66 Und er sagt mit dem Propheten:
ICH BIN GEKRÜMMT UND TIEF GEBEUGT.

67 Wenn aber alle Stufen der Demut erstiegen sind,
gelangt der Mönch bald zu jener Gottesliebe,
DIE VOLLKOMMEN IST UND DIE FURCHT VERTREIBT.
68 Alles, was er vorher nur mit Angst beobachtet hat,
wird er kraft dieser Liebe zu halten beginnen,
ganz mühelos und natürlich und wie aus Gewohnheit,
69 nicht mehr aus Furcht vor der Hölle,
sondern aus Liebe zu Christus,
weil ihm das Gute zur Gewohnheit
und die Tugend zur Freude wurde.

70 Der Herr wird dies durch den Heiligen Geist
gnädig an seinem Arbeiter erweisen,
wenn er einmal frei ist von Sünden und Fehlern.

1 Lk 14,11; 18,14; vgl. Mt 23,12 **3** Ps 131,1 **4** Vgl. Ps 131,2 **6** Gen 28,12 **10** Vgl. Ps 36,2; vgl. Ps 101,3 **12** Vgl. Ps 12,2; Gal 5,16; RB 4,57–60 **13** Ps 14,2; Spr 15,3 **14** Ps 7,10 **15** Ps 94,11 **16** Ps 139,2 **17** Vgl. Ps 76,11 **18** Vgl. Ps 18,24 **19** Vgl. Sir 18,30 **20** Mt 6,10 **21** Spr 16,25 **22** Vgl. Ps 12,1 **23** Ps 38,10 **24** Passio Sebastiani 14 **25** Sir 18,30 **26** Spr 15,3 **27** Ps 14,2 **28** Vgl. Hebr 1,14 **29** Ps 14,3 **30** Vgl. Ps 50,21 **32** Vgl. Joh 6,38 **33** Passio Anastasiae 17 **34** Phil 2,8 **36** Mt 10,22 **37** Ps 27,14 **38** Ps 44,23; Röm 8,36 **39** Röm 8,37 **40** Ps 66,10–11 **41** Vgl. Ps 66,12 **42** Mt 5,39–41 **43** 2 Kor 11,26; 1 Kor 4,12 **45** Vgl. Ps 37,5 **46** Ps 106,1; Ps 118,1 **47–48** Ps 32,5 **49** Vgl. Mt 23,11 **50** Ps 73,22–23 **51** Vgl. 1 Kor 15,9; 1,28 **52** Ps 22,7 **53** Ps 87,16 (lat.) **54** Ps 119,71.73 **56** Vgl. Ps 34,14 **57** Spr 10,19 **58** Vgl. Ps 140,12 **59** Sir 21,20 **61** Sextus Enchiridion 145 **63** Vgl. Joh 19,30 **65** Lk 18,13; Mt 8,8 **66** Ps 38,7 **67** 1 Joh 4,18 **70** Vgl. Röm 5,5

1–4 a. Am Schluß des Demutskapitels des «Magisters»[1] heißt es: «Ende der Dienst-Akten des Herzens»[2]. Die Regel will eine *«Spiritualität des Herzens»* vorlegen. Das Demutskapitel bildet dabei das Herzstück. Es faßt den lehrhaften Eröffnungsteil abschließend zusammen. Der Stil des Kapitels gleicht demjenigen des Vorworts, z. B. in der direkten Anrede «Brüder». Es ist der Stil der «Actus militiae cordis». Der Ursprung des Demutskapitels ist aber in einem schon vor Kassian († 430) in Südfrankreich bekannten und einem Abt Pinufius zugeschriebenen «libellus» zu suchen (Manning).

b. Ausgehend von einem Wort des Herrn[3] wird der Demutsweg als Doppelbewegung von Abstieg und Aufstieg vorgestellt. Zunächst wird der erste Teil des Herrenwortes kommentiert: «wer sich selbst erhöht». Dies geschieht mit Psalmzitaten[4] über Hochmut oder Arroganz[5] und über die Bestrafung[6] des Stolzes. Der Psalm spricht von Herzen, Augen, Sinnen und Seele, also vom ganzen Menschen. Benedikt begnügt sich oft mit dem Begriff «Herz», der für die *Personmitte* steht und das ganze Selbst, das Gewissen bezeichnet.

5–9 a. Das Bild des *Aufstiegs* ist der Tradition entnommen. Schon Klemens von Alexandrien († vor 215) spricht von dem im jetzigen Leben möglichen Aufstieg zur Erkenntnis (Gnosis), bei dem die Seele vom Wort geführt wird[7].

b. Die paradox scheinende Aussage lautet, der Aufstieg führe zur Höhe der Erniedrigung. Der lateinische Ausdruck *«humilitas»* bezeichnet eigentlich, was «dem Boden(humus) nahe» ist. Man darf nicht übersehen, daß dieses Wort ursprünglich an die niederste Schicht und die Entrechteten denken ließ. Im christlichen Sprachgebrauch hat das Wort einen viel positiveren Klang angenommen. Es läßt an die «Anawim» des Alten Testaments oder an die Demut Marias denken. Das deutsche Wort «Demut» bedeutet «Dienmut».

c. Der wahre «Aufstieg» läuft über die absteigende Bewegung der Selbstentäußerung[8]. Wir verzichten darauf, unsere Person vorzuschieben und unseren Willen durchzusetzen. Horsiesi (†um 380) sieht im Verzicht auf die ängstliche Sorge um sich selbst eine *befreiende Tat.* Die Selbstlosigkeit befreit uns vom Zwang zur Selbstbehauptung und von der Ich-Angst. Wir vollziehen als «höchste» menschliche Möglichkeit die Selbstentäußerung (Kenosis) Christi in der Armut des Kreuzes mit. Das ist der Gehorsam des Sohnes, den der Vater zur Antwort in die Gottesherrlichkeit aufnimmt. Horsiesi schreibt: «Wir sind frei. Wir haben das Joch der sklavischen Bindung an diese Welt abgeworfen. Was wollen wir zu unserem Auswurf zurückkehren[9]! Was wollen wir Eigenbesitz behalten, um wieder in Sorge und Angst sein zu müssen, ihn zu verlieren ...! Alles steht doch für alle gemeinsam zur Verfügung. Nichts kann härter sein als das Kreuz Christi! Nach dieser Norm haben unsere Väter gelebt. So haben sie uns ‹auf dem Fundament der Apostel und Propheten› und auf der Weisung des Evangeliums auferbaut. Alles ist ‹in dem Eckstein Jesus Christus› zusammengefaßt[10]. Wenn wir ihm nachfolgen wollen, müssen wir von der todbringenden Höhe (des Hochmuts) zur lebenspendenden Demut absteigen, indem wir den Reichtum mit der Armut vertauschen... Vergeßt nicht den einmal gefaßten Entschluß! Betrachten wir die Überlieferung unserer Vaters (Pachomius) als eine Leiter, die zum Himmel führt[11]»[12].

d. Die wesentlichen Motive des Demutskapitels klingen in diesem Text des Horsiesi (†um 380) bereits an. Das Schema des Aufstiegs beherrscht auch Kassians (†430) Werke.

Für ihn ist die Demut eher der «praktischen» handlungsbezogenen, «aktiven» Askese zugeordnet. Sie dient der *Läuterung*. Jesus hat sie gefordert für das menschliche Zusammenleben[13], für den Dienst der «Ersten»[14] und für das Beten[15]. Wenn man sich nicht selber täuschen will, kann man nur über die Stufen der Demut zur Höhe der «Theoria», also der kontemplativen Gottesschau gelangen.

e. Kassians (†430 Vorstellung von den «Stufen»[16] und die bei Horsiesi erwähnte *Jakobsleiter*[17] soll nun den zweiten Teil des eingangs erwähnten Herrenwortes[18] illustrieren: «wer sich selbst erniedrigt, wird erhöht». In der biblischen Sicht bedeutet die Jakobsleiter die Gegenwart des heiligen Gottes, der sich an unerwarteter Stätte offenbart und den unbedeutenden Ort erst heiligt. Benedikt läßt nun den Menschen auf diese Leiter treten und dem heiligen Gott nahen (A. de Vogüé).
Das Aufstiegsschema hat *dynamischen* Charakter. Es geht um das «Voran- und Emporschreiten»[19]. Antonius (†356) hat die Brüder gemahnt: «Das sei das erste, allen gemeinsame Gebot: Keiner soll in dem mit Elan übernommenen Vorhaben erlahmen. Wie ein Anfänger soll er stets mehren, was er begonnen hat, vor allem weil im Vergleich zur Ewigkeit die Spanne des menschlichen Lebens kurz und der Raum schmal ist»[20].
f. Das Ziel des Aufstiegs ist ein eschatologisches, der Himmel[21]. Der Magister schildert denn auch am Schluß des Demutskapitels phantasievoll den Himmel. Benedikt kennt keine solche Schilderung und stellt nur dar, was in diesem Leben erreichbar ist: die *Zielgerade*, also das letzte Stück der Rennbahn unmmittelbar vor der Ziellinie, die Liebe (caritas). Das Wort «Liebe» hat für den Autor einen fast mystischen Klang. Er wird erst am Ende des Demutskapitels davon sprechen[22]; ebenso taucht es am Ende des Vorworts[23] und am Schluß der ganzen Regel auf[24].
g. Das Bild vom *Auf- und Abstieg* deutet an, daß die Stufen zum hohen Ziel nicht im Sinn eines chronologischen Nacheinander zu verstehen sind, wie wenn das Ziel nur im hohen Alter erreichbar wäre. Die Mönchsväter bestehen zwar darauf, daß die Jüngern der Bildung bedürfen[25], halten sie aber einer innern Reife und Weisheit fähig, wie man sie nur bei Alten vermutet. Vom Gründer von Lérins, Honoratus (†428), heißt es: «Er überstieg stets jede (Alters-)Stufe in der Kraft der Gnade und war immer größer als er selber»[26]. Gregor der Große (†604 schreibt über Benedikt: «Benedictus, der Gnade und dem Namen nach ‹der Gesegnete›, führte ein Leben, das Ehrfurcht gebietet. Von seiner Kindheit an trug er ein Herz in sich wie es einem Greis anstehen würde. An Charakter reifer als an Jahren gab er sich nie sinnlicher Lust hin. Solange er auf dieser Erde weilte, verachtete er das Vergängliche der Welt, die er doch in vollen Zügen hätte genießen können, wie wenn sie eine schon verwelkte Blüte wäre[27].
h. «Die aufgerichtete Leiter aber ist unser irdisches Leben»[28], sofern es sich in einer Schicksalsgemeinschaft mit dem Gekreuzigten *«aufrichtet»*. Ein tiefsinniges Wort von Abt Hyperechios

spricht zwar nicht von der «Leiter», sondern vom «Lebensbaum», der zu ersteigen ist und der auf das Kreuz verweist: «Der Baum des Lebens ragt hoch empor. Der Mönch, der sich in Demut erniedrigt, steigt auf ihm zur Höhe»[29]. Nur «wenn unser Herz demütig wird»[30] können wir in eine Lebensgemeinschaft mit Christus eintreten, an seinem Kreuz und an seinem Leben Anteil erhalten. «Johannes, der Thebäer, sprach: Der Mönch muß vor allem demütig sein. Das erste Gebot unseres Herrn lautet nämlich: ‹Selig, die arm sind vor Gott, denn ihnen gehört das Himmelreich›[31]»[32].

Die «Gesinnung Christi»[33] ist anvisiert, wenn die Mönche von «Demut» sprechen, *nicht ein psychisches Minderwertigkeitsgefühl.* Die alte Amma Sarrah ließ verstehen, daß sie nicht unter Selbstschwäche litt. Als zwei angesehene alte Mönche sie mit einem Besuch in Aufregung versetzen wollten, um sie zu verdemütigen, ließ sie sich nicht einschüchtern, sondern erklärte rundweg: «Dem Geschlecht nach bin ich eine Frau, seelisch aber habe ich den Mut eines Mannes»[34]. Demut bedeutet nicht Schwäche. Demütig ist der Mensch der Seligpreisungen. Die Bergpredigt, dieser beglückende «Ruf Gottes»: «Selig seid ihr!», soll uns durch «Leib und Seele» fahren, also den ganzen Menschen so treffen, damit die Haltung der Demut sich in sein Leben «einfügt»[35].

10–13 a. Die «Furcht Gottes», die zur Läuterung führt, wird von Kassian († 430) «Anfang und Hüterin des Heils» genannt[36]. Die «Schulung» in der Gottesfurcht gehört für Basilius († 379) zu den «ersten Schritten» auf dem Heilsweg[37]. Der Ausdruck «Furcht» klingt heute negativ. Diesen Klang hat er im alten Verständnis nicht. Origenes († 253 erklärt bündig: «‹Selig der Mann, der den Herrn fürchtet!›[38]. Wer nicht fürchtet, ist nicht selig»[39]. Wenn ein Mensch *betroffen* die Heiligkeit und Transzendenz Gottes erfährt, fühlt er sich nicht bedrückt, sondern gehoben und befreit vom Gefühl der Sinnleere und der Existenzangst.

b. Was ist «Gottesfurcht»? Der Verfasser schildert sie in einem Kontrastbild. Keine Gottesfurcht hat, wer Gott «vergißt»[40]. Die *«Gottvergessenheit»* steht in der Tradition dem «Bewußtsein von Gottes Dasein» gegenüber. «Gottvergessenheit» meint den praktischen Atheismus: die Befangenheit in den machbaren und konsumierbaren Dingen, das Ausweichen vor der Sinnfrage und die damit verbundene Selbstentfremdung, das Fehlen von Antennen für den Bereich des Geistes (Acedia) und einen totalen Konformismus mit der gängigen öffentlichen Meinung. Basilius († 379) schildert diesen praktischen Atheismus: «Eine Person sieht, daß breite Schichten nicht besser leben als sie selbst. Sie steht unter dem Eindruck, nicht anders sein zu dürfen als die andern, und vermag nicht einzusehen, daß sie auf dem falschen Weg ist ... Diese Person ist beschäftigt, ja gehetzt, wie das Leben nun einmal ist. Aber abgesehen davon: für das Wertvollste und Größte ist kein Platz, nämlich für das Bewußtsein von Gottes Gegenwart. Weil dieses Bewußtsein fehlt und aus der Seele verdrängt wird, mangelt es ihr an jener frohen Zufriedenheit, die von Gott kommt, und die Freude am Herrn geht ihr ab»[41].

c. *Praktischer Atheismus* zeigt sich ganz konkret darin, daß man nicht das «Eine Notwendige», das «Reich und seine Gerechtigkeit»[42] sucht, sondern nach allen Richtungen getrieben wird. «Intellekt, Wille, Zunge, Hände, Füße, Triebleben»[43] geraten unter ein fremdes Diktat. Ideologien, Medien, Produktion, Konsum, Sex, werden bestimmend.

Für einen Christen sind diese Zwänge, die in die verschiedensten Richtungen ziehen, vermeidbar, wenn er eine Bindung an Christus eingeht und sein Kreuz auf sich nimmt[44]. Kassian (†430) führt eine «Profeßpredigt» von Abt Pinufius an, der fast schokkierend plastisch erklärt: «Unser Kreuz ist die Furcht des Herrn. Wer gekreuzigt ist, kann seine Glieder nicht mehr nach Gutdünken bewegen und nach allen Richtungen wenden. So sollen auch wir unsern Willen und unsere Wünsche nicht auf flüchtige Vergnügungen richten, sondern auf das Gesetz des Herrn und seine Verpflichtung». Pinufius hält fest, daß in der Gemeinschaft mit dem Gekreuzigten alle vordergründigen Sorgen und Leidenschaften und die materiellen Bindungen hinfällig werden, während sich die «Augen des Herzens» auf das Künftige richten[45]. Der eschatologische Ausblick rechtfertigt das Kreuz. «Wer sein Leben um meinetwillen verliert, wird es gewinnen»[46]. In dieser Perspektive ist zu verstehen, was «Gottesfurcht» in unserer Regel meint, obwohl der Verfasser nur zurückhaltend auf den Herrn und das Kreuz hindeutet. Wenn es heißt, daß nicht der Eigenwille, sondern Gottes Wille «geschehen» soll, erinnert das sowohl an die Vaterunser-Bitte wie an das Wort Jesu am Ölberg: «Es geschehe dein Wille!»[47] Die ganze, leibhaftige Person ist einbezogen. «Das Fleisch und sein Wollen und Verlangen»[48] sollen aus Ehrfurcht vor Gott erschauern[49]. In solcher Gehorsamsbindung an Gott, in Armut und Entsagung sehen Pinufius-Kassian das Geheimnis des Kreuzes am ganzen Menschen verwirklicht[50].

d. Viele Sätze dieser «ersten Stufe» erinnern übrigens an Merksätze der «geistlichen Kunst»[51] und an die «Visio Pauli»[52]. Der

Rat, sich stets unter dem *«Auge Gottes»* zu fühlen[53] wurde allen Christen gegeben. Aber selbst die Mönche wußten, daß die lebendige, existentielle Ergriffenheit von Gottes Gegenwart keine Selbstverständlichkeit ist. «Abt Poimen erzählte, wie Abba Paizius von jemand gefragt wurde: ‹Ich bin seelisch gefühllos geworden; meine Seele erschauert nicht vor Gott. Was soll ich für sie tun?› Er antwortete: ‹Geh, schließ dich einem gottesfürchtigen Menschen an! Seine Nähe wird dich lehren, selber gottesfürchtig zu werden›.»[54]

14–18 Die Gottesfurcht führt zur innern Reinheit. Athanasius (†373) spricht in der Lebensbeschreibung des Antonius (†356) vom Wunsch, sich Tag für Tag «vor den Augen Gottes würdig zu zeigen, reinen Herzens und bereit, seinem Willen zu gehorchen»[55]. Diese Reinheit und Lauterkeit läßt unser Inneres zu einem *ungetrübten Spiegel für das Bild Gottes* werden, das sich in der Tiefe unserer Person abbilden soll. Solche Reinheit ist unvereinbar mit «finstern Gedanken»[56]. Die Frage der «Gedankensünden» wird in diesem Absatz nochmals aufgenommen[57]. All unser Sinnen und Denken soll erschauern und sich ergriffen fühlen von der Heiligkeit Gottes wie von dem warmen Licht, das er ausstrahlt. Origenes (†253) hat auf das außerbiblisch überlieferte Jesus-Wort hingewiesen: «Wer sich mir naht, der naht dem Feuer.» Origenes fügt hinzu: «Selig also, die ganz nah sind und so nah, daß das Feuer sie nicht brennt, sondern erleuchtet»[58].

19–25 a. Die Aussagen über den Eigenwillen wollen den Egoismus und ein Autonomieverständnis treffen, das nur das Ich als Norm gelten läßt. Wer im eigenen Ich gefangen ist, kann sich weder für Gott noch für den Mitmenschen öffnen, ja wird blind für Gottes Weisung[59] und gleichgültig oder gemein[60]. – Nicht selten wurde auch der «Eigenwille» *falscher Askese* angeprangert, so in den Lebensbeschreibungen der Jura-Väter (um 515): Lupicinus sagte einem durch übermäßige Askese völlig entkräfteten und bewegungsunfähig gewordenen Mönch: «Komm, lieber Bruder, leg deinen starren Eigenwillen ab. Wenn du nicht gern gehorchen willst, so stoße dich wenigstens nicht an meinem Beispiel. Was du mich tun siehst, mußt du nachmachen, gewiß im Namen des Gehorsams, den keine Diskussion aufheben darf. So will es die Regel.» Abt Lupicinus (†um 480) machte nun dem fast verhungerten Mönch, der sich bloß von Brosamen hatte nähren wollen, das Essen vor, brachte ihn von seinem tödlichen Eigenwillen ab und stellte ihn wieder auf die Beine[61].

b. Vom *«Eigenwillen»* wird auch an andern Stellen der Regel gesprochen[62], ebenso von den «Begierden des Fleisches»[63].

26–30 a. Eine zusammenfassende Schlußbetrachtung am Ende der «ersten Stufe» zeigt unmittelbar nach Worten über das Ringen mit sexuellen Begierden[64] ein friedvolles Bild der Gottesfurcht: ein Leben unter den Augen Gottes, verbunden mit innerer Ein-Sicht[65] und mit dem Suchen nach Gott[66]. Das Suchen nach der innern Erfahrung Gottes setzt das asketische Ringen um ein *«reines Herz»* voraus, damit in ihm sich Gottes Bild spiegeln und geschaut werden kann.

b. Diese Grundüberzeugung der Alten wird Gregor der Große (†604) später in der Lebensbeschreibung Benedikts darstellen. Benedikt flieht die *eitle Ehrsucht*, das Aufsehen um seine Person. Seine geliebte Amme hatte sich zu Enfide von Frauen des Ortes ein Küchengerät ausgeliehen. Durch ein Mißgeschick ging es in Brüche. Benedikt repariert es kraft seines Gebetes. Vor dem Aufsehen um seine Person und dem einsetzenden Personenkult flieht Benedikt als Einsiedler in die Felshänge ob Subiaco. Sein Weggehen von allem Getue um sein Ich bringt ihn den Menschen nahe. Sie spüren in ihm den Heiligen. Sie suchen ihn auf und bringen ihm Nahrung. Er reicht ihnen dafür *‹Lebensnahrung›*, die sie «in ihrem Herzen davontragen›[67]. Der Mönch und Einsiedler wird so zum Apostel.

c. Aber die Menschen werden ihm auch zur Versuchung. Die «Schönheit» einer Frau und das eigene *sexuelle Begehren* drohen, sein Herz voll «in Beschlag zu nehmen». Da hilft ihm himmlische Gnade, «zu sich zu kommen». Er «wirft sich nackt in Nesseln und Dornen und wälzt sich darin», bis der «brennende äußere Schmerz» den «Brand der Lust» in seinem Innern «löscht»»[68]. Der Verzicht auf das eigene Begehren bringt ihn zu sich. Er ist jetzt so gefestigt und gereift, daß er *Lehrmeister* anderer werden kann.

d. Die Mönche von Vicovaro rufen ihn als Abt zu sich. Er will sie den «klösterlichen Lebensweg» lehren, «ohne Abweichungen nach rechts oder links» zu dulden. Aber die Mönche von Vicovaro fühlen sich bedroht und reagieren *aggressiv* und kriminell mit einem Vergiftungsversuch. Der Segen des Heiligen, mit einem Kreuzzeichen über den Giftbecher gegeben, läßt diesen zersplittern. Benedikt wahrt in diesem Augenblick «ein *ruhiges Gemüt* und gelassene Mienen». Die Selbstbeherrschung gegenüber der Aggressivität führt zum innern Frieden, den keine Emotionen von Angst oder Zorn stören.

e. «Dann kehrt er in seine geliebte Einsamkeit zurück, *um allein, unter den forschenden Augen Gottes, bei sich selbst zu wohnen*». Papst Gregor erklärt den Sinn seiner mit Absicht gewählten

Worte: «Der ehrwürdige Mann ‹wohnt bei sich selbst›, weil er stets umsichtig über sich selber wacht, weil er unter den Augen Gottes sich selber sieht, sich prüft und seine inneren Augen nicht außerhalb der eigenen Person herumschweifen läßt». Nach den Prüfungen und Versuchungen durch die eigene Begierlichkeit spricht Gregor von der Selbstkritik unter den forschenden Augen Gottes. Benedikt kommt wirklich zu sich selbst, aber unter den Augen Gottes. Er steht Gott Auge in Auge gegenüber. Das alles erinnert an unsere Stelle im Demutskapitel[69], wo die «Augen des Herrn» unmittelbar nach Worten über das Ringen mit der Sinnlichkeit erwähnt werden, worauf sogleich von der «Ein-Sicht» und vom «Gott-Suchen» gesprochen wird. Anschließend ist von der stets notwendigen Gewissensprüfung die Rede[70].

f. Für Gregor den Großen (†604) folgt das «Bei-sich-selber-Wohnen», die Ich-Findung, auf das mühsame Ringen und die Gewissensprüfung, die Gregor ein «Sich-im-Herzen-Sammeln» nennt. Das sind die Voraussetzungen für die Stunden der *Kontemplation*, die Gregor anschließend beschreibt: «Auf doppelte Weise werden wir über uns selber hinausgeführt: Entweder fallen wir durch einen Abfall unseres Denkens auf eine subpersonale Ebene hinunter, oder die Gnade der Beschauung erhebt uns über uns selbst hinaus ... Sooft die Inbrunst der Beschauung (Benedikt) über sich selbst hinausriß, ließ er ohne Zweifel sich selbst hinter sich zurück.»

g. Benedikt hat also nach Papst Gregor (†604) sich vom eigenen Ich, von seinen Begierden und Emotionen abwenden müssen, um den Menschen nahe zu kommen und auf die lichtvollen «Höhen» der Gottesschau zu gelangen. Das Leben des im Verzicht gereiften Benedikt beginnt nun *«Früchte»* zu tragen. Junge Leute kommen zu ihm. Er gründet «zwölf Klöster»[71]. – So ist auch das Demutskapitel zu verstehen. Askese und ehrliche Gewissensprüfung sind nicht Selbstzweck[72]. Sie zielen zunächst auf die «Sammlung» der Person und ihrer Kräfte, dann aber auf den Aufschwung über sich selbst hinaus zu Gott und zu den Menschen.

31–32 a. Auf Grund eines alten Traktates über die Demut, der sich auch bei Kassian findet[73], hat der «Magister» seine «zwölf Stufen» des Aufstiegs in der Demut entwickelt. Er macht aus der Gottesfurcht eine neue «erste Stufe» und beginnt jetzt, von der «zweiten Stufe» an mit der Erklärung der «zehn Anzeichen» der Demut, die sich bei Kassian finden und die beim «Magister» zu «Stufen» werden.

b. Der *«Eigenwille»* wird – wie auch an anderer Stelle[74] – im Zusammenhang mit dem «Willen des Fleisches»[75] gesehen, der *das* Hindernis ist für die Aufnahme des Wortes Gottes und *der* Gegensatz zur Gehorsamsbereitschaft des Sohnes für seine Sendung[76]. Die Unvereinbarkeit von «Eigenwillen» und Eingehen auf die Führung des Geistes Jesu hat Basilius († 379) betont[77]: «Wir alle brauchen als Führer auf unserem Weg den Heiligen Geist, der uns auf dem Weg der Wahrheit leiten soll, sei es im Denken, sei es in Wort oder Werk. Blind ist und in der Finsternis weilt, wer ohne die Sonne der Gerechtigkeit lebt, das heißt ohne unseren Herrn Jesus Christus, dessen Gebote gleichsam in uns einstrahlen und uns erleuchten ... Daher sollten wir auf jede Art zur Auferbauung der andern beitragen»[78]. Das Abgehen vom Eigenwillen ermöglicht die Offenheit gegenüber Gott und seinem Licht, wie gegenüber den Nächsten und ihrem Heil.

c. Der Verzicht auf das *«Wollen des Fleisches»* und auf den «Eigenwillen» ist nicht einem Ausfall der Geschlechtlichkeit oder einer psychischen Willensschwäche gleichzusetzen. Wohl ist eine innere Freiheit gegenüber eigenem Wunschdenken, gegenüber den Zwängen des «Lustprinzips» oder gegenüber Süchten mitgemeint, letztlich aber liegt hier die johanneische und paulinische Theologie vor: Wir dürfen uns nicht in der «sarx», das heißt dem «Fleisch» (verstanden als natürlich-triebhafte Ichbezogenheit) einigeln, sondern sollen uns dem «Pneuma» öffnen, das heißt der Führung und Erleuchtung durch den Heiligen Geist. Das ermöglicht auch eine positive soziale Ausrichtung.

34 a. Das paulinische Zitat über die *Selbstentäußerung* des Wortes[79] zeigt im Gehorsam Christi gegenüber dem Vater *das* Modell der «Demut». Origenes († 253) schreibt bewundernd: «Wir müssen es wagen, dies auszusprechen: Eine größere und göttlichere und wahrhaft die Güte des Vaters spiegelnde Güte ist in Jesus aufgeschienen, als er ‹sich erniedrigte, gehorsam geworden bis zum Tod, bis zum Tod am Kreuz›»[80]. «Mit seinen Werken lehrt er die Lernbegierigen die Milde und die lobwürdige Demut»[81]. Nicht anders begründet Basilius († 379) die Demut: «Seid so gesinnt wie Christus Jesus!»[82]

b. Diese Gesinnung der *Demut* geht jeder Askese vor: «Die heilige Synkletika sprach: Für unsere Gemeinschaft steht der Gehorsam weit über jeder Form von Askese. Askese kann Arroganz werden. Gehorsam aber führt zur rechten Demut»[83].

35–43 a. Der Gehorsam[84] gegenüber den Obern[85] und gegenüber allen Brüdern[86] wird hier als Teilnahme am *Martyrium* verherrlicht; deshalb finden Psalmverse Verwendung, die man den Märtyrern in den Mund legte. Der «Magister» sagt ausdrücklich: «Im Kloster ... ertragen sie Prüfungen und das Gericht wie Märtyrer»[87]. Die Regel spielt oft auf eine Tapferkeit an, wie sie den Märtyrern eigen war, und verwendet dabei die entsprechenden biblischen Begriffe: standhafte Geduld, Starkmut, Vertrauen, Ausdauer, Beharrlichkeit[88]. Solche Kraft ist eine Gnadengabe des Geistes für das asketische «Kämpfen» und «Ringen», das an die Stelle des «Kampfes» im Martyrium tritt[89]. Dieses überraschend «kämpferische» Ethos wurzelt in den Worten Jesu, des Urmärtyrers, vom «Schwert»[90], von der «Gewalt», die das «Reich Gottes» erleidet[91]. Wie Jesus selber gegen die Macht des Bösen antritt und kämpft[92], haben die Christen einen «geistlichen Kampf» auszufechten und geistliche «Waffen» einzusetzen[93]. Im Martyrium siegen sie «im Blut des Lammes»[94], das im Tod gesiegt hat und einen Frieden bringt, der nicht von dieser Welt ist. Er besteht in der Gemeinschaft mit Gott, im Licht und in der Schau Gottes, im Paradies des Lebens in Gott[95]. – In unserer Regel werden denn auch die Leidensgeschichten der Märtyrer zitiert[96], denn aus den Blutzeugen glaubt man den Herrn und seinen Geist sprechen zu hören. Weil die Märtyrer als «Jünger und Nachahmer des Herrn wegen ihrer unübertroffenen Liebe zu ihrem König und Herrn»[97] verehrt wurden, wollten die Asketen auf ihre Weise den «Kampf» Christi und der Märtyrer nachahmen. Paulus gab ihnen dafür das Stichwort, denn er zieht häufig einen Vergleich zwischen dem sportlichen[98] «(Wett)-Kampf» und dem christlichen Leben[99], im besondern auch dem eifrigen Gebet[100] und dem apostolischen Dienst[101].

b. Es ist nicht zu leugnen, daß sich im alten Mönchtum der Wille zu «kämpferischer» Anstrengung manchmal auf fragwürdige asketische Superleistungen verlagerte[102]. Zukunftsträchtiger war die früh anzutreffende Wertschätzung der Arbeit[103]; bei Benedikt darf man von einer Akzentverschiebung in die Richtung eines Ethos der *Arbeit* sprechen, deren asketischer Charakter betont wird[104].

c. Die den Märtyrern eigene Kraft zu «Geduld, Starkmut, Standhaftigkeit, Zuversicht, Toleranzbereitschaft (ertragen)»[105] soll sich nicht nur bei äußerer «ungerechter Behandlung»[106] bewähren, sondern auch bei *inneren Prüfungen*: «Die Väter sagten: Wenn eine Prüfung oder Versuchung am Ort, wo du wohnst, über dich kommt, verlaß diesen Ort während der Zeit der Prüfung nicht. Läufst du weg, werden die Schwierigkeiten, denen du entfliehen wolltest, vor dir hereilen, wohin du auch kommst. Übe vielmehr tapfere Geduld, bis sich die Prüfung verflüchtigt»[107].

d. Auch Geduld in *Krankheiten* gilt als Gabe Gottes. «Ein Altvater sprach: Werde nicht kleinmütig, wenn eine Krankheit deinen Körper ergreift. Wenn Gott, der Herr, es so haben will, daß du dem Leib nach von den Kräften kommst, wer kann das verübeln? Wird Gott nicht an alles denken, was dir frommt? Kannst du ohne ihn leben? Ertrag also alles mit Geduld, und bitte ihn, daß er dir schenkt, was zum Heil dient, das heißt, daß du seinen Willen tun kannst! Setz dich in aller Geduld hin! Und iß, was man dir vorsetzt, in aller Liebe!»[108]. Die Geduld und Toleranzbereitschaft im Ertragen von andern, ihrer Ungerechtigkeit und Falschheit, ist die ohne Abstriche und konsequent gelebte Bergpredigt[109].

e. Bei allem Eifer für die Askese fehlte es unter den Alten nicht an der Unterscheidungsgabe für echt und falsch. «Altvater Mathois sagte: Ich schätze eine leichte, aber beständige Anstrengung höher als eine bald erledigte Großleistung».[110]. Bei aller Wertschätzung einer recht verstandenen Askese wollte man nicht ein finsterer Asket sein. Ganz im Gegenteil! So heißt es von Antonius (†356), dem Prototyp der Mönche: «Sein Gesicht war überaus *liebenswürdig*. Auch diese wunderbare Gnade hatte er vom Erlöser empfangen. Kam ein Fremder, der ihn kennen lernen wollte, in die große Schar der Mönche, mußte ihm niemand den Antonius zeigen, sondern der Unbekannte ging sogleich auf Antonius zu, ohne die andern zu mustern. An seinem Gesicht konnte man nämlich die Reinheit seiner Seele ablesen; denn stets trug er ein heiteres Gesicht»[111]. Recht verstandene Askese löst nicht psychische Störungen aus, sondern formt eine ausgeglichene Persönlichkeit, die Frieden und Freude ausstrahlt.

44–48 a. *Ungute Gedanken und Affekte* wirken negativ und belastend. Das «Herz»[112], wo der Mensch «bei sich selber sein» sollte[113], wird Fremdbesitz. Es ist in Beschlag genommen; für die Sehnsucht nach Gott[114] bleibt kein Platz. Nur bei dauernder Verbundenheit mit Gott, könne «sein Bild sich der Seele einprägen», meint Basilius (†379)[115]. Es ist allgemeine Lehre, daß wirkliche Gotteserfahrung und vor allem ein kontemplatives Gebet nur denen möglich ist, die «reinen Herzens» sind[116]. «Einer der Väter sprach: Wie es unmöglich ist, daß jemand in trübem Wasser sein Gesicht sehen kann, so kann auch die Seele nicht in beschaulicher Weise zu Gott beten, wenn sie nicht von allen Gedanken geläutert ist, die sie ihr selbst entfremden»[117]. Im Herzen soll sich das Bild Gottes abzeichnen können.

b. Als wichtigstes Mittel der Läuterung gilt das freimütige Bekenntnis der Fehler. Der *Aussprache* über Fehler, vor allem über geheime Fehler und über belastende seelische Probleme, schreibt Kassian (†430) eine befreiende Wirkung zu. Der Wille zur Aussprache ist ein Zeichen der «Unterscheidungsgabe» (discretio)[118]. Die Kraft zu einem freimütig-vertrauensvollen Sprechen (parrhesia)[119] ist eine Gnadengabe des Geistes. Dies gilt für denjenigen, der sich eröffnet, wie für den geistlichen Vater, der ihm ein gutes Wort zusprechen soll[120]. Das beidseits offen und in der Atmosphäre des Geistes geführte Gespräch löst Spannungen und die Bande der Angst. Es entfaltet eine therapeutische Wirkung und stiftet Frieden.

49–50 a. Zu dieser «sechsten Stufe» gehören einerseits die Bescheidenheit in den Ansprüchen, anderseits die Dienstbereitschaft. – Der *anspruchslose* Mensch ist rasch zufrieden, auch «mit dem Mindesten»[121]. Er hat eher die Chance, seinen Frieden zu finden und von andern angenommen zu werden[121] als der «Anspruchsvolle», der «mit seinem Elend auch andere ansteckt»[123]. Es gibt eine Unersättlichkeit der Wünsche, die unstillbar ist.

b. Die Mönchsväter pflegen die *Genügsamkeit*; oft rühmen sie im Blick auf Christus am Kreuz die äußerste Armut: «Abt Evagrius erzählte von einem Bruder, der nichts anderes sein eigen nannte als ein Evangelium. Auch dieses verkaufte er, um die Armen speisen zu können. Er sagte nur den einen Satz, der es wohl verdient, daß man ihn im Gedächtnis behält: ‹Ich habe auch das Wort selbst verkauft›, sprach er, ‹das geboten hat: Verkaufe alles, und gib es den Armen!›[124]». – Benedikt, der ein Cönobium gründet, fordert für dieses nirgends eine Bettelarmut; Not oder Elend der Armen sind kein positiver Wert, sondern zu beheben[125]. Das einzelne Mitglied der klösterlichen Lebensgemeinschaft verzichtet aber auf jedes Recht, Anspruch auf Eigenbesitz zu erheben[126]. Dafür will Benedikt, daß individuelle Bedürfnisse berücksichtigt werden[127].

c. Die *Dienstbereitschaft* (das deutsche Wort «Demut» bedeutet «Dienmut») muß gerade den «Ersten» eigen sein[128]. Aber auch gute Knechte dürfen sich vor Gott nur als «unnütze Sklaven» fühlen[129].

51–54 a. Die «siebte Stufe» ist ein Höhepunkt, zu dem die vorausliegenden Stufen führen. Man nimmt nicht nur eine Demütigung mit Geduld an. Die Haltung der Demut ist «im tiefsten *Herzensgrund*» verwurzelt[130] und in Fleisch und Blut übergegangen. Nur eine starke Persönlichkeit ist fähig, aus freien Stücken und ohne von Minderwertigkeitsgefühlen geplagt zu werden, sich mit einem bescheidenen Platz zufrieden zu geben,[131] ohne mit Angst oder Verstimmung zu reagieren.

b. Basilius (†379) führt den Apostel als Zeugen dafür an, daß man sich aus Demut geringer einschätzt als andere[132]. Er zitiert auch das Jesus-Wort: «Lernt von mir, denn ich bin gütig und von Herzen demütig»[133]. So sind für Basilius der starkmütige Völkerapostel und Jesus selber, der von aller Menschenfurcht frei war, Vorbilder der Demut[134]. Christliche Demut ist *nicht Selbstschwäche*, auch nicht bloß gutbürgerliche Bescheidenheit. Sie ist hochherzige Selbstlosigkeit, Generosität gegenüber dem andern, «größere Liebe»[135]. Das Wissen um die Gemeinsamkeit des Weges mit Jesus schließt eine «erhöhende» und zuversichtliche Hoffnung[136] ein.

c. Diese Haltung muß sich in der Praxis bewähren. Die Demut kann nicht *Wurzeln* schlagen, wenn jemand doch den ersten Platz einnehmen will. Die zur Illustration angeführten Psalmzitate weisen auf Jesus als Modell hin; für sich selbst genommen klingen sie massiv. Ein von der Amma Synkletika überliefertes Wort spricht von der notwendigen Verwurzelung in der Demut. Nur das Samenkorn, das sich selber aufgibt, bringt gute Frucht: «Die heilige Synkletika sprach: Wie der Same unmöglich zur gleichen Zeit auch Pflanze sein kann, ebenso unmöglich kann man weltliche Ehren genießen und gleichzeitig himmlische Frucht bringen»[137].

55 a. Die innere Haltung der Demut äußert sich auf der achten bis elften «Stufe» in praktischen Verhaltensregeln für das Leben im Kloster, für den menschlichen und klösterlichen Anstand[138]. Bei Kassian (†430) handelt es sich um *«Anzeichen»* der Demut, die er in seiner Liste anführt. Weil diese «Anzeichen» nun als «Stufen» in das Modell des Aufstiegs eingebaut sind, steht jetzt diese «Werktagsheiligkeit» (Heufelder) auf den höchsten Stufen, unmittelbar vor dem Gipfel.

b. Das «sechste Anzeichen» Kassians (†430) sprach bloß von der «gemeinsamen Regel und dem Beispiel der Ältern»[139]. Kassian meinte damit die in Ägypten allgemein üblich gewordene monastische Observanz[140] und das Beispiel von Mönchsvätern wie Antonius († 356), Pachomius († 346), Basilius († 379). Der «Magister» und Benedikt sprechen nun von der allgemeinen *Regel «des Klosters»*. Dieser Zusatz verrät einen Prozeß der Institutionalisierung. Jetzt gilt die bestimmte «Regel» eines Klosters, mit der Autorität seines Abtes, mit den lokalen Traditionen und Gewohnheiten. Die Demut ermöglicht eine von vielen Köpfen gemeinsam bejahte Lebensform des Klosters. In der Kraft des guten «Geistes» einer Gemeinschaft vermag der einzelne die «institutionalisierte» Regel frei und mit Freude zu leben und sie nicht als ein ihm fremdes Gesetz zu fühlen.

c. Die Einordnung in die Gemeinschaft und ihre Tätigkeit schützt den einzelnen vor einem individuellen Leistungs- und Erfolgszwang und vor der Versuchung zum *Starkult.* «Ein Bruder fragte Abt Mathois und sprach: ‹Wenn ich hingehe und an einem bestimmten Ort bleibe: wie soll ich mich dort verhalten?› Der Ältere antwortete: ‹Wo immer du wohnen wirst, versuche nicht, dort irgendwie aufzufallen und dir einen Namen zu machen, indem du etwa erklärst: ‹Ich komme nicht in diese Versammlung der Brüder!› Oder: ‹Ich esse dies oder jenes nicht!› Damit kannst du dir nur einen Pseudo-Namen machen. Nachher wirst du darunter leiden. Wenn die Leute von etwas so Ungewöhnlichem hören, rennen sie nämlich hin.»[141]. Der Verzicht darauf, fast zwanghaft nach Selbstbestätigung zu suchen, macht frei. Er bedeutet nicht, daß persönliche Talente nicht entfaltet werden dürfen. Ein Kloster soll vielmehr als «Charismengemeinschaft» verstanden werden, in der jeder mit seinen Gaben zur gemeinsamen Auferbauung beiträgt[142].

56–58 Die Demut muß in der Art des Sprechens und im Schweigen spürbar werden[143]. Der «Magister» und Benedikt verschärfen Kassians Formulierung, die lautete: «die Zunge beherrschen». Das *Schweigenkönnen* wird ernst genommen. «Ein Bruder fragte einen Altvater und sprach: Vater, wie lange ist das Schweigen zu halten? Der Ältere antwortete: Bis du gefragt wirst! Wo immer du bist: wenn du die Schweigsamkeit wahrst, findest du Ruhe»[144].

59–61 Benedikt hat seine Vorlage leicht gemildert, denn der «Magister» wollte nur «kurze und heilige Worte» dulden, während er sich für «überlegte» Worte ausspricht[145]. Auch wird nicht jedes *Lachen* untersagt, sondern nur ein ungehöriges. Die in ältern Mönchsschriften oft strenge Ablehnung des Lachens[146] erklärt sich teils aus dem Willen zu einer dauernden Bußgesinnung[147], teils aus einer Strapazierung des Evangeliums, wie folgende Stelle aus einer mit Benedikt ungefähr zeitgenössischen Mönchsregel Südgalliens zeigt, die ebenfalls milder gestimmt ist als ältere Regeln: «Ich halte es für passend, daß Mönche sich des Lachens enthalten, wenn nicht dauernd, so doch häufig (!). Wenn einer der Brüder ein Beispiel dafür sucht, das er lesen kann, genüge ihm, was wir durch das Zeugnis des Evangeliums erfahren: Unser Herr Jesus Christus hat geweint[148], während wir nicht wissen, ob er gelacht hat»[149]. Auch der Wehruf Jesu über die Lacher[150], der buchstäblich ausgelegt wurde, erklärt unsern Text. – Verpönter als das Lachen waren jedoch «Traurigkeit», eine triste, depressive Stimmung[151], und Unfreundlichkeit[152].

62–66 a. Die *Gottesfurcht* tritt wie auf der ersten[153] so auf dieser «zwölften Stufe der Demut» auf. Kassians «zehn Anzeichen der Demut» stehen im Rahmen dieser Grundüberzeugung von der Gegenwart des heiligen Gottes. Dieses Bewußtsein muß den ganzen Menschen ergreifen, «Herz» und «Äußeres», und sich selbst in der «Körperhaltung» kundtun[154]. Es gibt eine Wechselwirkung zwischen leiblichem und seelischem Leben. «Ein Altvater sprach: Wenn unser äußerer Mensch nicht nüchtern und wachsam lebt, ist es unmöglich, den innern zu bewahren»[155].

b. Die konkrete Auslegung fällt sehr buchstäblich aus. Der Mönch müsse stets das *Haupt neigen*[156]. Vielleicht muß man auf einen Basilius-Text zurückgreifen, um zu erkennen, was gemeint ist. Auf die Frage, wie altbewährte Klostermitglieder den Neueintretenden helfen können, antwortet Basilius mit einer Unterscheidung: «Jene, die gesund und kräftig sind, können durch ihren Einsatz und die Bereitschaft zu allen Diensten, deren sie fähig sind, ein anschauliches Beispiel für eine positive Entwicklung (der Neueintretenden) geben. Jene aber, die schwach oder kränklich sind, können durch all ihr Tun und Benehmen und sogar durch ihr Aussehen zeigen, daß sie immer bewußt in der Gegenwart Gottes und in jener Liebe leben, die der Apostel beschreibt: ‹Die Liebe ist langmütig, die Liebe ist gütig...›[157]»[158]. Die gesunde Tatkraft eines jungen Mannes und die milde Güte eines vornübergebeugten greisen Mönchs stehen hier nebeneinander, ohne daß man das eine gegen das andere ausspielen dürfte. – Vielleicht sollte das fast pedantisch «für alle Orte» gewünschte «Neigen des Hauptes» ursprünglich an die Art des Sterbens Jesu erinnern[159]. Die Jünger wollen ihrem Herrn in seiner Selbstentäußerung und in seinem Gehorsam gegenüber dem Vater gleichförmig werden. In ihrem Eifer konnten das manche ganz buchstäblich zu praktizieren versuchen.

c. Das existentielle Innewerden der Heiligkeit Gottes führt zu einem ehrfürchtigen Erschauern vor ihm[160]. Das Bewußtsein der eigenen Sündhaftigkeit und der Gedanken an das *Gericht* werden wach[161]. Der Jünger ist vom ehrfurchtgebietenden Geheimnis Gottes ergriffen und hat kaum noch Augen für anderes. Er ist auf der «höchsten Stufe der Erniedrigung» angelangt[162]. Er hat ein «reines Herz»[163].

d. Das «reine Herz» ist frei von Sünden und Fehlern»[164]. Dies ist der christliche Begriff für die griechische *«Apatheia»* (Seelenfrieden), die nicht etwa stoische Ruhe und Ungerührtheit ist, sondern das geistgewirkte Ziel der Askese: das «reine Herz».

67–70 a. Jetzt am Ende des Aufstiegs, fällt endlich, wie wenn ein mystisches Geheimnis verraten würde, der Ausdruck «Liebe» (caritas). Fast mit denselben Worten wie Kassian († 430)[165] schildern der «Magister» und Benedikt, wie diese «*vollkommene Liebe* die Furcht vertreibt»[166], wie sie zur zweiten Natur wird, wie sie ohne allen Zwang, in Liebe[167] und Freude das Gute tut. Wer diesen Weg ging, ist ein freier Mensch geworden. Gott, das ehrfurchtgebietende Geheimnis, ist für diesen Menschen auch das faszinierende Geheimnis.

b. «Einer der Altväter sagte: ... Die Demut ist Vorläuferin der Liebe ... Die Demut verlockt zur Liebe, das heißt zu Gott selbst, denn ‹Gott ist die Liebe›[168]»[169]. Wer «reinen Herzens» ist, wird «Gott schauen». Nach der besten Überlieferung ist ein vom Wort Gottes geformtes «Leben des Menschen ... die *Schau Gottes*»[170]. Diese Schau ist nicht «Visionären» vorbehalten. Jedes engagiert christliche Leben soll zu einem Zustand der Vollendung führen, in dem die Furcht vor der Strafe und selbst der Gedanke an die Belohnung aus dem Blickfeld weichen und der Mensch Auge in Auge vor Gott steht[171]. Es bleibt «die Gnade gegenseitiger, inniger Liebe»[172].

c. Solange wir in diesem Leben weilen, können wir freilich nicht das jenseitige Ziel erreichen, wohl aber die davorliegende Zielgerade[173]. Voraussetzung ist, daß der *Heilige Geist*[174] «in unsere Herzen ausgegossen» wird[175], damit es «frei wird von Sünden und Fehlern»[176]. Wo der Geist ist, da ist ja die «Freiheit»[177]. Diese im Schlußvers des Demutskapitels festgehaltene Sicht dürfte von Kassian beeinflußt sein: «Die Liebe (caritas) entflammt in uns einen heiligen Liebeseifer (amor) für Christus und zu den Früchten, die aus den Kräften des Geistes stammen»[178]. Ähnlich schreibt Basilius: «Wir brauchen den Heiligen Geist als Führer auf unserer Reise, daß er uns leite auf dem Weg der Wahrheit»[179].

KAPITEL 8
VOM GOTTESDIENST IN DER NACHT

1 Im Winter, das heißt vom 1. November bis Ostern,
wird man, wenn man alles gut überlegt,
zur 8. Stunde der Nacht aufstehen.

2 So kann man etwas länger als die halbe Nacht ruhen
und steht unbeschwert auf.
3 Was nach den Vigilien an Zeit übrig bleibt,
werde von den Brüdern, wie sie es nötig haben,
auf das Einüben von Psalmen oder Lesungen verwendet.

4 Von Ostern aber bis zum oben erwähnten 1. November
setze man die Zeit so fest,
daß auf die Feier der Vigilien eine kleine Pause folgt,
in der die Brüder für natürliche Bedürfnisse hinausgehen.
Darauf folgen sofort die Laudes,
die bei Anbruch des Lichtes zu halten sind.

○ Der meist wörtlich aus dem «Magister» übernommene, spirituelle Teil der Regel ist nun zu Ende. Es beginnt eine *Gottesdienstordnung*, die in einem ganz verschiedenen Stil gehalten ist. Das liturgische Vokabular entspricht nicht demjenigen des «Magisters», auch wenn gewisse Berührungspunkte vorhanden sind. Man kann auch Anklänge an Kassian († 430) feststellen[1]. Innerhalb der liturgischen Ordnung von Kapitel 8–18 stößt man auf eine merkwürdig ungenaue und schwankende Terminologie[2].
Der «Magister» behandelt den Gottesdienst im Rahmen der *Tagesordnung*. Ebenso sind bei Benedikt in die Kapitel, die über die Tagesordnung handeln, einige fragmentarische liturgische Anweisungen eingestreut[3]. Die Weisungen für den Gottesdienst, die einem in jenen spätern Teilen der Regel begegnen, gemahnen nicht an eine «basilikale» Liturgie, sondern eher an die Situation eines armen Landklosters. Die Mönche sind oft zur Feldarbeit gezwungen, so daß gewisse Gebetsstunden nicht im Oratorium gehalten werden[4]. In den Kapiteln 8–18 dagegen wird ein detailliertes Modell einer Gottesdienstordnung dargelegt, das an die Ordnung in den *Basiliken* von Rom oder Arles denken läßt. Ein Vergleich zeigt aber, daß in den römischen Basiliken erst in der ersten Hälfte des 7. Jahrhunderts eine so perfekte Gottesdienstordnung entwickelt war, wie sie hier vorliegt (C. Gindele). Der Verfasser erklärt seine Ordnung in allen Einzelheiten, wahrscheinlich weil sie für die Adressaten neu ist, und er rechtfertigt sich[5].
Alle diese Beobachtungen haben zur Vermutung geführt, daß in den Kapiteln 8–18 nach Benedikt *eine andere Hand* am Werk

oder mitbeteiligt war, außer vielleicht in Absätzen mit spirituellen Aussagen. (E. Manning)[6].
Der Platz dieser Gottesdienstordnung nach dem Demutskapitel und vor der Klosterordnung scheint anzudeuten, daß der Gottesdienst eine spirituelle Formung, vor allem die Haltung von Gehorsam, Demut und Ehrfurcht, voraussetzt und disziplinären Fragen vorgeht. Wer vor Gott hintreten will, muß sich selber vergessen können. Vorbild ist Jesus, der «unter Tränen» betend «den Gehorsam gelernt hat» und so «erhört» wurde[7]. Die Benediktsregel legt Gewicht auf die Ehrerbietung, mit der man Menschen[8] und Gott[9] begegnet. Von einer ehrfürchtigen *«Ergriffenheit»* wird vor[10] und nach[11] der Gottesdienstordnung gesprochen. Das Beten setzt diese Atmosphäre voraus.

1–2 Im Vergleich zum «Magister»[12], der die Mönche kurz vor Mitternacht aufstehen ließ, dürfen diese nach der Regel Benedikts bis zwei Stunden nach Mitternacht schlafen. Dies ist eine wohlüberlegte Neuerung und *Milderung*. Doch geht man nach dem Nachtgottesdienst nicht mehr schlafen. Auch das ist eine Änderung der Bräuche[13].
Die *Nacht* empfahl sich schon der Gemeinschaft von Qumrân für Lesung und Gebet: «Die Rabbiim wachen gemeinsam während des dritten Teils der Nächte des Jahres, um das ‹Buch› zu lesen und die Gerechtigkeit zu suchen – und um gemeinsam zu lobpreisen»[14]. Auch gute Christen und Asketen pflegen spontan das Gebet zur Nachtzeit, während nächtliche liturgische Feiern der ganzen Kirche anfänglich nur in der Ostervigil und vor Märtyrerfesten üblich waren. Zeugnisse für einen heroischen Gebetseifer einzelner fehlen nicht: «Sie erzählten von Abt Arsenios, daß er am Samstagabend, in der Dämmerung vor dem Tag des Herrn, die Sonne hinter sich untergehen ließ, dann seine Hände im Gebet zum Himmel erhob, und dies, bis am Tag des Herrn, frühmorgens, die aufgehende Sonne ihm ins Angesicht strahlte»[15].

3 a. Die nächtlichen Feiern oder ihre Teile heißen *«Vigilien»* (Nachtwachen) oder «Nokturnen». Die zwei (oder drei) Teile bestehen je aus Psalmen (oder Lobgesängen), aus Lesungen und Responsorien (Antwortgesängen).
b. Das «Einüben» (meditatio) des Psalteriums soll allen gestatten, die Psalmen jederzeit auswendig beten zu können. Pachomius († 346) verlangt, daß man einen Abschnitt der Schrift *«meditiere»*, wenn man nicht anders beschäftigt ist[16] oder bei der Handarbeit[17]. Dabei erwähnt Pachomius – wie viele nach ihm – das «Wiederkäuen» (ruminare) des Schriftwortes[18]: man spricht es halblaut vor sich her, wiederholt es, summt es vor sich hin.

Durch die ständige Wiederholung prägt man das Wort nicht nur dem Gedächtnis ein, sondern läßt es in Fleisch und Blut eingehen. Jeder mußte bei Pachomius lesen und wenigstens das Neue Testament und die Psalmen «auswendig» lernen[19]. Basilius († 379) empfiehlt, die restliche Zeit der Nacht der Schriftmeditation zu widmen[20].

4 Benedikt nennt die *Laudes* das «Morgenlob»[21] oder die «Morgenfeier»[22]. Die Gebetszeit beim Anbruch des Lichtes erinnert an die Auferstehung Christi[23].

KAPITEL 9
WIEVIELE PSALMEN IN DER GEBETSZEIT DER NACHT ZU SINGEN SIND

1 Zur eben erwähnten Winterzeit
singe man zuerst dreimal den Vers:
HERR, ÖFFNE MEINE LIPPEN,
DAMIT MEIN MUND DEIN LOB VERKÜNDE.
2 Daran schließen sich Psalm 3 und das *Ehre sei*,
3 dann Psalm 94, mit Antiphon oder wenigstens gesungen;
4 dann folgen der Hymnus des Ambrosius,
dann sechs Psalmen mit Antiphonen.
5 Sind diese gesungen und ist der Vers gesungen,
spricht der Abt den Segen.
Alle setzen sich auf die Bänke,
und aus dem Buch auf dem Pult
lesen die Brüder abwechselnd drei Lesungen vor,
zwischen denen auch drei Responsorien gesungen werden.
6 Zwei Responsorien singe man ohne *Ehre sei*,
nach der dritten Lesung jedoch
trage der Sänger das *Ehre sei* vor.
7 Sobald es der Vorsänger anstimmt,
erheben sich alle von ihren Sitzen
aus tiefer Ehrfurcht vor der heiligen Dreifaltigkeit.

8 Als Bücher lese man in den Vigilien
das Alte wie das Neue Testament,
die von Gott beglaubigt sind,
aber auch Erklärungen dazu, die verfaßt sind
von anerkannt rechtgläubigen katholischen Vätern.

9 Nach diesen drei Lesungen mit ihren Responsorien
folgen weitere sechs Psalmen,
die mit *Halleluja* zu singen sind.
10 Daran schließen sich eine Lesung aus den Apostelbriefen,
auswendig vorgetragen, an,
dann der Vers und das Bittgebet der Litanei,
das heißt das *Kyrie eleison.*
11 Damit sind die nächtlichen Vigilien beendigt.

1 Ps 51,17

1–4 a. Der Verfasser beginnt mit der Psalmenverteilung[1]. Er macht dabei Bemerkungen über den Vortrag der Psalmen, doch ist seine Terminologie für uns manchmal unklar[2]. Die Regel kennt den einfachen *Gesang der Psalmen*, die in diesem Fall ohne Unterbrechung gesungen wurden, und den Gesang mit Antiphonen. Vielleicht sangen ein oder mehrere Vorsänger den Psalm, während die Anwensenden mit einem «Kehrvers», einem «Amen» oder «Halleluja» einfielen. Doch kam zur Zeit Benedikts auch der Vortrag eines ganzen Psalmes durch einen Solisten in Frage. Auch das gegenchörige Psallieren war beliebt; schließlich pflegte man auch das gemeinsame Singen des ganzen Psalmes[3].
b. Der *Hymnus* zur Vigil[4], zu den Laudes[5] und zur Vesper[6] heißt «Ambrosianum», wohl weil diese Reihe von Hymnen dem Ambrosius zugeschrieben wurde oder aus Mailand stammte. «Hymnen» waren in Mailand, Lérins, Arles üblich, dagegen in Rom bis ins 12. Jahrhundert verpönt.
c. Benedikt reduziert die Zahl der Psalmen so, daß zur ganzen Nachtfeier nur noch zwölf Psalmen gesungen wurden. Sie sind auf zwei Teile der Feier (Nokturnen) verteilt. Eine solche Auflockerung war in Lérins und Arles bekannt, wo man bewußt ein *angenehmes Gebetsklima* zu schaffen versuchte[7]. Mit der Zwölfzahl selbst hält sich Benedikt an eine Norm, die angeblich von

einem Engel gegeben wurde, um ein Übermaß der Psalmodie zu verhindern[8].

5–7 a. Anders als beim Psalmsingen sitzt man zu den Lesungen und Responsorien, was eine wohltuende Abwechslung nach dem ersten und zweiten Block von Psalmen darstellt. Jede *«Lesung»* umfaßte nach Caesarius (†542) «zwei bis höchstens drei Blätter»[9], dauerte also ziemlich lang und setzte Können voraus[10]. Im Responsorium kostet man das Wort Gottes aus und antwortet mit Gebet.

b. Früher war es nicht üblich, das «Ehre sei» so häufig zu singen[11]. Eine betont *trinitarische Frömmigkeit*[12] erklärt sich als Nachwirkung der arianischen Wirren und der entsprechenden theologischen Auseinandersetzungen.

8 a. Die *Schrift- und Väterlesung* gehört zu den Kernstücken des klösterlichen Lebens. Der Mönch will ein «Hörer des Wortes» sein[13]. Das Schweigen der Nacht ist eine geeignete Zeit, sich das Wort Gottes vertraut zu machen. Athanasius (†373) schrieb über Antonius (†356): «Die Schriften hörte er so aufmerksam an, daß er nichts vergessen konnte. Er bewahrte alle Gebote des Herrn, und zwar statt in Büchern in der Erinnerung»[14]. Kassian (†430) empfiehlt eine Eininnerung der Schrift: «Die häufige Lesung und die ständige Betrachtung der Schrift soll uns Anlaß sein, geistlicher Werte inne zu werden»[15].

b. Die Schriften der «anerkannten und orthodoxen *katholischen Väter*»[16] bilden gleichsam einen Kommentar zur Heiligen Schrift. Erst die Benediktsregel bezeugt die Väterlesung in der Nachtfeier. In Südgallien hat man an Märtyrerfesten deren Akten gelesen[17], während nach römischer Gepflogenheit nicht-biblische Lesungen vom Gottesdienst auszuschließen waren.

9–11 Der *zweite Teil* der Nachtfeier wiederholt das Schema des ersten, kennt aber nur eine kurze Lesung. Eine auf die Kyrie-Rufe reduzierte, keine Gebetsintentionen enthaltende Litanei war in Rom üblich.

KAPITEL 10
WIE DAS NÄCHTLICHE LOB ZUR SOMMERZEIT ZU FEIERN IST

1 Von Ostern bis zum 1. November
wird die oben erwähnte Zahl der Psalmen voll beibehalten;
2 mit Rücksicht auf die kurzen Nächte
fallen einzig die Lesungen aus dem Buch ganz weg.
Statt der drei Lesungen
wird *eine* aus dem Alten Testament auswendig vorgetragen,
gefolgt von einem kurzen Responsorium.
3 Alles Übrige wird so gehalten, wie es bestimmt wurde,
das heißt, es dürfen zu den Vigilien
nie weniger als zwölf Psalmen gesungen werden,
Psalm 3 und Psalm 94 nicht mitgerechnet.

1–3 In den kurzen Sommernächten bleibt man bei einer festen Zahl von Psalmen, was auch römischer Brauch war, während der «Magister»[1] Änderungen nach Jahreszeiten kennt. – *Kürzungen* bei den Lesungen sieht Caesarius (†542) vor[2].

KAPITEL 11
WIE DIE VIGILIEN AN SONNTAGEN ZU FEIERN SIND

1 An Sonntagen steht man zu den Vigilien früher auf.
2 In diesen Vigilien halte man folgende Ordnung:
Sind sechs Psalmen mit ihren Antiphonen
sowie der Vers gesungen, wie oben verfügt,
und sitzen alle ihrem Rang folgend auf den Bänken,
so werden, wie angegeben, aus dem Buch
vier Lesungen mit ihren Responsorien vorgetragen.
3 Nur beim vierten Responsorium fügt der Sänger

ein *Ehre sei* hinzu;
beginnt er damit, erheben sich alle in Ehrfurcht.

4 Auf diese Lesungen folgen der Reihe nach wie oben
weitere sechs Psalmen mit ihren Antiphonen und der Vers.
5 Dann liest man wieder vier weitere Lesungen
mit ihren Responsorien nach der angegebenen Ordnung.

6 Sodann singt man drei Lobgesänge aus den Propheten,
die der Abt festsetzt.
Diese Lobgesänge singt man mit *Halleluja.*
7 Nachdem der Vers gesungen ist
und der Abt den Segen gesprochen hat,
werden vier Lesungen aus dem Neuen Testament vorgetragen,
nach der bereits angegebenen Ordnung.
8 Nach dem vierten Responsorium stimmt der Abt den Hymnus an
Dich, Gott, loben wir.
9 Ist er beendet, liest der Abt die Lesung aus dem Evangelium,
zu der alle in Ehrfurcht stehen.
10 Auf diese Lesung antworten alle: *Amen*;
der Abt läßt sogleich den Hymnus folgen:
Dir gebührt unser Lob.
Ist dann der Segen gesprochen, beginnen sogleich die Laudes.

11 Diese Ordnung der Vigilien wird jederzeit eingehalten,
gleichermaßen an den Sonntagen im Sommer wie im Winter
12 es wäre denn – was freilich nicht vorkommen soll –,
daß man einmal zu spät aufsteht
und dann Lesungen oder Responsorien etwas kürzen müßte.
13 Doch verhüte man, daß dies je vorkommt;
geschähe es dennoch,
so leiste Gott im Oratorium entsprechende Genugtuung,
wer durch Nachlässigkeit daran schuld ist.

1–3 a. Vor dem Sonntag, der «Tag des Herrn» heißt, kennt der Verfasser *keine* die ganze Nacht über dauernde *Voll-Vigil* mehr. Der

«Magister» pflegt diesen bis «zum zweiten Hahnenschrei» dauernden Gottesdienst noch[1], ebenso in Südgallien der zeitgenössische Ferreolus († 581)[2], der jedoch Probleme mit säumigen Teilnehmern hat. Die Benediktsregel bezeugt damit eine beträchtliche Neuerung; denn vom Samstag auf den Sonntag (und mit Ausnahme von Rom auch vom Freitag auf den Samstag)[3] feierten die Mönche früher stets die Vollvigil.

b. Die Vigil am Sonntag zeichnet sich aber bei Benedikt weiterhin aus durch eine besondere, genau strukturierte Form. Sie beginnt zeitlich früher, weil sie mit ihren *zwölf Lesungen* beträchtlich länger dauert. Auch hier gilt die Zwölf-Zahl der Psalmen, womit das römische Maß von 18 (?) Psalmen stark unterschritten wird[4].

4–5 Der *zweite Teil* der Feier weist die gleiche «Ordnung» oder «Reihenfolge» auf wie der erste.

6–10 Diese *«dritte Nachtwache»*, bestehend aus drei Lobgesängen (Cantica der Propheten), die mit einer Halleluja-Antiphon gesungen werden, aus Lesungen, aus dem Evangelium von der Auferstehung und aus Hymnen, war in den Kirchen von Jerusalem, Byzanz, Mailand, Arles üblich. Beim «Magister» fehlt diese volksnahe, frohe Feier der Auferstehung. Die Benediktsregel nimmt diese Gemeindefeier in den Klostergottesdienst auf. – Auch Caesarius von Arles erwähnt für diese Feier das «Te Deum»[5]. Der Abt liest das Evangelium, das in den Gemeinden bei dieser Feier dem Bischof vorbehalten war. Das «Amen» nach dem Evangelium – zur Perikope von der Auferstehung besonders sinnvoll – war üblich im westgotischen Raum, zu dem auch Südgallien zählte. Der uralte Hymnus «Dir gebührt unser Lob»[6] ist aus Byzanz übernommen, wo er heute noch am Ende des «Orthros» (Morgenlob) steht. Bei allen Kürzungen bleibt die sonntägliche Vigil eine ausgedehnte und erhebende Feier.

11–13 Die *Zwölf-Zahl* der Psalmen gilt als unverletzlich. Kürzungen sind anderswo möglich[7].

KAPITEL 12
WIE DIE LAUDES ZU FEIERN SIND

1 Zur Laudes am Sonntag
wird zuerst Psalm 66 gesungen, ohne Antiphon, in einem Zug,
2 sodann werden Psalm 50 mit *Halleluia*,
3 dann Psalm 117 und Psalm 62 gesungen;
4 darauf folgen der Lobpreis und die Lobpsalmen,
eine Lesung aus der Apokalypse, auswendig vorgetragen,
und das Responsorium, der Hymnus des Ambrosius, der Vers,
der Lobgesang aus dem Evangelium,
die Litanei; und der Abschluß.

1–4 a. Die *Morgenfeier* oder Laudes ist nach dem römischen Modell gestaltet[1]. – «Lobpreis» (benedictiones) heißt das «Benedicite», der «Lobgesang der drei Jünglinge»[2]. «Lobpsalmen» (laudes) sind hier die Psalmen 148, 149 und 150. Der «Lobgesang aus dem Evangelium» (Evangelia[3]) ist das «Benedictus»[4]. Die Litanei scheint hier nicht nur in einer Kurzform zu bestehen.
b. Die Morgenfeier ist durch die Motive von *Lob und Preis* auf Gott ausgezeichnet, der das neue Licht des Tages schenkt und Herz und Gemüt erfreut. Die Kirche hat diese Feier über die Synagoge aus der Tempelliturgie übernommen[5] und den Gläubigen das Morgengebet stets empfohlen: «In der Frühe wollen wir beten, um die Auferstehung des Herrn durch ein Morgengebet zu feiern»[6].

KAPITEL 13
WIE DIE LAUDES AN GEWÖHNLICHEN TAGEN ZU FEIERN SIND

1 An gewöhnlichen Tagen aber wird das Morgenlob so gefeiert:
2 Man singt Psalm 66 ohne Antiphon, wie am Sonntag
etwas langsam, damit alle zu Psalm 50 eintreffen können,
der mit Antiphon gesungen wird.

3 Dann werden wie üblich zwei weitere Psalmen gesungen,
nämlich:
4 am Montag: Psalm 5 und Psalm 35;
5 am Dienstag: Psalm 42 und Psalm 56;
6 am Mittwoch: Psalm 63 und Psalm 64;
7 am Donnerstag: Psalm 87 und Psalm 89;
8 am Freitag: Psalm 75 und Psalm 91;
9 am Samstag jedoch: Psalm 142
und der Lobgesang aus dem Deuteronomium,
der in zwei *Ehre sei* geteilt wird.
10 An den andern Tagen singt man jeweils
– so wie die römische Kirche psalliert –
den jedem Tag eigenen Lobgesang aus den Propheten.
11 Darauf folgen die Lobpsalmen,
eine Lesung aus dem Apostel, auswendig vorgetragen,
das Responsorium, der Hymnus des Ambrosius, der Vers,
der Lobgesang aus dem Evangelium,
die Litanei und der Abschluß.

12 Die Feier von Morgenlob und Vesper
darf auf keinen Fall zu Ende gehen,
ohne daß am Schluß, wie es verordnet ist,
der Obere das Gebet des Herrn so spricht,
daß es alle hören können, wegen der Spannungen,
die gelegentlich wie Dornen auftreten.
13 Dadurch, daß sie im Gebet selber versprechen:
VERGIB UNS, WIE AUCH WIR VERGEBEN,
sind sie gehalten, sich von solchen Fehlern zu reinigen.
14 In den andern Feiern dagegen
wird nur der Schluß dieses Gebetes laut gesprochen,
so daß alle antworten: SONDERN ERLÖSE UNS VON DEM BÖSEN.

13–14 Mt 6,12–13

1–11 a. In Rom war es Brauch, nach Psalm 51 (50) zwei Psalmen[1] und dann den Lobgesang zu verrichten. Die Serie von jeweils zwei Psalmen, die auch unsere Regel an der gleichen Stelle vorsieht, trifft sich großenteils mit den beiden Psalmen, die in der römischen Morgenfeier verwandt wurden. Es handelt sich um *Morgenpsalmen*, die auf das Licht des neuen Tages und auf die Auferstehung gedeutet werden.

b. Der Hinweis auf den Brauch der *römischen Kirche*,[2] der für die Lobgesänge aus den Propheten gegeben wird, fällt um so mehr auf, als Benedikt sonst seine Quellen nicht nennt[3]. Auch Caesarius von Arles († 542) verwies auf Rom, als er empfahl, sich im Fall von Einmischungsversuchen in die innere Ordnung des Klosters, an die «geheiligten Satzungen seiner Heiligkeit des Papstes der Stadt Rom» zu halten[4].

12–14 Das laute Verrichten des *Herrengebetes* am Schluß von Laudes und Vesper ist ein damals in Spanien[5] bezeugter Brauch. In Rom war vereinzelt ein stilles Vaterunser statt einer Schlußoration üblich. Der Verfasser spricht sich in diesem Nachtrag für den lauten Vortrag aus, anders als der «Magister». Kassian († 430) berichtet von Christen, welche die Vergebungsbitte nicht aussprechen wollten[6]. Die Begründung hier weist in diese Richtung.

KAPITEL 14
WIE DIE VIGILIEN AN HEILIGENFESTEN ZU FEIERN SIND

1 An den Festen der Heiligen und an allen Feiertagen
halte man alles so, wie wir es
für die Feier des Sonntags bestimmt haben.
2 Nur sind Psalmen, Antiphonen und Lesungen zu nehmen,
die dem betreffenden Tag eigen sind;
Dabei wird jedoch die oben angegebene Ordnung beibehalten.

1–2 Den «Geburtstagen der *Heiligen*»[1] mißt der Verfasser Gewicht bei[2]. Gefeiert wurden das Fest eines lokalen Blutzeugen[3] und manche Feste anderer Blutzeugen[4]. Andere «Feiertage» waren damals dem Brauch der römischen Basiliken entsprechend: Weihnachten, Ephiphanie, Ostern, Christi Himmelfahrt, Pfingsten. – Die Verehrung der Heiligen, vor allem der Märtyrer, ist in den «Lebensbeschreibungen der Juraväter» bezeugt, die zum Beispiel von Wallfahrten zum Grab des heiligen Mauritius berichten[5].

KAPITEL 15
ZU WELCHEN ZEITEN DAS *HALLELUIA* ZU SINGEN IST

1 Vom heiligen Osterfest bis Pfingsten
werde ohne Ausnahme das *Halleluia* gesungen,
sowohl zu den Psalmen wie zu den Responsorien.
2 Von Pfingsten bis zum Beginn der Fastenzeit
werde es jede Nacht gesungen,
aber nur zu den letzten sechs Psalmen der Nachtfeier.
3 An jedem Sonntag außerhalb der Fastenzeit
werden mit *Halleluia* gesungen:
die Lobgesänge, Laudes, Prim, Terz, Sext und Non,
die Vesper aber wieder mit Antiphon.
4 Die Responsorien dagegen werden nie mit *Halleluia* gesungen,
außer von Ostern bis Pfingsten.

1–4 Die Frage, wann das «*Halleluja*» zu singen sei, war zur Zeit Benedikts unter den Fachleuten umstritten, und die Gebräuche waren verschieden[1]. In den Klöstern hielten sich die «Diener Gottes» berechtigt, im Unterschied zum Brauch der «Kirchen» auch außerhalb der Osterzeit das «Halleluja» zu singen[2], offenbar weil sie sich für österliche Menschen hielten. Kassian († 430) behauptet, die Ägypter sängen nur zu Psalmen mit der Halleluja-Überschrift diesen Jubelruf: «Halleluja», das heißt: «Lobet den Herrn!»[3]

KAPITEL 16
WIE DER GOTTESDIENST UNTER TAGS ZU FEIERN IST

1 Entsprechend dem Wort des Propheten:
SIEBENMAL AM TAG SINGE ICH DEIN LOB.
2 Diese geheiligte Siebenzahl wird von uns dann erfüllt,
wenn wir unsern schuldigen Dienst leisten zur Zeit
von Laudes, Prim, Terz, Sext, Non, Vesper und Komplet.

3 Denn von diesen Gebetsstunden am Tag heißt es:
SIEBENMAL AM TAG SINGE ICH DEIN LOB.
4 Von den nächtlichen Vigilien jedoch sagt derselbe Prophet:
UM MITTERNACHT STEHE ICH AUF, UM DICH ZU PREISEN.

5 Zu diesen Zeiten also bringen wir unserem Schöpfer LOB dar,
WEGEN seiner GERECHTEN ENTSCHEIDE,
das heißt zu den Laudes,
zu Prim, Terz, Sext, Non, Vesper und Komplet,
und BEI NACHT STEHEN WIR AUF, UM IHN ZU PREISEN.

1 Ps 119,164 3 Ps 119,164 4 Ps 119,62 5 Ps 119,164. 62

1–3 a. Die angeführten Schriftstellen[1] wollen eine im Lauf einer langen historischen Entwicklung gewordene Praxis als schriftgemäß ausweisen. Die eigentliche *Wurzel* der kirchlichen Gebetszeiten ist jedoch die Mahnung, allzeit zu beten, ohne nachzulassen[2]; dies hält Kassian mit Recht fest[3]. Er berichtet, daß man in Ägypten gemeinsame Gebetszeiten nur am Abend, in der Nacht und bis am Morgen kannte, während man tagsüber immer wieder privat betete. In den Klöstern Palästinas, Mesopotamiens und Syriens habe man sich auch zur Terz, Sext und Non versammelt[4].

b. In der gesamten Kirche verbreiteten sich Laudes und Vesper, also die *Morgen-* und die *Abendfeier*, als gemeinsame Gottesdienste. Ganz allgemein hielt man im übrigen die Christen an, am Morgen und am Abend zu beten; auch begann man für das Beten zur dritten, sechsten und neunten Stunde (Terz, Sext und Non) zu werben. Man motivierte ihre Einhaltung mit dem Hinweis auf die Forderung, unablässig zu beten. Die «Siebenzahl» meint vielleicht ursprünglich das «Ganze»: ein Leben und ein Tagewerk vor Gott und in seiner Gegenwart. Besondere Gebetszeiten verfestigten sich zuerst in den Basiliken und den Basilika-Klöstern, dann in den Mönchsgemeinschaften überhaupt.

c. Während des langen Vorgangs der Verfestigung des «Stundengebetes» war man sich zuerst noch deutlich bewußt, daß das institutionalisierte gemeinsame Gebet das «Beten ohne Unterlaß» anregen, nähren und einigermaßen sichern sollte. Anfänglich hat man das Gebet bei der stets wichtig genommenen Arbeit wie bei der «heiligen Lesung» gepflegt[5]. Später haben sich die *Gebetszeiten verselbständigt* und sind zu einem eigenen «Pensum»[6] geworden, das dem Arbeitspensum gegenübertrat[7]. Zugleich wurde in den Klöstern der kirchliche Charakter des Stundengebetes immer deutlicher bewußt, den das private oder gemeinsame Gebet der Asketen der ersten Zeit in dieser Weise noch nicht kannte.

d. die Wurzel der Gebetszeiten und die *Grundpflicht*, unablässig zu beten, dürfen aber nie vergessen werden. «Dem ehrwürdigen Epiphanios, Bischof in Cypern, wurde vom Abt seines Klosters in Palästina bestellt: ‹Dank deiner Gebete vernachlässigen wir die Regel nicht, sondern feiern eifrig Terz, Sext, Non und Vesper.› Dieser aber ließ ihm den Tadel ausrichten: ‹Es steht fest, daß ihr zu andern Zeiten nicht betet; ein wahrer Mönch aber muß beten, ohne nachzulassen, das heißt also: in seinem Herzen psallieren»[8]. In die Richtung der Grundpflicht weist auch das Wort des Evagrius Pontikus (†399): «Wir haben keine Vorschrift, unablässig zu arbeiten, zu wachen oder zu fasten; aber es besteht für uns das Gesetz, unablässig zu beten»[9].

e. Schon früher hat Origenes (†253) das Herrenwort vom unablässigen Beten dahin erklärt, daß das ganze Leben eines Christen kultischen Charakter haben müsse: «Jesu Wort: ‹Betet ohne Unterlaß!› ... können wir so verstehen, daß wir sagen: das ganze Leben eines heiligen Menschen sei ein einziges großes, fortwährendes Gebet, von dem das, was man gewöhnlich Gebet nennt, auch ein Teil ist»[10]. Nach Origenes kann das ganze vom Glauben motivierte Leben und Tun eines Christen als Gebet verstanden werden; solche Tätigkeit erhebt zum Himmel: «‹Die Erhebung meiner Hände ist ein Abendopfer›. Ich glaube nicht, daß, wenn einer seine Hände zum Himmel erhebt oder ausstreckt, wie es die Haltung der Betenden zu sein pflegt, er eben dadurch schon Gott ein Opfer dargebracht hat. Sehen wir aber zu, ob das Wort Gottes an dieser Stelle unter den ‹Händen› nicht Taten verstanden haben will: Es hebt seine Hände empor, wer seine Werke von der Erde emporhebt, und während er noch auf Erden wandert, ist ‹sein Wandel› schon ‹im Himmel›»[11]. Das ganze Leben und Tun des Gläubigen soll zu Gott hinführen und ein «Opfer» sein[12].

f. Auch ist nicht zu vergessen, daß bei Paulus die Mahnung, «ohne Unterlaß zu beten», in einem Kontext steht, der ein Klima dauernder Freude, Gottverbundenheit und Dankbarkeit wünscht[13]. Das gemeinsame Gebet soll dazu beitragen.

4 Der Verfasser will nicht, daß die nächtliche Vigil unter die «*sieben Gebetszeiten* im Tag» gerechnet wird, wohl um die Verpflichtung zur Prim, die umstritten war, mit der Siebenzahl begründen zu können.

5 a. Der Gottesdienst wird nicht direkt als herausragender Höhe-

punkt des unablässigen Gebetes hingestellt. Er ist aber ein *Gemeinschaftsgebet* zur Heiligung der Zeiten und Stunden des Tages. Das ganze Tagewerk des einzelnen und der Gemeinschaft wird so zu einer Gebetsantwort an Gott.

b. Lobpreis und Dank gelten den Großtaten des *«Schöpfers»*. Man weiß sich in seiner Hand geborgen. Man dankt ihm. Von ihm empfangen wir alles, was wir haben. Auch unser Leben stammt von ihm, denn nichts haben wir uns sowenig selber geben können wie das Leben. Unsere Existenz ist eine geschenkte. Wir danken für die Welt um uns und leihen im Gotteslob der stummen Kreatur eine Stimme, damit sie Gottes Ehre verkünden kann. So steht der betende Mensch beim Gotteslob nicht nur in einer lebendigen Gemeinschaft mit seinen Brüdern, mit denen er sich versammelt hat, sondern darüber hinaus mit der ganzen Schöpfung. Daß sich die Zeiten des Gebets nach dem Rhythmus des natürlichen Lichts richten, ist ein deutliches Zeichen dieser kosmischen Verbundenheit der Beter.

c. Im Gottesdienst der Gemeinschaft «bringen wir unserem Schöpfer Lob dar wegen seiner gerechten Entscheide». Damit sind die Gebote und Weisungen des Wortes Gottes gemeint, die uns *Christus* vermittelt. Beim Gotteslob ist die Gemeinschaft «im Namen Jesu versammelt». Er ist in der «Mitte» der Brüder[14]. Sie werden im Gottesdienst «gelehrt, alles zu befolgen, was» er uns «geboten hat». Deshalb gilt ihnen die Verheißung: «Seid gewiß: Ich bin bei euch alle Tage bis zum Ende der Welt»[15]. In der brüderlichen Atmosphäre des gemeinsamen Gotteslobes um Christus versammelt singen wir Psalmen und verkünden das Wort Gottes. Das ist ein «prophetisches Reden»[16].

d. Auch Außenstehende spüren diese Gnade und Kraft, die über dem Gemeinschaftsgebet ruht[17]. «Wenn ein Ungläubiger oder Unkundiger hereinkommt», mag es oft sein wie zur Zeit des Paulus: «Er wird sich niederwerfen, Gott anbeten und ausrufen: Wahrhaftig, Gott ist unter euch!»[18]. Diese *prophetische Kraft* des Gotteslobes hat man früher in der Kurzformel zusammengefaßt: «Der Chor ist die Kanzel der Mönche.»

e. Das gemeinsame Lob Gottes ist ein zweckfreies Tun. Der Wunsch, den «Schöpfer» zu preisen, hat stets zu einer kreativen, künstlerischen Entfaltung des Gottesdienstes selber wie auch zu einer kunstvollen Ausgestaltung der gottesdienstlichen Räume oder der Bücher und Geräte des Gottesdienstes geführt. Die *zweckfreie Schönheit* des Gottesdienstes ist selber wiederum für viele eine stumme Predigt. Sie verkündet, daß hier Menschen glauben und Gott als die Mitte ihrer Existenz erfahren.

KAPITEL 17
WIEVIEL PSALMEN IN DIESEN STUNDEN ZU SINGEN SIND

1 Für die Vigilien und die Laudes
haben wir nun die Ordnung des Psalmengesanges bestimmt.
Wenden wir uns jetzt den folgenden Gebetszeiten zu:

2 Zur Stunde der Prim singt man drei Psalmen
und zwar jeden einzeln, nicht unter *einem Ehre sei*,
3 der Hymnus dieser Gebetszeit folgt auf den Vers:
O GOTT, KOMM MIR ZU HILFE;
dann erst beginnen die Psalmen.
4 Nach den drei Psalmen wird eine Lesung vorgetragen,
der Vers, das *Kyrie eleison* und die Entlassung.

5 Auch das Gebet zur Terz, Sext und Non
wird nach der gleichen Ordnung gefeiert,
das heißt: der Vers, die Hymnen dieser Gebetszeiten,
je drei Psalmen, eine Lesung, der Vers,
das *Kyrie eleison* und die Entlassung.
6 Wenn die Gemeinschaft größer ist,
singt man die Psalmen mit Antiphonen,
ist sie kleiner, singt man sie in einem Zug.

7 Zur gemeinsamen Feier der Vesper aber
beschränkt man sich auf vier Psalmen mit Antiphonen.
8 Nach diesen Psalmen ist die Lesung vorzutragen,
dann das Responsorium, der Hymnus des Ambrosius, der Vers,
der Lobgesang aus dem Evangelium, die Litanei,
und mit dem Gebet des Herrn erfolgt die Entlassung.

9 Zur Komplet beschränkt man sich darauf,
drei Psalmen zu beten.
Diese Psalmen singt man in einem Zug, ohne Antiphon.

10 Dann folgt der Hymnus dieser Gebetsstunde,
eine Lesung, der Vers, das *Kyrie eleison*
und mit dem Segensgebet erfolgt die Entlassung.

3 Ps 70,2

1–4 Die *Dreizahl der Psalmen* zu den Gebetszeiten am Tag findet sich auch beim «Magister»[1] und war allgemein üblich[2]. Die Prim kam erst spät auf[3]. Der Ausdruck «missas»[4] bedeutet wohl die am Ende der Feier mit einem Schlußgebet vollzogene «Entlassung».

5 Die Überlieferung weist den Gebetszeiten von Terz, Sext und Non eine symbolische Bedeutung zu. Die *Terz* erinnert an das Gebet bei der Herabkunft des Heiligen Geistes, die *Sext* an das Gebet des Petrus zu dieser Stunde und an den Kreuzweg Jesu, die *Non* an den Gang von Petrus und Johannes zum Gebet im Tempel und an den Tod Jesu[5].

6 Die Länge oder Schwierigkeit des Gesanges «mit Antiphonen»[6] macht diese Form für kleine Gemeinschaften ungeeignet.

7–8 a. Für die *Vesper* wird eine alte Bezeichnung herangezogen: «(vespertina) synaxis». Synaxis bedeutet (wie «Synagoge») die «Zusammenkunft» oder «Versammlung» und betont den gemeinschaftlichen Charakter der Feier. Synaxis und «Zusammenkommen» sind älteste Bezeichnungen für den christlichen Gottesdienst[7]. Neben der Vesper wird an anderer Stelle die Laudes mit einem besonderen Titel ausgezeichnet: «matutina sollemnitas» (Morgenfeier)[8]. Ihre Struktur ähnelt sehr der Vesper. Beide Feiern stammen im Ansatz aus dem jüdischen Gottesdienst. In Laudes und Vesper verrichtet man vor dem Abschluß eine «Litanei». In Fürbitten bezeugt sich der Beter solidarisch mit der Kirche, mit der Welt und den Nöten der Menschen. Das gottesdienstliche Beten geschieht immer stellvertretend *für* alle[9].

b. Später wird das Singen bei der Vesper herausgestellt: «... psalmorum modulatione canatur»[10]; das Abendlob wird mit besonderer Feierlichkeit begangen. Schon bei Pachomius († 346) gilt die Vesper als «überaus angenehme», nicht ermüdende Feier[11]. Von Abt Eugendus († um 510) im Jura heißt es, er sei nach der «Synaxis» jeweils noch betend im Oratorium geblieben und dann «strahlend, mit froher Miene» zu den Brüdern gekommen[12].

c. Die Zahl der Vesperpsalmen ist auf vier reduziert[13]. Der Verfasser nennt die Vesper im Unterschied zu zeitgenössischen

Quellen nicht «Lucernar» (Lichtfeier)[14], wohl weil kein Licht hereingetragen wird[15]. Als Lichtfeier wurde die Vesper auf die Auferstehung Christi gedeutet[16].

9–10 Die *Komplet* unterscheidet sich ihrer Struktur nach etwas von den übrigen Gebetszeiten. Sie fällt durch ihre Einfachheit auf[17].

KAPITEL 18
IN WELCHER REIHENFOLGE DIE PSALMEN ZU SINGEN SIND

1 Zuerst singt man den Vers: O GOTT, KOMM MIR ZU HILFE;
HERR, EILE, MIR ZU HELFEN; *Ehre sei*;
dann den Hymnus der jeweiligen Gebetszeit.

2 Zur Stunde der Prim, am Sonntag,
sind dann vier Abschnitte von Psalm 118 zu singen.
3 In den folgenden Stunden, nämlich zur Terz, Sext und Non,
werden je drei Abschnitte dieses Psalmes 118 gesungen.

4 Zur Prim am Montag singe man drei Psalmen,
nämlich Psalm 1, Psalm 2 und Psalm 6.
5 Auch zur Prim an den folgenden Tagen, bis zum Sonntag,
werden der Reihe nach je drei Psalmen gesungen
bis zu Psalm 19;
dabei werden jedoch Psalm 9 und Psalm 17 geteilt.
6 Folglich kann man bei den Vigilien am Sonntag
immer mit Psalm 20 neu beginnen.

7 Zur Terz, Sext und Non des Montags
werden die restlichen neun Abschnitte von Psalm 118,
je drei zu jeder Gebetsstunde, gesungen.
8 So wird Psalm 118 auf zwei Tage verteilt,
nämlich auf Sonntag und Montag.

9 Am Dienstag werden dann zur Terz, Sext und Non
je drei Psalmen gesungen, von Psalm 119 bis Psalm 127,
zusammen neun Psalmen.
10 Diese Psalmen wiederhole man bis zum Sonntag
bei den gleichen Gebetsstunden,
wie auch die Anordnung von Hymnen, Lesungen und Versen
an allen Tagen unverändert beibehalten wird.
11 So kann man am Sonntag immer mit Psalm 118 beginnen.

12 Zur Vesper singt man täglich vier Psalmen.
13 Diese Reihe beginnt mit Psalm 109
und schließt mit Psalm 147,
14 ausgenommen sind Psalmen,
die für andere Gebetszeiten ausgewählt wurden,
nämlich Psalm 117 bis Psalm 127, Psalm 133 und Psalm 142.
15 Alle andern sind zur Vesper zu singen.
16 Weil aber drei Psalmen fehlen,
sind die längern der genannten Reihe zu teilen,
nämlich Psalm 138, Psalm 143 und Psalm 144.
17 Psalm 116 dagegen, der kurz ist,
wird mit Psalm 115 verbunden.
18 Damit ist die Reihenfolge der Vesperpsalmen festgelegt.
Für alles Übrige gilt die oben gegebene Ordnung,
also für Lesung, Responsorium, Hymnus, Vers und Lobgesang.

19 Zur Komplet werden täglich dieselben Psalmen wiederholt,
nämlich Psalm 4, Psalm 90 und Psalm 133.

20 So ist unter Tags
die Ordnung des Psalmengesanges festgelegt;
alle übrigbleibenden Psalmen verteile man gleichmäßig
auf die Vigilien der sieben Nächte.
21 Dabei teilt man die längeren Psalmen
und bestimmt so für jede Nacht zwölf Psalmen.

22 Vor allem machen wir auf folgendes aufmerksam:

Sollte diese Psalmenverteilung jemand mißfallen,
treffe er eine andere Ordnung, wie er sie für besser hält;
23 nur möge er unter allen Umständen darauf achten,
daß jede Woche das ganze Psalterium
mit seinen hundertfünfzig Psalmen gesungen,
und daß zu den Vigilien am Sonntag
stets von vorn begonnen wird.
24 Denn ganz offenkundig sind Mönche,
die im Verlauf einer Woche weniger verrichten
als das Psalterium mit den üblichen Lobgesängen,
zu träg im Dienst, den sie gelobt haben.
25 Lesen wir doch, daß unsere heiligen Väter in ihrem Eifer
an *einem* Tag vollbracht haben,
was wir in unserer Lauheit
wenigstens in einer vollen Woche leisten sollten.

1 Ps 70,2

a. Das ganze Kapitel und die *Psalmenverteilung* selbst sind eine Neuschöpfung. Die wichtigste Neuerung besteht darin, daß man teilweise vom traditionellen Prinzip abgeht, die Psalmen «stets in der Reihenfolge des Psalteriums» zu verrichten[1]. Eine Reihe von Psalmen sind gezielt für bestimmte Gebetszeiten ausgewählt.
b. In den Psalmen identifiziert sich der Beter mit dem Psalmisten. Dieser heißt regelmäßig «der Prophet»[2]. Wer die Psalmen singt, «redet *prophetisch*»[3]. Der Beter macht sich Lobpreis und Dank, vertrauensvolle Bitte, Jubel oder bittere Klage und Not des Psalmisten zu eigen. In den Psalmen klingt die ganze Skala menschlicher Grundstimmungen auf, so daß sich der Beter mit den Menschen, mit der Kirche, mit Christus solidarisieren kann. Kassian (†430) schreibt: «Bis in unser Herz hinein durchdrungen von den Stimmungen, aus denen heraus der Psalm gesungen oder niedergeschrieben wurde, werden wir gleichsam zu seinen Autoren ... Wir finden alle Stimmungen in den Psalmen. Wie in einem blanken Spiegel durchschauen wir sehr klar, was uns selber widerfährt und gelangen so zu einer in der Tiefe wirksamen Einsicht. Das Gemüt wird uns Lehrerin und Erzieherin für das, was wir nicht nur hören, sondern intuitiv erfahren»[4].
1 Wenn der Christ betet, kann er nicht nur sagen: «Ich bete», sondern muß bekennen: «Es betet in mir!» Der «Geist» Gottes näm-

lich «nimmt sich unserer Schwachheit an. Denn wir wissen nicht, worum wir in rechter Weise beten sollen; der Geist selber tritt jedoch für uns ein mit einem Seufzen, das wir nicht in Worte fassen können»[5]. Aus dem Wissen um die menschliche Schwäche läßt Benedikt zu Beginn der Gebetszeit Gottes Beistand anrufen. Kassian († 430) behauptet, die «Formel der Frömmigkeit» zu verraten, die ihm «von den wenigen überlebenden Vätern der ersten Zeit überliefert wurde»: «O Gott, komm mir zu Hilfe! Herr, eile mir zu helfen!»[6] Dieses Wort sei «Anrufung Gottes in jeder Not, demütiges Bekenntnis der Frömmigkeit, Zeichen wacher, ehrfürchtiger Hingabe, bewußter Ausdruck eigener Schwäche und vertrauender, erhörungsgewisser Zuversicht in den Beistand eines stets gegenwärtigen Helfers ... Es ist die Stimme brennender, hingebender Liebe ...»[7]. Dieses Gebetswort, das Benedikt liebte[8], ist also zu Beginn jeder Gebetszeit eine *Epiklese* des Heiligen Geistes über die betende Gemeinschaft und über jeden einzelnen. Der Geist soll uns beistehen, damit wir kraft der Geistesgabe der parrhesia mit Freimut zu Gott rufen können.

2–6 Für die Prim wurde eine Reihe von Psalmen ausgewählt, die mit Psalm 1 beginnt und nach römischem Brauch zur Sonntagsvigil gehört. Benedikt will vielleicht die Sonntagsvigil mit Ps 21. (20) beginnen können, weil ihm dieser und die anschließenden Psalmen für den Tag der *Auferstehung* besonders geeignet scheinen.

7–11 Auch ein großer Teil von Psalm 119 (118) fällt auf den Herrentag. Dieser Psalm bot der *Schrift-* und *Wortfrömmigkeit* Nahrung und war beliebt.

12–18 Römischem Brauch entsprechend beginnt die Vesper an Sonntagen mit Psalm 110 (109). Er eröffnet die Reihe der Vesperpsalmen[9]. – Die Vierzahl der Psalmen für die Vesper stellt eine Neuerung und Kürzung dar[10]. – Abweichend von seinen Modellen gibt Benedikt in Anlehnung an Kassian († 430) die Weisung, längere *Psalmen zu teilen.* Kassian schrieb: Die Ägypter «halten es für nutzbringender, zehn Verse aufmerksam zu singen, als einen ganzen Psalm herunterzuleiern»[11].

19 Diese Psalmen waren auch in Rom für die *Komplet* vorgesehen[12].

20–21 Die *Zwölfzahl* der Psalmen zur Vigil ist unserem Autor wichtig[13]. Auch die vier mal drei Psalmen der kleinen Gebetszeiten am Tag ergeben diese Zahl[14].

22–25 Benedikt bekundet eine große *Flexibilität.* Er läßt jedem Kloster die Freiheit, eine Psalmenverteilung zu finden, die dem eigenen Tagesrhythmus entspricht. Diese Großzügigkeit verwundert nicht, wenn man weiß, daß der Verfasser selber ein neues Modell einer Gottesdienstordnung in Vorschlag bringt. Anderseits will der Autor ein *Minimum* an gottesdienstlichen Verpflichtungen sichern, das uns ziemlich hoch vorkommen mag, sei es wegen der Zahl der geforderten Gebetszeiten, sei es wegen der Zahl von 150 Psalmen, die in einem Wochenzyklus zu beten sind. Der Autor selber hält das vorgesehene Maß für sehr tief angesetzt[15]. Vielleicht haben ihn die in den «Lebensbeschreibungen der Väter» nicht ohne Schmunzeln geschilderten Spitzenleistungen von zwei Superstars von Mönchen beeindruckt: «Ein Altvater kam zu einem der Väter. Dieser kochte ein Linsenmus. Er sprach: ‹Wir wollen zuerst Gottesdienst halten, dann essen!› Da verrichtete einer von ihnen das ganze Psalterium, der andere aber rezitierte wie ein Lektor auswendig zwei der großen Propheten. Als es Morgen wurde, zog der Altvater, der zu Besuch gekommen war, von dannen. Sie hatten vergessen zu essen!»[16]. Tatsächlich haben die Väter oft bei der Arbeit das Psalterium auswendig rezitiert[17].

KAPITEL 19
VOM VERHALTEN BEIM PSALMENSINGEN

1 Wir glauben, daß Gott überall gegenwärtig ist
und daß DIE AUGEN DES HERRN AN JEDEM ORT
DIE GUTEN UND DIE BÖSEN BEOBACHTEN.
2 Doch wollen wir das in besonderer Weise glauben,
und zwar ohne irgendwie zu zweifeln,
wenn wir beim Gottesdienst stehen.

3 Überdenken wir darum immer, was der Prophet sagt:
DIENT DEM HERRN IN FURCHT!
4 Und ferner: PSALLIERT WEISE!
5 Und: IM ANGESICHT DER ENGEL WILL ICH DIR PSALMEN SINGEN.
6 Bedenken wir also, wie wir uns verhalten sollen
in der Gegenwart Gottes und seiner Engel,
7 und stehen wir beim Singen der Psalmen so,
daß unser Denken und unser Herz
im Einklang mit unserer Stimme sind.

1 Vgl. Spr 15,3 3 Ps 2,11 4 Ps 46,8 (lat.) 5 Ps 138,1

1–2 a. Die Ehrfurcht vor Gott, die Ergriffenheit oder Betroffenheit von der Gegenwart des heiligen Gottes und die Gewißheit, *unter Gottes Augen* zu leben, gehören für Benedikt zum Fundament eines christlichen Lebens und sind Voraussetzungen für den Gottesdienst[1].

b. Basilius (†379) schreibt im gleichen Sinn: «‹Meine Augen schauen stets auf den Herrn›[2]. Wir wollen stets an Gott denken, an seine Werke, seine Wohltaten und Gaben»[3]. Gott, unser Schöpfer[4], und sein Heilswerk an uns sind im Gottesdienst zu preisen. Im Gebet hat man nur *Augen für Gott*, dessen Blick auf uns ruht.

c. Auch Cyprian (†258) zitiert das einleitende Schriftwort[5] und formuliert in seiner Abhandlung über das Gebet[6] ähnlich wie Benedikt nach ihm: «Wir wollen bedenken, daß wir unter Gottes Blick stehen.» Im Hinblick auf das Gebet sagt Cyprian im gleichen Kontext: «Ein freundschaftliches und vertrautes Beten zu Gott besteht darin, daß wir das Gebet seines eigenen Sohnes zu ihm aufsteigen lassen. Der Vater möge die *Stimme seines Sohnes* erkennen, wenn wir beten. Der innen in unserer Brust wohnt, sei auch in unserer Stimme.» Auch in unserem Psalmengebet soll der Vater die Stimme des Sohnes erkennen.

d. Kassian (†430) erklärt das «Vater-unser» als beste Voraussetzung des mystischen Glutgebetes[7]. Unmittelbar nach der Vaterunser-Erklärung nennt Kassian die Psalmodie als eine Gelegenheit zu mystischer Versenkung: «Als wir gemeinsam die Psalmen sangen, wurde mir nicht selten irgend ein Psalmvers Anlaß zu einem *Glutgebet*. Gelegentlich haben die Stimmen der Brüder und ihr klangvoller Gesang unser Gemüt zu wachem Staunen gebracht. Nach unserer Erfahrung kann ein würdiger und verständlicher Vortrag eines Psalmes den Umstehenden zu innigem Beten helfen»[8]. Wieder ist ein «mystisches» Beten nicht von speziellen Methoden abhängig gemacht. Hier liegt der Akzent auf der brüderlichen Atmosphäre des Gemeinschaftsgebetes. Kein Zweifel besteht, daß dabei das «Glutgebet» aus der Tiefe der einzelnen Personen aufsteigt und nicht schon in der äußern Feierlichkeit besteht.

3–7 a. Benedikt zitiert drei Psalmstellen, die sich parallel beim Magister finden[9]. Die *Ehrfurcht* ist ein grundlegendes Postulat für den Gottesdienst[10], was schon Cyprian (†258) unterstrichen hat: «Wenn man zum Herrn betet, ist eine nachlässige Gabe eine Ehrfurchtslosigkeit gegenüber der Majestät Gottes, wenn etwa die Augen wachen, während das Herz schläft ...»[11]

b. Die Aufforderung *«Psalliert weise!»*[12] wurde von Basilius

(†379) kommentiert: «Wenn jemand mit voller innerer Aufmerksamkeit auf die einzelnen Worte eines Psalmes eingeht, wie der Geschmacksinn den besondern Goût (sapor) einer bestimmten Speise zu schmecken weiß, dann verwirklicht er, was geschrieben steht: ‹Psalliert weise (sapienter)!›»[13]. Wir sollen nicht eilig und oberflächlich über die Worte der Psalmen hinweglesen, sondern sie verkosten und ihren «geistlichen Sinn» erspüren[14]; wir sollen heraushören: «was der Geist den Kirchen sagt»[15].

c. Das Beten, besonders ein Beten in brüderlicher Gemeinschaft, bei dem Christus in der Mitte der Versammelten weilt[16] und bei dem die «von Gott eingegebenen», vom «Heiligen Geist» stammenden Psalmen verrichtet werden,[17] ist ein zwar ehrfürchtiges, aber vertrautes Umgehen mit Gott. Es ist *ein Stück Himmel auf Erden*, die «Gegenwart Gottes und seiner Engel», ein Stück verlorenen Paradieses, in welchem der Mensch «von Angesicht zu Angesicht» mit Gott verkehrte[18].

d. Cyprian (†258) macht unmißverständlich klar, daß die tiefe Gottverbundenheit christlichen Betens keine Entfremdung von der Welt der Menschen und ihrer Nöte zur Folge haben darf. Er zitiert biblische Belegstellen dafür, daß Engel unser Gebet vor Gott hintragen[19], und erklärt, was sie hintragen, seien «von Liebestätigkeit, von Fasten und Almosen» begleitete Gebete. Nur solche Gebete nennt Cyprian «fruchtbar»: «Wenn wir beten, wollen wir nicht mit sterilen, nackten[20] Bitten vor Gott hintreten. Ein Gebet, das nur ein unfruchtbares Gerede vor Gott ist, kann nicht wirksam sein. ‹Jeder Baum, der keine Frucht trägt, wird umgehauen und ins Feuer geworfen›[21]. Darum bringt das Reden vor Gott nichts ein, wenn es nicht *im Tun fruchtbar* wird ... Denn Christus, der am Tag des Gerichts den Lohn für die Taten der Liebe zuteilen wird, wird auch ein guter Zuhörer sein, wenn jemand mit Gebet und Taten vor ihn tritt»[22]. – Ein Christenleben darf also nie exklusiv im Beten bestehen, es muß Frucht bringen in einer dienstbereiten Haltung[23].

e. Damit ein christliches Leben gute Frucht bringen kann, muß der Same des Wortes Gottes im Acker des Herzens ausgesät und sorgfältig eingepflügt werden. Alle Aufmerksamkeit ist deshalb der innern Gesinnung zu schenken. Der «Magister» warnt vor einer «Lippenfrömmigkeit», die Gott bis «auf die Schwelle des Mundes» zuläßt, nicht aber in die «Wohnung des Herzens». «Bei dieser so bedeutsamen Aufgabe (des Gebetes) müssen Herz und Zunge zum Einklang kommen ... Wer psalliert, soll sich in seinem Herzen all das merken, was er ausspricht ...»[24]. Das ist die Lehre Cyprians (†258): «Gott hört nicht auf die Stimme, sondern auf das Herz»[25]. Benedikt formuliert dieses Anliegen des *«Herzensgebetes»* prägnant im Schlußsatz. Die Formulierung erinnert an ein Wort Augustins († 430): «im Herzen soll verweilen, was die Stimme verlautet»[26]. Benedikt beteht auf der rechten Gebetsgesinnung. Jedesmal, wenn er ein äußeres liturgisches Handeln vorschreibt, gibt er eine entsprechende innere Haltung an, besonders die Ehrfurcht[27].

KAPITEL 20
VON DER EHRFURCHT BEIM GEBET

1 Wenn wir mächtigen Leuten etwas nahelegen wollen,
wagen wir das nur mit Demut und Ehrfurcht.
2 Wieviel mehr müssen wir zum Herrn, dem Gott des Alls,
mit aller Demut und in lauterer Hingabe flehen!
3 Auch müssen wir wissen,
daß wir NICHT DURCH VIELE WORTE Erhörung finden,
sondern in der LAUTERKEIT DES HERZENS
und unter Tränen der ZERKNIRSCHUNG.

4 Das Gebet muß also kurz und lauter sein,
es werde denn verlängert
unter einem geistgewirkten Antrieb der Gnade Gottes;
5 in der Gemeinschaft aber sei das Gebet durchaus kurz,
und auf das Zeichen des Obern
sollen alle miteinander aufstehen.

3 Vgl. Mt 6,7; 5,8

1–3 a. Dieses Kapitel über die Ehrfurcht beim Gebet handelt vom persönlichen *inneren Gebet*, vielleicht in besonderer Weise von der «Psalmoration»[1].
b. Die Regel betont hier wie an vielen Stellen, daß eine *Atmosphäre* von Ehrfurcht und Demut für das Gebet unerläßlich ist[2]. Die Gebetslehre der Regel wurde mit Absicht an das Demutska-

pitel angeschlossen[3]. Cyprian (†258) weist vor Beginn seiner Vater-unser-Erklärung auf die Haltung des Zöllners hin[4] und erklärt die Demut zu einer Grundbedingung des Gebets[5]. – Der Vergleich mit der Vorsprache bei «mächtigen Leuten» findet sich oft, zum Beispiel bei Basilius (†379)[6] und Kassian (†430)[7].

c. In diesem Kapitel ist dreimal die Rede von der Lauterkeit oder *Reinheit des Betens*. Diese Herzensreinheit ist jener Zustand, zu dem der Aufstieg der Demut hinführen soll[8]. Die «Tränen der Zerknirschung» sind ein mögliches affektives Begleitmoment[9] dieses Zustands der diesseitigen Vollendung, die aber wesentlich in der Liebe besteht. Diese setzt das mühsame Ringen um Läuterung voraus[10]. Unter Berufung auf das Hohelied der Liebe[11] stellt Kassian (†430) klar, daß alle Askese nichtig ist, wenn ihr jene Liebe fehlt, «die allein in der Reinheit des Herzens besteht», wobei er im Kontext die Selbstlosigkeit meint[12].

d. Benedikts Sätze erinnern an die Basilius (†379) zugeschriebene «Ermahnung an einen geistlichen Sohn»: «Wenn du, mein Sohn, zum Gebet vor den Herrn hintrittst, wirf dich in Demut vor seinem Angesicht nieder. Erbitte nichts gleichsam auf Grund deiner eigenen Verdienste ... Bete zu ihm nicht mit lautstarker Stimme, da er das Verborgene kennt. Vielmehr soll das *Rufen deines Herzens* an sein Ohr klopfen. Mach vor ihm keine langen, nicht endenwollenden Worte, denn nicht durch viele Worte, sondern durch ein Gebet aus ganz reiner Seele wird Gott versöhnt»[13].

e. Die *fühlbare Ergriffenheit*[14] ist nicht der Kern des christlichen Betens[15]. Sie gilt als eine Gabe Gottes, die nicht willentlich erzwingbar ist. In diesem Sinn schreibt Basilius (†379): «Diese fühlbare Ergriffenheit (Zerknirschung) wird durch eine Gabe Gottes bewirkt. Er will (manchmal auch bei wenig eifrigen Menschen) eine innere Sehnsucht wecken, dieses ergriffene Gerührtsein zu erfahren»[16].

f. Asketisches Ringen und Verzichten sind nicht Selbstzweck, sondern Instrumente[17], um das Herz leer, offen und weit[18] zu machen. Das Gebet füllt diese «Leere» des Herzens, die der Verzicht mit sich bringt. Jene *«Ruhe des Herzens»*, die der Herr versprochen hat,[19] ist nicht Totenruhe oder unerfüllte Leere, sondern es ist die «Freude im Herrn» und der Friede, den Gebet und Gottesdienst in besonderer Weise schenken[20].

4–5 a. Wie es scheint, erklärt hier Benedikt mit eigenen Worten, die aber Kassians (†340) Weisungen widerspiegeln[21], die *Psalmorationen* der Ägypter. Benedikt bezeugt auch an andern Stellen den Brauch[22], den Kassian näher schildert. Nach dem Ende eines

Psalmes oder Psalmabschnitts stand man auf, um mit ausgebreiteten Händen zu beten oder – wenn man vorher stand – warf man sich nieder oder kniete sich hin und «umfaßte mit den Händen gleichsam die Knie des Erlösers». Dabei verharrte man in einem intensiven, persönlichen Gebet oder «Flehen»[23]. Das alttestamentliche Psalmwort, das man hörend in sich aufgenommen hatte, sollte nun zu einem christlichen Gebetswort im Herzen des einzelnen werden[24].

b. Diese Gebetspause war offenbar leicht gefährdet[25]. Das *Schweigen* sollte in keiner Weise gestört werden, außer wenn es zu einer charismatischen Äußerung eines Teilnehmers kam[26]. Ein «Glutgebet» ist[27] aber an sich wortlos[28] und kurz[29]. Es konnte mit dem «Ehre sei» verbunden sein oder dieses (wie in Ägypten) ersetzen. Nach Kassian (†430) schloß ein Priester das stille Gebet der einzelnen mit einer Kollekte ab[30]. Alle erhoben sich gleichzeitig mit ihm[31].

KAPITEL 21
VON DEN DEKANEN DES KLOSTERS

1 Ist eine Gemeinschaft groß, WÄHLE man aus ihr Brüder
von GUTEM RUF, die ein HEILIGES LEBEN führen,
und bestelle sie ZU DEKANEN.
2 Sie tragen in allem die Verantwortung für ihre Dekanien
nach den Geboten Gottes und den Anweisungen ihres Abtes.
3 Zu Dekanen sollen nur solche erwählt werden,
mit denen der Abt seine BÜRDE ruhig TEILEN kann.
4 Den Ausschlag bei der Wahl gebe nicht die Rangordnung,
sondern ein VORBILDLICHES LEBEN
und die WEISHEIT ihrer Lehre.

5 Findet sich unter diesen Dekanen einer, der Tadel verdient,
weil ihn der Stolz aufbläht, wird er einmal,
ein zweites und drittes Mal zurechtgewiesen;
wenn er sich nicht bessern will, werde er abgesetzt,
6 und ein anderer, der würdig ist, trete an seine Stelle.
7 Das gleiche bestimmen wir auch für den Prior.

1 Vgl. Apg 6,3.5; Dtn 1,13–15; Ex 18,21 3 Vgl. Ex 18,21–22 4 Vgl. Dtn 1,13–15; Apg 6,3 5 Vgl. Mt 18,16–17; 1 Tim 5,19–20

1–4 a. Hier beginnt die disziplinäre *«Klosterordnung»*[1]. Das Kapitel handelt von den «Dekanen», die den Abt in seiner Leitungsfunktion unterstützen, indem sie die Aufsicht über die zehnköpfige «Dekanie» übernehmen. Eine Aufgliederung großer Gemeinschaften in überschaubare kleinere Kreise pflegt sich spontan aufzudrängen. So gab es in Qumrân Gruppen von zehn Leuten, und man hatte seinen Turnus[2]. Zehnköpfige Gruppen gliederten das römische Heer. Pachomius († 346), der im Heer gedient hatte, teilte seine Großklöster in Gruppen[3], und man kannte einen Turnus[4]. «Dekanien» mit einem «Ältern» (senior) an der Spitze sind auch sonst aus dem ägyptischen Mönchtum bekannt[5].

b. Benedikt kommt dreimal auf die «Wahl» oder Bestellung der Dekane zu sprechen und benützt dabei jedesmal Wendungen, die in der Bibel vorkommen. Diese berichtet, daß Mose für die Leitung des Volkes auf dem Zug durch die Wüste sich Helfer bestellte und das Volk in Gruppen einteilte[6]. Auf dieses Modell pflegte sich die Kirche bei der Bestellung von Presbytern und Diakonen durch den Bischof zu berufen. Diese *kirchliche* Ordnung ist deutlich das Modell der Klosterordnung[7]. Die Wortwahl Benedikts bei der Aufzählung der Eigenschaften der Dekane erinnert aber auch an die Bestellung der «sieben Männer» in der Apostelgeschichte[8]. Man sieht, daß Benedikt bei der Einrichtung seines Klosters nicht politische oder familiäre Strukturmodelle vorschwebten, sondern biblische und kirchliche: Mose, die Apostel Christi, ihre Helfer, das Volk in der Wüste, die Urkirche.

c. Benedikts Hauptanliegen sind die *«geistlichen»* Qualitäten seiner Mitarbeiter; Rücksichten auf den Vorrang des Alters gelten hier nicht. Benedikt fordert bei seinen Mitarbeitern die gleichen Eigenschaften wie sie vom Abt, bei Priestern, Diakonen und beim Prior verlangt werden[9]. So kann der Abt seine Verantwortung teilen und andere zur *Mitverantwortung* und Mitarbeit herbeiziehen. Man darf annehmen, daß Benedikt wie der «Magister» zwei Dekane in jeder Dekanie vorsieht[10]. Die Delegation der Verantwortung ist in einem breiten Umfang vorgesehen. Die Aufgabe der Dekane ist einerseits eine geistliche, nämlich das gute Beispiel und die individuelle Hilfe der «geistlichen Seniores», anderseits eine disziplinäre, etwa die Aufsicht am Arbeitsplatz, beim Lesen, im Schlafraum oder bei Tisch, denn Benedikt liegt viel an einer guten Ordnung. Die halbbarbarischen Zeitverhältnisse legten diese Lösung nahe.

5–6 Dieses Verfahren gegen einen *Unwürdigen* ist beim «Magister» ohne Parallele. Die Bestimmungen kehren im Kapitel über den Prior in nervöserem und schärferem Ton wieder[11].

7 Der Verfasser empfindet Sympathie für das altüberlieferte System der Dekane, muß sich aber *neuen Entwicklungen* anpassen. Er faßt sich zum Thema der Dekane kurz und verweist auf das wichtig gewordene Amt des Priors[12].

KAPITEL 22
WIE DIE MÖNCHE SCHLAFEN

1 Jeder soll in seinem eigenen Bett schlafen.
2 Sie empfangen das Bettzeug von ihrem Abt, der es zuteilt,
wie es ihrer klösterlichen Lebensweise entspricht.

3 Wenn es möglich ist, schlafen alle im gleichen Raum;
läßt aber ihre große Zahl dies nicht zu,
ruhen sie zu zehn oder zwanzig mit den Älteren,
die für sie verantwortlich sind.
4 Eine LAMPE BRENNT ständig in diesem Raum bis zum Morgen.

5 Sie schlafen BEKLEIDET, mit GÜRTEL oder Strick umgürtet,
haben aber beim Schlafen ihr Messer nicht zur Seite,
damit nicht ein Schläfer im Traum verletzt wird.
6 Die Mönche seien stets BEREIT.
Wenn das Zeichen gegeben wird, stehen sie unverzüglich auf
und beeilen sich, einander zum Gottesdienst zuvorzukommen,
aber immer mit Ernst und Anstand.
7 Jüngere Brüder haben ihre Betten nicht nebeneinander,
sondern zwischen den Älteren.
8 Stehen sie zum Gottesdienst auf,
ermuntern sie sich in schicklicher Weise gegenseitig,
weil sonst die Schläfrigen Ausreden haben.

4 Vgl. Lk 12,35; 2 Petr 1,19 5 Vgl. Lk 12,35; Offb 16,15 6 Vgl. Lk 12,40

1–2 Das *Einzelbett* war zur Zeit Benedikts eine eher konfortable Seltenheit[1].

3 Die «Cella», also das Häuschen oder die Klause des Einsiedlers oder Zönobiten[2] wurde im alten Mönchtum als privilegierter Ort der Sammlung und der Zweisamkeit mit Gott geschätzt. – Das gemeinsame Arbeiten, die gemeinsame Feier aller Gebetszeiten und der Wunsch, dem Hang nach Eigenbesitz sowie schlechten Sitten zu steuern, führten zu Beginn des 6. Jahrhunderts vielerorts zu einer Neuerung[3]. Zum Kloster gehört jetzt nicht nur ein gemeinsamer Eßraum, sondern auch ein *gemeinsamer Schlafraum*, der später den Einzelzimmern (Zellen) unter *einem* Dach Platz machen wird.

4–7 a. Biblische Anspielungen[4] lassen an die treuen Knechte denken, die wie Wächter im Schweigen der Nacht[5] mit «brennenden Lampen», «bekleidet», «gegürtet» und *«stets bereit»* den Tag des Herrn erwarten, der das Licht bringt. Sie sind selber Kinder des Lichtes[6] und meiden die «Werke der Finsternis»[7]. Es soll «*alles bei Licht* geschehen»: beim Tageslicht[8] oder bei der bis zum Anbruch des Tages brennenden Lampe[9]. – In verhüllter Rede[10] wird so das eschatologische Grundmotiv des Mönchtums und sein Bezug zu Christus angedeutet. – Zum Opus Dei, das heißt zum Gottesdienst,[11] eilt man mit «Ernst» oder «Würde» (gravitas) herbei; den Begriff «Würde» braucht Benedikt oft[12].

b. Die Weisungen über das Einzelbett[13], die brennende Lampe[14] und über das Bekleidetsein beim Schlafen[15] dienen auch dem Schutz der *Keuschheit*[16]. Die Ehelosigkeit und der Verzicht auf ungeordnete affektive Bindungen folgen aus dem eschatologischen Motiv. Benedikt ist in diesen Fragen sehr zurückhaltend[17].

8 Im gleichen Zusammenhang mahnt Benedikt[18] zur *brüderlichen Hilfe*. Die Regel braucht etwa achtmal das Wort «gegenseitig» (invicem) in diesem Sinn und widmet die Schlußkapitel[19] dem Zurückhaltung, was bei «Jüngern» naheliegt. Vielleicht möchte er besonders das nächtliche Schweigen schützen, ohne es so zu verabsolutieren wie der «Magister»[20]. Brüderliche Hilfe wird vor allem durch das gegenseitige gute Beispiel gegeben.

KAPITEL 23
VON DER AUSSCHLIESSUNG BEI VERFEHLUNGEN

1 Wenn ein Bruder böswillig ist und nicht gehorcht,
wenn er arrogant oder kritiksüchtig ist
oder sich in einem Punkt der heiligen Regel widersetzt
und für die Anordnung seiner Obern nur Verachtung zeigt,
2 sollen ihn seine Obern nach der Weisung unseres Herrn
einmal und ein zweites Mal im geheimen mahnen.
3 Bessert er sich nicht,
WEISE man ihn öffentlich, vor allen, ZURECHT.
4 Bekehrt er sich auch so noch nicht,
verfalle er der Ausschließung,
wenn er den Sinn dieser Strafe versteht.
5 Ist er aber völlig ohne Einsicht,
unterziehe man ihn einer körperlichen Strafe.

2 Vgl. Mt 18,15–16 3 Vgl. Mt 18,17; 1 Tim 5,20; 2 Tim 3,6.14 4 Vgl. 2 Thess 14

a. In den ältern Mönchsregeln finden sich kaum so ausführliche *Bußordnungen* wie beim «Magister»[1] und bei Benedikt. Basilius (†379) läßt wohl Fehlende mahnen, weil man Unrecht nicht gleichgültig übersehen darf[2], Einzelvorschriften will Basilius aber nicht geben, sondern erklärt: «Was Zeit und Art der Zurechtweisung betrifft, steht das Urteil den Vorgesetzten zu. Denn Alter und Bildung machen einen großen Unterschied aus in Fragen der Buße»[3]. Auch bei Kassian (†430) finden sich nur Ansätze einer Bußordnung[4].

b. Die Bußordnung Benedikts beginnt hier mit den Kapiteln über die *Strafen*[5]. Die Kapitel über die Art der Genugtuung folgen später[6]. Der Magister behandelt beide Fragen zusammenhängend, aber wortreich und konfus. Er bietet eine Art Materialsammlung, die an die Kapitel über die erzieherische und spirituelle Aufgabe des Abtes anschließt[7].

1 a. Für Benedikt ist die Bußordnung ebenfalls eine Frage der *Seelsorge an den einzelnen*. Bezeichnend ist, daß er zu Beginn nach der subjektiven, innern Haltung der Pönitenten frägt.

b. Eigens wird nach der Einstellung zur «heiligen Regel» gefragt[8]. Dieser Ausdruck findet sich auch bei Caesarius († 542)[9] und schon in der Lebensbeschreibung des Pachomius († 346), wo der Ausdruck aber die ganze klösterliche Lebensform bezeichnet: Ein Junge von vierzehn Jahren beginnt sich aus religiösen Gründen von den Festlichkeiten und Reichtümern seines Hauses zu distanzieren. Während seiner Studien pflegt er bereits die Askese, soweit sie mit seinem Alter vereinbar ist. Dann «beginnt er zu überlegen, ob er ein Kloster aufsuchen und sich der *heiligen Regel* verpflichten soll»[10].

2–3 Benedikt hält sich an die evangelischen und kirchlichen Vorschriften über die *Zurechtweisung eines Bruders*[11], die eine geheime Mahnung, eine Mahnung vor Zeugen und die öffentliche Zurechtweisung vorsehen[12].

4 Wie Benedikt einen Zusammenhang sieht zwischen der «Bekehrung» zum klösterlichen Leben und der Taufe[13], so übernimmt er als Vorbild der klösterlichen Bußordnung die Bußordnung der Kirche, die im Kloster häufig, aber gleichsam nur in Miniaturform praktiziert wird, um kleinere oder größere Verfehlungen zu heilen. Nach der «Zurechtweisung»[14] folgt als zweites Element die *«Exkommunikation»* mit ihren verschiedenen Straffolgen[15]. Sie besteht in einer teilweisen oder einer vollen Aussperrung vom Gemeinschaftsleben, nicht in einem Ausschluß aus dem Kloster, der später behandelt wird[16]. Die Isolierung eines Bruders wird als Strafe empfunden. Das Leben in Gemeinschaft wird als hoher Wert geschätzt. Auch die ebenfalls der kirchlichen Bußordnung vergleichbaren Vorgänge der «Bußübung» und «Wiederaufnahme in die Gemeinschaft» werden später besprochen[17]. Die alte kirchliche Bußordnung[18], deren äußere Strukturen aus der Synagoge stammen[19], ist in Abgang gekommen, darum befremdet heute vieles an der Bußordnung Benedikts, auch wenn man verstehen mag, daß eine Gemeinschaft über Mittel zum Selbstschutz verfügen und vor allem, daß sie sich um die Heilung ihrer Glieder kümmern muß, wenn diese fehlen. Die Gemeinschaft will als Kreis von Jüngern Jesu[20] im Heiligen Geist versammelt sein[21] und kann das Böse in ihrer Mitte nicht hinnehmen.

5 Stets wünscht Benedikt die Anpassung an den *individuellen Charakter*. Wenn das ordentliche Verfahren bei einem «rohen» Charakter aussichtslos ist, kommt eine körperliche Strafe in Frage, was damals nicht ungebräuchlich war[22].

KAPITEL 24
WELCHES DIE ART DER AUSSCHLIESSUNG SEIN SOLL

1 Nach der Schwere der Verfehlung richtet sich
das Maß der Ausschließung oder Strafe.
2 Dabei steht es dem Abt zu,
über die Schwere der Verfehlung zu urteilen.

3 Wird ein Bruder nur leichter Fehler schuldig befunden,
schließe man ihn vom gemeinsamen Tische aus.
4 Für einen, der vom Tische ausgeschlossen ist,
gilt folgende Regel:
Im Oratorium darf er weder Psalm noch Antiphon singen
noch eine Lesung vortragen,
bis er Genugtuung geleistet hat.
5 Das Essen erhalte er allein und erst nach dem Mahl der Brüder.
6 Wenn die Brüder zum Beispiel zur 6. Stunde essen,
dann jener Bruder zur 9. Stunde,
wenn die Brüder zur 9. Stunde, dann er am Abend,
7 bis er nach gebührender Genugtuung Verzeihung erlangt.

1–2 Die materielle Schwere der Verfehlungen ist nicht der alleinige Maßstab. Es gibt keine Strafautomatik. Dem Abt soll immer ein *pastorales Vorgehen* möglich sein.

3 Dieses Kapitel[1] handelt von den «leichten Verfehlungen». Auch sie bedürfen der Korrektur. – Kleinere und größere *Strafandrohungen* häufen sich bei Benedikt. Obwohl seine Regel dreimal kürzer ist als die des «Magisters», zählt man bei Benedikt 27 Strafandrohungen, beim «Magister» nur 21 (A. De Vogüé). Vielfach kürzt Benedikt den langatmigen «Magistertext», weist die Einzelregelung dem Abt zu (was eine große Flexibilität mit sich bringt) und schließt kurzerhand mit einer Strafandrohung, statt weitere Argumente und Motivationen anzuführen. Wenn man sich den Vorgang mit dem Willen Benedikts zu einer «kurzen» Regel[2] gut erklären kann, befremden einen doch die vielen Drohungen. Man muß sich aber bewußt bleiben, daß Benedikt teils

für ungebildete «Primitive» schreibt und daß das alte Mönchtum einen Kampf gegen das Böse in allen seinen Erscheinungen führen wollte[3]. Dieser Kampf spiegelt das im Evangelium klar bezeugte, radikale Nein Jesu gegen das Böse wieder. Darum betont zum Beispiel Basilius († 379), daß kein Jota des Gesetzes vernachlässigt[4] und keine Sünde bagatellisiert werden dürfe[5].

4–7 Die Strafen, welche von der «Teilnahme» am *Gemeinschaftsleben*» ausschließen, zeigen wie im Negativ-Bild, welch hohen positiven Wert Benedikt der Gemeinschaft beimißt, zum Beispiel dem gemeinsamen Mahl und erst recht der gemeinsamen Liturgie. Basilius († 379) sieht in der Mahnung des Apostels, mit einem Widersetzlichen keinen Umgang zu pflegen[6], eine Aufforderung, die Tischgemeinschaft mit ihm abzubrechen[7].

KAPITEL 25
VON SCHWEREN VERFEHLUNGEN

1 Hat ein Bruder schwere Schuld auf sich geladen,
werde er zugleich von Tisch und Oratorium ausgeschlossen.
2 Kein Bruder darf irgendwie in Kontakt mit ihm treten,
weder ihm Gesellschaft leisten noch mit ihm reden.
3 Bei der ihm zugewiesenen Arbeit sei er allein,
verharre in TRAUER UND BUSSE
und denke an den furchtbaren Urteilsspruch des Apostels:
4 EIN SOLCHER MENSCH
IST DEM VERDERBEN DES FLEISCHES ÜBERGEBEN,
DAMIT SEIN GEIST AM TAG DES HERRN GERETTET WIRD.
5 Die Mahlzeit erhalte er für sich allein,
in dem Maß und zu der Stunde,
die der Abt als für ihn passend vorsieht.
6 Wer vorübergeht, entbiete ihm keinen Segensgruß,
noch segne man die Speise, die er erhält.

2 Vgl. 2 Thess 3,6.14 **3** Vgl. 2 Kor 7,10 **4** 1 Kor 5,5 **6** Vgl. Ps 129,28

1–2 a. Im Vergleich zur damaligen kirchlichen Bußpraxis ahndet die klösterliche Bußordnung zur Zeit Benedikts[1] auch relativ kleine Verfehlungen als *«schwere Vergehen»*. So werden nach Kassian († 430) «eigenmächtige Ausgänge», «offener Streit» oder «ungehörige Vertraulichkeiten mit Frauen» eingestuft[2]. Während man in der Kirche die Buße oft hinausschob, wird sie im Kloster sogleich verhängt, weil man die sofortige Heilung des Sünders wünscht. Anderseits dauert die Buße weniger lang als in der Kirche.

b. Eine falsche *Komplizenschaft* und Verbrüderung mit dem Bestraften kann nach Kassian († 430) dazu führen, daß sich «sein Herz mehr und mehr verhärtet» oder daß er die Besserung «heuchelt»[3].

3 Das ganze Mönchsleben sollte eine «Zeit der (österlichen) Buße» sein, heißt es im Fastenkapitel[4]. Tatsächlich wurde der Mönchsstand dem Stand der Büßer gleichgesetzt. Für den Mönch ist die *Bekehrungsbereitschaft* eine Grundtugend[5]. Für die hier angesprochene «heilsame Trauer» zitiert Basilius den Apostel Paulus[6]: «Die gottgewollte Traurigkeit verursacht Sinnesänderung zum Heil»[7].

4 In Benedikts Pauluszitat[8] fehlt das Wort «dem Satan übergeben»; entweder wollte Benedikt für die bloß klösterliche Ausschließung den Text mildern oder folgt einer existierenden andern Lesart[9]. Die Übertragung der *großen Kirchenbuße* auf die innerklösterliche Situation ist jedenfalls problematisch.

5–6 Ausnahmsweise läßt sich Benedikt in *Einzelvorschriften* ein. Die Strafe besteht im Ausschluß von der Gemeinschaft.

KAPITEL 26
VOM UNERLAUBTEN KONTAKT MIT AUSGESCHLOSSENEN

1 Nimmt sich ein Bruder heraus, ohne Erlaubnis des Abtes
irgendwie mit einem ausgeschlossenen Bruder
Kontakt aufzunehmen, mit ihm zu reden
oder ihm eine Mitteilung auszurichten,
2 so treffe ihn die gleiche Strafe der Ausschließung.

1 Vgl. 2 Thess 3,6

1–2 Das streng klingende Kapitel handelt vom *Komplizen*, der den bestraften Bruder in seiner verkehrten Haltung bestätigt[1], nicht von einem Bruder, der im seelsorglichen Auftrag handelt[2].

KAPITEL 27
WIE SICH DER ABT UM DIE AUSGESCHLOSSENEN SORGEN SOLL

1 Der Abt bemühe sich auf jede Weise,
Sorge zu tragen um Brüder, die gefehlt haben.
Denn: NICHT DIE GESUNDEN BRAUCHEN DEN ARZT,
SONDERN DIE KRANKEN.
2 Deshalb muß er wie ein erfahrener Arzt alle Mittel anwenden.
Er schicke Senpekten vor,
das heißt ältere, erfahrene Brüder,
3 die den schwankenden Bruder fast unvermerkt trösten,
ihn zu Demut und Genugtuung bewegen und TRÖSTEN,
DAMIT IHN NICHT ALLZU GROSSE TRAURIGKEIT ÜBERWÄLTIGT.
4 Vielmehr soll man nach dem Wort des Apostels
IHM GEGENÜBER LIEBE WALTEN LASSEN,
und alle sollen für ihn beten.

5 Der Abt wende äußerste Sorgfalt an,
bemühe sich mit viel Taktgefühl und eile,
um kein ihm anvertrautes Schaf zu verlieren.
6 Er sei sich bewußt, was er übernommen hat:
die Sorge um schwache Seelen,
nicht eine Gewaltherrschaft über gesunde.
7 Er fürchte Gottes Wort, der beim Propheten droht:
WAS EUCH FETT SCHIEN, HABT IHR FÜR EUCH GENOMMEN,
ABER WAS SCHWACH WAR, HABT IHR WEGGEWORFEN.
8 Er ahme das Beispiel treuer Liebe des GUTEN HIRTEN nach,
der NEUNUNDNEUNZIG SCHAFE IN DEN BERGEN ZURÜCKLIESS,
und hinging, um DAS EINE VERIRRTE SCHAF ZU SUCHEN.

9 So groß war sein Mitleid mit dessen Schwäche,
daß er sich herabließ,
es AUF seine heiligen SCHULTERN ZU NEHMEN
und so zur Herde zurückzutragen.

1 Mt 9,12 3 2 Kor 2,7 4 2 Kor 2,8 7 Vgl. Ez 34,3–4 8 Joh 10,11; Mt 18,12; vgl. Lk 15,4 9 Lk 15,5; vgl. Hebr 4,15

0 Dieses und das folgende Kapitel sind, von einigen Anregungen des «Magisters» abgesehen[1], das Werk Benedikts und zeugen von seinem seelsorglichen Eifer und Einfühlungsvermögen. Er ermahnt mehrmals den Abt, gemäß dem Evangelium den Fehlenden in *pastoraler Sorge* zu begegnen. Der Akzent liegt nicht auf der Strafe, sondern auf der therapeutischen Hilfe: «Besiege das Böse mit dem Guten!»[2]. Benedikt weist viele Möglichkeiten positiver Hilfe auf, die in der «Magisterregel» nahezu unbekannt sind.

1–4 a. Das Bild des *Arztes*[3] spiegelt die Züge Christi. Schon Ignatius von Antiochien (†um 110) hat Christus «den Arzt für Leib und Seele» genannt[4]. Origenes (†253) liebt dieses Bild[5]. Basilius (†379) möchte «die Güte eines Vaters oder Arztes einem kranken Sohn» gegenüber angewandt sehen, besonders wenn «die Kur schmerzlich oder streng» ausfallen sollte[6]. – Als «weiser Arzt» wird in den «Lebenbeschreibungen der Väter» ein Mönch bezeichnet, der einem wegen sexueller Schwierigkeiten in eine Krise geratenen Bruder zuzusprechen und Mut zu machen weiß»[7]. In einem ähnlichen Fall wird ein Mönch ebenfalls «weiser Arzt» genannt, weil er einem verzweifelten und durch einen unerleuchtet strengen Mönch ganz verstörten Bruder «ein den göttlichen Schriften entnommenes Heilpflaster auf die Seele legte, indem er erklärte, es gebe die Möglichkeit der Buße für jene, die sich in echter Liebe zu Gott bekehren»[8].

b. Neu gegenüber dem «Magister» ist die Entsendung von «Senpekten»[9]. Damit eine fruchtbare und *individuell angepaßte Seelsorge* möglich wird, delegiert der Abt einen Teil seiner pastoralen Aufgabe und nimmt die besondern Charismen anderer in Anspruch und in die Mitverantwortung.

c. Die Strafe darf nicht eine «allzu große Traurigkeit»[10] auslösen. Kassian (†430) spricht von einer Trostlosigkeit, die «den Fehlenden nicht zur Besserung seines Lebens oder zur Korrektur seiner Fehler führt, sondern in einer *tödlichen Trostlosigkeit* versinken läßt»[11]. Die Strafe darf die Persönlichkeit nicht schädigen, sondern soll medizinalen Charakter haben. Kassian sagt anschließend, die heilsame Traurigkeit sei «demütig» und stamme «aus der Liebe Gottes»[12].

d. Diese Liebe empfiehlt Benedikt sogleich[13], denn die Heilmittel der Liebe gehen ihm offensichtlich über alle Strafen. Wichtig ist ihm dabei das *Gebet der Brüder*. Das Gebet der Gemeinde für die Büßenden war ein wichtiges Element der altkirchlichen Bußordnung[14].

5–6 a. Wieder mahnt Benedikt den Abt. Er soll *Seelsorger* sein[15] und wie ein Hirt aus eigener Initiative aktiv auf die Suche gehen. Der Magister läßt umgekehrt die Fehlenden den Abt aufsuchen und um Barmherzigkeit bitten[16]. Benedikt wird diesen umgekehrten Weg später erwähnen[17].

b. Benedikt warnt den Abt vor einer autoritären, tyrannischen Machtausübung. Er kommt auch später auf den *Machtmißbrauch* zu sprechen[18].

7–9 a. Parteilichkeit ist Benedikt besonders zuwider[19]. Die Drohworte Ezechiels gegen *schlechte Hirten* werden in der Mönchsliteratur gern auf den Abt übertragen[20]. – Die Mahnung, die «Schwachen» nicht «wegzuwerfen», wirkt wie eine Infragestellung des (definitiven) Ausschlußes von Fehlenden. Das Bedenken, daß Hirtensorge niemand ausschließen oder verurteilen will, findet sich oft in Mönchsschriften[21].

b. Benedikt erwartet jedoch, daß die sorgende Liebe des «guten Hirten» positive Früchte trägt. Rücksichtnahme auf die Schwachen dispensiert nicht von Initiativen zu ihrer Heilung. Diesen Gedankengang finden wir schon bei Origenes († 253); er protestiert dagegen, daß die Glieder der Kirche von ihren Hirten den Gefahren schutzlos überlassen werden: «Das aber tun die Vorsteher der Kirchen. Sie bedenken nicht, daß wir alle, die glauben, *einen* Leib bilden, einen Gott haben, der uns zur Einheit zusammenfügt und erhält, nämlich Christus, für dessen Leib du, Vorsteher der Kirche, das Auge bist. Darum mußt du alles umsichtig überblicken, auch Künftiges voraussehen. Du bist Hirte, du siehst die Schäflein des Herrn arglos einem Abgrund entgegenlaufen... So vergißt du das Geheimnis des Herrn: Er hat die neunundneunzig (Engel) im Himmel gelassen, um auf die Erde zu kommen und das *eine* verlorene Schäflein (die Menschheit) aufzufinden und auf seinen Schultern in den Himmel zu tragen. Sollen wir bei der Sorge um die Schäflein dem Beispiel des Hirten, unseres Lehrers, überhaupt nicht folgen?»[22]. Hirtensorge ist nicht eine Idylle. Der «Vorsteher» muß *«Auge» der Gemeinschaft* sein, weite Horizonte überblikken und prospektiv denken. In allem hat er sich an Christus zu orientieren.

c. Eine Erzählung aus der «Lebensbeschreibung der Juraväter» illustriert die Hirtensorge des Abtes gegenüber zwei «schwankenden Brüdern»[23]: Abt Lupicinus (†um 480) betet nachts im Oratorium. «Da betreten auf Verabredung hin zwei Brüder das Oratorium», um sich zu besprechen, wie sie in der Dunkelheit aus dem Kloster fliehen können. Sie bemerken den Abt nicht, der plötzlich aus der Dunkelheit laut spricht: «Gebt mir wenigstens den Abschiedskuß!» Sie fahren erschrocken zusammen. «Der Heilige aber nennt jeden beim Namen, nimmt sie mit der ausgestreckten Hand liebevoll beim Kinn und küßt sie. Dann sagt er kein weiteres Wort, sondern kniet nieder und ergreift in seiner väterlichen Liebe die Waffe des Gebetes». Die beiden rufen Christus um Verzeihung an und kehren reuevoll und kleinlaut in ihre Betten zurück, ohne daß von einer weiteren Buße oder Bestrafung gesprochen wurde, denn «ein liebevoller Vater sah, was für eine harte Bestrafung für sie ihre eigene Beschämung war»[24]. Wenn die Heilmittel der Liebe und des Gebets wirksam sind, *erübrigt sich das Strafen.*

KAPITEL 28
VON OFT ZURECHTGEWIESENEN, DIE SICH NICHT BESSERN

1 Wurde ein Bruder für irgendeine Schuld
oft zurechtgewiesen, ja sogar ausgeschlossen,
und bessert er sich nicht,
so treffe ihn eine schärfere Strafe,
das heißt, man gehe mit Rutenschlägen gegen ihn vor.
2 Bessert er sich auch so nicht
oder versucht er – was fern sei –,
sein Tun in STOLZER ÜBERHEBLICHKEIT zu verteidigen,
dann handle der Abt wie ein erfahrener Arzt:
3 Wenn er lindernde Umschläge angewandt hat,
die Salbe der Ermahnungen,
die Heilmittel der göttlichen Schriften,
wenn er zuletzt das Ausbrennen versucht hat

durch Ausschließung oder Rutenschläge,
4 und wenn er nun sieht,
daß seine Anstrengungen nichts erreichen,
so nehme er zu Hilfe, was mehr vermag,
nämlich seiner und aller Brüder Gebet für ihn,
5 damit der Herr, der alles kann,
die Heilung des kranken Bruders bewirke.
6 Erst wenn dieser auch so nicht geheilt wird,
setze der Abt das Messer zum Abschneiden an,
wie der Apostel sagt:
SCHAFFT DEN ÜBELTÄTER WEG AUS EURER MITTE!
7 Ferner sagt er: WENN DER UNGLÄUBIGE SICH TRENNEN WILL,
TUE ER ES!
8 So soll nicht *ein* räudiges Schaf
die ganze Herde anstecken.

2 Vgl. 1 Tim 3,6 **5** Vgl. Mt 19,26 **6** 1 Kor 5,13; vgl. Mt 5,29–30 **7** 1 Kor 7,15

1–5 a. Auch dieses Kapitel über die *Rückfälligen* wendet sich primär an den Abt und empfiehlt ihm bei aller Mißbilligung der Arroganz in einer für Benedikt[1] typischen Weise alle erdenklichen pastoralen Heilmittel. Auch Basilius († 379) spricht von den Rückfälligen und rät, «die wahren Wurzeln der Schuld auszuschneiden», das heißt, «mit entgegengesetzten und gegenläufigen Mitteln heilen». So sei zum Beispiel bei «dauernden Streitigkeiten» deren Wurzel, die «Arroganz», durch die Übernahme von «ganz bescheidenen Diensten» zu kurieren[2].
b. Auch bei Widersetzlichkeit soll der Abt zunächst alle seelsorgerliche Sorgfalt anwenden. Selbst die Strafen[3] müssen (anders als beim «Magister») Medizinalchrakter haben. Parallelen zu den medizinischen Ausdrücken, die Benedikt braucht, finden sich schon bei Origenes († 253) und zwar im Anschluß an sein Mahnwort für die Hirten[4]. Für Origenes ist Jesus selber *der* Arzt; er wendet eine *«Logotherapie»* an: «Jesus, der Arzt, ist zugleich das Wort Gottes. Darum bereitet er seinen Kranken Arzneien nicht aus Kräutersäften, sondern aus den Geheimnissen von Worten: ... Wort-Heilmittel»[5].
c. Das Wort vom «erfahrenen» oder *«weisen Arzt»*[6] wird von Kassian († 430) auf den Apostel Paulus bezogen. Er gilt als

«geistlicher Arzt», der die Schwächen der ihm Anvertrauten durch seine milde und anziehende Wort-Therapie zu kurieren sucht»[7]. Das Wort Gottes hat eine heilende Kraft. Es tilgt die Sünde.

d. Als Seelsorger[8] hat der Abt die individuell geeigneten Maßnahmen zu ergreifen. Auch in den Juraklöstern galt als Regel, daß der Abt zunächst alle Mittel versuche, eine «Zurechtweisung» oder, wenn sich einer demütigt, einen «lindernden Zuspruch», und daß er nicht einzig oder sofort «Chirurgie betreiben» solle[9]. – Das wichtigste Heilmittel aber ist das *Gebet*[10], denn die Heilung kommt vom Herrn.

6–8 a. Für den (definitiven) Ausschluß aus dem Klosterverband[11] braucht Benedikt das harte Bild vom «Abschneiden», wohl im Gedanken an jenes Wort des Herrn, wonach es besser ist, «ein Glied» abzuhauen, als «den ganzen Leib» ins Verderben fahren zu lassen[12].

b. Auch Basilius und Augustinus haben sich mit der Frage des Ausscheidens von Gliedern befaßt, die den Geist einer christlichen Gemeinschaft nicht mehr teilen. Für Basilius (†379) sind die «Rückfälligen» vor allem arrogante und mißgünstige Anstifter von Unfrieden[13]. Mit einem «unbußfertigen Sünder» ist nach der Regel des Evangeliums zu verfahren: «Hört er aber auch auf die Gemeinde nicht, dann sei er für dich wie ein Heide oder Zöllner»[14]. – Augustinus (†430) will das kirchliche Verfahren mit wiederholten Mahnungen vor Zeugen eingehalten wissen[15], bevor es zur Bestrafung durch den Vorgesetzten und schließlich im Fall von Widersetzlichkeit zur *«Ausstoßung»* kommt. «Eine solche Maßnahme ist nicht grausam; sie stammt vielmehr aus der Barmherzigkeit; ein einzelner soll nicht viele andere ruinieren durch sein Beispiel, das ansteckend ist wie die Pest»[16].

c. Das Beispiel vom «räudigen Schaf» wird schon von Origenes (†253) angeführt an der bekannten Stelle über die kirchlichen Vorsteher, die wie Hirten und Ärzte vorgehen sollen[17]. Wie in einer Vorschau beschreibt Origenes in der Fortsetzung sein eigenes, so nicht verdientes Schicksal. Dabei sind seine Worte ein unerhörtes Zeugnis für die Kirche und für ihn selbst. Die spätere Ächtung gerade dieses Mannes durch die Kirche ist eine Warnung vor unverhältnismäßigen *kirchlichen Maßnahmen*. – Origenes schrieb: «Wir wollen nicht sagen, daß einer wegen eines leichten Fehlers ausscheiden müsse. Wurde aber einer für sein Vergehen einmal, ein zweites und ein drittes Mal gemahnt und zurechtgewiesen, ohne daß er ein Anzeichen der Besserung gibt, dann wollen wir die ärztliche Kunst anwenden. Wenn ein verhärteter Tumor nicht abschwillt, auch wenn wir die Stelle mit Öl gesalbt, mit Pflastern zu heilen und mit Salben aufzuweichen suchten, bleibt als Heilmittel nur das Abschneiden. So nämlich spricht der Herr: ‹Wenn dich deine rechte Hand zum Bösen verführt, dann hau sie ab, und wirf sie weg!›[18]. Will uns etwa die Hand unseres Leibes verführen, oder sagt das Evangelium von dieser leiblichen Hand: ‹Hau sie ab, und wirf sie weg!›? Nein, Jesu Wort bedeutet dies: Wenn ich, der ich deine rechte Hand zu sein scheine, Presbyter heiße und das Wort Gottes zu verkündigen habe, irgendwie gegen die Ordnung der Kirche und gegen die Regel des Evangeliums verstieße, so daß ich dir, Kirche, zum Verführer würde, so möge die Gesamtkirche in geistbeseeltem, gemeinsamem Entschluß (Konsens) mich, ihre Rechte, abschneiden und von sich werfen»[19]. – Das Bild von der «ärztlichen Kunst» war so verbreitet, daß wir nicht mit Sicherheit sagen können, Benedikt hätte diese Stelle des Origenes gelesen, die uns ohne Zweifel das altkirchliche pastorale Konzept bezeugt.

KAPITEL 29
OB BRÜDER, DIE DAS KLOSTER VERLASSEN HABEN, WIEDER AUFZUNEHMEN SIND

1 Wenn ein Bruder das Kloster verließ
und dies aus eigener Schuld,
und wenn er nun zurückkkehren möchte,
verspreche er zuerst vollständige Besserung vom Fehler,
der zum Austritt geführt hatte.
2 Dann werde er wieder aufgenommen,
aber auf den letzten Platz verwiesen,
damit er sich in der Demut erproben kann.
3 Wenn er nochmals austritt,
wird er bis zu drei Malen in dieser Weise aufgenommen;
nachher wisse er,
daß ihm jeder Weg zur Rückkehr versagt ist.

1–2 Auch nach einem selbstgewollten, schuldhaften *Austritt* bleibt, gemäß dem Evangelium[1], die Möglichkeit des Verzeihens und der Rückkehr. Doch fordert Benedikt, über den «Magister» hinausgehend, ein Versprechen der Sinnesänderung und nennt die Demut als maßgebliches Zeichen der wiedergefundenen klösterlichen Berufung[2]. Basilius († 379) empfiehlt Demut und die Übernahme der bescheidensten Dienste als Gegenmittel gegen begangene Fehler[3]. Pachomius († 346) spricht vom Verlust des früheren Ranges[4].

3 Als Grund für eine *dreimalige* Möglichkeit der Begnadigung nennt der «Magister»[5] die vom Evangelium geforderten drei Ermahnungen von Fehlenden[6]. Benedikt übergeht diese künstliche Argumentation, bleibt aber bei der Dreizahl als einer Klugheitsregel. Wenn Benedikt eine spätere Rückkehr ausschließt, heißt das nicht, daß keine kirchliche Vergebung der Schuld möglich blieb.

KAPITEL 30
VON MINDERJÄHRIGEN KNABEN, WIE SIE ZU BESTRAFEN SIND

1 Jeder ist so zu behandeln,
wie es seinem Alter und der Fassungskraft entspricht.
2 Sooft sich daher Knaben oder Jugendliche
oder andere, die kaum begreifen können,
was für eine schwere Strafe die Ausschließung ist,
3 sooft sich also solche verfehlen,
bestraft man sie mit strengem Fasten
oder züchtigt sie empfindlich mit Rutenschlägen,
damit sie geheilt werden.

1 Benedikt stellt einen Merksatz über die Anpassung an den *individuellen* Charakter auf. Er formuliert kürzer und allgemeiner als der «Magister»[1], der sich einzig auf «Kinder bis zu fünfzehn Jahren» bezieht. Der «Magister» will körperliche Strafen nach dem fünfzehnten Altersjahr ausgeschlossen wissen[2], weil nicht der

Körper oder Körperteile Urheber von Fehlern sind, sondern das Herz.

2–3 Am Schluß der Strafordnung wird nochmals auf den *medizinalen* Charakter jeder Strafe hingewiesen[3].

KAPITEL 31
VOM CELLERAR DES KLOSTERS UND SEINEN EIGENSCHAFTEN

1 Als Cellerar des Klosters WÄHLT man
einen aus der Gemeinschaft, der erfahren ist,
von reifem Charakter, NÜCHTERN und kein Vielesser,
nicht hochmütig, nicht AUFGEREGT und nicht grob,
nicht langsam und nicht verschwenderisch,
2 sondern gottesfürchtig.
Er sei der ganzen Gemeinschaft wie ein Vater.
3 Er trage Sorge für alles.
4 Ohne Weisung des Abtes tue er nichts.
5 Er halte sich an seinen Auftrag.
6 Die Brüder soll er nicht betrüben.
7 Äußert vielleicht ein Bruder unvernünftige Wünsche,
soll er ihn nicht kränken,
indem er ihn mit Verachtung abweist,
sondern in Demut und unter Angabe der Gründe
die ungehörige Bitte ablehnen.
8 Er GEBE ACHT AUF SEINE SEELE
und denke stets an das Apostelwort:
WER SEINEN DIENST GUT VERSIEHT,
ERLANGT EINEN HOHEN RANG.
9 Für KRANKE, KINDER, GÄSTE und ARME
sei er unermüdlich besorgt;
er wisse sicher, daß er am Tag des GERICHTS
für sie alle Rechenschaft ablegen muß.

10 Alle Geräte des Klosters und den ganzen Besitz betrachte er
wie HEILIGE ALTARGEFÄSSE
11 Nichts vernachlässige er bewußt.
12 Er sei weder geizig noch verschwenderisch
und verschleudere den Besitz des Klosters nicht,
sondern er halte in allem Maß
und folge den Weisungen des Abtes.

13 Vor allem sei ihm die Demut eigen.
Wenn er nichts hat, was er einem geben könnte,
schenke er ihm wenigstens ein freundliches Wort,
14 wie geschrieben steht:
EIN freundliches WORT GEHT ÜBER DIE BESTE GABE.
15 Für alles, was der Abt ihm auftrug,
trägt er die Verantwortung;
in Dinge, die er ihm vorenthielt,
mische er sich nicht ein.
16 Er gebe den Brüdern ihren Anteil an Speise und Trank,
ohne sie von oben herab zu behandeln
oder sie warten zu lassen,
denn er soll sie nicht verärgern.
Er bedenke, was nach Gottes Wort verdient,
WER EINEM VON DIESEN KLEINEN ÄRGERNIS GIBT.

17 Wenn die Gemeinschaft größer ist, gebe man ihm Gehilfen.
Von ihnen unterstützt, erfülle er das ihm anvertraute Amt,
ohne den Frieden der Seele zu verlieren.
18 Zur bestimmten Zeit gebe man, was zu geben ist,
und erbitte, was zu erbeten ist,
19 damit im HAUSE GOTTES
niemand verwirrt oder traurig wird.

1 Vgl. 1 Tim 3,2; Jes 42,2; vgl. Apg 6,5 **8** Tob 1,12; 1 Tim 3,13 **9** Vgl. Mt 18,5; 25,35 **10** Vgl. Sach 14,20 **14** Vgl. Sir 18,17 **16** Mt 18,6; 25,40 **18** Vgl. Apg 2,45 **19** Vgl. Ps 135,2; Sach 14,21

Von der Sorge um die Heilmittel für die Seele[1] geht Benedikt über zur Sorge um die Bedürfnisse des Leibes, um die Nahrung und das Verhältnis zu den materiellen Dingen, zu ihrer *Verwaltung* und zu zusammenhängenden Fragen der Tagesordnung[2]. Es wird sich zeigen, daß auch die materiellen Fragen in einer geistlichen Perspektive angegangen werden.

1–2 a. Der *«Cellerar»*, Modell und Vorbild für andere Amtsträger, ist der vom Abt beauftragte[3] Verwalter der materiellen Güter. Er betreut Tisch, Küche, Keller und Vorratsraum.

b. Titel und Amt sind seit Pachomius († 346) traditionell; Benedikt übernimmt vieles vom «Magister»[4], ohne soviel zu reglementieren wie er. Benedikt ist die Gesinnung wichtiger. Der «Magister» geht von der Sorge des Vaters im Himmel aus, der seinen Geschöpfen die ganze Erde, im besondern seinen Dienern alles Notwendige zur Verfügung stellt[5]. Der Cellerar ist Verwalter dieser Gaben des himmlischen Vaters[6]. Benedikt vergleicht nun den Cellerar mit einem *«Vater»*, welche Bezeichnung sonst dem Abt vorbehalten ist[7], der die Stelle Christi vertritt[8]. Das Kapitel über den Cellerar ähnelt denn auch in vielem dem zweiten Abtskapitel[9]. Wie der Abt ist der Cellerar ein «Vater», aber im materiellen Bereich und in Unterordnung unter den Abt.

c. Wiederholt spricht Benedikt von Charaktereigenschaften, die er beim Cellerar erwartet. Sie sind dem Kapitel über die «Instrumente der geistlichen Kunst»[10], den Ermahnungen der Pastoralbriefe für die Diakone[11] und dem prophetischen Bild vom dienenden Gottesknecht[12] entnommen. Damit erweist sich die klösterliche *Dienstauffassung* klar als geistlich, kirchlich und biblisch geprägt.

3–7 a. Die *Sorge* (cura)[13] für Dinge und Personen, besonders für die Hilfebedürftigen ist das beherrschende Thema dieses und der folgenden Kapitel. Die Sorge für die Brüder drängt sich besonders deshalb auf, weil sie nicht über eigene Mittel verfügen[14].

b. Die Aufforderung, «die Brüder nicht zu betrüben» und auch einen «unvernünftigen» Bittsteller nicht zu «kränken» oder «verächtlich abzuweisen»[15], die ohne Parallelen beim «Magister» ist, bezeugt Bendikts Achtung vor der Person, die nur «unter Angabe der Gründe» einen negativen Entscheid erhalten soll. Sie zeigt seine *Menschlichkeit* und sein Einfühlungsvermögen. Im Kloster soll keine Traurigkeit herrschen, und es soll sich niemand beschwert oder bedrückt fühlen. In den folgenden Kapiteln klingt dieses Motiv besonders häufig an[16].

c. Die *«Traurigkeit»* nimmt jemand «seelisch zu sehr in Beschlag», meint Basilius († 379)[17]. Er unterscheidet mit Paulus[18] eine «gottgewollte Traurigkeit», die «zur Sinnesänderung und zum Heil», und eine «weltliche Traurigkeit», die «zum Tod führt»[19]. Dieser Traurigkeit steht die «Freude im Herrn» gegenüber[20]. Basilius handelt auch ausdrücklich vom «Kränken eines Bruders» und vom «Murren»[21], was beides auch für Benedikt ein Dorn im Auge ist.

d. Evagrius Pontikus († 399) hat diese Traurigkeit von einem *psychologischen* Ansatz her beschrieben: «Die Traurigkeit überkommt einem manchmal, wenn affektive Ansprüche frustriert werden, oder stellt sich als Folge der Aggressivität ein.» Frustrationen treten auf, wenn sich jemand in einer Art Regression, rückwärts blickend, in der Erinnerung «früherer Dinge» ergeht, die jetzt «in seinem Leben» fehlen[22]. Man darf also nicht einem sterilen Wunschdenken nachhängen[23], sonst wird man sich unerfüllt und unzufrieden finden.

e. Die Unterweisung des Evagrius wurde von Kassian († 430) aufgenommen und breiter ausgeführt[24]: Die Traurigkeit «hält von der Kontemplation Gottes ab, sie verunsichert uns seelisch und führt von einem ungetrübten Innenleben in die Depression. Sie erlaubt nicht, mit der gewohnten innern Freude zu beten oder im Lesen der Heiligen Schrift ein Heilmittel zu finden. Sie hindert uns, den Brüdern im Frieden und freundlich zu begegnen, macht uns ungeduldig und abweisend ...»[25]. Wie Evagrius sieht auch Kassian in Depressionen und Verstimmungen eine Folge von Aggressivität, von übersteigerten Ansprüchen und eines enttäuschten Wunschdenkens[26]. Oft aber sei kein äußerer Grund der Depression ersichtlich, und selbst die Begegnung mit freundlichen Menschen bringe keine Besserung. «Dies ist ein klarer Beweis, daß der Anstoß zu unseren Störungen nicht immer in Fehlern von andern liegt, sondern in uns selber. Wir tragen in unserem eigenen Unterbewußten die Gründe der Störungen ...»[27]. Deshalb hat Gott, der uns kennt, «uns geheißen, nicht die Gemeinschaft von Brüdern zu meiden, die wir vermutlich beleidigt haben oder von denen wir angeblich gekränkt wurden. Er will vielmehr, daß wir sie beschwichtigen. Dies im Bewußtsein, daß die Vollkommenheit des Herzens nicht durch eine Absonderung von den Menschen, sondern kraft der *Geduld* zu erreichen ist»[28].

f. Die Begegnung mit Menschen suchen, den *Dialog* suchen ist ein Anliegen Benedikts[29] und der Mönchsschriften überhaupt. Sie wollen zeigen, daß vor allem die Begegnung mit «geistlichen» Menschen, mit «Geistträgern» therapeutische Kraft hat, Freude bringt und die Traurigkeit bannt. Athanasius († 373) schreibt:

«Christus hat Ägypten einen guten Arzt geschenkt. Wessen Traurigkeit verwandelte sich in der Begegnung mit Antonius nicht in Freude?»[30]. Wenn Eugendus (†um 510) erfuhr, daß in seinem Jurakloster ein Mönch, «wie es bei der natürlichen Schwäche des Menschen geschehen kann», unter «verzehrenden Depressionen» litt, «gesellte er sich unerwartet zu ihm», zeigte «soviel geistliche Freude und soviel Freundlichkeit, daß seine guten und heiligen Worte, das gefährliche Gift der Traurigkeit unschädlich machten»[31]. Honoratus (†428), der erste Abt von Lérins, soll sich «mit unglaublicher Sorge bemüht haben, daß keinen Traurigkeit überkam»[32].

g. Gregor der Große (†604) will aufzeigen[33], daß Benedikt von der gleichen Geisteskraft erfüllt war, wie der Prophet Elischa[34]. In diesem Zusammenhang berichtet Gregor, Benedikt habe einen Goten «mit großer Freude (in das Kloster) aufgenommen». Als dieser, eine Sichel in der Hand, mit Feuereifer ein Feld am Ufer des Sees[35] von Gestrüpp säuberte, sprang ihm plötzlich das Eisen aus der Fassung und fiel in den See. Als der Gote verstört nach Hilfe suchte, sei das Eisen auf das Gebet Benedikts hin wunderbar in die Fassung zurückgekehrt. Benedikt «gab das Arbeitsgerät dem Goten zurück und sprach: ‹Geh an die Arbeit, und sei nicht traurig!›»[36]. Neben der Logotherapie ist die *Arbeitstherapie* hilfreich. Der Gottesmann Benedikt will keine traurigen Menschen um sich. Seine Sorge um Freude und Frieden zeigt sich in den zahllosen Warnungen vor Zorn, Ärger, Kränkung und Murren[37].

8–9 a. Das Pauluszitat vom *«Dienen» (diakonein)* ist der kirchlichen Ordnung für Diakone entnommen[38]. Es heißt vom Cellerar, er werde «gewählt», wie die «sieben Männer» für den «Dienst an den Tischen» «gewählt»[39] wurden. Ämter und Dienstauffassung der Kirche sind bei Benedikt Vorbild für die Dienste im Kloster[40].

b. Wie der *Diakon* dem Bischof zur Seite steht, um in seinem Auftrag für die Hilfebedürftigen und für die soziale und karitative Verwaltung des Kirchengutes zu sorgen, so hilft der Cellerar dienend dem Abt und den Brüdern in der gleichen Sorge. Sie schließt die karitative und soziale Tätigkeit des Klosters nach außen ein. Gregor der Große (†604) erzählt, Benedikt habe «während einer Hungersnot in Kampanien» die Vorräte des Klosters an die Bedürftigen verteilt. «An Öl ist ein kleiner Rest in einem Glasgefäß geblieben.» Als nun der Subdiakon Agapitus aus der Umgebung «dringend um etwas Öl bat», befahl Benedikt, ihm den Rest zu geben. Der Cellerar aber gehorchte angesichts der eigenen Notlage nicht. Zur Rede gestellt, gab er dies zu. Da befahl Benedikt «im Zorn», das Gefäß zum Fenster hinaus zu werfen, «damit nicht irgend etwas auf Grund von Ungehorsam im Kloster bleibe.» Obwohl das Glasgefäß «im Felsabhang» vor dem Kloster landete, blieb es unversehrt, und Benedikt ließ es dem Bittsteller geben[41].

c. Für das Dienstamt oder die Diakonie ist Christus das Vorbild, der als ein «Dienender» gekommen ist[42] und beim Abendmahl die Jünger bediente[43]. Das Wort vom «Gericht»[44] weist auf den Dienst an den Geringsten hin[45]. Beim Gericht wird über diese Dienstbereitschaft geurteilt[46]. Das gegenseitige *Dienen (douleuein)*[47] oder der Dienst am Bruder, am Kranken, an den Armen und Gästen ist ein Dienst an Christus. Er ist wesentlich in einer «Schule» für den «Dienst des Herrn»[48]. Das Wort vom «Dienen» ist in diesen Kapiteln der Hauptbegriff[49]. Christus dient in den Amtsträgern; Christus wird gedient in den Brüdern. Der Dienst ist in Demut zu leisten[50] und im Blick auf den Lohn[51] (A. de Vogüé).

10–12 a. Der Vergleich von Klostergut mit «heiligen Altargefäßen» ist traditionell[52] und erinnert vielleicht an eine eschatologische Verheißung bei Sacharja,[53] der für das «Haus des Herrn»[54] die Aufhebung des Unterschiedes von sakral und profan ankündet. Leben und Arbeit im Kloster, das ein Laienkloster war, wird als Tempeldienst oder als *priesterliches Tun* interpretiert[55]. Auch andere eschatologische Motive werden nur verhüllt angedeutet[56]. Die Würde der Christen ist vor Gott ihr «königliches Priestertum»[57].

b. Die altkirchliche Spiritualität bleibt sich selber treu, wenn sie dieses allgemeine Priestertum auf dem *«Altar des Herzens»* ausüben läßt. Origenes († 253) schreibt: «Der Altar ist also des Menschen Herz, das als das Vornehmste im Menschen gilt; Gelübde und Gaben sind all das, was aufs Herz gelegt wird. Du nimmst dir zum Beispiel ein Gebet vor: du legst das Gelübde des Gebets auf dein Herz wie auf einen Altar ... Das Herz dessen, der ‹reinen Herzens› ist, ist ein Altar, der seine Gelübde heiligt»[58]. Hier soll – wieder nach Origenes – ein bleibendes Priestertum ausgeübt werden: «Höre: ‹es soll immer Feuer auf dem Altar sein› ..., Priester Gottes, ... denn auch zu dir ist gesagt worden: ‹ein auserwähltes, ein königliches Priestertum, ein Volk der Erwählung›; – wenn du also das Priestertum deiner Seele verwalten willst, so weiche nie das Feuer von deinem Altar»[59]. Die ganze christliche Existenz ist nach Origenes eine priesterliche: «Du hast also ein Priestertum, da du ein ‹priesterliches Geschlecht› bist, und du mußt darum ‹Gott ein Lobopfer darbringen›: ein Opfer von Gebet, ein Opfer von Barmherzigkeit, ein Opfer von Schamhaftigkeit, ein Opfer von Gerechtigkeit, ein Opfer von Heiligkeit»[60]. So versteht auch Benedikt das «Priestertum» des Christen nicht als eine ausschließlich innere Wirklichkeit. Alles rechte Tun eines Christen ist ein priesterliches, sogar der Umgang mit Klostergerät.

c. Um so mehr muß der Umgang mit Menschen ein priesterlicher sein. Papst Gregor (†604) wird später von Benedikt schreiben, er sei «Wächter der heiligen Gefäße» geworden, denn «die Seelen der Gläubigen sind heilige (Altar-)Gefäße»[61]. «Priesterlich» ist vor allem der *Dienst an der Versöhnung*[62] oder am «Frieden», der das Ziel klösterlicher Existenz ist[63]. Zum Frieden beitragen heißt zu Gott führen, denn der Friede ist in Gott[64].

13–14 Benedikt *wiederholt* – wie oft –, was ihm wichtig ist: Demut oder Dienstbereitschaft[65] und Gesprächsbereitschaft, denn ein gutes Wort ist ein «Geistgeschenk»[66]. Parallelen zu diesen Stellen finden sich beim «Magister» nicht[67].

16–19 a. Diese Sätze Benedikts sind ohne Parallelen beim «Magister», ausgenommen das Wort von der «annona» oder Nahrungszuteilung, das aber gängig war. Augustinus (†430) wandte sich ganz ähnlich gegen eine falsche «Herablassung» und gegen die Saumseligkeit[68], eine Karikatur der Demut.

b. Der Sinn für die Menschen und ihre Bedürfnisse etwa für die Notwendigkeit von Gehilfen[69], oder für eine klare Tagesordnung[70] geht zusammen mit *geistlichen Motiven*: der «Friede der Seele» als hohes individuelles Ziel[71], das Verhüten jeder «Traurigkeit»[72] und – als umfassendes Motiv – das Verständnis des Klosters als eines «Hauses Gottes»[73].

KAPITEL 32
VON DEN WERKZEUGEN
UND VOM BESITZ DES KLOSTERS

1 Den Besitz des Klosters an Werkzeugen, Kleidern
und an Dingen jeder Art
vertraue der Abt Brüdern an,
auf deren Leben und Charakter er sich verlassen kann.

2 Wie er es für vorteilhaft hält, weise er sie an,
was sie überwachen und wieder einsammeln sollen.
3 Der Abt führe über alles ein VERZEICHNIS,
damit er weiß, was er gibt und zurückerhält,
wenn sich die Brüder in den zugewiesenen Aufgaben ablösen.

4 Wenn einer die Sachen des Klosters
im Schutz verkommen läßt oder nachlässig behandelt,
werde er zurechtgewiesen;
5 bessert er sich nicht, verfalle er der Regelstrafe.

3 Vgl. Sir 42,7

1–4 a. Der Abt hat die Verantwortung auch für Fragen des materiellen Besitzes und seiner Verwaltung[1], hier selbst für das *Arbeitsgerät*. Benedikt faßt sich kürzer als der «Magister»[2], dringt aber sehr klar auf wichtige Punkte.
b. Die Beauftragten sind sorgfältig auszuwählen[3]. Im Interesse der guten *Ordnung* ist Buch zu führen über Aus- und Eingang von Geräten, was wegen der Ablösungen in den Diensten erforderlich ist[4]. Die Sachen des Klosters sind sachgemäß zu behandeln und sauber zu halten. Auch Basilius fordert den sorgfältigen Umgang mit dem Arbeitsgerät, weil es «heiliges Gut» sei[5].
c. Augustinus hat als Motive besonderer Sorgfalt im Umgang mit Dingen, die nicht Privatbesitz sind, Gemeinschaftssinn und Liebe herausgestellt: «Niemand arbeite zum eigenen Vorteil, sondern all eure Arbeit diene der Gemeinschaft. Was Ausdauer und Eifer betrifft, sei der Einsatz größer, als wenn ihr für euch selber arbeiten würdet. Von der Liebe steht nämlich geschrieben, daß sie ‹nicht den eigenen Vorteil sucht›[6]. Das bedeutet, daß sie das Wohl der Gemeinschaft höher einstuft als den eigenen Vorteil, nicht umgekehrt. Ihr müßt wissen: je mehr ihr euch um die Interessen der Gemeinschaft statt um eure eigenen kümmert, um so größere Fortschritte macht ihr. Was ihr auch für vorübergehende Bedürfnisse habt, in allem soll die ewig währende Liebe den Vorrang haben»[7].

5 Der Ausdruck *«Regelstrafe»* (disciplina regularis), der oft wiederkehrt, ist unbestimmt. Er kann «die nach der Regel im Kloster üblichen Strafen» bedeuten[8].

KAPITEL 33
OB DIE MÖNCHE EIGENTUM HABEN DÜRFEN

1 Vor allem ist dieses Laster samt der Wurzel
aus dem Kloster herauszuschneiden.
2 Keiner nehme sich heraus, ohne Geheiß des Abtes
etwas wegzugeben oder zu empfangen
3 oder etwas zu eigen zu besitzen,
durchaus nichts, weder Buch, noch Täfelchen, noch Griffel,
nein, überhaupt nichts.
4 Sie dürfen ja auch nicht frei verfügen,
weder über ihren Leib noch über ihren Willen.
5 Alles aber, was sie brauchen,
dürfen sie mit Vertrauen vom Vater des Klosters erbitten;
und es ist nicht gestattet, etwas zu besitzen,
was der Abt nicht gegeben oder erlaubt hat.
6 ALLES SEI allen GEMEINSAM, wie geschrieben steht:
damit KEINER ETWAS SEIN EIGEN NENNT
oder es eigenmächtig an sich nimmt.

7 Wird einer für schuldig befunden,
diesem schlimmen Laster gefrönt zu haben,
werde er einmal und ein zweites Mal verwarnt;
8 bessert er sich nicht, verfalle er der Strafe.

6 Apg 4,32

1–3 Nach dem Kapitel über den Besitz des Klosters hält Benedikt zunächst die Regel der vollkommenen *Besitzlosigkeit der einzelnen* fest, die im Mönchtum traditionell ist[1].

4 a. Als erstes Motiv nennt Benedikt den Verzicht auf das persönliche Verfügungsrecht, der im Verzicht auf «Eigenwillen» und auf die «Begierden des Fleisches» eingeschlossen ist[2]. In der Frage der Besitzlosigkeit geht es im Kern um die Bereitschaft zur *Selbstentäußerung*, also zur Angleichung an Christus in seiner Kenosis[3]. Man will gänzlich zum Herrn gehören und darum seine Haltung übernehmen.

b. Kassians (†430) Formel dafür lautet: «Sie glauben nicht bloß, daß sie nicht mehr sich selber gehören, sondern auch, daß all das Ihre dem Herrn geweiht ist»[4]. Basilius (†379) weist auf das Beispiel Jesu hin, der «für seine Freunde das Leben hingegeben» hat und frägt, wie jemand in der Nachfolge Christi etwas «für sich als sein Eigentum vorbehalten kann, das nicht zum Leben gehört»[5]. Tatsächlich ist Jesus in seiner innern Gesinnung der Selbstentäußerung, in der er sich mit den Menschen solidarisiert hat, das Vorbild christlicher Anspruchslosigkeit. Die «Regel der vier Väter» verlangt deshalb: «Man darf überhaupt nichts für sich behalten, ausgenommen das Kreuz, an das man sich anschmiegen soll, um Christus nachzufolgen[6].

c. Das Ziel ist die innere Haltung der *«anawim»*, die Jesus selig preist, weil sie «arm sind vor Gott»[7].

Die Armut ist zuerst eine Frage der inneren Haltung, bevor sie eine Frage des Besitzens ist. Kassian schreibt: «Es nützt nichts, kein Geld zu besitzen, wenn in uns der Besitzwille herrscht»[8]. Die materielle Armut ist kein Selbstzweck. Benedikt spricht nicht von «paupertas» (Armut), sondern von der Besitzlosigkeit der einzelnen. Jesus hat den Ärmsten aus ihrer materiellen Notlage heraushelfen wollen. Im Kloster wie außerhalb sind Elend und *Bettelarmut ein Übelstand.* Auch eine Mittellosigkeit, die effiziente und sozial wertvolle Arbeit ausschließt, ist nicht schon ein positiver Wert. Entscheidend ist vielmehr die Umorientierung im Selbstverständnis. Man will nichts mehr für-sich-selbst-haben und über nichts zum eigenen Nutzen verfügen. Die Liebe ist selbstlos.

d. Benedikt hält fest, daß der Verzicht auf eigene Rechte und Ansprüche im Mönchtum auch den Verzicht auf das Verfügungsrecht über den *eigenen Leib* einschließt[9]. Der Mönch sucht nicht sich selber oder einen andern Menschen, er «sucht Gott»[10]. Die innere Erfüllung erwartet er von Gott[11]. Benedikt hält konsequent am Primat des Spirituellen vor dem Materiellen fest. Das ist die Norm für den Abt[12] wie für den Handwerker[13].

5 a. Als zweites Motiv erscheint das Vertrauen in die *Vatersorge* des Abtes. Man darf alles Notwendige «mit Vertrauen erbitten» (sperare). Die Formulierung erinnert zum Teil an Pachomius (†346). Dieser erlaubt keinem mehr zu haben, «als was die allgemeine Regel des Klosters erlaubt», fügt aber hinzu, daß einer behalten kann, «was vom Vater des Klosters durch die Prioren verteilt wird»[14]. Benedikt läßt durchaus zu, daß man erbittet, was man braucht[15], wenn man es nur nicht zum Privatbesitz erklärt. Seine entsprechende Formulierung hat er bei Kassian abgelesen,

ohne das von ihm zitierte «strenge» ägyptische Ideal der «Entblößung» (nuditas) von jedem Besitz mitzuübernehmen[16]. Wenn man erbitten darf, was man «braucht», denkt Benedikt nicht an eine legalistische Armutspraxis, die jeden Luxus damit rechtfertigt, daß er vom Obern «erlaubt» sei. Damit würde man Benedikts erstes Motiv der Armut auf den Kopf stellen[17].

b. Der Abt, der Christi Stelle vertritt[18], ist der Vermittler der Vatersorge Gottes. Das «Bitten» des Mönchs richtet sich letztlich an Gott; es ist nicht ein Zeichen der Unmündigkeit, eher der *Freiheit* der Kinder Gottes. Der «Magister» betont, daß der einzelne Mönch frei von «ängstlichen Sorgen» um materielle Dinge das «Reich Gottes suchen» kann und sich nicht in «weltliche Geschäfte» verwickeln muß[19]. Auch Benedikt ist ein ungebrochenes Vertrauen in die Vorsehung Gottes eigen, denn «Gott gehört die Erde und was sie erfüllt»[20]. Aus den Gaben seiner Schöpfung sollen alle leben können, besonders die Armen[21] und die «Diener Gottes». Diese vom «Magister» ausführlich dargestellte Überzeugung[22] ist im ersten Abtskapitel enthalten. Auch bei materiellen Schwierigkeiten soll der Abt im Vertrauen auf Gottes Vorsehung immer wissen, wie die Prioritäten zu setzen sind: «Das Reich Gottes» ist «zuerst zu suchen», «alles andere wird euch hinzugegeben»; denn «nichts fehlt denen, die Gott fürchten»[23]. Der Vorrang des Spirituellen vor den Zwängen von Produktion oder Konsum ist zu wahren.

c. Daß Benedikt bei dieser starken Betonung des Spirituellen *nicht weltfremden Illusionen* nachhängt, geht aus folgenden Beobachtungen hervor: 1. Benedikt hält auf Ordnung, Sauberkeit und Buchführung[24]. 2. Anders als der «Magister» läßt Benedikt die Feldarbeit zu[25], auch wenn deswegen Gebetszeiten zu verschieben[26], Brüder von der Teilnahme zu dispensieren[27] oder Fastenregeln zu ändern sind[28]. 3. In Fragen des Verkaufs äußert er sich vorsichtig[29].

6 a. Als drittes Motiv führt Benedikt das Beispiel der apostolischen Urgemeinde an, wobei er die gleiche Stelle zitiert[30] wie Augustin († 430)[31] und Basilius († 373)[32]. Augustinus hat dieses Motiv besonders herausgearbeitet. Seine ganze Armutsauffassung geht von der Gesinnungsgemeinschaft der Urgemeinde aus[33]. Daraus folgt der Wille zur *Gütergemeinschaft* mit einer durch Vorgesetzte geordneten Vorsorge für die individuellen Bedürfnisse[34]. Augustinus setzt bei der Gütergemeinschaft an.

b. Perspektive und Gedankengang unserer Regel sind vom *Ansatz* beim «Suchen nach Gott»[35] und nach einem von Gott autorisierten «Lehrer» und «Vater»[36] her anders. Die Gemeinschaft der Brüder, die unter der Verantwortung des Abtes besitzlos lebt, ist bei Benedikt im Unterschied zu Augustinus gleichsam der Schlußpunkt in der Entwicklung seines Armutsverständnisses (de Vogüé).

c. Daß Benedikt die Apostelgeschichte hier nicht bloß zufällig zitiert, sondern wirklich das Bild der *Urgemeinde* vor Augen hat, zeigt sich darin, daß er auch anschließend[37] und später[38] das Beispiel der Urgemeinde zitiert, um das Verhältnis zu den materiellen Gütern zu bestimmen. Auch bei Benedikt verzichtet man auf privaten Erwerb und Besitz – nicht anders als bei Augustinus (†430) – im Hinblick auf die Gemeinschaft und deren Aufgaben. Kassian (†430) hält als Norm fest: «Was der einzelne durch seine tägliche Arbeit und seinen Schweiß an Einkommen erarbeitet, läßt er der Gemeinschaft zukommen. Seine Genügsamkeit erlaubt ihm, sich selber zu erhalten und darüber hinaus auch die Bedürfnisse vieler reichlich zu decken, ohne deswegen irgendwie stolz zu werden.»[39].

7–8 Das «schlimme Laster», das zu vermeiden ist, kann nur die *«Habsucht»* sein. Kassian (†430) warnte davor, «diesen schlimmen Geist, den Samen neuer Ansprüche ins Herz säen zu lassen»[40]. Der Ort wahrer Armut ist das Herz. Benedikt erwähnt nur das äußere Verfahren gegen Fehlende.

KAPITEL 34
OB ALLE IM GLEICHEN MASS DAS NOTWENDIGE ERHALTEN SOLLEN

1 Es steht geschrieben:
JEDEM WURDE ZUGETEILT, WAS ER NÖTIG HATTE.
2 Damit sagen wir nicht,
daß ein ANSEHEN DER PERSON gelte, – das sei fern! –,
aber man nehme Rücksicht auf die Bedürfnisse.
3 Wer darum wenig braucht,
danke Gott und sei nicht traurig;
4 wer aber mehr braucht,
demütige sich wegen seiner Armseligkeit
und überhebe sich nicht wegen einer Vergünstigung.

5 So werden alle GLIEDER im Frieden sein.
6 Vor allem zeige sich nie das Übel des Murrens,
aus keinem Grund, in keinem Wort und keiner Andeutung.
7 Wird einer dessen schuldig befunden,
so treffe ihn eine strenge Strafe.

1 Vgl. Apg 4,35 2 Vgl. Röm 2,11 5 Vgl. 1 Kor 12,12.26

1–2 a. Beim «Magister» finden sich keine Parallelen zu diesem Kapitel, das typische *Anliegen Benedikts* zum Ausdruck bringt: Unparteilichkeit[1], Menschlichkeit[2], Rücksichtnahme auf individuelle Bedürfnisse[3]. Der Einfluß des Augustinus († 430) und des Basilius († 379) ist deutlich spürbar.

b. Ausgangspunkt ist die in der Apostelgeschichte erzählte Zuteilung des Nötigen nach den *individuellen Bedürfnissen*[4]. Die entsprechende Stelle aus der Apostelgeschichte[5] wird auch von Basilius († 373) zitiert[6]. Während sich der «Magister» mehr um den gemeinsamen Klosterbesitz kümmert[7], ist Benedikt vornehmlich um diese Rücksichtnahme auf die einzelnen besorgt. Dieses individuelle Entgegenkommen ist die Antwort auf die persönliche Mittellosigkeit der einzelnen (de Vogüé).

3–5 a. Benedikts Mahnungen zielen in verschiedene Richtungen, zwischen denen ein Ausgleich hergestellt werden soll. Er scheint sich an Augustinus († 430) zu orientieren, der möglichen Differenzen zwischen Brüdern *reicher* und *armer* Herkunft begegnen wollte. Er schrieb: «Die ehemals Reichen sollen sich freuen, daß ihr Eigentum gemeinsamer Besitz wird. Die Armen dagegen sollen im Kloster nicht einen Komfort suchen, den sie draußen nie hatten. Auch diesen Armen soll alles Nötige, je nach ihren Bedürfnissen gegeben werden ..., aber sie sollen ihre Freude nicht in besserer Kleidung oder Nahrung suchen. Die Armen sollen nun nicht den Kopf aufwerfen ..., vielmehr sollen sie das Herz erheben und nicht gierig nach vergänglichem materiellen Besitz streben; sonst bringt das Kloster bloß den Reichen einen Vorteil, nicht auch den Armen, wenn sich nämlich die Reichen demütigen, während sich die Armen stolz aufblähen»[8].

b. Wie Augustin († 430) wünscht Benedikt, daß jeder erhält, was er braucht. Auch Benedikt wendet sich an zwei Adressen, statt an die Reichen und die Armen, an die *Genügsamen* und die *Anspruchsvollen*. Wie Augustinus sorgt sich Benedikt um die Demut von anspruchsvollen Mönchen[9].

c. Benedikt fürchtet, daß Brüder der «Traurigkeit» verfallen könnten[10]. Statt – wie sonst oft – sein Ideal nur in einem negativen Kontrastbild zu zeigen[11], nennt er hier ausdrücklich den innern Frieden der Klostergemeinschaft als ein Hauptanliegen. Dabei vergleicht Benedikt die Gemeinschaft mit einem Leib und seinen «Gliedern»[12]. Der Vergleich diente auch im profanen Bereich, um eine Körperschaft zu erklären. Basilius (†373) leitet aus ihm die Pflicht zur Harmonie unter den Gliedern ab[13]. Bei Kassian (†430) taucht der Begriff «Leib der Brüderschaft» (corpus fraternitatis) auf, wenn er die «Katholizität», das heißt die «weltweit» geübte Lebensform des Mönchtums als Norm erklärt[14].

6–7 Das mit der «Traurigkeit» verwandte[15], Frieden und Freude entgegengesetzte *«Murren»* ist für Benedikt ein Schreckgespenst[16]. Augustinus schreibt: «Wenn Kleiderfragen für euch ein Grund zum Streit und zum Murren sind, ... dann fehlt euch das heilige Kleid des Herzens, nämlich die Demut»[17].

KAPITEL 35
VOM WOCHENDIENST IN DER KÜCHE

1 Die Brüder dienen einander gegenseitig;
keiner ist vom Küchendienst entschuldigt,
außer er sei krank
oder von einer wichtigeren Aufgabe beansprucht;
2 denn dieser Dienst erwirkt mehr Lohn und GRÖSSERE LIEBE.
3 Den Schwachen jedoch gebe man Gehilfen,
damit sie bei der Arbeit nicht traurig werden;
4 alle sollen Gehilfen erhalten,
je nach der Größe der Gemeinschaft
und nach der örtlichen Lage.

5 Wenn die Gemeinschaft größer ist,
ist der Cellerar vom Küchendienst entschuldigt,
ebenso, wie gesagt, andere,
die von wichtigeren Aufgaben beansprucht sind.
6 Die übrigen sollen EINANDER IN LIEBE DIENEN.

7 Wer den Wochendienst beendet,
besorgt am Samstag die Reinigungsarbeiten.
8 Sie waschen die Tücher,
mit denen sich die Brüder Hände und Füße abtrocknen.
9 Wer den Wochendienst beendet,
und wer ihn antritt, WÄSCHT ALLEN DIE FÜSSE.
10 Die Geräte seines DIENSTES gibt er dem Cellerar zurück
und zwar in sauberem und guten Zustand.
11 Ebenso übergibt sie der Cellerar dem,
der den Dienst antritt;
so weiß er, was er gibt und was er zurückerhält.

12 Wenn nur *eine* Mahlzeit gehalten wird,
erhalten zuvor alle, die den Wochendienst besorgen,
über das festgesetzte Maß hinaus,
etwas zu trinken und ein Stück Brot,
13 damit sie ihren Brüdern bei der Mahlzeit
ohne Murren und ohne große Mühe dienen können.
14 An Festtagen aber gedulden sie sich bis zur Entlassung.

15 Wer den Wochendienst antritt oder beendet,
hat sich am Sonntag, sofort nach dem Ende des Laudes,
tief vor allen zu verbeugen
und um das Gebet für sich zu bitten.
16 Wer den Wochendienst beendet, spricht folgenden Vers:
GEPRIESEN BIST DU, HERR, UNSER GOTT,
DU HAST MIR GEHOLFEN UND MICH GETRÖSTET.
17 Hat er den Vers dreimal gesprochen,
erhält er den Segen zum Ende des Dienstes.
Wer den Dienst antritt, spricht anschließend:
O GOTT, KOMM MIR ZU HILFE,
HERR, EILE, MIR ZU HELFEN.
18 Alle wiederholen die gleichen Worte dreimal;
dann empfängt er den Segen und tritt den Dienst an.

2 Vgl. Joh 15,13 **6** Vgl. Gal 5,13 **9** Vgl. Joh 18,1–20 **10** Vgl. Apg 6,2–4; Röm 15,31; 16,1 **16** Dan 3,52; Ps 86,17 **17** Ps 70,2

1–3 a. Von der Selbstlosigkeit, die sich im Verzicht auf Privatbesitz bekundet[1] geht Benedikt über zur *Selbsthingabe* im Dienst an den Brüdern[2]. Als Motive nennt er im gleichen Zug den «Lohn»[3] und die «Liebe». Er fühlt keinen Gegensatz zwischen einer «Lohn-» und einer «Liebesmoral», weil er sich trotz der hohen Berufung zu selbstloser Liebe im Sinn der Bergpredigt «arm vor Gott» weiß[4] und angewiesen auf seinen Gnadenlohn.

b. Der Dienst in der Küche schließt auch den Dienst im Eßraum ein[5]. Der «Magister»[6] dringt auf eine sorgfältige Vorbereitung des Eßraumes und der Speisen, um Ärger zu ersparen und «Stille und Frieden des Klosters» zu wahren[7]. Der *Küchendienst* galt als beschwerlich, obwohl beim Magister in jeder Dekanie zwei Mann für die Küche bestimmt werden[8]. Von Hilfen, die den Küchendienern zu geben sind, spricht auch Basilius (†379)[9]. Benedikt will jedem Anlaß zur «Traurigkeit» vorbeugen[10].

4–5 In diesem Kapitel verzeichnet man mehrere präzisierende *Wiederholungen* und Überschneidungen mit andern Kapiteln[11]. Vielleicht veranlaßten konkrete Erfahrungen redaktionelle Überarbeitungen des Textes, der im Vergleich zum detaillierten und wenig geordneten «Magistertext» kurz ausfällt.

6 Benedikt empfiehlt gegenseitiges Dienen in der Liebe[12] während der Magister als geistliches Motiv einzig die Demut erwähnt[13]. Die Einladung zum *«Dienst in der Liebe»* ist dem institutionalisierten Dienst vorangestellt[14] (de Vogüé). Kassian (†430) rühmt den «spontanen» Dienstwillen der Mönche in Ägypten[15]. Die innere Bereitschaft muß jedenfalls den äußern Dienst beseelen.

7–8 Der mit Ausnahme von halberemitischen Mönchssiedlungen Ägyptens weitverbreitete *«Wochendienst»*[16] wurde vielleicht als Analogie zum wöchentlichen «Tempeldienst» verstanden[17]. Auch alltägliches Dienen hat kultischen Charakter[18].

9–11 Die Fußwaschung, auch von andern Regeln vorgesehen, wird nach Kassian (†430) «zur Erfüllung des Gebotes Christi» vorgenommen[19]. Im dienenden Bruder ist Christus als Dienender gegenwärtig. Anschließend fällt der Ausdruck «ministerium» (*Diakonie*, Dienst)[20].

12–14 a. In die Erklärung, wie die Wochendienste wechseln, ist eine Zwischenbemerkung eingefügt. – Eine ähnliche *Vergünstigung* angesichts «mühsamer Arbeit» gewährt Caesarius von Arles (†542)[21], während der «Magister» solche Ausnahmen verbietet[22].

b. Benedikt liegt viel daran, daß der Dienst in einer positiven und für die Umgebung konstruktiven Gesinnung geleistet wird, also «ohne Murren»[23]; eine entsprechende Bemerkung konnte Benedikt bei Augustinus (†430) finden[24].

c. Für *«Festtage»*[25] sieht Benedikt eine etwas abweichende Ordnung vor. Vielleicht sind bloße «Nicht-Fasttage» (Steidle) gemeint, das heißt Tage mit zwei Mahlzeiten[26], an denen man sich nicht zu Tische drängte, so daß die Diener nicht vorzeitig den Gottesdienst verlassen mußten[27].

15–18 a. Das gemeinsame Gebet vor und nach der Übernahme einer mühsamen Arbeit für die Gemeinschaft[28] soll «die mit Hingabe geleisteten Dienste als ‹fette Brandopfer›[29] Gott empfehlen»[30]. Die Arbeit ist also in eine Atmosphäre des Gebetes gehüllt. So geht die Hingabe im Dienst an die Brüder in die Opferhingabe an Gott über. Hier fällt ein Licht auf Benedikts *Arbeitsethos*: Arbeit ist ein «priesterliches» Tun, ein «Opfer»[31].

b. Die detailliert angegebenen *Riten* entsprechen ungefähr der Ordnung des «Magisters», doch zieht Benedikt den beliebten Vers «O Gott, komm mir zu Hilfe» vor[32].

KAPITEL 36
VON DEN KRANKEN BRÜDERN

1 Die Sorge für die Kranken
ist eine erste und höchste Pflicht.
Man dient ihnen wirklich wie Christus.
2 Er selbst hat ja gesagt:
ICH WAR KRANK, UND IHR HABT MICH BESUCHT.
3 Und:
WAS IHR FÜR EINEN MEINER GERINGSTEN BRÜDER GETAN HABT,
DAS HABT IHR MIR GETAN.
4 Aber auch die Kranken selber sollen bedenken,
daß man ihnen zur Ehre Gottes dient.
Sie sollen ihre Brüder, die ihnen dienen,
nicht durch übertriebene Ansprüche betrüben.
5 Man soll solche Kranke aber mit Geduld ertragen,
denn an ihnen erwirbt man sich einen größeren Lohn.

6 Es sei also eine wichtigste Sorge des Abtes,
daß an den Kranken nichts versäumt wird.

7 Den kranken Brüdern werde eine eigene Wohnung zugewiesen,
ebenso ein gottesfürchtiger Pfleger,
der liebevoll und zuvorkommend ist.
8 Sooft es zuträglich ist,
biete man den Kranken Gelegenheit zu Bädern;
den Gesunden und besonders den Jüngern
erlaube man dies seltener.
9 Auch den Fleischgenuß gestatte man
den ganz schwachen Kranken zu ihrer Kräftigung.
Doch sobald es ihnen besser geht, sollen sich alle,
wie üblich, von Fleischspeisen enthalten.

10 Der Abt sei aber sehr besorgt,
daß die Kranken nicht vernachlässigt werden,
weder von Celleraren noch von Pflegern.
Er ist verantwortlich, wenn sich die Jünger verfehlen.

2 Mt 25,36 **3** Mt 25,40

1–4 a. Die Fragen um den Dienst für die Brüder und ihre Ernährung[1] veranlassen Benedikt, auf die Betreuung der *Kranken* einzugehen. Das Kapitel ist seine originale Schöpfung und bezeugt seine Menschlichkeit, die ganz vom Evangelium her motiviert ist.
b. Beim «Magister» finden sich nur kurze Hinweise, daß man nicht Pseudo-Kranken, wohl aber wirklich Leidenden entsprechende Nahrung zuhalten[2] und daß sich die Bruderliebe im Besuch und der Pflege der Kranken bewähren soll, wobei der «Magister» an die Gerichtsszene[3] erinnert[4]. Auf diese Szene, die Benedikt erwähnt, beruft sich schon Basilius († 379)[5]. Die *Priorität* der Krankenbetreuung wird allein von Benedikt hervorgehoben. Die Perspektive des Christus-Dienstes fehlt beim «Magister», ist dagegen bei Basilius ausdrücklich erwähnt: «... den kranken Brüdern dienen ... mit gleicher Liebe wie dem Herrn.»
c. Basilius mahnt die Kranken zur Mäßigung ihrer *Ansprüche* an die Pfleger. Er erinnert die Kranken, daß sie um eines religiösen Motives willen betreut werden. Entsprechend sei ihre Haltung:

«Sie sollen sich auszeichnen in der Liebe zu Gott und zu seinem Christus. Durch ihre Geduld und ein vorbildliches Verhalten sollen sie sich der guten Dienste ihrer Brüder würdig zeigen»[6]. Für Benedikt, der Basilius weitgehend übernimmt, ist typisch, daß er eine Mißstimmung bei den dienenden Brüdern verhindern möchte[7]. Basilius hat die Kranken gemahnt, sich willig betreuen zu lassen; auch Petrus habe den Dienst des Herrn bei der Fußwaschung nicht verweigern dürfen[8].

5–6 Die bei Basilius († 379) anklingende[9], bei Benedikt häufige Mahnung zur *Geduld*[10] auch bei Charakterfehlern[11] liegt ganz im Sinn von Caesarius († 542), der die Äbtissin mahnt, die Erfüllung der Pflichten der Gemeinschaft gegenüber den Kranken zu überwachen[12].

7–10 a. Eine eigene *Behausung* für die Kranken und ein *Krankenpfleger* sind schon in pachomianischen Klöstern bezeugt[13], ebenso bei Caesarius[14] und bei Augustinus († 430)[15].

b. Pachomius († 346) erlaubte nur den Kranken *Bäder*[16], ebenso an sich Augustinus, der dabei von öffentlichen Thermalbädern spricht[17]; nach Caesarius († 542) sollten auf ärztlichen Rat hin Bäder auch von wenig Begeisterten in Anspruch genommen werden[18]. Benedikt ist relativ großzügig.

c. Den Kranken und nur ihnen *Fleischspeisen* (Hühnchen) zu reichen, schreibt Caesarius vor[19].

d. Das ganze Kapitel zeigt, wie Benedikt sich an der zönobitischen Tradition orientiert; auch wenn er abschließend die *Sorgfaltspflicht* des Abtes unterstreicht, trifft er sich mit Caesarius[20]. Der Abt soll nicht nur als «Arzt» im seelischen Bereich seine Hilfe anbieten[21], sondern muß sich auch um die leiblich Kranken und ihre Betreuung kümmern; im einen wie im andern Fall kann oder soll er das auch durch andere tun, wie überhaupt niemand von der Fürsorgepflicht für den andern frei ist[22].

KAPITEL 37
VON GREISEN UND KINDERN

1 Der Mensch neigt zwar schon von Natur aus
zum Wohlwollen gegenüber diesen Altersstufen,
nämlich gegenüber Greisen und Kindern;

doch soll auch die Regel mit ihrem Ansehen
eigens für sie sorgen.
2 Man nehme immer Rücksicht auf ihre Schwäche;
für ihre Nahrung gilt keineswegs die Strenge der Regel,
3 sondern man übe ihnen gegenüber liebevolle Rücksicht,
und sie mögen vor den regulären Zeiten essen.

1–3 a. Eine naheliegende Gedankenverbindung führt den «Magister» und Benedikt von den Kranken zu den *Greisen* und *Kindern*. Während der «Magister» Einzelanweisungen gibt[1], will Benedikt mit grundsätzlichen Überlegungen eine positive Haltung gegenüber den schwächeren Gliedern der Gemeinschaft fördern.

b. Er argumentiert volkstümlich mit einer Neigung der menschlichen *Natur*, die hier nicht pessimistisch beurteilt wird. Auf die natürliche Neigung zum Wohlwollen, kommen auch Basilius († 379)[2] und Kassian († 430)[3] zu sprechen. Basilius zieht zum Beispiel in der Liebe und in der natürlichen «Kommunikationsfähigkeit» des Menschen eine uns vom «Schöpfer» ... «eingepflanzte Kraft»: «Nichts ist unserer Natur so eigen wie das Aufeinander-angewiesen-sein, das Einander-aufsuchen und die Liebe zu dem, was man sucht ... Die Samen zu diesen Kräften hat der Herr in uns ausgestreut ... Das (neue) Gesetz vervollkommnet und verschönert jene Kräfte, die vom Schöpfer unserm Innern eingepflanzt wurden»[4].

c. Zuvorkommenheit gegenüber den Greisen und den Kindern (der «Magister» nennt hier das 12. Altersjahr als Grenze[5]) gehört zur zönobitischen «Regel»[6]. Sie wurde zum Beispiel in den Klöstern des Pachomius († 346) gepflegt[7]. Für Benedikt ist diese Sorge um individuelle Bedürfnisse charakteristisch[8].

KAPITEL 38
VOM WOCHENDIENST DES LESERS

1 Beim Tisch der Brüder darf die Lesung nie fehlen;
doch soll dort nicht der Erstbeste
nach einem Buch greifen und lesen,

sondern am Sonntag tritt einer den Dienst
als Leser für die ganze Woche an.
2 Wer den Dienst antritt,
bittet nach dem Gottesdienst und der Kommunion,
daß alle für ihn beten,
damit Gott den Geist des Hochmuts von ihm FERNHALTE.
3 Alle sprechen im Oratorium dreimal den folgenden Vers,
der vom Leser selbst angestimmt wird:
HERR, ÖFFNE MEINE LIPPEN,
DAMIT MEIN MUND DEIN LOB VERKÜNDE,
4 Hat er dann den Segen empfangen,
tritt er den Dienst als Leser an.

5 Es herrsche tiefstes Schweigen,
man höre kein Flüstern und kein Wort,
außer die eine Stimme des Lesers.
6 Was die Brüder beim Essen und Trinken benötigen,
reichen sie einander selber,
so daß keiner um etwas zu bitten hat.
7 Fehlt aber dennoch etwas, so erbitte man es
eher mit einem vernehmbaren Zeichen als mit einem Wort.
8 Niemand nehme sich indes heraus,
Fragen über die Lesung oder über etwas anderes zu stellen,
um nicht einen Vorwand zu schaffen,
9 es sei denn, der Obere will kurz
ein Wort zur Erbauung sagen.

10 Der Bruder, der den Wochendienst als Leser leistet,
erhalte etwas Mischwein, bevor er zu lesen beginnt,
wegen der heiligen Kommunion
und damit das Fasten ihm nicht beschwerlich falle.
11 Nachher esse er mit den Küchendienern der Woche
und mit den Dienern.

12 Lesen oder vorsingen sollen die Brüder übrigens
nicht der Reihe nach,
sondern nur die, welche die Hörer erbauen.

1 Vgl. Lk 4,4 2 Vgl. Ps 51,13 3 Ps 51,17

1 a. Der lapidare Eröffnungssatz ist beim «Magister»[1] unter Berufung auf Lukas[2] mit dem Wort begründet: «bei der Speisung des Leibes darf die *göttliche Speise* nie fehlen»[3].
b. Die Vorschrift der *Tischlesung* findet sich auch in andern Regeln[4] und stammt nach Kassian (†430)[5] vermutlich nicht aus Ägypten, wo bei Tisch ein erstaunliches Schweigen herrschte[6], sondern aus Kappadokien[7]. Die Lesung sollte Gezänk bei Tisch verhindern[8].

2–4 a. Eine *Eucharistiefeier* war in den Klöstern am Sonntag üblich, wie schon die Pachomius-Regel bezeugt[9]. Die Darbringung des Opfers zeichnete diesen Tag als den Tag der Auferstehung des Herrn aus. Alle mußten an der Feier teilnehmen. – Bei Benedikt ist der Ausdruck «missas» freilich unbestimmt[10], hier ist er wohl auf die Messe zu beziehen[11], doch könnte auch die oft vor der Kommunion geübte «Entlassung» der Nichtkommunikanten gemeint sein[12].
b. Benedikt sorgt sich um die gute Ordnung bei der Tischlesung[13]; nicht alle waren damals des Lesens kundig, und selbst diese konnten sich beim Lesen der Handschriften (scriptura continua!) nicht immer verständlich machen[14]. Weil der *Lesedienst* mühevoll war, ist ein eigener Segen vorgesehen[15].
c. Noch mehr liegt Benedikt – über die Magisterregel hinaus – an der guten *innern Gesinnung* des Lesers. Auch ein Dienst, der besondere Kenntnisse voraussetzt,[16] muß wie jede andere Arbeit in aller Demut geleistet werden. Keiner darf sich auf sein Können etwas einbilden. Gregor der Große (†604) erzählt, der Sohn eines hohen Beamten, der Mönch geworden war, hätte einmal Abt Benedikt beim Nachtessen mit einer Leuchte dienen müssen[17]. Da seien Gedanken des Hochmuts im jungen Mönch aufgestiegen: «Wer ist dieser? ... Wer bin ich!» Benedikt durchschaute als Herzenskenner die Gedanken des jungen Mönchs und sagte ihm: «Bezeichne dein Herz, Bruder, bezeichne dein Herz (mit dem Kreuzzeichen)!» Dann entfernte Benedikt den Bruder aus diesem Dienst. Dieser erzählte den andern, «was er im Herz hatte»[18].

5–9 a. Benedikt sieht von den vom «Magister»[19] neu konstruierten Regeln über die Tischlesung ab und befragt statt dessen die Tradition. Das *Schweigen* bei Tisch wird von Pachomius (†346) zunächst als Anstandsregel eingeschärft: «eher mit einem Zeichen als mit einem Wort» auf etwas Nötiges aufmerksam zu machen, ist eine Vorschrift, die von ihm stammt[20]. Caesarius (†542) gibt eine tiefere Begründung: «Wenn sie bei Tisch sitzen, mögen sie unter Schweigen ihre Aufmerksamkeit der Lesung schenken. Wenn die Lesung aufhört, weiche die heilige Meditation nicht aus dem Herzen»[21].

b. Der «Magister» sieht Fragen der Brüder und Antworten des Abtes vor, wenn die Tischlesung nicht verstanden wird[22]. Daß der Obere sprechen darf, war in älteren Regeln festgehalten[23]. Benedikt schränkt ein: keine Fragen; allenfalls ein kurzes *Wort des Obern*! Ordnung muß sein bei Tisch!

10–11 In Benedikts Kloster wird *«Mischwein»* getrunken[24], vielleicht weil das Kloster arm ist[25]. Die Begründung des «Mixtums» für den Leser berührt sich mit Caesarius[26]; dabei spricht Benedikt ehrfurchtsvoller über die *«heilige Kommunion»* als der Magister[27]. Der Empfang der eucharistischen Speise fand offenbar unmittelbar vor dem Beginn der Hauptmahlzeit statt. Basilius († 379) erklärt, «mit wieviel Ehrfurcht, Glauben und Liebe wir die Gnade von Leib und Blut Christi empfangen sollen»: Er zitiert zuerst entsprechende Schriftstellen[28] und fährt dann fort: «Wer im Innern an diese Worte glaubt, die Größe seiner (Christi) Herrlichkeit betrachtet und das Übermaß seiner Demut bewundert (ist er doch in seiner einmaligen Größe dem Vater gehorsam geworden bis zum Tod, und dies für unser Leben!), in dem wird, so denke ich, eine innige Liebe hervorgerufen: die Liebe zu Gott selber, dem Vater, der seines eingeborenen Sohnes nicht geschont, sondern ihn für uns alle hingegeben hat; die Liebe zu seinem Eingeborenen wird um so mehr hervorgerufen, weil er den schimpflichsten Tod erlitten hat, um uns zu erlösen[29]. Diese innige Liebe gehört zur seelischen Vorbereitung, wenn jemand vom Brot und vom Kelch empfängt»[30]. Nach der «Magisterregel» war neben der sonntäglichen Eucharistiefeier, «am Herrentag der österlichen Auferstehung», zu der man sich «prozessions»-weise in die (Pfarr-)«Kirchen» begab[31], eine tägliche Kommunionfeier vor der Hauptmahlzeit üblich, bei welcher der (Laien-)Abt das Sakrament austeilte[32]. Bei Benedikt selber ist diese Praxis nicht sehr deutlich geschildert[33]. – Er will erneut jedem Anlaß zu Mißmut oder «Traurigkeit»[34] vorbeugen. – Das Kloster hat auch »Diener» zum Beispiel Personen, die auf einem Landgut schon arbeiteten, bevor dort ein Kloster errichtet wurde[35].

12 *Ausnahmen* von der normalen Reihenfolge bei liturgischen Diensten werden hier als legitim erklärt. Der «Magister» mußte Analphabeten vom Dienst als Tischleser ausnehmen[36]. Das hat Benedikt vielleicht zu dieser Bemerkung veranlaßt; das «Singen» kommt übrigens kaum für den Eßraum, sondern für das Oratorium in Frage[37].

KAPITEL 39
VOM MASS DER SPEISEN

1 Für die tägliche Hauptmahlzeit,
ob sie zur sechsten oder zur neunten Stunde stattfindet,
genügen nach unserer Meinung
für jeden Tisch zwei gekochte Speisen,
entsprechend den verschiedenen Bedürfnissen.
2 Wer vielleicht von der einen nicht essen kann,
sättige sich dann von der andern Speise.
3 Zwei gekochte Speisen also sollen allen Brüdern genügen.
Ist aber Obst oder frisches Gemüse vorhanden,
so reiche man ein drittes Gericht.
4 Ein gut gewogenes Pfund Brot genüge im Tag,
ob nur *eine* Mahlzeit stattfindet,
oder ein Mittag- und ein Abendessen.
5 Speisen sie auch am Abend, soll der Cellerar
den dritten Teil dieses Pfundes aufbewahren
und zum Abendtisch wieder ausgeben.

6 Wenn der Arbeitsanfall groß sein sollte,
steht es dem Abt frei, etwas mehr zu gewähren,
sofern dies möglich und zuträglich ist.
7 Die Unmäßigkeit ist vor allem zu vermeiden;
bei einem Mönch komme es nie zur Übersättigung,
8 denn nichts verträgt sich weniger mit einem Christen
als die Unmäßigkeit.
9 Der Herr sagt ja: NEHMT EUCH IN ACHT,
DASS NICHT DIE UNMÄSSIGKEIT EUER HERZ BELASTE.

10 Den Knaben in jüngeren Jahren reiche man bei Tisch
nicht gleichviel wie den Erwachsenen, sondern weniger;
in allem wahre man die Sparsamkeit.

11 Alle sollen ferner vollständig darauf verzichten,
vom Fleisch vierfüßiger Tiere zu essen,
ausgenommen sehr schwache Kranke.

9 Lk 21,34

1–3 Benedikts Weisung ist eher etwas strenger als die des «Magisters»[1], der zu den beiden gekochten Speisen täglich ein drittes, kaltes Gericht und dazu Obst vorsieht[2]. Doch will Benedikt wie Basilius (†379)[3] die unterschiedlichen *persönlichen Bedürfnisse* nach Möglichkeit berücksichtigen, was kein Anliegen des «Magisters» war.

4–5 Der «Magister» sieht ein *Halbbrot* im Gewicht von einem Pfund vor[4], Benedikt eher mehr. Beide erinnern sich an Kassians Beschreibung ägyptischer Bräuche[5].

6–9 a. Gregor der Große (†604) erzählt, in Benedikts Kloster sei zur Zeit einer Hungersnot alles Mehl ausgegangen, und die Brüder seien *«mißmutig»* geworden. Da habe Benedikt ihren «Kleinglauben» vorsichtig getadelt und gleichzeitig Hilfe für den folgenden Tag versprochen, um sie aus ihrer Mißstimmung zu befreien. Am nächsten Tag seien in Säcken vor der Klosterpforte 200 Maß Mehl gefunden worden, ohne daß man den Wohltäter ausfindig machen konnte[6].

b. Nach dem Zeugnis der Regel gilt Benedikts Sorge der Gesundheit und der Zufriedenheit der Mönche. Eine Zugabe läßt er deshalb wie Basilius (†379) bei großem *Arbeitsanfall* reichen[7], während der «Magister» an Festtagen und bei Anwesenheit von Gästen Zugaben (Süßes) reichen läßt[8]. Im übrigen besteht Benedikt auf der Mäßigkeit und beruft sich dabei auf den (vom «Magister» meist vermiedenen) Titel eines «Mönchs»; von einem Mönch glaubt er mehr erwarten zu dürfen als von andern Christen.

10 Nach dem «Magister»[9] genügt für Kinder unter zwölf Jahren eine kleinere Brotration. Benedikt formuliert weniger präzis und strenger, zudem mahnt er zur *Sparsamkeit*[10].

11 In der Oster- und Weihnachtszeit läßt der «Magister» ungern (!) den *Fleischgenuß* zu[11], den Benedikt ablehnt. Benedikt gestattet aber praktisch Geflügel. Ähnliche Essensgewohnheiten sind für das Kloster Condat im Jura bezeugt: kein Fleisch, außer Geflügel und allenfalls Schaffleisch für die Kranken[12].

KAPITEL 40
VOM MASS DES GETRÄNKS

1 JEDER HAT SEINE GNADENGABE VON GOTT,
DER EINE SO, DER ANDERE SO.
2 Nur mit einer gewissen Ängstlichkeit
bestimmen wir darum das Maß der Nahrung für andere.
3 Die Unzulänglichkeit der Schwachen berücksichtigend
glauben wir aber, daß für jeden im Tag
eine Hemina Wein genügt.
4 Wem aber GOTT die Kraft GIBT, sich zu enthalten,
der wisse, daß er EINEN BESONDEREN LOHN ERHALTEN wird.

5 Fordern Ortsverhältnisse, Arbeit oder Sommerhitze mehr,
steht dies im Ermessen des Obern;
doch achte er in allem darauf,
daß nicht Sättigung oder Trunkenheit vorkommen.
6 Zwar lesen wir, der Wein sei überhaupt nicht für Mönche;
weil sich aber die Mönche in unserer Zeit
davon nicht überzeugen lassen,
sollten wir uns wenigstens dazu verstehen,
daß wir nicht bis zur Sättigung trinken,
sondern uns zurückhalten;
7 denn: DER WEIN BRINGT SELBST DIE WEISEN ZUM ABFALL.

8 Bringen es aber die Ortsverhältnisse mit sich,
daß sich nicht einmal das oben angegebene Maß,
sondern viel weniger oder gar nichts beschaffen läßt,
dann sollen die dort wohnen, Gott danken
und nicht murren.
9 Vor allem mahnen wir: Man unterlasse das Murren!

1 1 Kor 7,7 4 Vgl. 1 Kor 3,8 6 Vitae Patrum 5,4,31 7 Vgl. Sir 19,2

1–4 a. Benedikt beginnt mit einer *Entschuldigung*; vielleicht erinnert er sich, daß Basilius († 379) es ablehnt, der Allgemeinheit konkrete Einzelvorschriften über solche Fragen zu geben[1].
b. Nur bei Benedikt und beim «Magister» findet sich der Ausdruck «Hemina»[2]. Benedikt interessiert sich aber nicht für die detaillierten Anweisungen des «Magisters» über die Getränke, sondern setzt andere Akzente[3]; *Wein* wird im Prinzip nur den «Schwachen» zugestanden[4]; doch zählen sich praktisch alle zu den «Schwachen»[5]. Obwohl Benedikt auf der Genügsamkeit besteht, läßt er zu, was Freude bereitet. Typisch ist Benedikts Zurückhaltung angesichts des unterschiedlichen persönlichen Empfindens.
c. Ein Pauluswort über die Ehelosigkeit dient Benedikt hier, um die *Enthaltsamkeit* als Charisma herauszustellen. Mit einem weiteren Pauluszitat[6] weist er auf den entsprechenden «Lohn» hin[7].

5–7 *Zugaben* an Wein sieht die «Magisterregel»[8] «um der Liebe und Freude willen» an Sonn- und Feiertagen sowie bei Gästebesuch vor. Wenn Benedikt an Ausnahmen denkt, so wegen der Arbeit[9], die auch Basilius († 379) erwähnt[10], wegen der «Ortsverhältnisse» (vielleicht ein Hinweis auf den Mangel an Arbeitskräften) und wegen drückender Hitze. Benedikt warnt mit dem «Magister» vor «Trunkenheit» und «Sättigung»[11]; während der «Magister» die Gefahr der Schläfrigkeit beim Gottesdienst anführt, beruft sich Benedikt auf die Ideale des früheren Mönchtums, das sich tatsächlich des Weines enthielt. «Sie erzählten dem Abt Poimen von einem Mönch, der überhaupt keinen Wein trank. Er sprach zu ihnen: ‹Der Wein ist überhaupt nicht für Mönche›»[12]. Von Abt Lupicinus († um 480) im Jura heißt es: «Seit er die Mönchsprofess gemacht hatte, konnte er nie genötigt werden, auch nur eine kleine Kostprobe Wein zu trinken»[13]. Doch setzte sich unter den Mönchen die Duldung des Weines im Sinn eines Pauluswortes an Timotheus durch[14].

8–9 Der «Magister» erwähnt den spontanen Verzicht zugunsten der Armen[15]. Benedikt denkt an den Fall, daß das Kloster selber die *Armut* spüren muß[16]. Er rät wie in andern Fällen[17] zu Genügsamkeit, Dankbarkeit und Zufriedenheit. Augustinus († 430) schreibt ähnlich: «Die sollen sich für reicher halten, die stärker sind im Ertragen der Armut. Es ist nämlich besser, weniger zu brauchen als viel zu haben»[18]. Eine anspruchsvolle Haltung, die rasch mit Frustrationen reagiert und «murrt», ist Benedikt besonders zuwider[19].

KAPITEL 41
ZU WELCHEN STUNDEN DIE BRÜDER ESSEN SOLLEN

1 Vom heiligen Ostern bis Pfingsten
nehmen die Brüder zur 6. Stunde die Mahlzeit ein
und abends einen Imbiß.

2 Von Pfingsten an und während des ganzen Sommers
fasten sie am Mittwoch und Freitag bis zur 9. Stunde,
es sei denn die Mönche besorgen Feldarbeiten
oder die Sommerhitze sei zu drückend.
3 An den übrigen Tagen
nehmen sie das Mahl zur 6. Stunde ein.
4 Wenn Feldarbeiten anfallen
oder die Sommerhitze unerträglich ist,
soll man die Mahlzeit zur 6. Stunde beibehalten;
der Abt treffe Vorsorge dafür.
5 Er soll alles mit Maß ordnen
damit es den Seelen zum Heil dient
und die Brüder ihre Arbeit tun können
ohne einen berechtigten Grund zum Murren.

6 Vom 13. September bis zum Beginn der Fastenzeit
nehmen sie das Mahl immer zur 9. Stunde ein.

7 Während der Fastenzeit bis Ostern
findet das Mahl am Abend statt.
8 Die Feier der Vesper soll so angesetzt werden,
daß man bei Tisch kein Lampenlicht braucht,
sondern bei Tageslicht mit allem fertig wird.
9 Die Stunde des Abendimbisses oder des Mahles
werde aber auch zu andern Zeiten so angesetzt,
daß alles bei Licht geschieht.

1 Benedikt beginnt seine chronologisch aufgebaute Regelung der Essenszeiten während des Jahreslaufes mit *Ostern*[1]. In der Osterzeit sieht er zwei Mahlzeiten vor, während der «Magister»[2], dem sich Benedikt in diesem Kapitel selten anschließt[3], ägyptischem Brauch folgend[4], bloß die eine Mahlzeit vom Abend auf den Mittag vorverschob[5].

2–4 a. Im Prinzip hält Benedikt für den *Sommer* fest, daß man am Mittwoch und Freitag bis zur Non fastet, während der «Magister» an fünf Tagen fasten ließ[6]. Praktisch gibt aber Benedikt im Sommer wegen der Feldarbeit, die der «Magister» ausschloß[7], regelmäßige Dispensen[8]. So speist man im Sommer praktisch täglich zur Mittagszeit, obwohl nach altkirchlichem und älterem monastischen Brauch am Mittwoch und Freitag stets das Fasten bis zur Non vorgesehen war[9].

b. Benedikts milde Lösung für die Praxis trifft sich mit andern Regeln seiner Zeit[10], die schon in den Vorbehalten von Basilius (†379) und Kassian (†430) gegen allzu viele Vorschriften in Fastenfragen eine Stütze fanden[11].

5 a. Für Benedikt ist der Grundsatz des umsichtigen *Maßhaltens* oder der «discretio» besonders wichtig[12]. Der Abt muß als Seelsorger handeln[13], also das «Heil der Seelen» im Auge haben. Das schließt – bei aller Betonung des Maßhaltens – eine weiche Linie oder eine billige Askese aus.

b. Ein «berechtigtes Murren», offenbar eine *begründete Kritik* hält Benedikt für denkbar[14]. Pachomius (†346) schrieb, wenn einer wegen «Arbeitsüberlastung» murre, müsse man ihm «fünfmal verständlich machen, daß er ohne Grund murrt». Bleibt er dabei, soll man ihm die Arbeit entziehen und ihn wie einen Kranken behandeln, um zu prüfen, ob sein Klagen «berechtigt» war[15].

6 Im *Winter* läßt Benedikt «immer bis zur Non» fasten, was nach Kassian (†430) in Ägypten die durchgängige Regel war (mit Ausnahme der Samstage und Sonntage sowie der Osterzeit)[16]. Zur richtigen Einschätzung der Vorschrift ist zu bedenken, daß zur Zeit Benedikts im Winter, wenn der natürliche Tag und die Nacht in je zwölf «Stunden» geteilt wurden, die Tag-Stunden viel kürzer ausfielen als die Nacht-Stunden. So verging im Winter vom Aufstehen bis zur Mahlzeit um die 9. Stunde (Non) kaum mehr Zeit als im Sommer vom Morgen bis zum Mittag. Der Magen mußte sich von Jahreszeit zu Jahreszeit nicht zu stark umstellen (A. de Vogüé). – Am 13. September ist der Tag übrigens etwa gleich lang wie an Ostern, so daß sich auch dieser Termin der Umstellung erklärt.

7–9 Die Mönche halten die *Fastenzeit* wie alle Christen, doch wird die Vesper – ohne ängstliche Rücksicht auf liturgische Regeln – so zeitig angesetzt, daß «alles bei Licht» geschehen kann[17], dies vielleicht aus Gründen der Sparsamkeit oder zum Schutz der Stille der Nacht[18]. Mit der Wendung, «daß alles bei Licht geschehe», weist Benedikt vielleicht auf den Zeichencharakter des Lichtes hin[19]. Jedenfalls ist für das Lebensgefühl der Menschen zu Benedikts Zeiten das Verdämmern des natürlichen Lichtes ein wichtiges Moment im Rhythmus des Tages. Cyprian (†258) schreibt: «Wenn die Sonne untergeht und das Tageslicht erlischt, müssen wir notwendig wieder beten; denn Christus ist das wahre Licht und der wahre Tag, darum beten wir, wenn Sonne und Licht dieser Erde verdämmern. Indem wir bitten, daß das Licht neu über uns komme, erflehen wir das Kommen Christi, der uns gnädig ewiges Licht schenken wird»[20].

KAPITEL 42
DASS NACH DER KOMPLET NIEMAND REDEN DARF

1 Mönche müssen sich stets um das Schweigen bemühen,
doch mehr als sonst in den Stunden der Nacht.
2 Darum gilt immer,
ob es ein Fasttag ist oder ein Tag mit Mittagessen:
3 An Tagen, an denen ein Mittagessen stattfand,
setzen sich alle zusammen,
sobald sie vom Abendtisch aufgestanden sind;
dann liest einer die «Unterredungen»
oder die «Lebensbeschreibungen der Väter»
oder sonst etwas, was die Hörer erbaut,
4 nicht aber den Heptateuch oder die Königsbücher;
denn zur Abendstunde sind diese Schriften
nicht zuträglich für schwache Gemüter;
zu andern Zeiten aber werden sie gelesen.

5 An Fasttagen begibt man sich, wie wir sagten,
nach der Vesper und nach kurzer Pause
zur Lesung der «Unterredungen».
6 Man liest vier oder fünf Blätter
oder soviel die Zeit erlaubt.
7 Im Verlauf der Lesung kommen alle hinzu,
die mit den ihnen aufgetragenen Arbeiten beschäftigt waren.
8 Wenn dann alle versammelt sind, halten sie die Komplet.
Nach dem Weggang von der Komplet
ist es keinem mehr erlaubt,
mit irgendwem über irgend etwas zu reden.

9 Findet sich einer,
der diese Regel des Stillschweigens bricht,
so verfalle er schwerer Strafe,
10 außer es tritt eine Pflicht der Gastfreundschaft ein,
oder der Abt gibt jemand einen Auftrag.
11 Aber auch dann bewahre man großen Ernst
und würdige Zurückhaltung.

1 Die Nacht ist die Zeit des *Schweigens*, in das sich der Mönch zurückzieht, wie sich Christus in das Schweigen einsamen Gebetes und in die Wüste zurückzog[1]. Benedikt legt eine von der ritualistischen Regelung des «Magisters» verschiedene Ordnung vor[2].

2–7 a. Die abendliche *Lesung* dient dem «Zusammenkommen aller», das dreimal erwähnt wird[3] und ausführlich beschrieben ist, vielleicht weil es eine neue Einrichtung Benedikts ist[4].
b. Die «Unterredungen der Väter» sind *Kassians* († 430) «Collationes», die Gespräche mit ägyptischen Vätern wiedergeben oder fingieren. Unter den «Lebensbeschreibungen der Väter» sind verschiedene Mönchsgeschichten, Spruchsammlungen und Lebensbeschreibungen zu verstehen[5]. – Heptateuch heißen die ersten «sieben Bücher» des Alten Testaments. Kassian empfahl, gewisse Lesungen, welche die sexuelle Phantasie erregen könnten, am Abend zu vermeiden[6].

8–11 a. Das Schweigen nach der Komplet oder «*großer Ernst*[7] und würdige Zurückhaltung» im Fall einer «Notwendigkeit» haben ihr Vorbild beim «Magister» und bei Basilius († 379), der für die

Zeit, in der Gottesdienste stattfinden, Ruhe im Haus verlangt[8].

b. Erstmals hat Pachomius († 346) das *nächtliche Schweigen* in den Häuschen der Mönche verlangt[9], zusammen mit andern Vorschriften zum Schutz der Keuschheit[10]. Kassian († 430) hat diese Überlegung aufgenommen[11]. Benedikt geht es um die ungestörte Ruhe für die Gemeinschaft[12]. Die Stille der Nacht ist von Gottesdiensten eingerahmt.

KAPITEL 43
VON JENEN, DIE VERSPÄTET ZUM GOTTESDIENST ODER ZU TISCH KOMMEN

1 Sobald man zur Stunde des Gottesdienstes das Zeichen hört,
läßt man alles liegen, was man in Händen hatte,
und kommt in großer Eile herbei,
2 jedoch mit Ernst,
um nicht einen Anlaß zur Zerstreuung zu geben.
3 Dem Gottesdienst werde also nichts vorgezogen.

4 Kommt einer zu den nächtlichen Vigilien
erst nach dem *Ehre sei* von Psalm 94,
der deswegen langsam und gedehnt zu singen ist,
darf er nicht seinen ordentlichen Platz im Chor einnehmen,
5 sondern er stehe als letzter von allen hin
oder an einen Platz abseits,
den der Abt für so nachlässige Leute bestimmt hat,
damit sie von ihm und allen gesehen werden.
6 Dort bleibt er, bis er nach Schluß des Gottesdienstes
durch öffentliche Genugtuung Buße getan hat.
7 Daß sie am letzten Platz oder abseits stehen müssen,
haben wir in der Absicht bestimmt,
daß sie von allen gesehen werden und sich bessern,
schon weil sie sich schämen müssen.

8 Bleiben sie nämlich außerhalb des Oratoriums,
legt sich vielleicht einer wieder nieder und schläft,
oder er bleibt draußen sitzen, verplaudert die Zeit
und gibt dem Bösen eine Gelegenheit.
9 Sie sollen also eintreten, damit sie nicht alles versäumen
und damit sie sich in Zukunft bessern.

10 Wenn einer bei den Gebetszeiten untertags
erst nach dem Vers und nach dem *Ehre sei* des ersten Psalmes,
der nach dem Vers gesungen wird,
zum Gottesdienst erscheint,
stelle er sich an den letzten Platz,
gemäß der Bestimmung, die wir oben erwähnten.
11 Er nehme sich nicht heraus,
sich dem psallierenden Chor anzuschließen,
außer der Abt erlaube es in seiner Nachsicht.
12 Doch soll der Schuldige auch dann Genugtuung leisten.

13 Wer bei Tisch nicht vor dem Vers eintrifft,
so daß alle gemeinsam den Vers sprechen,
das Gebet verrichten
und sich gleichzeitig zu Tisch setzen können,
14 der werde dafür bis zu zwei Malen gerügt,
wenn er aus Nachlässigkeit oder Schuld nicht da war.
15 Bessert er sich darnach nicht, erlaube man nicht,
daß er am gemeinsamen Mahl teilnehme,
16 sondern er speise allein,
abgesondert von der Gemeinschaft aller andern,
und man entzieht ihm seinen Anteil an Wein,
bis er Genugtuung leistet und sich bessert.
17 Gleiches widerfahre einem, der nicht anwesend ist
zum Vers, der nach dem Mahl gesprochen wird.

18 Niemand nehme sich heraus,
vor der bestimmten Stunde oder nachher
eigenmächtig etwas zu essen oder zu trinken.

19 Wenn aber der Obere einem etwas anbietet,
und er weigert sich, es anzunehmen,
der soll, wenn er zu einer andern Zeit wünscht,
was er vorher ausgeschlagen hat,
oder sonst etwas haben möchte, überhaupt nichts erhalten,
bis er sich entsprechend gebessert hat.

1–2 Mahnungen zur *Pünktlichkeit*, wie sie sich beim «Magister»[1], bei Kassian (†430)[2] und in der «2. Regel der Väter»[3] finden, sind zu einem Grundsatz zusammengefaßt, wobei Benedikt neben der gewünschten Eile den «Ernst»[4] empfiehlt. Das Zeichen wurde wohl durch eine Art Gongschlag gegeben.

3 Die «2. Regel der Väter»[5] sagt: «Dem Gebet werde nichts vorgezogen». Sie spricht im Zusammenhang vom «Beten ohne Unterlaß»[6]. Benedikt wendet nun die gleiche Formel auf den institutionalisierten Gottesdienst an. Der Begriff *«Opus Dei»*, der ursprünglich das ganze asketische Leben bezeichnete[7], nimmt bei Benedikt die konkrete Bedeutung «Gottesdienst» an. Wie der innern Gesinnung nach «nichts der Liebe zu Christus» vorgezogen werden darf[8], so darf keine andere Tätigkeit höher geschätzt werden als der Gottesdienst, eben weil er eine Konkretisierung der Aufforderung zum «Beten ohne Unterlaß» ist[9].

4–6 Die bei *Verspätungen* zum Gottesdienst vorgesehene Toleranzgrenze[10] und die Strafen[11] entsprechen Kassian (†430)[12]. Ein Tadel für Nachzügler war allgemein üblich[13].

7–9 a. Benedikts Strafe soll erzieherisch wirken. Er vertraut auf die heilende Kraft des *Gemeinschaftssinnes*. Voraussetzung ist, daß einer sich in der Gemeinschaft integriert hat und sich mit ihr und ihren Maßstäben identifiziert.

b. Die «2. Regel der Väter» fürchtet, daß einer, wenn das Gebet zu lange dauert, während der Lesungen «hinausgeht» und draußen «schwätzt»[14]. Benedikt erklärt ausführlich seine nicht mit dem «Magister» übereinstimmende Weisung, die Fehlenden im Oratorium an einem *gesonderten Platz* bleiben zu lassen. Seine Lösung ist eine noch unbekannte Neuerung.

c. Gregor der Große (†604) erzählt später, wie Benedikt, «der Mann Gottes», im Gebet erkannte, daß ein seelischer *Unruhe-Teufel* einen Bruder vom gemeinsamen Gebet abhielt und zum Herumvagieren verführte. Benedikts Rutenstrafe heilte die «Finsternis des Herzens» dieses Mönchs, der fortan «eifrig und konstant» am Gebet teilnahm[15].

10–12 Ein Hymnus ist bei den Tageshoren nicht erwähnt[16]. Die Teilnahme am «*psallierenden Chor*» gilt als ein Vorrecht, was wieder eine Wertschätzung der zum Gebet versammelten Gemeinschaft[17] voraussetzt.

13–17 a. Die *Tischgemeinschaft* ist ein vorzügliches Element der klösterlichen Lebensgemeinschaft.

b. Das *Tischgebet* hebt das Essen und das Zusammensein als Gemeinschaft in eine religiöse Atmosphäre. – Basilius († 379) läßt sich die Frage stellen: «Wie ißt und trinkt jemand zur Ehre Gottes?» Antwort: «Wenn er dessen gedenkt, der ihn nährt, nämlich Gottes, und wenn er nicht nur innerlich, sondern auch der Körperhaltung nach in allem bekundet, daß er Gott Dank erweist; man tut beim Essen nicht selbstsicher, sondern läßt sich von Gott wie sein Arbeiter nähren, um sich zu stärken für seine Arbeit und für die Erfüllung der Gebote»[18].

c. Wieder wendet sich Benedikt gegen *Verspätungen.* Ähnlich wie Basilius[19] unterscheidet er eine begründete Verspätung von der «Nachlässigkeit». Unter «Schuld»[20] ist der innere Widerstand gegen die Identifikation mit der Gemeinschaft zu verstehen, der sich in der Verspätung äußert. Das Strafverfahren ist von Benedikt bereits ähnlich beschrieben worden[21].

18–19 a. Das streng formulierte Verbot, zwischen den Mahlzeiten zu essen[22] erinnert an Kassian († 430)[23], der die Erziehung zur *Selbstbeherrschung* und zur Keuschheit als Motiv angibt, wie auch an andere Regeln[24].

b. Der «Magister»[25] ahndet ein aus *falscher Askese* stammendes Wegbleiben von Kommunion oder Tisch in gleicher Weise. Ähnlich wirft Basilius († 379) eigensinnigen Mönchen, die ablehnen, was sie brauchen, Trotz vor[26].

KAPITEL 44
VON DEN AUSGESCHLOSSENEN, WIE SIE GENUGTUUNG LEISTEN

1 Wenn jemand für schwere Vergehen
vom Oratorium und vom Tisch ausgeschlossen wurde,
soll er sich zur Zeit,
wo die Feier des Gottesdienstes im Oratorium schließt,

vor der Tür des Oratoriums niederwerfen
und, ohne etwas zu sagen, liegen bleiben,
2 mit dem Haupt zur Erde, am Boden ausgestreckt,
zu Füßen aller, die das Oratorium verlassen.
3 Und das tue er solange, bis nach dem Urteil des Abtes
Genugtuung geleistet ist.
4 Wenn er dann auf Geheiß des Abtes kommt,
wirft er sich dem Abt selber und dann allen zu Füßen,
damit sie für ihn beten.
5 Wenn es dann der Abt befiehlt,
wird er in den Chor aufgenommen
oder an den Platz, den der Abt bestimmt.
6 Doch darf er sich nicht herausnehmen, im Oratorium
ohne neue Erlaubnis des Abtes
einen Psalm, eine Lesung oder etwas anderes vorzutragen.
7 In allen Gebetsstunden wirft er sich,
wenn der Gottesdienst beendet wird,
am Ort, wo er steht, zur Erde nieder.
8 So leistet er Genugtuung, bis der Abt ihn anweist,
er dürfe jetzt ruhig von dieser Bußübung lassen.

9 Wer für kleine Vergehen nur vom Tisch ausgeschlossen ist,
soll im Oratorium solang Genugtuung leisten,
wie es der Abt befiehlt.
10 Er tut dies,
bis der Abt den Segen gibt und sagt: «Es genügt».

o a. Benedikt nimmt hier[1] das Thema der *Bußordnung*[2] wieder auf und spricht dabei zuerst über «schwere Vergehen»[3].
b. Nach der «Zurechtweisung»[4] und der «Ausschließung» (Exkommunikation)[5] kommen nun die Leistung der *«Genugtuung»*, das heißt die Bußübung und ihre Dauer, sowie die *«Wiederaufnahme»* des ausgeschlossenen Büßers in die Gemeinschaft zur Sprache, manchmal in Anlehnung an den «Magister»[6].
e. Erneut ist die altkirchliche Ordnung von Buße und Wiederversöhnung das Modell des klösterlichen Verfahrens[7]. Weil Benedikt den «Magistertext» kürzt[8], sind einige Vorgänge nicht

klar erkennbar. Ohne nähere Erklärung ist zum Beispiel in diesem kurzen Kapitel neunmal (!) eine Intervention des Abtes erwähnt. Vielleicht stieß Benedikt mit seinem archaischen Modell der kirchlichen Bußordnung auf Schwierigkeiten in seiner Gemeinschaft. Deshalb stellt er Recht und Pflicht des Abtes so deutlich heraus. Er will ihm ein pastoral richtiges Vorgehen ermöglichen[9]. Die Schwierigkeiten stehen wohl im Zusammenhang mit dem damals bereits allgemeinen Verfall der *alt-kirchlichen* Ordnung von Buße und Versöhnung, die Benedikt in einer Abwandlung zur klösterlichen Miniaturform aufrechterhalten will (A. de Vogüé).

1–3 Die «Magisterregel»[10] beginnt ähnlich, führt aber lange Schuldbeteuerungen des Büßers an und seine *Bitte* um das Gebet, um Vergebung und um Lösung der Bande der Schuld bei Gott durch den Abt[11]. Schon Kassian († 430) läßt den Büßer am Boden ausgestreckt um Verzeihung bitten[12].

4–5 Zur *Wiederaufnahme* wird der Büßer vom Abt herbeigerufen (in das Oratorium hinein). Wie der Magister erklärt, folgen die «Zurechtweisung» und das «Versprechen, sich zu bessern»[13]; es schließt sich das «Gebet für den Büßer» an[14]. Ein ähnlicher Wechsel von Interventionen des Abtes und Gemeinschaftsgebet findet sich bei der Aufnahme von Novizen[15]. – Eine Handauflegung ist in der klösterlichen Bußordnung nicht vorgesehen. Die Wiederaufnahme in die Gemeinschaft, die das Zeichen der Versöhnung mit Gott ist, erfolgt durch die Wiederzulassung zum «Chor».

6–8 a. Nach diesem Text scheint der Büßer zunächst für eine nicht näher bestimmte Zeit in der Situation der «kleinen Ausschließung» zu verbleiben[16]. Die Vergebung ist zwar erfolgt, aber die Bekehrungsbereitschaft soll eingeübt und eine dauernde Bußgesinnung wachgerufen werden[17]. Ein bloß formalistisches Ableisten einer «Buße» ist nicht hilfreich. Aus diesem Grund wird wohl Benedikt die Wiederholung der *Bußordnung* vorsehen, die der «Magister» oder Kassian († 430) nicht kennen. Nicht das Maß des äußern Bußwerkes ist entscheidend, sondern die Verfassung des Herzens. Der Abt soll die «Herzenskenntnis» besitzen und richtig urteilen[18], das ist seine seelsorgliche Aufgabe.

b. Als Abt Poimen von einem, der ein schweres Vergehen begangen hatte, ersucht wurde, ihn zu einer dreijährigen Bußzeit zuzulassen, antwortete er: «Zuviel!» Auch auf die Vorschläge zu einer einjährigen Bußzeit oder zu 40 Tagen Buße, antwortete er jedesmal: «Zuviel!» Er fügte hinzu: «Ich glaube, wenn ein Mensch von ganzem Herzen *bereut* und sich vornimmt, nicht wiederum zu begehen, wofür er Buße tut, dann nimmt Gott auch eine bloß dreitägige Bußzeit an»[19].

9–10 Für *«leichte Verfehlungen»* leistet man im Oratorium Buße, vielleicht durch eine tiefe Verneigung[20]. Der Abt urteilt, wie lange diese Buße nötig ist. Die Bußgesinnung muß sich im äußern Verhalten bewähren, wenn man ihrer Echtheit gewiß werden will.

KAPITEL 45
VON DENEN, DIE IM ORATORIUM FEHLER BEGEHEN

1 Wer einen Fehler begeht beim Vortrag
eines Psalmes, eines Responsoriums oder einer Lesung
und sich nicht an Ort und Stelle vor allen verdemütigt
und Genugtuung leistet,
verfalle einer schwereren Strafe;
2 denn er wollte nicht in Demut gutmachen,
was er durch Nachlässigkeit verschuldet hat.
3 Kinder erhalten für ein solches Vergehen Schläge.

In zwei Kapiteln[1] handelt Benedikt im Anschluß an Pachomius (†346)[2] und vor allem an Kassian (†430)[3] von *kleineren Fehlern* im Oratorium und bei der Arbeit.

1–2 Benedikt tendiert auf die *spontane* und sofortige Genugtuung. Mit Kassian[4] sieht er in diesem Eingeständnis ein Zeichen der Demut und eine ausreichende Strafe[5]. Sonst folgt die «Ausschließung». Alles zeigt, wie wichtig für Benedikt die Ehrfurcht beim Gebet ist.

3 Wieder stoßen wir hier auf körperliche Strafen für *Kinder*[6].

KAPITEL 46
VON DENEN, DIE SICH SONSTWIE VERFEHLEN.

1 Wer bei irgendeiner Arbeit einen Fehler begeht,
sei es in der Küche, im Vorratsraum, bei einem Dienst,
in der Bäckerei, im Garten, in Ausübung eines Handwerks,
oder sonst irgendwo,
2 oder wer irgendetwas zerbricht oder verliert
oder sich wo und wie immer etwas zuschulden kommen läßt,
3 und nicht unverzüglich selber kommt
und von sich aus vor Abt und Gemeinschaft
Genugtuung leistet und seinen Fehler bekennt,
4 der verfalle einer schwereren Strafe,
wenn der Fehler durch einen andern bekannt wird.

5 Handelt es sich aber um eine verborgene Sünde der Seele,
eröffne er sich nur dem Abt (oder geistlichen Vätern),
6 der es versteht, eigene und fremde Wunden zu heilen,
ohne sie aufzudecken und bekanntzumachen.

1–4 a. Die Erwähnung von Fehlern bei der *Arbeit*[1] gibt Anlaß, einige Räume des Klosters aufzuzählen[2].
b. Benedikt nimmt eine Unterscheidung Augustins (†430)[3] auf. Dieser unterschied zwischen einem «spontanen» Geständnis und der Aufdeckung eines Fehlers durch andere[4]. Im zweiten Fall sollte die Strafe strenger ausfallen. Benedikt verallgemeinert die Weisung Augustins und überträgt dessen «schwere Strafe» auf das vielleicht zufällige «Zerbrechen» von Gegenständen. Vor allem liegt ihm am *spontanen* Eingeständnis. Er spricht die persönliche Verantwortung an.
c. Vom Anzeigen eines Fehlers durch andere[5] spricht die «Magisterregel»[6].

5–6 a. Benedikt wünscht auch anderswo die *Eröffnung* geheimer Fehler gegenüber dem «geistlichen Senior» oder dem Abt[7].
b. Dabei fällt auf, daß Benedikt auch bei den geistlichen Ratgebern[8] *Fehler* durchaus für möglich hält. Der «Magister» legt großes Gewicht darauf, daß jeder den eigenen seelischen Zustand annimmt, das heißt sich selber eingesteht, dann aber auch ohne

falsche Scheu den Vorgesetzten oder dem Abt bekennt, auch wenn einer «schlechte oder unanständige Dinge» zu gestehen hat. Aber auch der Abt muß die Gemeinschaft bitten, daß sie für ihn bete, wenn er das Gift des Bösen in sich fühlt. Aussprache und Geständnis scheiden die seelischen Giftstoffe aus[9].

c. Kassian († 430) erwähnt *«geheime Fehler»* wie die heimliche, täglich praktizierte Entwendung von Brötchen durch einen hungrigen jungen Mönch oder schlechte Gedanken. Kassian unterstreicht die befreiende Wirkung einer offenen Aussprache. Er betont, das Vertrauen eines jungen Menschen dürfe nicht durch Indiskretionen enttäuscht, und innere Versuchungen dürften nicht hart beurteilt oder als Zeichen fehlender Berufung ausgelegt werden.

d. Der Berater müsse sich vielmehr seiner *eigenen Schwäche* bewußt sein. Ein verständnisloser, hart tadelnder Berater könne einen guten jungen Menschen fast in die Verzweiflung treiben. Die selbstsichere Härte könne auch den Berater selber zum Straucheln bringen[10]. – Benedikt fordert denn auch, die Eröffnung dürfe nur kompetenten Beratern gegenüber erfolgen. Seelsorgliche ja «ärztliche», therapeutische Qualitäten sind vorausgesetzt[11].

e. Bei der *heilenden Gewissenseröffnung* vor dem (Laien-)Abt oder vor «geistlichen Ältern» (ein Einschub) ist nicht an eine sakramentale Form des Bekenntnisses gedacht, wie sie zur Kirchenbuße vor dem Bischof oder Priester gehört. Basilius († 379) will, daß «unkeusche oder unanständige» Dinge nur denen bekannt werden, die «zu heilen und zu bessern» verstehen, wie man auch körperliche Leiden nur von Ärzten behandeln läßt, «die allgemein als sehr erfahren gelten»[12]. An einer andern Stelle schreibt er: «Es ist notwendig, daß die Sünden jenen bekannt werden, denen die ‹Verwaltung der Geheimnisse Gottes›[13] anvertraut ist. So findet man auch, daß die Büßer der alten Zeit bei den Heiligen ihre Sünden bekannt haben. Im Evangelium steht, daß man Johannes dem Täufer die Sünden bekannt hat[14], und in der Apostelgeschichte, daß man sie den Aposteln bekannte, die tauften»[15].

KAPITEL 47
VOM ZEICHEN ZUM GOTTESDIENST

1 Bei Tag und bei Nacht sei es Sorge des Abtes,
die Zeit des Gottesdienstes anzukündigen.
Er tue dies entweder selber,
oder übertrage diese Sorge einem gewissenhaften Bruder,
damit alles zur richtigen Zeit gehalten werden kann.

2 Die Psalmen und Antiphonen werden zuerst vom Abt,
dann der Reihe nach von denen vorgetragen,
die beauftragt sind.
3 Keiner nehme sich heraus, zu singen oder zu lesen,
wenn er diesen Dienst nicht so erfüllen kann,
daß er die Zuhörer erbaut.
4 Das soll mit Demut, Ernst und Würde geschehen
und im Auftrag des Abtes.

1 Die Bestimmung der genauen *Tageszeit* war im 6. Jahrhundert schwierig[1]. Der Abt übernimmt diese wichtige Aufgabe. Er ist der Hauptverantwortliche für den Gottesdienst.

2–3 Die unvermittelt[2] anschließenden Weisungen für *Vorsänger* nennen ein sachliches Kriterium für die Auswahl der Sänger oder Leser[3].

4 Hinweise auf das ehrfürchtige Verhalten beim *Psalmensingen*[4] hat Benedikt schon früher gegeben[5], wo er ebenfalls die innere Gesinnung der Demut betont. Kassian (†430) schrieb: «Anfänger und andere, die wenig Fortschritte in innerer Tugend und im Wissen machten, pflegen sich etwas einzubilden auf den Klang ihrer Stimme, weil sie melodiöser als andere psallieren, oder weil sie flott und schneidig daherkommen, besser als andere, oder wegen vornehmen und reichen Eltern ...»[6]. Auch die Würde des Vortrags ist Benedikt wichtig[7].

KAPITEL 48
VON DER TÄGLICHEN HANDARBEIT

1 Müßiggang ist ein Feind der Seele.
Deshalb sollen sich die Brüder beschäftigen:
zu bestimmten Zeiten mit Handarbeit,
zu bestimmten andern Stunden mit heiliger Lesung.

2 Wir glauben, daß durch die folgende Ordnung
die Zeit für beides festgelegt werden kann:
3 Von Ostern bis zum 1. Oktober ziehen sie früh morgens aus
und besorgen von der 1. bis fast zur 4. Stunde
die notwendigen Arbeiten.
4 Von der 4. Stunde bis zur Zeit, wo sie die Sext feiern,
sind sie frei für die Lesung.
5 Wenn sie nach der Sext vom Tisch aufgestanden sind,
ruhen sie auf ihren Betten, unter völligem Schweigen;
wenn aber einer lesen will, lese er für sich allein so,
daß er keinen andern stört.
6 Die Non wird früher gefeiert, um die Mitte der 8. Stunde;
dann besorgen sie wieder die anfallenden Arbeiten
bis zur Vesper.
7 Wenn die Ortsverhältnisse oder die Armut fordern,
daß sie das Einbringen der Ernte selber besorgen,
sollen sie deswegen nicht mißmutig werden.
8 Sie sind nämlich erst wahre Mönche,
wenn sie VON DER ARBEIT IHRER HÄNDE leben
wie unsere Väter und die Apostel.
9 Alles geschehe aber mit Maß wegen der Kleinmütigen.

10 Vom 1. Oktober bis zum Beginn der Fastenzeit
sind sie bis zur vollen 2. Stunde frei für die Lesung;
11 zur 2. Stunde wird die Terz gefeiert;
dann verrichten alle bis zur 9. Stunde die Arbeit,
die ihnen aufgetragen ist.

12 Wird das erste Zeichen für die Stunde der Non gegeben,
bricht jeder seine Arbeit ab, um bereit zu sein,
wenn das zweite Zeichen ertönt.
13 Nach Tisch sind sie wieder frei für ihre Lesung
oder für die Psalmen.

14 In den Tagen der Fastenzeit
sind sie vom Morgen bis zur vollen 3. Stunde
frei für ihre Lesungen,
dann bis zur vollen 10. Stunde an der zugewiesenen Arbeit.
15 In diesen Tagen der Fastenzeit
erhalte jeder ein Buch aus der Bibliothek,
das er von Anfang bis Ende ganz lesen soll.
16 Diese Bücher werden zu Beginn der Fastenzeit ausgeteilt.

17 Vor allem aber sind ein oder zwei Ältere zu bestimmen,
die im Kloster umhergehen während der Zeit,
in der die Brüder frei sind für die Lesung.
18 Sie sollen zusehen, daß sich kein Bruder findet,
der aus geistiger Trägheit sich dem Müßiggang ergibt
oder herumschwatzt, statt sich der Lesung zu widmen,
und so nicht nur sich selber um den Nutzen bringt,
sondern auch andere ablenkt.
19 Findet sich ein solcher – was fern sei –,
werde er einmal und ein zweites Mal zurechtgewiesen.
20 Bessert er sich nicht,
treffe ihn gemäß der Regel eine Zurechtweisung,
DAMIT DIE ANDERN FURCHT BEKOMMEN.
21 Auch soll ein Bruder nicht zu ungehöriger Zeit
sich einem andern Bruder zugesellen.

22 Am Sonntag sind ebenfalls alle frei für die Lesung,
außer wer für die verschiedenen Dienste bestimmt ist.

23 Wäre einer so nachlässig oder träge,
daß er nicht willens oder nicht fähig ist,

etwas zu lernen oder zu lesen,
dann weise man ihm eine Arbeit an, die er tun soll,
statt müßig zu sein.

24 Brüdern, die krank oder von zarter Gesundheit sind,
weise man eine Arbeit oder einen Beruf zu, die passen,
damit sie weder müßig gehen,
noch von der Härte der Arbeit erdrückt
oder zum Fortgehen veranlaßt werden.
25 Der Abt muß auf ihre Schwäche Rücksicht nehmen.

8 Vgl. Ps 128,2; 1 Kor 4,12; 9,6.12.15.18; 2 Kor 12,13; 1 Thess 2,9; 4,11–12; 2 Thess 3,7–12; Tit 3,14; Joh 21,2–3; Apg 18,3; 20,34–35 **20** 1 Tim 5,20

1–2 a. Der einleitende Merksatz stammt von Basilius (†379)[1]. Die Hauptsorge Benedikts ist eine *asketische*: Ein Leben ohne ausreichende Arbeit und Tätigkeit ist allen seelischen Gefahren ausgesetzt. Hier trifft sich Benedikt mit dem «Magister»[2], der über den asketischen Gesichtspunkt hinaus den karitativen erwähnt: Die Arbeit soll abwerfen, was man «dem Notleidenden geben» kann. «Die gute Arbeit führt zum Wohltun[3].

b. Mit seiner vorsichtigen Formulierung[4] deutet Benedikt an, daß seine Tagesordnung nicht immer und überall gelten muß[5]. Seine Ordnung soll klar sein und vor allem einem ausgewogenen Wechsel von Gebet, Arbeit und Lesung dienen. Um einen menschlich ausgewogenen *Rhythmus* zu ermöglichen, ändert Benedikt manche hergebrachten Traditionen. Seine Tagesordnung ist differenzierter als die des «Magisters» oder die früherer Regeln.

c. Einen gesunden Wechsel und *Ausgleich* hat man in den Klöstern stets angestrebt. Augustinus (†430) schreibt, er möchte «täglich zu bestimmten Stunden eine Handarbeit verrichten, wie das in gut geleiteten Klöstern festgesetzt ist, die übrige Zeit möchte» er «frei haben zum Lesen und Beten oder zur Erklärung der Heiligen Schrift»[6].

d. Die Arbeit selber galt im alten Mönchtum als eine unerläßliche *Verpflichtung*. In den «Lebensbeschreibungen der Väter ist eine Szene überliefert, die den Widerwillen des alten Mönchtums gegen sektiererische «Betbrüder» (Euchiten) illustriert. Diese hielten sich womöglich für «Pneumatiker» (Geistträger), verachteten die «Sarkiker» («fleischliche» Menschen) und wollten rein «kontemplativ» leben, also nicht arbeiten, sondern nur beten und die Schrift lesen. Die Erzählung lautet: «Ein Bruder kam zu Abt Silvanus auf dem Berg Sinai, sah, daß die Brüder an der Arbeit waren und sagte zum Abt: ‹Müht euch nicht ab um die Speise, die verdirbt!›[7]. ‹Maria hat das Bessere gewählt›[8]. Da sagte der Abt einem Jünger: Hole den Zacharias und laß diesen Bruder in ein leeres Häuschen (cella) führen. Als es Abend wurde und die 9. Stunde kam, wartete der Gast an der Türe, ob man käme, um ihn zum Essen zu rufen. Aber niemand ließ sich hören. Da stand der Gast auf, ging zum Abt und sagte: ‹Abba, essen die Brüder heute nicht?› Der Abt antwortete: ‹Doch, sie haben bereits gespeist!› Da fragte der Gast: ‹Aber, warum hast du mich nicht gerufen?› Der Abt antwortete nun: ‹Du bist ein Geistesmann (Pneumatiker) und bedarfst nicht solcher Speise, wir aber sind fleischliche (!) Leute, und weil wir essen wollen, arbeiten wir mit unsern Händen. Du aber hast das Bessere erwählt, bist den ganzen Tag bei der Lesung und willst keine fleischliche Speise zu dir nehmen.› Als der Gast das hörte, warf er sich zur Buße auf die Erde nieder und sprach: ‹Verzeih, mein Abba!› Der Abt aber sprach: ‹Ich denke: Maria ist ganz auf Martha angewiesen. Wegen Martha kann Maria gelobt werden.›»[9].

3–4 a. Benedikt beginnt mit *Ostern*, wo sich auch die Essenszeiten ändern[10].

b. Die *Zeit* für die Arbeit ist im Sommer besonders gut bemessen und angesetzt. Wenn Benedikt auch mehr Zeit für die Lesung ansetzt als andere Regeln, nimmt die Lesung doch nur etwa ein Viertel, die Arbeit drei Viertel der Zeit in Anspruch (A. de Vogüé). Mit Rücksicht auf die Sommerhitze[11] wird die Arbeit in die Morgenfrische verlegt, was der üblichen Klostertradition widerspricht[12].

c. Bei aller Begünstigung der Arbeitszeit will Benedikt doch, daß zu jeder Jahreszeit eine *Lesung* vor der Essenszeit angesetzt wird (A. de Vogüé). Arbeit und Lesung müssen sich ergänzen, lehren die Väter übereinstimmend[13].

5 Der eher theoretische Fall des Mittwoch- und Freitagfastens im Sommer[14] wird hier gar nicht in Betracht gezogen. – Benedikt führt mehrere *Neuerungen* ein: die Siesta ist länger als beim «Magister»[15]; zeitlicher Ansatz und Freiwilligkeit der ergänzenden Lesestunde sind neu; das stille Lesen war beim «Magister» und bei den Alten nicht üblich[16].

6 Benedikt setzt die *«Gebetszeiten»* unbekümmert etwas anders an als es der Überlieferung entsprach[17]. Grund ist die in seinem Kloster nötige Feldarbeit[18].

7–8 a. Unter dieser «Notwendigkeit des Ortes»[18a] ist offenbar der Mangel an *Arbeitskräften* oder «Dienern»[19] zu verstehen.

b. Das Kloster Benedikts ist *arm*, anders als das des «Magisters». Dieser verbietet die Feldarbeit, um den Mönchen Ruhe und Frieden zu wahren und damit sie sich nicht in «weltliche Geschäfte verwickeln» müssen. Das Kloster soll seine Besitzungen verpachten und vom «jährlichen Zins» leben. «Was die Arbeit betrifft, begnügt man sich im Kloster mit dem Handwerk und dem Garten»[20]. Das Kloster des «Magisters» ist nicht arm. Weil «Die Gemeinschaft vielleicht groß und die Gäste zahlreich» sind und man «mit Almosen nicht engherzig» sein will, müssen Mittel vorhanden sein, sagt der «Magister»[21].

c. Kassian (†430) hatte eine Arbeit empfohlen, welche die Askese nicht stört. Er denkt eher an den Anbau des Lebensnotwendigen auf einem herrenlosen, schwer zugänglichen Flußufer als an eine einträgliche Landwirtschaft mit ihrem Produktionszwang, welcher der geistlichen Fruchtbarkeit entgegenstehen könnte[22]. Benedikt ist weder in der gesicherten Lage des «Magisters» noch in der halberemitischen Situation einer kleinen Siedlung in Ägypten. Die beanspruchende *Arbeit auf dem Feld* ist bei ihm eine dringende Notwendigkeit. Ihretwegen muß er Konzessionen machen in der Fastenordnung[23] und in der liturgischen Ordnung[24].

d. Auch muß Benedikt seine Mönche zur mühsamen Arbeit *motivieren*. Zuerst hofft er, daß sie «nicht mißmutig» werden[25]. Die fast zeitgenössische Regel des Ferreolus sieht alle erdenklichen Entschuldigungen voraus, glaubt aber, ein «brauchbarer» Bruder finde stets eine seinen Kräften und Fähigkeiten angemessene Arbeit[26]. Um zur Arbeit zu motivieren, führt Benedikt Gebot und Beispiel der Apostel und der Väter an, wie dies schon Kassian (†430) getan hat[27], der in der Arbeit ein Gegenmittel gegen die «Acedia», das heißt den geistlichen Überdruß sieht[28]. Von den ägyptischen Vätern wurde nach Kassian der Grundsatz vertreten: «Ein Mönch, der arbeitet, wird von *einem* (Arbeits-)Teufel gezwickt, ein arbeitsscheuer wird von zahllosen Dämonen überfallen»[29]. Zu den «Vätern», deren Beispiel Benedikt vorschweben konnte, muß man schon Antonius zählen. Von ihm heißt es, er habe sich «gefreut, daß er niemand zur Last fallen mußte und in der Wüste von seiner eigenen Hände Arbeit leben», ein Stück Land «bewässern und kultivieren» konnte[30]. Besonders entschieden drängte Augustinus darauf, daß Gottesdienst und heilige Lesung von der Arbeit begleitet werden sollten. Er wünscht einen ausgeglichenen Lebensstil. Ein angeblich «rein kontemplatives»

Leben sei ein Vorwand. Ein Kontemplativer müsse auch essen und trinken, also könne er auch arbeiten, vielleicht bei der Arbeit beten[31]. – Von Romanus (†um 463) im Jura heißt es: «Als wahrer Mönch arbeitete er für seinen eigenen Lebensunterhalt», nämlich bei Feldarbeit[32]. – Basilius (†379) hat den Wert der Arbeit besonders in ihrer karitativen und sozialen Funktion gesehen. Sie gestattet, dem Herrn in den Brüdern zu dienen und so Liebestätigkeit zu üben[33]. Nach der «Geschichte der Mönche» arbeitete man «besonders zur Erntezeit eigenhändig», um vielen Armen helfen zu können[34].

e. So kristallisiert sich das *Arbeitsethos* des alten Mönchtums deutlich heraus: Askese, ausgeglichener Lebensstil, eigener Lebensunterhalt und sozial-karitative Tätigkeit sind die traditionellen Motive. Zivilisatorische Leistungen waren kein Selbstzweck, sondern ergaben sich als Folge. Jeder mit einem «geistlichen Leben» zu vereinbarende Broterwerb war zugelassen. Die Verfügbarkeit der Mönche, die gehorsam leben wollten, hat ihren Einsatz auf allen Gebieten der Kultur ermöglicht: Landwirtschaft, Obst- und Weinbau, Architektur und Kunst, Handwerk und Schulen. Anspruchsvolle Arbeit, wie sie von den «Ortsverhältnissen oder der Armut» gefordert sein konnte und als Gemeinschaftswerk geleistet wurde, verwurzelte das Kloster an einem bestimmten Ort und verwirklichte ein Stück Ortsbeständigkeit[35].

9 Der Wille zum *Maßhalten* ist für Benedikt charakteristisch[36]. Kassian (†430) erzählt, der Evangelist Johannes sei von einem jungen Jäger, einem Philosophen, aufgesucht worden, als er eben gemütlich ein Rebhuhn streichelte. Gefragt, warum er sich für eine so schlichte Erholung Zeit nehme, habe jener zurückgefragt, warum ein Jäger seinen Bogen nicht immer gespannt herumtrage. Auf die Antwort, dauernd überspannt müsse der Bogen seine Spannkraft verlieren, antwortete Johannes, daß ebenso eine gelegentliche, kurze und schlichte Entspannung der Spannkraft des Geistes förderlich sei»[37]. – Das Maß muß dabei an den individuellen Möglichkeiten genommen werden. Ein Väterwort lautet: «Jeder wird nach seinem eigenen Maß gefordert»[38].

10–12 a. Gewisse gallische Klöster begnügten sich in der Frühe mit der *Lesung* bis zur 2. Stunde[39].

b. Im *Winter*, wenn es draußen kalt ist, sind zwei kurze Morgenstunden der Lesung vorbehalten. Die Terz, die hier erwähnt ist[40], wird unbekümmert verschoben[41]. Die Sext ist nicht erwähnt. Vielleicht wurde sie nicht im Oratorium gefeiert, weil die Mönche in größerer Entfernung arbeiten[42]. Ein erstes «Zeichen» muß sie heimrufen, ein zweites Zeichen (eine Neuerung) zeigt dann den Beginn der Non an (A. de Vogüé).

13 Die Zeit für die Lesung *nach Tisch* ist eher kurz bemessen. Nach der Non folgen ja das Essen und dann schon zeitig die Vesper[43].

14 a. Die «Magisterregel» kennt noch keine eigene Tagesordnung für die *Fastenzeit.* Wieder sind (Terz), Sext und Non nicht erwähnt, denn die Arbeit auf dem entlegenen Feldern dauert bis zur Vesper[44].

b. In der Fastenzeit hält Benedikt die traditionelle Regel aufrecht: *Lesung bis zur 3. Stunde*[45]. Diese lange Lesezeit wurde vielleicht als

c. Bußübungen empfunden[46]; jedenfalls sollen die besten Stunden des Tages der Lesung gewidmet sein. Man soll «frei sein für Gott»[47]. Benedikt empfiehlt ja: «Die heiligen Lesungen gern (!) hören. Sich oft zum Gebet niederwerfen»[48]. Das Gebet unterbricht dabei die meditative Lesung[49].

15–16 a. Unter *«Bibliothek»* ist die Heilige Schrift selbst zu verstehen[50]. Offensichtlich hält jeder für sich diese Lesung[51].

b. Großes Gewicht auf die Schriftlesung und -kenntnis legten die Pachomianer: «Tragen wir Sorge dafür, die Schrift zu lesen und auswendig zu lernen; verweilen wir allezeit in ihrer Meditation»[52]. Diese *Schriftfrömmigkeit* war aus der Synagoge übernommen worden[53].

c. Die *Meditation* der Schrift[54] geschieht durch ein längeres mündliches Repetieren und Vor-sich-her-Summen einzelner Schriftworte oder -sätze, die man so auskostet und sich einverleibt. Doch kann man auch still für sich beten[55] wie überhaupt diese «Meditation» immer wieder durch ein intensives Gebet unterbrochen wird[56].

17–18 a. *Lesung* zu halten war in einer Zeit des Niedergangs nicht beliebt. «Zwei Ältere»[57] müssen Aufsicht halten. Benedikt nennt die «geistliche Trägheit» (Acedia) als Grund. Von dieser seelischen Leere, die als ein Defizit an religiöser Motivierung und als fehlende Sensibilität für geistig-geistliche Werte verstanden werden muß, spricht besonders Kassian (†430)[58]. Sie läßt die Mönche «unfruchtbar» werden im Guten[59]. Die Lektüre guter Bücher sollte nach Augustinus fruchtbringend sein, zum Beispiel den Willen zur Arbeit wecken[60].

b. Sinnvolle Arbeit ist für Kassian ein Gegenmittel gegen die *«Acedia»*[61]: «Aus ihren konkreten Erfahrungen heraus verbieten die Väter in Ägypten den Mönchen und vor allem den Jüngern, untätig zu sein. Sie messen den Eifer des Herzens und den Fortschritt in standhafter Geduld und in der Demut am Arbeitsfleiß. Nie nehmen sie von irgend jemand irgend etwas zum eigenen Lebensunterhalt an. Vielmehr kommen sie mit ihrer Arbeit für den Unterhalt von Besuchern und Pilgern auf. Darüber hinaus sammeln sie Unterhalts- und Nahrungsmittel in großer Menge, die sie in die Gegenden Libyens schicken, die unter Dürre und Hunger leiden, sowie in die Städte für jene, die im Elend und in Gefängnissen verschmachten. So glauben sie, mit der Frucht ihrer Hände ein lebendiges, wahres Opfer[62] darzubringen»[63].

c. Kassian († 430) zeichnet sein Bild der Acedia dem Evagrius († 399) nach, der schreibt: «Die Acedia flößt ihm (dem Mönch) eine Abneigung gegen den Ort ein, wo er weilt, auch gegen seine Lebensweise und gegen die Handarbeit. Die Acedia suggeriert ihm die Idee, die Liebe sei aus dem Kreis der Brüder geschwunden, es sei niemand da, der ihm ein gutes Wort gebe ... Wie man zu sagen pflegt, setzt er (der Dämon der Acedia) alle Hebel in Bewegung, damit der Mönch seine Zelle verlasse und vom Kampfplatz fliehe. Diesem Dämon folgt so bald kein anderer nach, sondern nach dem Kampf stellen sich in der Seele ein friedvoller Zustand und eine unsagbare Freude ein»[64]. Bemerkenswert ist wieder, daß auch Evagrius den *«Arbeitsteufel»* weniger fürchtet als die Dämonen des Überdrusses und der Unlust.

19–20 Der «Magister» kennt diese Strafe nicht, wohl aber nennt Benedikt auch an anderer Stelle den Abschreckungseffekt der Strafe[65].

21 Dieses gemäßigte Verbot hat keine Parallele beim «Magister». Dagegen verbietet Pachomius († 346) den *Besuch* in der Behausung (cella) des andern[66]. Bei Kassian († 430) heißt es, alle, vor allem die Jungen, sollen in ihrer eigenen Cella arbeiten, nicht anderswohin gehen und sich nicht zusammen irgendwohin zurückziehen[67]. Basilius († 379) wünscht, man möge sich nicht vom Arbeitsplatz entfernen[68], um müßig zu sein und zu schwatzen[69].

22 Am «Tag des Herrn» soll man *«frei sein für Gott*; an diesem Tag werde keine Arbeit vorgesehen», sagt die «Regel der vier Väter»[70]. Benedikt konkretisiert[71] diese «Freiheit für Gott» in das «Freisein für die (heilige) Lesung». Dabei gibt er zu verstehen, daß am Sonntag verschiedene Dienste nötig bleiben[72].

23 a. Benedikts Ton ist hier streng. Er muß es hinnehmen, daß es *Analphabeten* aus eigenem Verschulden gibt und empfiehlt eine ähnliche Lösung wie Basilius († 379)[73]. Der «Magister» hält schlicht fest, daß Kinder und Analphabeten (bis zum 50. Jahr) in ihren Dekanien lesen lernen[74]. Bei Pachomius († 346) mußte erstaunlicherweise jeder lesen können, ja die Psalmen und sogar

große Teile der Schrift auswendig lernen[75]. Zum Leidwesen Benedikts konnte zu seiner Zeit dieses Ausmaß an Bildung nicht allgemein erreicht werden.

b. Die Empfehlung des *Studiums* gilt nicht beliebiger Lektüre[76], sondern zielt primär auf eine gute Kenntnis der Heiligen Schrift. Allerdings hat die Verpflichtung der Mönche zu Lektüre und Studium indirekt zu einer Kultur des Buches in den Klöstern geführt, während sich die Kultur der Antike in voller Auflösung befand.

c. Gregor der Große (†604) wird später erzählen, Benedikt habe nicht zu den «Gebildeten» gehören wollen und den profanen Studien den Rücken gekehrt: «Aus einem vornehmen Geschlecht der Provinz Nursia stammend, wurde er zum Studium der freien Wissenschaften nach Rom gesandt. Als er aber sah, daß viele während des Studiums auf den abschüssigen Weg von Lastern gerieten, zog er den Fuß, den er schon auf die Schwelle der Welt gesetzt hatte, zurück. Er wollte nicht vom Wissen der Welt kosten, um darnach in eine große Leere zu stürzen. Er hatte also nichts übrig für Studium und Wissen, ließ Haus und Vermögen der Eltern zurück und suchte Mönch zu werden, aus dem Wunsch, Gott allein zu gefallen. Er zog sich also zurück, mit Wissen unwissend und aus Weisheit ungebildet»[77].

d. Bei Gregor ist die Reserve gegen die profane Bildung offensichtlich, wie sie übrigens im östlichen Möchtum weithin beibehalten wurde. Man darf aber die besondere Zielrichtung von Gregors Aussagen nicht übersehen. Gregor wird von diesem selben, der profanen Bildung abholden Benedikt berichten, er sei – im Alter – Verfasser einer «in lichtvoller Sprache, mit großer Unterscheidungsgabe» geschriebenen «Regel» geworden. Diese Regel soll als die Frucht seines bewußten Rückzuges in Sammlung, Askese und in das Suchen der Schau Gottes erscheinen (A. de Vogüé). Er ist in Wirklichkeit nicht ungebildet, sondern, wie es Augustinus (†430) von Antonius (†356) sagt: «theodidaktos» (*gottbelehrt*)[78]. Ebenso wird Hilarius von Arles (†449) über Honoratus (†428), den Gründer von Lérins, sagen: «er ist eher durch die Pädagogie Gottes erzogen worden»[79].

e. Wenn die Mönche profaner Bildung und Lektüre gegenüber Reserven anmelden, muß man sie nicht in jedem Fall für ungebildet halten. Benedikt selber besteht auf einer ausgedehnten «heiligen Lesung». Keine Einwände gegen die Bildung macht die «Lebensbeschreibung der Juraväter»: Eugendus (†um 510) erhält als Knabe von seinem Vater, einem Priester, die Grundbegriffe des Wissens vermittelt[80]. Er kommt mit sieben Jahren in das Kloster, das er nie verläßt, bis er über siebzigjährig stirbt. «Sobald er alle Aufträge des Abtes erfüllt hatte, gab er sich mit so großem Eifer dem Studium (Lesung) hin, daß er sich nicht nur in den lateinischen Schriften auskannte, sondern auch in der griechischen Beredsamkeit»[81]. Man las in den Juraklöstern täglich die westlichen und, wenigstens in Übersetzung, die östlichen Mönchsschriften[82]. Arbeitsethos und -eifer haben sich im Mönchtum früh auf Studium und *Wissenschaft* verlagert.

24–25 a. Dieser Absatz wiederholt zum Teil bereits Gesagtes. Der Müßiggang ist zu meiden[83], eine schwache Gesundheit ist zu berücksichtigen[84]. Die Arbeit soll keinen «erdrücken»[85]. Der «Magister» hatte ähnlich geschrieben: «Die Arbeit soll den Diener Gottes ernähren helfen, ihn nicht erschlagen»[86]. Offenbar war die Versuchung zu *hektischer Arbeit* nicht groß, denn Mahnungen in diese Richtung sind selten[87].
b. Benedikt erwähnt die Gefahr eines *Austritts*. Nach Kassian (†430) ist es die «Acedia»[88], die einen glauben macht, er müsse seine «Cella» und die Gemeinschaft verlassen[89].

KAPITEL 49
VON DER BEOBACHTUNG DER FASTENZEIT

1 Ein Mönch sollte zwar dauernd ein Leben führen,
wie man es in der Fastenzeit zu beobachten hat;
2 weil aber nur wenige die Kraft dazu haben, raten wir,
daß man wenigstens in diesen Tagen der Fastenzeit
sein Leben in lauterer Reinheit bewahre.
3 Ebenso tilge man in diesen heiligen Tagen
alle Nachlässigkeiten anderer Zeiten.
4 Das verwirklichen wir am besten,
wenn wir uns aller Fehler enthalten,
und uns UNTER TRÄNEN DEM GEBET hingeben,
ferner der Lesung und der HERZENSZERKNIRSCHUNG,
wie auch dem VERZICHT.
5 Fügen wir also unserer üblichen Dienstpflicht
in diesen Tagen etwas hinzu:
besondere Gebete und Verzichte beim Essen und Trinken.

6 Ein jeder möge über das ihm angewiesene Maß hinaus,
aus freiem Willen und IN DER FREUDE DES HEILIGEN GEISTES,
Gott etwas zum Opfer bringen,
7 das heißt: er entziehe seinem Leib etwas an Speise und Trank,
an Schlaf, an Geschwätzigkeit und Ausgelassenheit,
und er erwarte das heilige Osterfest
in der Freude und Sehnsucht des Geistes.

8 Was aber der einzelne zum Opfer bringen will,
das lege er seinem Abt vor,
damit es mit seinem Gebet und Einverständnis geschehe;
9 denn was ohne Erlaubnis des geistlichen Vaters geschieht,
gilt als Anmaßung und eitle Ruhmsucht,
nicht als Verdienst.
10 So tue man alles mit dem Einverständnis des Abtes.

4 Vgl. Hebr 5,7; Ps 51,19; Lk 4,18; Tit 2,12 6 1 Thess 1,6 7 Vgl. Lk 22,15; Gal 5,17.22

1–3 a. Basilius († 379) empfiehlt auf Grund der Schrift[1] ein überlegtes und maßvolles Fasten um der *Selbstbeherrschung* willen, worunter er Keuschheit und innere Freiheit von «ungeordneten Leidenschaften» wie «Zorn» (Aggressivität) oder «Traurigkeit» (Mißmut, Depressionen) versteht. Basilius anerkennt Fastenvorschriften, hält aber nichts von Einzelregelungen für die Allgemeinheit, da nach der Apostelgeschichte[2] unterschiedliche Bedürfnisse vorhanden sind und berücksichtigt werden müssen. Basilius denkt nicht leibfeindlich: der «geschwächte Körper ist zu stärken»; ein schädliches Übermaß in den Essensgewohnheiten ist zu meiden; man kaufe «ortsübliche» Speisen, keineswegs «Delikatessen» oder ausgesuchte «Fastenspeisen»[3]. Auch Augustinus († 430) legt in der Fastenfrage die Berücksichtigung der individuellen Bedürfnisse nahe[4], ebenso Kassian († 430), der zusammenfassend erklärt: «In dieser Frage ist folgender Bescheid der Tradition auf uns gekommen: der Unterschied an körperlicher Widerstandskraft, an Alter und Geschlecht bringt Unterschiede in den Essenszeiten, in der Quantität und Qualität des Essens mit sich; aber für alle gilt ein- und dieselbe Regel der Askese: innere Selbstbeherrschung zur Stärkung der seelischen Kraft»[5]. Nach Kassian fasten die Mönche nicht, weil sie irgendeine Speise ablehnen[6], sondern um sich zu befähigen, die eigentlichen Werte zu leben, nämlich «Güte, Geduld, Liebe»[7], um zur «Reinheit des Herzens»[8] und zur apostolischen «Liebe» zu gelangen[9].

b. Das Evangelium[10] kennt Zeiten, da den Jüngern Christus, «der Bräutigam, genommen ist; dann fasten sie»[11]. Mit diesem Bibelzitat will Kassian (†430) aber *keine spezielle Fastenzeit* rechtfertigen. In der «Urkirche» habe es «keine Fastenzeit» gegeben und keine «gesetzlichen Vorschriften» dafür, weil man «das ganze Jahr unveränderlich ein Fasten innehielt»[12]. Benedikt[13] konzediert nun, daß es theoretisch so sein müßte, daß also die Mönche ständig den Enthusiasmus des Ursprungs leben sollten[14]. Aber Benedikt weiß, daß bei den Mönchen, wie bei den Laien, «wenige diese Kraft haben». Er übernimmt Gedanken und Formulierungen aus Fastenpredigten, die Papst Leo I. vor Laien gehalten hatte[15], was sich im predigt-ähnlichen Stil des Kapitels niederschlägt (A. de Vogüé). Auch die Mönche sind «nachlässig»[16] und bedürfen der Erneuerung.

4–5 a. Die Übungen der Fastenzeit werden dem üblichen Pensum *«hinzugefügt»*[17], sie sind nur dank der Gnade Gottes fruchtbar[18].

b. Unter den zusätzlichen *«Gebeten»* (die von Papst Leo erwähnten Liebeswerke übergeht Benedikt) sind vielleicht gemeinsame, stille («reine» Glut-)Gebete im Oratorium gemeint, wie der «Magister» sie vorsieht[19]. – Lesung bzw. Gebet unter Tränen oder in «Zerknirschung» wird von Benedikt oft empfohlen[20].

6–7 a. Während die «Magisterregel» von gemeinsamen Übungen spricht, empfiehlt Benedikt «über das (allen gemeinsam?) zugewiesene Maß hinaus» spontane, aus der *«Freude des Geistes»* geborene Vorhaben der einzelnen. Die innere Freude ist nach Benedikt gerade in der Zeit des Kampfes lebendig[21], also schon in der Zeit, in der man mit Christus «die Leidenschaften und Begierden kreuzigt»[22], nicht erst am Tag der Auferstehung[23].

b. Die Fastenpraxis in den Klöstern wandelte sich. Im Jura ließ zum Beispiel Abt Romanus († um 463) jeden so fasten, wie es seiner Willenskraft entsprach, während Abt Lupicinus († um 480) darauf beharrte, daß mit Gottes Hilfe jeder alles ihm Mögliche tat[24]. Die aufgeführten Verzichtsmöglichkeiten sind für das klösterliche Leben typisch[25].

c. Die «Sehnsucht» nach dem *«heiligen Pascha»* erinnert an ein Herrenwort[26]. Es ist charakteristisch für Benedikt, daß er auf die innere Gesinnung, hier für das Fasten, hinweist, während der «Magister» Riten der Fastenzeit und der Kartage beschreibt.

Ostern, das Pascha des Herrn, hat für ihn eine zentrale Bedeutung im Lauf des Jahres[27] und für das Verständnis eines christlichen Lebens überhaupt[28].

8–9 a. Es war üblich, für jedes Vorhaben den Segen des «geistlichen Vaters» einzuholen. Hier erinnert die Vorschrift an einen beim «Magister» beschriebenen Ritus, der vielleicht ein Element der *altkirchlichen Bußpraxis* vor dem Bischof widerspiegelt: Man verbeugt sich im Oratorium in Demut tief vor dem Abt oder kniet vor ihm, eröffnet ihm das Gewissen und erklärt in diesem Fall mit Dankbarkeit die Bereitschaft zu einer besondern Buße in der Fastenzeit[29].

b. Die «Erlaubnis» des Abtes soll aber auch einer *falschen Askese*[30] vorbeugen. Basilius (†379), der das Fasten empfiehlt,[31] warnt vor einem unerleuchteten, «eigenwilligen» Fasten, dem die Gabe der «Unterscheidung» fehlt[32]. Augustinus (†430) schrieb: «Lernt euren Leib beherrschen durch Verzicht im Essen und Trinken, nach dem Maß, das die Gesundheit zuläßt»[33].

c. Ferner fürchtet Benedikt, asketische «Leistungen» könnten zu *«eitler Ruhmsucht»* führen. Diese ichbezogene «vana gloria» gilt als Hindernis der Offenheit für Gott und seine Ehre, für das «Freisein für Gott» (vacare Deo)[34]. Kassian (†430) widmet der «kenodoxia» ein Buch seiner Institutiones[35]. Die Ruhmsucht gilt als besondere Gefahr, weil sie den geistigen Teil der Person in Beschlag nimmt, weil sie in vielen Varianten auftreten und sich «wie ein Pilz» ausbreiten kann: Einbildung auf die eigene Tugend und Selbsttäuschung; aus Minderwertigkeitsgefühlen hervorgegangenes Wunschdenken mit Kompensationsfunktion; Karrieredenken oder klerikale Anmaßung. Statt dessen ist «der königliche Weg» der Mitte zu gehen, unter Führung des Geistes des Herrn, ohne nach rechts abzuweichen in die Richtung von Arroganz oder bewußten Spitzenleistungen oder nach links in die Richtung von Lastern[36].

d. Gegenüber *asketischen Spitzenleistungen* war das Mönchtum skeptisch. «Einmal kamen drei Brüder zu einem Altvater in der sketischen Wüste. Der erste fragte ihn und sprach: ‹Abba, ich habe das Alte und das Neue Testament meinem Gedächtnis eingeprägt!› Der Altvater antwortete und sprach: ‹Du hast die Luft mit Worten gefüllt!›[37]. Der zweite fragte ihn und sprach: ‹Ich habe das Alte und Neue Testament eigenhändig abgeschrieben!› Er sprach auch zu diesem: ‹Du hast die Fenster mit Papier verkleidet!›[38]. Der dritte sprach: ‹Mir ist über dem Herd Gras gewachsen!›[39]. Der Altvater antwortete und sprach: ‹Und du hast die Gastfreundschaft vertrieben!›[40]»

10 Am Schluß folgt nochmals ein Verweis auf den *Abt*, wohl weil Benedikt auf Einzelvorschriften verzichtet hat, im Unterschied zum «Magister»[41]. Der Abt soll alles ordnen.

KAPITEL 50
VON BRÜDERN, DIE WEIT WEG VOM ORATORIUM AN DER ARBEIT ODER AUF REISEN SIND

1 Wenn Brüder sehr weit entfernt an der Arbeit sind
und zur bestimmten Stunde
nicht zum Oratorium kommen können
2 – der Abt befinde darüber, ob es wirklich so ist –,
3 feiern sie den Gottesdienst an ihrem Arbeitsplatz
und beugen die Knie in Ehrfurcht vor Gott.

4 Auch wenn sie auf eine Reise geschickt werden,
übergehen sie die festgesetzte Gebetsstunde nicht,
sondern feiern diese, so gut sie können, für sich allein
und versäumen es nicht, den schuldigen Dienst zu leisten.

1–2 Im Kloster Benedikts fallen Arbeiten auf entfernten Feldern an[1]. Wer dort arbeitet, kann nicht unverzüglich zum Gottesdienst kommen[2]. Diese Arbeitsbedingungen legen Benedikt eine angemessene Lösung durch Regelvorschriften[3] und durch den Abt[4] nahe: die Gottesdienste werden gekürzt[5], Gebetszeilen leicht verschoben[6], Vorsorgen für die zeitige Besammlung getroffen[7]. So muß die *Dispens* von der Teilnahme am gemeinsamen Gottesdienst nur *selten* erteilt werden, nur für jene, die «sehr weit entfernt» arbeiten. Mit dieser Lösung ändert Benedikt die Praxis des «Magisters», der den wenigen, die «fünfzig Schritte» vom Oratorium entfernt arbeiteten, Dispens von der Teilnahme am gemeinsamen Offizium erteilt, um jeden Gottesdienst zu seiner Zeit unverzüglich beginnen zu können[8].

3 a. Schon Basilius († 379) erklärt: «Wer körperlich nicht zur Gebetsstätte kommen und mit den andern anwesend sein kann, der verrichte seine Andacht *am Ort*, wo er sich findet. Es ist aber

darauf zu achten, ob einer seine Pflichten nicht rechtzeitig erfüllen und herbeikommen kann»[9].
b. Die *Knie beugt* man zur Psalmoration oder zum «Ehre sei»[10].

4 Pachomius (†346) mahnt, keine «Vorwände zu suchen», um «von Psalmodie und Gebet in der Gemeinschaft» fernbleiben zu können[11]. Aber auch wer auswärts weilt, darf die Gottesdienstzeiten *nicht versäumen*: «Wer sich auf dem Schiff, im Kloster, auf dem Feld, auf der Reise oder bei einem Dienst befindet, lasse die Zeit von Gebet und Psalmodie nicht vorübergehen»[12].

KAPITEL 51
VON BRÜDERN, DIE SICH NICHT SEHR WEIT ENTFERNEN

1 Wird ein Bruder für eine Besorgung ausgeschickt
und ist zu erwarten,
daß er am gleichen Tag ins Kloster zurückkehrt,
darf er sich nicht herausnehmen, auswärts zu essen,
auch wenn er von jemand dringend gebeten wird,
2 außer der Abt habe ihm eine Anweisung gegeben.
3 Handelt er anders, so werde er ausgeschlossen.

1–2 Ohne die humane, aber komplizierte Kasuistik des «Magisters»[1] zu berücksichtigen, formuliert Benedikt[2] ein knappes *Verbot, auswärts zu essen*. Es hat vielleicht den Sinn, daß der betreffende Bruder, von der Reise zurückgekehrt, nüchtern die Kommunion empfangen kann, bevor er speist[3].

3 a. Im übrigen läßt Benedikt den Abt entscheiden und fügt eine in seinen Vorlagen nicht vorhandene *Strafdrohung* hinzu[4].
b. Nach der Erzählung Gregors des Großen (†604) bestand Benedikt darauf, selber keine Nacht außerhalb des Klosters zu verbringen. Einmal im Jahr habe er jeweils seine Schwester Scholastika besucht, die sich von jung an Gott geweiht hatte und unweit seines Klosters wohnte. «Der Gottesmann traf sie auf einem Klostergut, unweit der Pforte ... Den ganzen Tag verbrachten

sie miteinander im Lob Gottes und in geistlichen Gesprächen. Als schon das Dunkel der Nacht hereinbrach, nahmen sie gemeinsam das Mahl ein[5] ... Da bat ihn seine Schwester, die Nonne: ‹Verlaß mich diese Nacht nicht! Wir wollen bis zum Morgen von den Freuden des himmlischen Lebens sprechen.› Er antwortete: ‹Was sagst du da, Schwester? Ich darf keinesfalls außerhalb des Klosters verbleiben.› Der Himmel war so klar, daß man kein Wölklein erblicken konnte. Als die Nonne die ablehnende Antwort ihres Bruders hörte, legte sie die Hände mit gefalteten Fingern auf den Tisch und neigte das Haupt bis auf die Hände, um zum allmächtigen Gott zu beten. Als sie den Kopf wieder hob, blitzte und donnerte es so gewaltig und goß derart in Strömen, daß auch der ehrwürdige Benedikt und die Brüder, die bei ihm waren, keinen Fuß hinaussetzen konnten.» Gregor fügt hinzu: «Gott ist die *Liebe*»[6]; darum hat die betende Schwester mehr vermocht, als der auf *Regeltreue* bedachte Benedikt[7]. Drei Tage später durfte Benedikt vom Kloster aus schauen, wie die Seele seiner Schwester, die entschlafen war, in Gestalt einer Taube «in das Geheimnis des Himmels einzog». Er stattete Gott Lob und Dank ab[8]. Die Schwester hatte die Vollendung, die Liebe und Gott, erreicht[9].

KAPITEL 52
VOM ORATORIUM DES KLOSTERS

1 Das Oratorium soll sein, was sein Name besagt;
nichts Unpassendes werde dort getan oder aufbewahrt.
2 Ist der Gottesdienst beendet,
entfernen sich alle in tiefstem Schweigen,
und man bezeuge Ehrfurcht vor Gott.
3 So wird ein Bruder, der für sich allein beten möchte,
nicht gehindert durch Rücksichtslosigkeit eines andern.
4 Auch wer sonst still für sich beten möchte,
trete ruhig ein und bete,
nicht mit lauter Stimme,
sondern unter Tränen und innig aus dem Herzen.

5 Wer aber etwas anderes tun will,
darf nicht im Oratorium zurückbleiben,
wenn der Gottesdienst beendet ist,
um nicht – wie gesagt – einen andern zu stören.

1 Vgl. Jes 56,7; Lk 19,46 4 Vgl. Mt 6,5–6.7–8; 1 Sam 1,10–13.26–27

1–3 a. Mit Formulierungen von Augustinus († 430)[1] erklärt Benedikt das *Oratorium* zu einem vorzüglich sakralen Ort. Im Gebetsraum darf man keinen Nebenbeschäftigungen nachgehen. – Praxis und religiöses Empfinden der ägyptischen Mönche waren anders. Sie pflegten leichte Handarbeiten zu verrichten und gleichzeitig der Stimme des Psalmisten oder Lesers zu lauschen. Sie glaubten, bei einer einfachen Handarbeit «in der Reinheit ihres Geistes zu um so höherer, geistiger Schau zu gelangen»[2]. Im Westen hat also der klösterliche Gottesdienst stärker einen «liturgischen» als den «häuslichen» Charakter, der dem ägyptischen Mönchtum vertraut war.
b. Benedikt fügt eine Mahnung zum Schweigen und zur *Ehrfurcht*[3] beim Verlassen des Gottesdienstes ein[4]. Sie ist dem «Magister» entnommen, der den Brüdern verbietet, daß sie nach Schluß des Gottesdienstes, beim Hinausgehen, eben gehörte Psalmverse vor sich hersingen[5]. Anschließend kehrt Benedikt wieder zu Augustins[6] Empfehlung des privaten Gebetes im Oratorium und der Stille im Gebetsraum zurück.

4 a. Benedikt trägt eine Synthese seiner *Gebetslehre* vor. Er geht von der Schrift, von Kassian († 430) und der ganzen Tradition aus. Das Gebet darf nicht laut, auffallend oder wortreich sein, sondern sei ein «Gebet im stillen Kämmerlein»[7]. Cyprian († 258) sagt: «Gott hört nicht die Stimme, sondern das Herz»[8].
b. Das andachtsvolle Herzensgebet[9] ist ein Gebet unter «Tränen» und in «Zerknirschung»[10]. Es ist jenes *«reine Gebet»*, das die Reue, Vertrauen und Hingabe einschließt, das aus glühender Liebe stammt und Dank oder Bitte sein kann[11]. Kassian († 430) schildert das Glut-Gebet[12] als eine mystische Erfahrung: «Manchmal wird meine Seele, die zu wahrer Reinheit des Gemüts gelangt ist und darin zu wurzeln beginnt, all die Formen des Gebets gleichzeitig vollziehen, wie eine unfaßliche, verzehrende Flamme von einer Gebetsform zur andern fliegen und so nicht erklärbare Gebete voll Kraft und Reinheit vor Gott ausgießen, die der Geist selber, mit unaussprechlichem Seufzen für uns eintretend[13], zu Gott sendet; die Seele nimmt in diesem einen

Moment soviel auf und ergießt es in tiefem Gebet vor Gott, wie sie zu andern Zeiten nie im Gedächtnis behalten, geschweige denn in aller Eile mit dem Mund ausdrücken könnte. Was immer das individuelle ‹Maß› ist, es kann einer manchmal reine und innige Gebete emporsenden, auch wenn sie zu der ersten und bescheidensten Art gehören; bei dieser denkt man an das kommende Gericht, steht unter der Furcht vor Strafe und in der Angst vor dem Gericht und erlebt nur für kurze Zeit die Zerknirschung»[14]. Diese Reinheit des Herzens ist letztlich identisch mit dem eigentlichen Ziel, mit der Liebe und der Kontemplation[15].

5 Benedikt *wiederholt* sich, um sein Anliegen zu unterstreichen. Das liturgische «Opus Dei» und das Beten des einzelnen sind deutlich voneinander abgehoben.

KAPITEL 53
VON DER AUFNAHME DER GÄSTE

1 Gäste, die ankommen, empfange man alle wie Christus;
weil er selber einmal sagen wird:
ICH WAR FREMD, UND IHR HABT MICH AUFGENOMMEN.
2 ALLEN erweise man die Ehre, die ihnen zusteht,
BESONDERS DENEN, DIE MIT UNS IM GLAUBEN VERBUNDEN SIND,
und den Pilgern.

3 Sobald also ein Gast gemeldet wird,
gehen ihm der Obere oder die Brüder entgegen
mit einer Höflichkeit, wie sie der Liebe eigen ist.
4 Zuerst beten sie gemeinsam,
und dann tauschen sie den FriedensKUSS.
5 Diesen Friedenskuß gebe man erst nach dem Gebet,
um nicht vom Teufel getäuscht zu werden.

6 Bei der Begrüßung begegne man allen Gästen,
die ankommen oder fortgehen, in tiefer Demut:

7 Man neigt den Kopf oder wirft sich ganz zur Erde nieder,
um in den Gästen Christus zu verehren,
der auch wirklich aufgenommen wird.
8 Nach dem Empfang führt man die Gäste zum Gebet,
dann setzt sich der Obere zu ihnen
oder ein anderer in seinem Auftrag.
9 Man liest dem Gast zur Erbauung das göttliche Gesetz vor,
dann BEWIRTET man ihn sehr FREUNDLICH.
10 Wegen eines Gastes breche der Obere das Fasten,
außer es handle sich um einen großen Fasttag,
den man halten muß.
11 Die Brüder aber behalten das übliche Fasten bei.
12 Der Abt reicht den Gästen das Wasser für die Hände.
13 Der Abt wie auch die ganze Gemeinschaft
waschen allen Gästen die Füße.
14 Nach der Fußwaschung spricht man den Vers:
WIR HABEN DEINE BARMHERZIGKEIT EMPFANGEN, O GOTT,
INMITTEN DEINES TEMPELS.

15 Die allergrößte Sorge und Aufmerksamkeit
lasse man bei der Aufnahme von Armen und Pilgern walten,
denn mehr als in andern nimmt man in ihnen Christus auf;
reiche Leute dagegen sind vielvermögend,
das führt von selbst dazu, daß sie geehrt werden.

16 Abt und Gäste haben eine eigene Küche;
so werden die Brüder nicht gestört,
wenn zu unbestimmter Zeit Gäste ankommen,
an denen es dem Kloster nie fehlt.
17 Zwei Brüder, die diese Aufgabe gut erfüllen können,
treten für je ein Jahr den Dienst in ihrer Küche an.
18 Wenn sie es nötig haben, gebe man ihnen Gehilfen,
damit sie ihren Dienst leisten ohne zu murren.
19 Sind sie dagegen wenig beschäftigt,
sollen sie an die Arbeit gehen, wohin man sie schickt.
20 Übrigens gilt diese Überlegung nicht nur für sie,

sondern für alle Ämter im Kloster:
Braucht jemand eine Hilfe, werde sie ihm gewährt,
ist dagegen jemand frei, nehme er Aufträge gehorsam an.

21 Die Gastwohnung sodann werde einem Bruder anvertraut,
dessen Seele von der Gottesfurcht erfüllt ist.
22 Betten in genügender Zahl seien dort bereit.
Und das Haus Gottes soll von Weisen
weise verwaltet werden.

23 Niemand darf sich ohne Auftrag zu den Gästen gesellen
oder mit ihnen sprechen.
24 Wer ihnen begegnet oder sie sieht, grüße sie bescheiden,
wie wir sagten,
bitte um ihren Segen und gehe weiter mit dem Bemerken,
es sei ihm nicht erlaubt, mit den Gästen zu reden.

1 Mt 25,35 **2** Gal 6,10 **4** Vgl. Röm 16,16; 1 Petr 5,14 **7** Vgl. Mt 28,9 **9** Apg 28,2 **13** Lk 7,44–45 **14** Ps 48,10 **15** Vgl. Mt 25,35

1–2 Diese Leitsätze Benedikts, die nicht dem «Magister»[1] entnommen sind, ähneln dem Grundsatz über die Betreuung der Kranken[2]. Der Akzent liegt bei Benedikt auf der religiös motivierten, ehrenvollen Aufnahme *aller* Gäste[3], während der «Magister» nur Kleriker und fremde Mönche unbefangen aufnimmt. Dieser Eifer für die Gastfreundschaft hat sein Vorbild in begeisterten Darstellungen der *Gastfreundschaft* ägyptischer Mönche[4]. Fast alle früheren Mönchsregeln empfehlen die Gastfreundschaft[5], bei Benedikt hat das Prinzip «alle Menschen ehren»[6] einen besondern Stellenwert[7].

3–5 a. Bei aller herzlichen Zuvorkommenheit für die Gäste darf die *«Unterscheidung der Geister»* nie fehlen, denn man will im Gast Christus ins Kloster aufnehmen und nicht Illusionen nachgehen, für welche die Mönche anfällig sein könnten. Bei Benedikt fehlt es nicht an der Zurückhaltung gegenüber Außenstehenden[8].

b. Das Gebet ist eine Garantie echter Gemeinschaft mit Gott und geht darum dem Friedenskuß voraus, der das Gebet besiegelt (A. de Vogüé). – Ob Gebet und *Kontakt mit der Umwelt* konvergieren, ist ein wichtiger Maßstab für die Frage, welche

Art und welches Maß von Beziehungen zur Außenwelt für das Kloster und für den Mönch positiv sind.

c. Basilius (†379) bejaht die Aufnahme von Gästen ins *«Kloster auf Zeit»*. Sie ziehen geistlichen Gewinn daraus. Einzelne schließen sich dem Kloster an. Doch warnt Basilius, solcher Gäste wegen die Klosterordnung zu verwässern oder auf Betrüger hereinzufallen[9].

6–7 Die *Prostration* (sich auf dem Boden in Demut ausstrecken) bis zur Erde vor dem Gast kennt nur Benedikt.

8–9 a. Mit diesem Gebet meint Benedikt[10] eher die Gebetsstunde, die vor dem Mahl im Chor stattfindet, als das Tischgebet[11]. Wenn man sich nach der Händewaschung[12] zu Tisch gesetzt hat, folgt die *Tischlesung*, denn man will den Gästen gegenüber ein Apostolat ausüben, wie man sich heute ausdrücken würde. Dabei sind die Gäste «freundlich zu bewirten»[13].

10–11 a. Die Frage, ob das Fasten der Gäste wegen gebrochen werden soll, findet in den Mönchsregeln eine unterschiedliche Antwort. Benedikts Lösung ist einfach und für den Gast großzügig. Doch soll die *Ordnung* der Gemeinschaft nicht gestört werden. Weil die Besuche häufig sind[14], soll die Allgemeinheit nicht ständig Ausnahmen machen müssen.

b. Kassian (†430) berichtet, daß die ägyptischen Mönche aus Liebe zu einem Gast die Regelvorschrift brachen. Einer erklärte den Besuchern: «Das Fasten habe ich immer bei mir; euch aber muß ich bald entlassen und werde euch nicht bei mir behalten können. Wenn das Fasten auch gut und notwendig ist, so ist es doch eine freiwillige Opfergabe; dagegen schreibt ein Gebot diese Liebestat (der Gastfreundschaft) unbedingt vor. Da ich in euch *Christus aufnehme*, muß ich ihn auch speisen. Wenn ich euch nachher ziehen lasse, kann ich die Gastlichkeit, die ich euch seinetwegen gewährte, durch ein persönliches strenges Fasten ersetzen[15].

12–14 Die *Empfangszeremonien* sind bei Benedikt ziemlich feierlich ausgestaltet; beim «Magister» wird z. B. die Fußwaschung bloß von den beiden Brüdern im Wochendienst vorgenommen[16]. Gastfreundschaft und Fußwaschung gehören in dieser Zeit zusammen[17].

15 Ohne Parallele beim «Magister» ist auch diese von Benedikt gesetzte *Priorität* zugunsten der «Armen» und der «Fremden»[18]. Benedikt will unparteiisch sein. Eine Bevorzugung erfahren bei ihm nur jene, die Christus näher stehen: die Kranken, die Kinder, die Greise, die Fremden, die Bedürftigen, die Glaubensgenossen[19]. Benedikt zeigt sich solidarisch mit den Ärmsten und

Geringsten unter den Menschen; er sucht die Protektion der Mächtigen nicht.

b. Die Stelle erinnert an die Gastfreundschaft des Honoratus von Lérins (†428), der «alle mit Freude und Liebe aufnahm, so daß der *Zustrom der Gäste* groß war. Er ließ alles den Armen austeilen[20], im Vertrauen darauf, daß Gott alsbald einen Wohltäter vorbeischicken werde»[21].

c. Zum dritten Mal heißt es, wie abschließend, im Gast werde *Christus empfangen*.

16 Der Verfasser setzt neu an (ein Einschub?) und behandelt im folgenden einige Probleme, welche die (im Vergleich zur ägyptischen Wüste) häufigen Besucher stellen[22]. Theologische Überlegungen fehlen hier. Die Hauptsorge gilt der ungestörten Tagesordnung der Gemeinschaft. Ihretwegen sieht der Autor eine gewisse *Absonderung* der Gäste vor und verfügt eine Neuerung: die besondere Küche der Gäste und des Abtes. Vielleicht will er auch der «Erbauung» der Gäste dienen; sie sollen nicht mit schwierigen Gliedern der Gemeinschaft in Kontakt kommen[23].

17–20 Benedikt richtet für die Betreuung der Gäste nicht bloß einen Wochendienst[24] ein, sondern einen *ganzjährigen Dienst* von zwei geeigneten Brüdern, was eine Neuerung ist. Da sie zu zweit sind und oft einer zusätzlichen Hilfe bedürfen, rechnet Benedikt regelmäßig mit einer großen Zahl von Gästen[25], die aus dieser eigenen Küche bedient werden.

21–22 Während der «Magister» unter den Gästen Diebe und Parasiten-Mönche vermutet und für sie jeweils zwei Mönche als Wächter bestellt[26], richtet Benedikt das Amt *eines Verantwortlichen* für die Gäste ein. Damit er seinen Dienst wunschgemäß in religiösem Geist erfüllt, nicht etwa aus «Menschenfurcht»[27], muß er «gottesfürchtig» sein wie der Krankenwärter[28]. «Genügend Betten» für offenbar zahlreiche Gäste müssen gerüstet sein, und der Verantwortliche muß sich auskennen[29].

23–24 Eine gewisse *Distanz* des Mönchs zur Umwelt ist zu sichern, auch wenn man den Gästen mit großer Achtung begegnet. Benedikt scheint in diesen nicht vom «Magister» beeinflußten Sätzen zu engen Bindungen an Außenstehende vorbeugen zu wollen; ähnlich sagt Caesarius (†542), daß man im Kloster «für Christus leben und für das ganze Volk beten», nicht spezielle Bindungen an die Außenwelt kultivieren soll, der Benedikt mit Zurückhaltung begegnet[30].

KAPITEL 54
OB DER MÖNCH BRIEFE ODER SONST ETWAS ANNEHMEN DARF

1 Einem Mönch ist es keineswegs gestattet,
ohne Erlaubnis des Abtes
von seinen Eltern, von sonst wem, auch nicht voneinander,
Briefe, Eulogien oder irgendwelche kleine Geschenke
anzunehmen oder solche zu geben.
2 Selbst wenn ihm seine Eltern etwas geschickt haben,
darf er sich nicht anmaßen, es anzunehmen,
ehe der Abt benachrichtigt wurde.
3 Hat dieser die Annahme erlaubt,
kann der Abt immer noch verfügen, wem es zu geben ist.
4 Der Bruder, für den es bestimmt war, werde nicht mißmutig,
UM NICHT DEM TEUFEL EINE GELEGENHEIT ZU BIETEN.
5 Wer sich etwas anderes herausnimmt,
verfalle der Regelstrafe.

4 Eph 4,27; 1 Tim 5,14

1–5 a. Nach der Aufnahme der Gäste behandelt Benedikt die Annahme von *Geschenken*[1]; Bemerkungen über das Geschenkemachen sind eingefügt[2]. Das Thema ist in Mönchsschriften häufig anzutreffen[3]. Benedikt übernimmt wörtlich Wendungen aus Augustinus (†430)[4], gibt aber nur teilweise wieder, was Augustinus beabsichtigte. Dieser wollte geheime Briefkontakte mit Frauen vermieden wissen[5] und wünschte, daß Geschenke, z. B. Kleider, den wirklich Bedürftigen zugehalten würden. Benedikt übergeht die für Augustinus wichtige Begründung: Im Kloster ist nach dem Vorbild der Urgemeinde jeder Besitz «Gemeinschaftsgut»[6] und muß «das Notwendige nach Bedürfnis zugeteilt» werden[7]. Vielleicht will Benedikt vor allem verhindern, daß verwandtschaftliche oder andere persönliche Beziehungen zu einer faktischen Privilegierung einzelner Glieder der Gemeinschaft führen.

b. Statt dessen warnt Benedikt vor unguten *«Gelegenheiten»*[8] und droht eine Strafe an.[9] Die Erwähnung der Eulogien erinnert an Caesarius († 542)[10], die Warnung vor Mißmut an Augustinus[11]. So hat Benedikt in diesem Kapitel verschiedene praktische Verhaltensregeln kurz und nicht sehr logisch zusammengedrängt.

KAPITEL 55
VON KLEIDUNG UND SCHUHWERK DER BRÜDER

1 Man gibt den Brüdern Kleider,
die der Lage und dem Klima des Wohnorts entsprechen;
2 denn in kalten Gegenden braucht man mehr,
in warmen weniger.
3 Es ist also Sache des Abtes, darauf Rücksicht zu nehmen.
4 In Gegenden mit gemäßigtem Klima
genügen nach unserer Meinung für die einzelnen Mönche:
eine Kukulle und eine Tunika
5 – die Kukulle im Winter dickwollig,
im Sommer leicht oder abgetragen –,
6 für die Arbeit ein Skapulier
und als Fußbekleidung leichtes und schweres Schuhwerk.

7 Die Mönche sollen keine Klagen vorbringen
über Farbe oder grobe Beschaffenheit all dieser Dinge,
sondern wie man sie vorfinden kann
in der Provinz, wo man wohnt,
oder wie man sie billiger kaufen kann ...
8 Der Abt hat jedoch darauf zu sehen,
daß die Kleider für ihre Träger nicht zu kurz sind,
sondern ein richtiges Maß haben.

9 Wenn man etwas Neues bekommt,
gibt man jeweils das Alte sofort zurück;
es werde in der Kleiderkammer für die Armen aufbewahrt.
10 Für einen Mönch genügt es,

zwei Tuniken und zwei Kukullen zu haben,
wegen der Nacht und um die Dinge waschen zu können;
11 denn was darüber hinausgeht, ist überflüssig;
es muß entfernt werden.
12 Auch das Schuhwerk und was immer alt ist,
gebe man zurück, wenn man Neues erhält.

13 Wer auf Reisen geschickt wird,
erhält aus der Kleiderkammer Hosen,
die er nach der Rückkehr gewaschen zurückgibt.
14 Auch die Kukullen und Tuniken,
die sie für die Reise aus der Kleiderkammer erhalten
und nach der Rückkehr wieder abgeben,
seien etwas besser, als man sie gewöhnlich trägt.

15 Als Bettzeug genügen Matte, Bettuch, Wolldecke
und Kopfkissen.
16 Der Abt durchsuche oft die Betten,
ob sich darin kein Sonderbesitz finde.
17 Wird bei einem etwas gefunden,
was er nicht vom Abt erhalten hat,
verfalle er strengster Strafe.
18 Um dieses Laster des Sonderbesitzes
mit der Wurzel auszurotten,
stelle der Abt alles Notwendige zur Verfügung,
19 nämlich Kukulle, Tunika, leichtes und schweres Schuhwerk,
Gürtel, Messer, Griffel, Nadel, Tüchlein, Täfelchen,
damit sich keiner entschuldigen kann,
es fehle ihm etwas Notwendiges.

20 Der Abt beachte stets den Satz der Apostelgeschichte:
JEDEM WURDE ZUGETEILT, WAS ER NÖTIG HATTE.
21 So berücksichtige also auch der Abt
die Schwächen der Bedürftigen,
nicht aber die Mißgunst der Neider.
22 Doch bei all seinen Entscheiden
denke er an die Vergeltung Gottes.

4 Vgl. Lk 3,11 20 Apg 4,35

1–3 Während der «Magister» eine nach Jahreszeiten wechselnde Ausstattung anführt[1], beschäftigt Benedikt die Frage der unterschiedlichen *klimatischen* Verhältnisse[2]. Wie üblich stellt er das Nähere der Verantwortung des Abtes anheim.

4–6 Benedikts Mönche sind mit weniger und mit «traditionelleren» *Kleidungsstücken* ausgestattet als die des «Magisters». Die Formulierung der Regel ist vorsichtig[3], vielleicht aus Rücksicht auf das Herrenwort von nur zwei Tuniken[4]. Die «Tunika» ist ein Leibrock, die «Kukulle» ein darüber getragenes, mantelähnliches Oberkleid mit Kapuze (eine «Pelerine»); das «Skapulier»[5] ist eine verkürzte Kukulle, die nur Oberkleid ist (ein seitlich offenes «Hirtenhemd»). – Eigene Kleidung für den Winter sieht auch Basilius († 379) vor[6]. – Die Ausdrücke für das Schuhwerk sind nicht sehr klar[7].

7–8 a. Basilius († 379) hatte zu Speisen geraten, die «in der Provinz ... *billiger* zu kaufen» sind[8]. Diesen Rat wendet Benedikt hier in einer andern Frage an.

b. Das häufig wiederholte Stichwort «genügen»[9] zeigt, daß die *Genügsamkeit* das Leitmotiv dieses Kapitels ist. Benedikt steht dabei wieder unter dem Einfluß des Basilius († 379)[10], nicht des «Magisters». Basilius rät, sich mit dem «Notwendigen»[11] zufrieden zu geben[12], um die Blöße zu bekleiden und sich vor Kälte zu schützen[13]. Er empfiehlt dauerhafte, im übrigen aber billigere Kleider als sie sonst üblich sind, weil die Mönche die «Letzten» sein wollen. «In nichts werde die freiwillige Armut verletzt.»

Nach Basilius († 379)[14] wie später nach Benedikt[15] unterscheidet sich die Kleidung der Mönche der äußern Form nach wenig von dem, was einfache Leute tragen. In diesem Sinn gibt es bereits bei Basilius etwas wie ein *«Christen»- oder Mönchskleid*[16]: «Unsere Kleidung sei gemeinsam, gleich und für alle von derselben Form. Schon der bloße Anblick soll den Christen (!) kennzeichnen ... Für die Schwachen ist ein der religiösen Berufung entsprechendes Kleid wie ein Führer; es hält auch die Unruhigsten von unanständigem und ungehörigem Verhalten ab»[17]. An Basilius scheint sich Benedikt auch zu erinnern, wenn er vor Unzufriedenheit wegen «grober Beschaffenheit» der Kleider warnt und ein rechtes «Maß» wünscht[18].

9–12 Die *Kleiderkammer* (Vestiarium) ist bei Augustinus († 430) erwähnt[19]. Auch Caesarius († 542) läßt nicht mehr benötigte Kleider den Armen oder Neueintretenden weitergeben[20]. Benedikt wünscht offensichtlich nicht eine Bettelarmut der Mönche, so sehr er sich mit den Armen solidarisiert[21]. Doch ist ihm die Genügsamkeit wichtig. Horsiesi (†um 380) sah in der Armut der Mönche ein Zeichen der Nachfolge: «Was ist härter als das Kreuz Christi?»[22]. Auf eine nähere symbolische Auslegung des Mönchskleides verzichtet Benedikt[23].

13–14 Für gewöhnlich hält sich Benedikt an die *traditionellen* Kleidungsstücke[24], ohne sich neuen Bräuchen oder den Konventionen des öffentlichen Lebens zu verschließen.

15 Beim «Magister» findet sich eine ähnliche Aufzählung[25].

16–19 Benedikt erteilt dem Abt eine Weisung, um der Neigung zu *Sonderbesitz* vorzubeugen[26]. Ferner wird bereits Gesagtes wiederholt[27].

20–22 Benedikt wiederholt sich erneut[28]. Er mahnt direkt nicht die Gemeinschaft, sondern den Abt[29] und gibt der augustinischen Tendenz Raum, *Starke* und *Schwache* gleichzeitig angemessen zu berücksichtigen[30]. Die Zuwendung zum einzelnen und die Rücksichtnahme auf individuelle Bedürfnisse sind Benedikt sehr wichtig. Das ist vielleicht der Grund der Wiederholung, während der Hinweis auf das Gericht wohl jeder Parteilichkeit vorbeugen soll[31].

KAPITEL 56
VOM TISCH DES ABTES

1 Der Abt esse immer mit den Gästen und Pilgern.
2 Sooft jedoch weniger Gäste da sind,
steht es ihm frei,
von den Brüdern einzuladen, wen er will.
3 Immer aber belasse er bei den Brüdern,
der guten Ordnung wegen, einen oder zwei von den Ältern.

1–2 Der Verfasser will den Gästen einen *ehrenden Platz* einräumen und dem Abt ihre Betreuung in besonderer Weise überantworten[1]. Die Brüder sollen nicht unterschiedslos mit den Gästen Kontakt pflegen[2]. Der Tisch des Abtes steht aber wohl im allgemeinen Eßraum, denn an gewissen Tagen richtet der Abt ein «Wort zur Erbauung» an die Brüder[3]. Auch beim «Magister» hat der Abt seinen eigenen Tisch, zu dem er Ältere, Gäste und «Kenner des Psalteriums» einlädt, während die Dekane an den Tischen ihrer Leute im gleichen Eßraum bleiben[4]. – An Fasttagen ißt der Abt allein mit den Gästen, zu einer früheren Stunde, an seinem Tisch im Saal[5]. – Abt Eugendus (†um 510) im Jura lehnte einen eigenen Tisch oder besondere Speisen für sich ab. Der Verfasser seiner Lebenbeschreibung bemerkt, er habe «neulich gehört» daß dies einige praktizieren[6].

3 Die gute *Ordnung* ist nach dem «Magister» «das Anliegen Gottes, nämlich das Schweigen und der Ernst»[7].

KAPITEL 57
VON DEN HANDWERKERN DES KLOSTERS

1 Sind Handwerker im Kloster,
sollen sie ihren Beruf in aller Demut ausüben,
wenn es der Abt erlaubt.
2 Wird einer von ihnen überheblich
wegen seines beruflichen Könnens,
in der Meinung, er bringe dem Kloster großen Nutzen,
3 werde er seines Berufes enthoben,
und er darf sich nicht wieder damit beschäftigen,
außer er demütige sich und der Abt gebe ihm den Auftrag.

4 Ist etwas von den Arbeiten der Handwerker zu verkaufen,
sollen jene, die den Handel abschließen,
selber sehen, daß sie sich keinen Betrug erlauben.
5 Sie sollen sich immer an Hananias und Saphira erinnern,
aus Furcht, den Tod, den jene am Leib erduldeten,
6 könnten sie oder andere, die mit Klostergut betrügen,
an der Seele erleiden.

7 Was die Preise betrifft,
darf sich das Übel der Habsucht nicht einschleichen,
8 sondern man gibt die Dinge immer etwas billiger her,
als sie sonst von Weltleuten abgegeben werden können,
9 DAMIT IN ALLEM GOTT VERHERRLICHT WIRD.

5 Vgl. Apg 5,1–11 9 1 Petr 4,11

1–3 a. Das Kapitel ist weithin Benedikts eigene Schöpfung, auch wenn er sich auf dem Boden der Tradition bewegt. Es geht ihm weniger als dem «Magister» um Produktion und Verkauf[1] als um die beteiligten Personen und ihre *innere* Haltung. Wie von den Amtsträgern fordert Benedikt von den Handwerkern sowohl Demut wie Gehorsam[2]; diese Grundhaltungen gehen ihm über alle materiellen Werte[3].

b. Benedikt scheint eine Warnung Augustins (†430) an Reiche, die sich etwas auf die Besitztümer einbilden, die sie dem Kloster eingebracht haben, zu übertragen auf die allfällige *Arroganz* von Berufsleuten, die sich auf ihre Arbeiten etwas einbilden[4]. Auch Kassian (†430)[5] warnt vor solchem Stolz und empfiehlt, sich in «Liebe» und «Bloßheit» (nuditas) aller eigenen Güter zu entledigen, womit er an den Gekreuzigten und seine Selbstentäußerung erinnert. Der Mönch «verhält sich wie ein Pilger und Fremdling auf Erden»[6]. – Das eschatologische Motiv[7] ist auch für Basilius (†379) Grund genug, nicht eigenmächtig, sondern nur im Gehorsam einen bestimmten Beruf erlernen zu wollen oder eine Arbeit zu übernehmen[8].

c. Im Unterschied zur «Magisterregel» scheint bei Benedikt die Existenz von *Handwerkern* im Kloster nur eine Eventualität zu sein. Der «Magister» läßt sie gewöhnlich bei ihrer Berufsarbeit und ruft sie nur für dringende Aufträge weg[9]. Er denkt nicht an eine Art Amtsenthebung, die einer befristeten «Ausschließung»[10] ähnelt.

4–6 Der «Magister» gibt praktische Hinweise zur Preisfrage. Der Abt soll die Preise festsetzen. Benedikt dagegen warnt alle Beteiligten vor *Betrug* im Handel, erklärt sie für verantwortlich, führt das traditionelle Beispiel aus der Apostelgeschichte an[11] und spricht von einer Todsünde. – Die «Klosterordnung» erklärt zu Kauf und Verkauf schlicht: «sie sollen gewissenhaft und treu als Knechte Gottes handeln».[12]

7–9 a. Die Warnung vor dem *Geiz* fällt bei Benedikt kurz aus, denn diesbezüglich hat er in seinem armen Kloster kaum Sorgen[13]. Es fällt auch auf, daß er im Vergleich zum «Magister» abschwächt: «etwas billiger» verkaufen![14]

b. Mit einem prägnanten Schriftzitat hält Benedikt abschließend nochmals den Primat des Spirituellen im Kloster fest. Wie die Betreuung der Gäste als Apostolat verstanden wird[15], soll auch das wirtschaftliche Verhalten des Klosters für die Außenstehenden eine Verkündigung der *Ehre Gottes* sein. Die Arbeit ist für

Benedikt ein Opfer, eine Realisierung des allgemeinen Priestertums[16]. Dies erklärt, warum Benedikt die innere Glaubenshaltung der Handwerker so betont[17].

KAPITEL 58
VOM VERFAHREN BEI DER AUFNAHME VON BRÜDERN

1 Wenn einer neu ankommt,
um ein klösterliches Leben zu beginnen,
werde ihm der Eintritt nicht ohne weiteres gewährt.
2 Sondern man handle nach dem Apostelwort:
PRÜFT DIE GEISTER, OB SIE AUS GOTT SIND.
3 WENN also einer kommt und BEHARRLICH WEITER ANKLOPFT,
und wenn es klar wird, daß er die schlechte Behandlung
und die Schwierigkeiten des Eintritts mit Geduld erträgt,
und daß er auch nach vier oder fünf Tagen
auf seiner Bitte besteht,
4 werde ihm der Eintritt gestattet,
und er bleibe ein paar Tage in der Wohnung der Gäste.

5 Nachher kommt er in die Wohnung der Novizen,
wo diese lernen, essen und schlafen.
6 Es wird für sie ein Älterer bestimmt,
der die Fähigkeit hat, Seelen ZU GEWINNEN,
und mit großer Aufmerksamkeit über sie wacht.

7 Man achte sorgfältig darauf,
ob einer wirklich GOTT SUCHT,
ob er Eifer hat für den Gottesdienst,
für den Gehorsam und bei Verdemütigungen.
8 Man sage ihm alles Harte und Strenge auf dem WEG voraus,
der zu Gott führt.

9 Wenn er verspricht, fest zu bleiben und auszuharren,
liest man ihm nach Verlauf von zwei Monaten
diese Regel von Anfang bis Ende vor.
10 Und man sagt ihm:
«Das ist das Gesetz, unter dem du dienen willst!
Wenn du es beobachten kannst, tritt ein!
Kannst du das nicht, so GEH frei deines Weges!»
11 Bleibt er weiterhin fest,
führt man ihn in die oben erwähnte Wohnung der Novizen,
und prüft ihn wiederum IN ALLER GEDULD.

12 Nach Ablauf von sechs Monaten liest man ihm die Regel vor,
damit er weiß, um was es geht, wenn er eintritt.
13 Bleibt er weiter fest, liest man ihm diese Regel
nach vier Monaten von neuem vor.
14 Ist er dann mit sich selbst zu Rat gegangen
und verspricht er alles zu halten und alles zu beobachten,
was ihm aufgetragen wird,
nehme man ihn in die Gemeinschaft auf.
15 Dabei wisse er auch um das Gesetz der Regel,
die festlegt, daß er von diesem Tag an
das Kloster nicht mehr verlassen darf
16 und daß er das JOCH der Regel
nicht mehr vom Nacken schütteln darf,
das er während einer so langen Bedenkzeit
entweder ablehnen oder auf sich nehmen konnte.

17 Vor der Aufnahme verspricht er im Oratorium
in Gegenwart aller
Beständigkeit, klösterliches Leben und Gehorsam
18 vor Gott und seinen Heiligen.
Sollte er jemals anders handeln, so wisse er,
daß er von dem verdammt wird, den er VERSPOTTET.
19 Über dieses sein Versprechen stelle er ein Bittgesuch auf,
auf den Namen der Heiligen, deren Reliquien dort sind,
und auf den Namen des gegenwärtigen Abtes.

20 Dieses Bittgesuch schreibe er mit eigener Hand.
Ist er aber des Schreibens unkundig,
soll es ein anderer auf sein Ersuchen hin schreiben;
der Novize setze ein Zeichen darunter
und lege es mit eigener Hand auf den Altar.
21 Wenn er es niedergelegt hat,
beginnt der Novize sogleich den folgenden Vers:
NIMM MICH AUF, Herr, NACH DEINEM WORT, DAMIT ICH LEBE,
LASS MICH IN MEINER HOFFNUNG NICHT SCHEITERN.
22 Die ganze Gemeinschaft wiederholt dreimal diesen Vers
und fügt das *Ehre sei* hinzu.
23 Dann wirft sich der Bruder Novize
zu Füßen der einzelnen nieder,
damit sie für ihn beten;
und von diesem Tag an zähle man ihn zur Gemeinschaft.

24 Hat er Eigentum, verteile er es zuvor an die ARMEN
oder vermache es in aller Form dem Kloster
durch eine Schenkung,
ohne sich vom Ganzen irgendetwas vorzubehalten,
25 denn er weiß, daß er von diesem Tag an
nicht einmal mehr ÜBER DEN EIGENEN LEIB VERFÜGEN darf.

26 Die eigenen Sachen, die er getragen hat,
nimmt man ihm also im Oratorium sogleich ab
und ZIEHT ihm die Sachen des Klosters AN.
27 Die Kleider aber, die man ihm abgenommen hat,
werden in der Kleiderkammer hinterlegt,
um sie aufzubewahren.
28 Geht er nämlich einmal auf die Verlockung des Teufels ein
– was fern sei – und verläßt er das Kloster,
dann nehme man ihm die Sachen des Klosters ab
und stelle ihn hinaus.
29 Das Bittgesuch aber, das der Abt vom Altar genommen hat,
erhält er nicht zurück,
sondern es werde im Kloster aufbewahrt.

2 1 Joh 4,1 **3** Lk 11,8 **6** Vgl. Mt 18,15; 1 Kor 9,20 **7** Vgl. Zef 2,3 (und 3,12); Ps 14,2; 24,6 und passim **8** Vgl. Mt 7,14 **10** Vgl. Joh 6,67 **11** 2 Tim 4,2 **16** Vgl. Mt 11,29–30 **18** Vgl. Gal 6,7 **21** Ps 119,116 **24** Vgl. Mk 10,21 **25** 1 Kor 7,4 **26** Vgl. Eph 4,22

1–4 a. Benedikt legt ein *systematisches* Kapitel über die Novizenaufnahme vor, während der «Magister» in vier Kapiteln sehr weitschweifig über die gleiche Frage handelt[1].

b. Zur Zeit Benedikts waren die Klöster überlaufen; denn in den Klöstern fand man sicher einen gedeckten Tisch[2]. Darum drängt Benedikt darauf, daß man wie in den großen ägyptischen Klöstern gegenüber den Kandidaten betonte *Zurückhaltung* übe. Man läßt die Ankömmlinge zuerst einige Tage vor der Klosterpforte warten[3]; sie werden schlecht behandelt[4]. Aus Verantwortung vor Gott sollen weder das Kloster noch der Neueintretende einen unüberlegten Schritt tun[5].

c. Mit einem Schriftzitat[6] macht Benedikt deutlich, daß für jeden, der sich «bekehren» will, eine Eignungsprüfung stattfinden muß. Dabei ist zu prüfen, ob der Kandidat vom *guten Geist* «inspiriert» ist oder nicht. Die «Unterscheidung der Geister» ist notwendig. «Glaubt nicht jedem Geist![7], sagt der «Magister»[8]. Dem guten Geist Gottes sind die Gnadengaben von Geduld, Starkmut, Ausdauer, Standhaftigkeit und «Beharrlichkeit» eigen[9]. Ein Berufener besitzt sie. Wo diese «Kraft», der «Beistand» des Geistes, fehlt, wird eine vermeintliche Berufung einer Prüfung nicht standhalten[10]. Auch jene, die einem andern Menschen seelsorglich begegnen, dürfen nicht ohne diese Gabe der Unterscheidung oder «Diskretion» handeln, die viel Einfühlungsvermögen einschließt[11].

d. Die Zeit der Prüfung war bei den Pachomianern sehr hart, aber nach heutigen Begriffen ungewöhnlich *kurz*. Wie sie aussehen mochte, schildert der folgende Text: «Als der große Makarius von der außergewöhnlichen Lebensweise der Mönche von Tabennisi hörte, wechselte er seine Kleider und zog sich wie ein gewöhnlicher Arbeiter an. Nach einer Wüstenreise von 14 Tagen kam er in die Thebais. Als er zum Kloster der Mönche von Tabennisi kam, ließ er ihren Abt, namens Pachomius, rufen … und sprach: ‹Ich bitte dich, Herr, nimm mich in dein Kloster auf, damit ich Mönch werde.› Der große Pachomius sprach zu ihm: ‹Du stehst schon in fortgeschrittenem Alter. Wie willst du noch die Askese der Mönche lernen? Die Brüder hier pflegen von ihrer Jugend an ein asketisches Leben. Sie ertragen (!) die Anstrengungen. In deinem Alter wirst du die Prüfungen der Askese nicht bestehen können. Du wirst dich überfordert fühlen, weggehen und übel über uns reden.› Er nahm ihn also nicht auf, weder am ersten Tag, noch am zweiten und so fort bis zum siebten Tag. Jener aber blieb standhaft (!), obwohl man ihn fasten ließ. Dann aber bat Makarius: ‹Nimm mich auf, Abt, und wenn ich nicht faste wie die andern oder nicht arbeite wie die andern, befiehl, mich aus dem Kloster fortzuschicken!› Da riet der große Pachomius den Brüdern, ihn aufzunehmen»[12]. So folgte auf die erste harte, einwöchige Bewährungsprobe bei Pachomius (†346) gleich der Verzicht auf das Eigentum, die Einkleidung als Mönch und die Verwahrung der Zivilkleidung[13].

e. Bei Kassian (†430) wird der auf diese Weise bereits definitiv Aufgenommene zunächst «für ein Jahr» einem «Ältern» anvertraut, der dem «*Gästehaus*» vor dem «Klostereingang» vorsteht, damit der Novize gut in das Mönchsleben eingeführt und von seiten der Gemeinschaft noch geprüft werden kann. Erst nach *einem Jahr* wird er in eine Dekanie der Gemeinschaft eingereiht.[14].

f. Ein späterer Text, berichtet, nach der sog. «Engel-Regel» habe im Kloster von Tabennisi eine *dreijährige* Probezeit gegolten: «Wer eingetreten ist, um bei ihnen zu bleiben, werde während drei Jahren nicht in den heiligen Bereich (zum Schriftstudium!) zugelassen. Erst wenn er streng gearbeitet hat, darf er nach drei Jahren dahin zugelassen werden»[15].

g. Diese Zeitspannen, «einige Tage», «ein Jahr», «drei Jahre» begegnen wie bei Benedikt später immer wieder im kirchlichen *Recht*[16] (A. de Vogüé).

5–7 a. Die *Noviziatswohnung* (cella) ist eine Neuerung Benedikts. Die Novizen scheinen dort stärker von der Gemeinschaft abgesondert zu sein als die Gäste, welche im gemeinsamen Eßraum bewirtet werden[17], während die Novizen offenbar in ihrer eigenen Noviziatswohnung essen. Die Profess erscheint dann deutlich als eigentlicher Eintritt in die Gemeinschaft.

b. Schon Kassian (†430) überträgt die Verantwortung für die Novizen einem «Ältern»[18]. Caesarius (†542) spricht von einer «Novizenmeisterin»[19]. Der *Novizenmeister* nimmt nach Benedikt Aufgaben wahr, die früher dem Abt oblagen, zum Beispiel beim «Magister» oder in Lérins. Dort soll der Gründer, Honoratus (†428), die Neueintretenden, «das gleiche Gesetz beobachtend begleitet haben»[20].

c. Der Novizenmeister hat nicht nur vor Schwierigkeiten zu warnen, sondern auch *«Seelen zu gewinnen»*. Benedikt pflegt jede Erwähnung von Härte mit einem Trostwort zu begleiten[21].

d. Nach Basilius (†379) ist das *einladende* Wort Jesu in die Tat umzusetzen: «Kommt alle zu mir, die ihr euch plagt und unter Lasten stöhnt! Ich werde euch Ruhe schaffen[22]. Ein Kandidat sei weder «rücksichtslos fortzuschicken», noch ohne Prüfung aufzunehmen.

e. Basilius († 379) verlangt ferner, zuerst abzuklären, ob einer sein früheres Leben «recht verbracht» hat, ob er nicht «wie ein Heuchler» mit falscher innerer Motivierung komme[23]. Diese Grundfrage nach der Echtheit der religiösen Motive hat sich in Benedikts Formel niedergeschlagen: «ob einer wirklich (re vera) *Gott sucht*». «Gott suchen» heißt, zu den «Anawim» gehören wollen, also zu den Menschen der Bergpredigt, der Seligpreisungen[24]. – Basilius († 379) nennt eine ganze Anzahl Kriterien, die für die Beurteilung der Motive hilfreich sein können. Sie tauchen bei Benedikt auf. Er zieht das von Basilius an letzter Stelle genannte Motiv an die erste und ändert dabei leicht seinen Sinn; denn Basilius schrieb: «Für jene, die im reifen Alter in den Dienst Gottes treten wollen, ist, wie gesagt, ihr früheres Leben zu prüfen, und dann genügt dieses eine (Kriterium): wenn sie inständig darum bitten, und wenn ihre Sehnsucht nach dem Werk Gottes *(Opus Dei)* wahr und heiß ist»[25]. Während Basilius unter «Opus Dei» das ganze asketische Leben oder den «Dienst Gottes» versteht, bedeutet der Ausdruck bei Benedikt «Gottesdienst»[26] und ist ein Herzstück des klösterlichen Lebens.

f. Als weitere Kriterien der Berufung nennt Basilius den *Gehorsam*[27]: «Man muß prüfen, ob er (die Aufträge) gern, frei (!) und treu ausführt»[28]. – Ferner frägt Basilius, ob einer bereit sei «zu aller *Demut*» und «ob einer nicht unwillig wird, wenn er sich den einfachsten und niedrigsten Diensten widmen müsse, wenn sie vernünftigerweise zu fordern sind»[29]. Deswegen fordert Benedikt die Bereitschaft zu «Verdemütigungen»[30]. In der Spätantike war die Arbeit als ein «knechtliches» Werk eine «Verdemütigung» für einen freien Mann. Aber schon Basilius fordert die Bereitschaft zu «Fleiß» bei harter *«Arbeit»*[31].

g. Benedikt sieht aber mit Basilius († 379) die entscheidende Grundforderung nicht in äußeren Leistungen, sondern im «Gott-suchen». Der Kappadokier spricht von einer «brennenden, nie zu stillenden Sehnsucht, Gott zu gefallen»[32]. Zur Verwirklichung dieses zentralen Anliegens führt nach ihm das «*Suchen*, das heißt jene Erkenntnis, durch die wir die Größe der Herrlichkeit Gottes tief innerlich schauen und betrachten dürfen, im heiligen und lauteren Gedenken an die von uns erfahrene Güte Gottes». Daraus erwächst die Liebe zu Gott, die ihn sehnsuchtsvoll sucht[33]. Das «Gott-suchen» ist die Antithese zu einem praktischen Atheismus, es ist der Kern eines «alternativen Lebens», das aus einem existentiellen Angesprochensein, ja einer intuitiven Schau der überwältigenden Größe wie der faszinierenden Liebenswürdigkeit Gottes stammt[34].

h. «Gottsucher» heißen in der Lebensbeschreibung des Gründers von Lérins jene, die das Kloster aufsuchen, weil sie sich *«nach Christus sehnen»*; er ist der Mittler zwischen Gott und Mensch[35].

8 Auch die «Magisterregel» betont, daß die Schwierigkeiten *vorauszusagen* sind[36]. Kassian († 430) bemerkt: «Nach der lauteren und wahren Lehre des Herrn ist der königliche Weg mild und leicht, auch wenn er sich hart und streng ausnimmt»[37].

9–10 a. Ein erstes Versprechen[38] bezieht sich auf Ausdauer und *Beständigkeit*, das heißt auf eine innere, geistgewirkte «Beharrlichkeit»[39]. Es wird zu Beginn (oder am Ende?) einer zweimonatigen Bedenkzeit abgelegt, nachdem die Regel vorgelesen wurde[40]. Der Novize verpflichtet sich auf die Einhaltung der Regel, welche die institutionelle Basis des klösterlichen Lebens ist und die «Lehre Christi» als Grundgesetz voraussetzt[41].

b. Das ganze Verfahren will eine überlegte, um alle Verpflichtungen wissende, *freie* und verantwortliche Entscheidung des Novizen sichern, der als Person voll ernst genommen wird. Die Prüfung ist klar eine gegenseitige[42].

11 Auffallenderweise folgt jetzt die «*Einführung* in die oben erwähnte Wohnung der Novizen»[43].

12 Nach sechs Monaten im «Noviziat» findet eine zweite Verlesung der Regel statt. Dieses wiederholt vorgenommene Verlesen der Regel vor dem Novizen, der sich dem Klosterleben zuwendet[44], erinnert an die in *Intervallen* vollzogene «Übergabe» von Glaubensbekenntnis, Vater-unser usw. an die Taufbewerber[45]. Die Angleichung klösterlicher Vorgänge an kirchliche Übungen, hier von Bekehrung, Noviziat und Profess an Katechumenat und Taufe, ist bei Benedikt häufig[46].

13–16 a. Nach weiteren vier Monaten im Noviziat folgt eine dritte Verlesung der Regel und ein zweites Versprechen, das sich auf die *Regel* und den *Gehorsam* gegenüber allen Aufträgen[47] bezieht. Diese zweite und dritte Verlesung der Regel und das zweite Versprechen sind von Benedikt neu eingeführte Vorgänge, die ein bewußtes und freies Engagement fördern sollen.

b. Für die *Beständigkeit*, die mit der Annahme der Regel verbunden ist, hat sich als Schüler von Lérins besonders Caesarius († 542) eingesetzt, auch auf Konzilien[48], welche die Verpflichtung zur Beständigkeit kirchlich sanktionierten. Doch ist die

«Beständigkeit» nicht eine Erfindung der Mönche von Lérins[49]. Ihr Kern ist die Gnadengabe des Starkmuts, der geduldigen Standhaftigkeit, «Beharrlichkeit» oder «Ausdauer»[50]. Diese im Neuen Testament oft erwähnte «Kraft» des Geistes war den Märtyrern geschenkt[51]. Sie ist jetzt der tragende Grund der «Beständigkeit»[52]. «Das Charisma des Mönchs ist die Treue» (A. de Vogüé). Es gibt viele Gnadengaben Gottes. Eine von ihnen ist dieses Charisma der Beständigkeit. «Unwiderruflich sind Berufung und Gnade, die Gott gewährt»[53]. Dieses vom Bund Gottes mit seinem Volk gesagte Wort gilt auch für die Treue zum Tauf-Bekenntnis und ähnlich für das Versprechen der «Beständigkeit». Schon die Schrift gibt Hinweise auf die Wertschätzung solcher Treue[54].

c. Das Bild vom *Joch* der Regel ist eine traditionelle Anspielung an das «milde Joch» Christi[55]. Bemerkenswert stark wird einerseits die Freiheit der Zustimmung des Menschen zur Berufung postuliert, anderseits vorausgesetzt, daß es nach der getroffenen Wahl nicht am «Beistand» Gottes fehlen wird, daß es also ein von der Seite Gottes her bleibendes Charisma und damit die Möglichkeit gibt, daß ein Mensch sich im Ja-Wort des Profess ganz und unwiderruflich Christus zusagt.

17–18 a. In diesem Abschnitt wird kurz[56] die *Professfeier* geschildert, die vermutlich bei der Gabenbereitung der Eucharistiefeier stattfand[57]. Fragen und Antworten zwischen Abt und Profitent werden nicht ausdrücklich erwähnt[58]. Der Inhalt des Versprechens ist mit drei Begriffen angegeben; Beständigkeit[59] und Gehorsam[60] waren bereits Inhalt eines Versprechens.

b. Neu ist das Versprechen der *«conversatio morum»*. Es beinhaltet die Absage an die bisherige «weltliche» Lebensweise und die Zusage an Christus, dem man in einem bestimmten Kloster dienen will, nach der Regel, die zuvor gelesen wurde. Sie enthält die Lebensordnung dieses Klosters[61]. Ein «klösterliches Leben führen» heißt konkret, in Gehorsam und Demut leben, sowie die traditionelle Askese (Gottesdienste, Schweigen, Lesung, Arbeit, Fasten) pflegen[62], wie sie einem bestimmten Kloster eigen ist. Armut und Keuschheit gehören notwendig zu dieser «klösterlichen Lebensform»[63]. Zur Zeit Benedikts hat man noch nicht an drei oder mehr förmliche «Gelübde» gedacht; man hat mit dem Profess-Versprechen sich ganz dem «Dienst Gottes» zur Verfügung stellen wollen[64]. Die Kirche begann aber bereits um diese Zeit, die Mönchsversprechen durch Sanktionen zu schützen[65]; sie haben nicht rein «privaten» Charakter.

c. Das Gelübde wird *vor Gott* und seinen Heiligen abgelegt[66]. Es ist mehr als ein Versprechen an die Gemeinschaft oder an den Abt; im Abt und in der Gemeinschaft der Brüder darf der Professe jedoch die Repräsentanten Christi sehen, dem er dienen will und der allein ihm genügt[67]. Christus ist ihm Armut und Erfüllung in einem. Erfüllung vor allem in der Bruderliebe der Gemeinschaft[68]. Der «Magister» erwähnt hier die Rechenschaft im Gericht und die verheißene «Krone»[69], Benedikt die Gefahr der Verdammung.

19–20 a. Die *«Bittschrift»* ist eine Urkunde. Sie enthält wohl die «Schenkung» allfälliger Güter[70], besonders aber die Verfügung über die eigene Person, die sich in ihrer Armut im Kloster Gott übergibt[71]. In der eigenen Selbsthingabe[72] vollzieht der Profitent die Selbstentäußerung Christi[73] nach.

b. Den Fall eines Analphabeten erwähnt erst Benedikt.

21–23 Das Professversprechen wird durch das *Gebet* des Professen selbst und durch das Gebet der Brüder vollendet, Berufung und Beständigkeit sind Geistesgaben, die «aus Gott» kommen[74]; zusammen mit einem Ja, in dem sich die Person selber voll und unwiderruflich ausspricht, wird Gott mit einem demütigen Gebet um Annahme dargebracht, was «aus Gott» ist. Dieses Verständnis der Darbringung ist das der Eucharistiefeier, wo das Opfer ebenfalls in die Doxologie mündet und zur «communio» führt, wie hier die Profess zur Aufnahme in die Gemeinschaft.

24–25 a. Benedikt macht eine Art Zwischenbemerkung; denn die Verteilung an die Armen oder die «Schenkung» erfolgte zuvor[75]. Es geht um die Erfüllung des *Herrengebotes*: «Wenn du vollkommen sein willst, geh, verkauf deinen Besitz, und gib das Geld den Armen; so wirst du einen bleibenden Schatz im Himmel haben; dann komm, und folge mir nach»[76]. Bekanntlich soll der junge Antonius († 356) gerade in den Gottesdienst gekommen sein, als dieses Wort vorgelesen wurde. Er habe sich persönlich betroffen gefühlt und sogleich begonnen, es in die Tat umzusetzen[77].

b. Basilius († 379) verlangt ein sorgfältiges Vorgehen bei der *Verzichterklärung* auf die eigenen Güter, damit nicht eigene Angehörige später ein ungerechtfertigtes Ansinnen stellen[78].

c. Benedikt trifft wieder die Feststellung, daß der volle Verzicht auf den Besitz und das Verfügungsrecht über Güter auch die *Keuschheit* einschließt. Der Mönch verfügt nicht über den eigenen Leib. Basilius († 379) weist in der Frage der Besitzlosigkeit auf die Liebe des Herrn hin, der sein Leben für die hingab, die er liebte. «Wenn er sein Leben hingab für seine Freunde[79], wie können wir dann etwas, was nicht das Leben ist, uns selber vorbehalten?»[80]. Wie Benedikt formuliert schon Basilius, daß ein Mönch über «seine Glieder» nicht mehr frei verfügt[81].

d. In diesen Texten werden weder die materiellen noch die biologischen Güter als wertlos erklärt. Aber den «Freunden» ist der Herr selber wichtiger. Dem von allem entblößten Herrn am Kreuz wollen sie in ihrer Hingabe gleichen[82]. Dieser Verzicht schließt die Keuschheit ein. Ausführlicher spricht Benedikt nicht über die Frage der Ehelosigkeit, vielleicht um sich nicht den Vorwurf zuzuziehen, *«Verächter der Ehe»* zu sein. Kassian (†430) mußte sich gegen solche Unterstellungen wehren[83].

26 a. Das Ausziehen der eigenen Kleider und das Anziehen von Klosterkleidung[84] hat nach Kassian auch eine zeichenhafte Bedeutung. Er spricht vom «Ablegen des weltlichen Pompes», vom «Hinabsteigen in die Armut Christi» und von der Zugehörigkeit zu den «Armen», nämlich zur Gemeinschaft der Brüder Christi, die sich frei halten von ängstlicher Sorge um Nahrung und Kleidung[85]. Die Anspielungen an die *Taufe* mit der Absage an den weltlichen Pomp, mit der Entblößung und dem Hinabsteigen in das Taufwasser ist offensichtlich. Kassian spricht wiederholt von der aktemosyne, d. h. der vollen Entblößung (nuditas) von jedem eigenen Besitz[86]. Im Blick auf das Leiden Christi ist sein Joch leicht, meint Kassian. «Der Verzicht auf das eigene Vermögen tut dem nicht leid, der strahlend in vollkommener Entblößung allem Pomp dieser Welt um Christi willen entsagt»[87].

b. Der Gedanke an die Taufe oder das Taufkleid wird auch bei der Überreichung des *Mönchskleides* mitspielen, das in etwa bereits «sakrale» Züge annimmt[88]. In den «Vätersprüchen» liest man: «Ein Großer unter den Sehern erklärte und sprach: ‹Die Kraft, die ich über der Taufe ruhen sah[89], sah ich auch über dem Kleid des Mönchs bei der Annahme des geistlichen Gewandes»[90]. So wird die Profess in einer Analogie zur Taufe gesehen[91]. Bei Caesarius (†542)[92], beim «Magister»[93] und bei Benedikt folgt die Einkleidung am Ende der Prüfungszeit[94].

27–28 Die *Verwahrung* der früheren Kleider wird mit gleicher Begründung bei Kassian (†430) erwähnt. Bei Austritt oder Entlassung, die als schimpflich empfunden werden, gibt man sie mit[95].

29 Die Aufbewahrung der *Urkunde* dient der rechtlichen (und ökonomischen) Absicherung des Abtes und seines Nachfolgers gegen allfällige spätere Klagen oder falls bei einem Austritt Ansprüche angemeldet werden[96].

KAPITEL 59
VON DEN SÖHNEN DER VORNEHMEN UND DER ARMEN, DIE DARGEBRACHT WERDEN

1 Wenn ein Vornehmer seinen Sohn im Kloster Gott darbringt,
und wenn dieser Knabe minderjährig ist,
setzen die Eltern die oben genannte Bittschrift auf.
2 Sie hüllen diese Bittschrift und die Hand des Knaben
zusammen mit der Opfergabe in das Altartuch
und bringen ihn so dar.

3 Was das Vermögen betrifft,
versprechen sie entweder unter Eid,
– in der Bittschrift, die sie vorlegen –,
weder selbst noch durch eine vorgeschobene Person
noch anderswie dem Knaben je irgendetwas zu schenken,
noch ihm die Möglichkeit zu bieten, etwas zu besitzen;
4 oder, wenn sie dies nicht tun möchten,
aber etwas darbringen wollen als Almosen für das Kloster
und um des eigenen Lohnes willen,
5 sollen sie die Mittel, die sie dem Kloster geben wollen,
als Schenkung vermachen,
wobei sie sich – wenn es ihr Wille ist –,
die Nutznießung vorbehalten können.
6 Auf diese Weise werden Tür und Tor versperrt,
so daß dem Knaben keine Aussichten bleiben,
die ihn betören und verderben könnten.
– Das sei fern! – Wir wissen aus Erfahrung davon.

7 Ähnlich mögen auch weniger Bemittelte handeln.
8 Wer aber gar nichts hat,
setzt einfach die Bittschrift auf
und bringt seinen Sohn in Gegenwart von Zeugen dar
zusammen mit der Opfergabe.

1 Vgl. 1 Sam 1,21–28

Der «Magister»[1] bespricht den Fall eines *Sohnes aus vornehmer Familie*, der aus eigener Initiative ins Kloster eilt. Der Abt ruft dann die Eltern herbei, damit sie den Entschluß des jungen Menschen, wenn dieser fest bleibt, gleichsam bestätigen und ihn «darbringen». Anschließend soll die Frage der Erbschaft geregelt werden. Es wird zu Vergabungen an die Armen oder an das Kloster geraten. Konzessionen an die Familie bleiben offen, wenn nur der Sohn besitzlos und im Vertrauen auf Gottes Vatergüte Christus folgt.

1–2 a. Benedikt dagegen denkt an *unmündige Kinder* von vielleicht zartem Alter[2], die von den Eltern «dargebracht» werden[3]. Wie bei einer Professfeier wird eine Urkunde auf dem Altar niedergelegt, die auch die Vermögensfrage regelt. Dies geschieht bei der Gabenbereitung der Eucharistiefeier[4].

b. Die Eltern haben für das Kind gehandelt, aber die «Darbringung» hat für dieses eine unwiderrufliche Wirkung. Dies ist eine *bedenkliche Neuerung* Benedikts. Basilius († 379) hält wohl dafür, daß es vorteilhaft sei, Kinder «vom frühen Alter an» in «die Gottesfurcht und die Lehre des Herrn» einzuführen; er erklärt aber, der «Entschluß zur Jungfräulichkeit» (professio virginitatis) werde «gültig» (firma) erst im «reifen, heiratsfähigen Alter». Basilius fährt fort: «Kinder, die mit Willen oder Zustimmung der Eltern oder von diesen selbst dargebracht werden, sollen vor vielen Zeugen aufgenommen werden», um nicht später «Schwierigkeiten» mit «böswilligen Leuten» zu bekommen. Anschließend besteht Basilius darauf, daß die Kinder durch Erzieher von bewährter «Geduld» sorgfältig betreut werden[5]. Bei Basilius wird das Kind im Vorgang der «Darbringung» vom Kloster «aufgenommen». Im heiratsfähigen Alter kann der junge Mensch die Wahl der Ehelosigkeit ratifizieren. Der Vorbehalt ist bei Basilius nicht ganz klar formuliert[6]. Er bewegt sich aber offensichtlich auf der von Paulus vorgezeichneten Linie der freien Wahl der Jungfräulichkeit[7].

c. Die «Darbringung» mit Elementen der vor Gott abgelegten Profess hat bei Benedikt «sakraleren» Charakter als bei Basilius, wo sie schlicht die «Aufnahme in die Gemeinschaft» bedeutet. Darum kann man kaum annehmen, daß Benedikt die Klausel des Basilius stillschweigend ebenfalls voraussetze. Er hält die Darbringung für *unwiderruflich*. Dabei ist er wohl von der kirchlichen Gesetzgebung des 6. Jahrhunderts in Gallien beeinflußt. Hier tauchen Vorschriften auf, daß Kinder, die unter die Kleriker aufgenommen wurden, für dauernd diesem Stand angehören. Sie waren jedoch frei, unter Verzicht auf die höheren Weihen, zu heiraten; oder in Klöstern ließ man auf die «Oblation» erst eine Probezeit folgen, so daß eine spätere Entscheidung offen blieb[8]. – Benedikts neue Lösung wurde im Westen während einiger Jahrhunderte praktiziert.

3–6 Mit präzisen *juristischen* Formeln sucht Benedikt, der schlechte Erfahrungen machen mußte, die «Beständigkeit» der Hingabe an Gott zu sichern[9]. Anders als der «Magister» wünscht er primär ein «Almosen» an das Kloster, nicht an die «Armen»[10]. Große Hoffnungen scheint er sich nicht zu machen. Hauptsache ist: «Man darf sich überhaupt nichts vorbehalten außer dem Kreuz, das man auf sich nimmt, um Christus zu folgen[11].

7–8 Das Kloster nimmt Menschen jeder sozialen Herkunft auf, auch *«wenig Bemittelte»* und *«Habenichtse»*. Der «Magister» kennt diese beiden Fälle nicht, die wie nachträglich angehängt wirken[12]. Die von Basilius († 379) her[13] bekannten Zeugen werden erwähnt, weil man «Schwierigkeiten für das Kloster» befürchtet; aus diesem Grund läßt der «Magister» Zeugen «unterschreiben»[14].

KAPITEL 60
VON DEN PRIESTERN, DIE IM KLOSTER WOHNEN WOLLEN

1 Wenn einer aus dem Stand der Priester bittet,
er möchte ins Kloster aufgenommen werden,
soll man sich nicht zu schnell einverstanden erklären.
2 Besteht er aber fest auf seiner Bitte,
so muß er wissen, daß er alles zu halten hat,
was die Regel anordnet.
3 Nichts wird ihm erlassen.
Es gelte das Schriftwort: FREUND, WOZU BIST DU GEKOMMEN?
4 Man gestatte ihm aber, am Platz nach dem Abt zu stehen,
zu segnen und dem Gottesdienst vorzustehen,
sofern ihn der Abt damit beauftragt.

5 Andernfalls darf er sich gar nichts herausnehmen,
und er muß wissen,
daß er den Verfügungen der Regel untersteht.
Er gebe vielmehr allen ein Beispiel der Demut.
6 Handelt es sich im Kloster um die Besetzung eines Amtes
oder um ein anderes Geschäft,
7 nimmt er jenen Platz ein,
der seinem Eintritt ins Kloster entspricht, nicht jenen,
der ihm aus Ehrfurcht vor dem Priestertum eingeräumt wurde.

8 Wenn Kleriker den gleichen Wunsch haben
und dem Kloster eingegliedert werden möchten,
weise man ihnen einen mittleren Platz an.
9 Bedingung ist freilich auch für sie,
daß sie die Beobachtung der Regel
und die eigene Beständigkeit versprechen.

3 Mt 26,50

1–7 a. Im Zusammenhang mit Fragen um die Aufnahme von Klostermitgliedern und um die Rangordnung[1] beschäftigt sich Benedikt mit dem *Priester* im Kloster. Ursprünglich haben sich Asketen und Mönche in ausgesprochenen Laiengemeinschaften zusammengefunden. Die «Lebensbeschreibung des Pachomius» gibt die allgemeine Haltung des frühen Mönchtums wieder, wenn sie schildert, wie Pachomius sich in seiner größeren Gemeinschaft verhielt: «Wenn wie gewohnt der Feiertag die Teilnahme an den himmlischen Geheimnissen erforderte, riefen sie aus den nächsten Dörfern Presbyter zusammen, die ihnen die volle geistliche Freude des Festes bereiteten. Der Greis (Pachomius) duldete unter ihnen selber keinen Kleriker». Er fürchtete, das Streben eines Mönchs nach dem Priesteramt könnte zu Überheblichkeit und Streit in der Gemeinschaft führen, erklärte aber: «Wir müssen in aller Schlichtheit und Lauterkeit die Gemeinschaft mit den Kirchen Christi halten und die Kleriker ehren; das geziemt sich für Mönche, die dagegen nicht nach geistlichen Würden streben dürfen. Wenn aber Mönche schon früher von Bischöfen zu Klerikern geweiht wurden, nehmen wir ihren Dienst an». Anschließend heißt es, Pachomius habe gefordert, fremden Priestern nicht argwöhnisch zu begegnen, «da wir sie dringend um die Feier der himmlischen Geheimnisse bitten», und auch bei einem Verdacht nicht über sie zu urteilen, da dies den Bischöfen zustehe[2].

b. Bei Benedikt fällt auf, daß er Priestern, die um Aufnahme bitten, nicht anders als Laien gegenüber[3], *Zurückhaltung* übt. Er ist aber im Unterschied zu andern Regeln zur Aufnahme eines Priesters bereit[4]. Er fordert jedoch vom Priester Beständigkeit, Gehorsam gegenüber Regel und Abt sowie Demut[5].

c. Die verschiedenen Etappen eines Noviziats werden bei Klerikern nicht erwähnt. Ein *Versprechen* müssen sie jedoch ablegen[6]. So werden sie Glieder der Gemeinschaft.

d. «Am Platz nach dem Abt stehen»[7] war beim «Magister» Sache des zur Nachfolge bestimmten «Zweiten»[8]. Dies ist vielleicht ein Hinweis, daß Benedikt mit dem damals häufigen Fall rechnet, daß ein Priester als Abt eingesetzt wird (A. de Vogüé). War der *Abt Laie*, so konnte sich zwar ein gutes Verhältnis zwischen ihm und einem Priester im Kloster durch Aufgabenteilung ergeben. «Wenn ein Kleriker zu ihm (Pachomius) kam, um unter seiner Regel zu leben, brachte er in der Kirche dem Priester die pflichtgemäße Ehrerbietung entgegen; der Kleriker aber lebte nach dem Brauch der Mönche und unterstellte sich dem Abt in aller Demut wie einem Vater»[9]. Die gewisse Anomalie, daß ein Laie als Lehrer und Seelsorger in der Gemeinschaft wirkte, während der Priester nur die Funktionen als Liturge im Gottesdienst wahrnahm, wurde dadurch gemildert, daß Seelsorge und «Verkündigung» stark individuellen Charakter hatten[10]; ein «geistlicher» Mensch wußte sich berufen zu diesem Dienst von Person zu Person.

e. Dennoch stellten sich Probleme ein. So suchte der Laienabt Eugendus († um 510) Gewissensfälle der Brüder selber zu regeln; er weihte den Priester nicht ein, um nicht einen kirchlichen Ausschluß von der Eucharistie auszulösen[11]. Die Hauptsorge war aber die Furcht vor einem *ehrgeizigen* Karrieredenken und vor Rivalitäten unter den Mönchen. Deswegen ließ sich Abt Eugendus nicht zum Priester weihen, während Abt Romanus († um 463) nur «am Feiertag dem Opfer vorstand. An den andern Tagen zeigte er sich den Mönchen als Mönch und trug kein Zeichen seiner priesterlichen Würde»[12]. Sehr stark wird die Demut[13] bei Kassian († 430) als unerläßliche Eigenschaft des Mönchspriesters herausgestellt[14].

8–9 Der Absatz über *andere Kleriker* ist Benedikt eigen. Er ist offen gegenüber einer Entwicklung, welche die Zahl der Kleriker im

Kloster zunehmen läßt, so daß die Gemeinschaft nicht auf die Dienste auswärtiger Priester angewiesen ist oder deren Kirchen aufsuchen muß. Wie die Priester haben «auch sie» (die Kleriker) das Versprechen von Beständigkeit[15] und «Beobachtung der Regel» abzulegen, worunter die klösterliche «Observanz» zu verstehen ist, das heißt das «klösterliche Leben»[16].

KAPITEL 61
VON FREMDEN MÖNCHEN UND IHRER AUFNAHME

1 Wenn ein fremder Mönch aus entlegenen Provinzen kommt
und als Gast im Kloster leben will,
2 und wenn er zufrieden ist
mit der am Ort vorgefundenen Lebensform,
wenn er nicht mit seinen Ansprüchen
Verwirrung ins Kloster trägt,
3 sondern einfach zufrieden ist mit dem, was er antrifft,
soll er aufgenommen werden, solange wie er es wünscht.
4 Falls er mit Liebe und Demut eine begründete Kritik übt
oder auf etwas aufmerksam macht,
soll der Abt klug überlegen,
ob ihn der Herr nicht eben deswegen hergeführt hat.

5 Will er sich dann verpflichten, beständig zu bleiben,
weise man einen solchen Wunsch nicht zurück,
besonders weil man sein Leben kennen lernen konnte,
solange er Gast war.
6 Zeigt sich einer aber anspruchsvoll und fehlerhaft,
solange er Gast ist,
darf er nicht nur dem Kloster als Körperschaft
nicht eingegliedert werden,
7 sondern man sage ihm überdies höflich, er möge gehen,
damit sein Elend nicht noch andere verderbe.

8 Verdient es einer nicht, daß man ihn fortschickt,
so werde er nicht nur auf eigenes Bitten hin
aufgenommen und der Gemeinschaft eingegliedert,
9 sondern man lege ihm sogar nahe, zu bleiben,
damit sein Beispiel für andere zu einer Lehre werde.
10 Man dient ja an allen Orten dem einen Herrn
und leistet Dienst für den einen König.
11 Sieht der Abt, daß einer wirklich von dieser Art ist,
darf er ihm einen etwas höheren Platz anweisen.
12 Aber nicht nur einen Mönch, sondern, wie bereits gesagt,
auch einen vom Stand der Priester oder Kleriker,
darf der Abt an einen höheren Platz stellen,
als er dem Eintritt entspricht,
wenn er sieht, daß er von seinem Leben her würdig ist.

13 Der Abt hüte sich aber,
einen Mönch aus einem andern, bekannten Kloster
für dauernd aufzunehmen,
ohne Zustimmung oder Empfehlungsschreiben seines Abtes;
14 Denn es steht geschrieben:
WAS DU NICHT WILLST, DASS MAN DIR TUT,
DAS FÜG AUCH KEINEM ANDERN ZU.

14 Tob 4,15; Mt 7,12

1–4 a. *Fremde*, auch wenn es sich um reisende Mönche[1] handelt, werden zunächst in der Gastwohnung aufgenommen, wo sie zu prüfen sind[2], vor allem auf ihre Anspruchslosigkeit[3].
b. Benedikt nimmt an, daß auch ein Gast Träger einer Weisung des Herrn sein kann[4]. Es liegt aber am Abt, mit *Unterscheidungsgabe* zu urteilen. Als Kriterien nennt Benedikt – seinem Leitbild entsprechend – Friedfertigkeit, «Liebe und Demut».

5–12 a. Das Aufnahmeverfahren scheint bei Mönchen kürzer zu sein als bei Laien[5]. Während der «Magister» Bedingungen wirtschaftlicher Art erwähnt[6], führt Benedikt geistliche *Prüfungskriterien* an: Furcht vor «Ansteckung», Hoffnung auf Erbauung, Lebensführung. Auch eine allfällige Einladung zum Bleiben muß geistlich motiviert sein. Dabei wird das ganze Klosterleben als Herrendienst charakterisiert[7].

b. Der Ausdruck, «dem Kloster als *Körperschaft* eingegliedert werden»[8] erinnert an Kassian († 430), der zur Ablegung des weltlichen Kleides und zur Übergabe des Mönchsgewandes bemerkt: «es soll sich einer nicht schämen, den Armen, das heißt der Körperschaft der Brüder gleich zu werden. Christus hat sich nicht geschämt, ihnen beigezählt und ihr Bruder genannt zu werden. Also freue man sich eher, sein Hausgenosse zu werden»[9].

c. Typisch für Benedikt ist sein Interesse an der Aufnahme von *Priestern und Klerikern*[10]; doch nennt er nur die Lebensführung, nicht das Amt, als Grund für einen höheren Rang[11].

13–14 Für die Aufnahme von Mönchen aus andern, bekannten Klöstern gibt Benedikt die alte kirchliche Ordnung für Kleriker wieder[12], die in die Mönchsregeln einging[13]. Es geht um den *Frieden* zwischen verschiedenen Klöstern. – Mönchen aus unbekannten Klöstern – «Wandermönchen»[14] – würde Benedikt zur «Beständigkeit» zu verhelfen suchen.

KAPITEL 62
VON DEN PRIESTERN DES KLOSTERS

1 Wenn ein Abt die Bitte stellt,
daß ihm ein Priester oder Diakon geweiht werde,
wähle er aus den Seinen jemand aus,
der würdig ist, DAS PRIESTERTUM AUSZUÜBEN.
2 Der Geweihte hüte sich vor Überheblichkeit und Stolz
3 und nehme sich nicht heraus, etwas zu tun,
wozu ihm der Abt keinen Auftrag gab;
denn er muß wissen, daß er nun erst recht
allen Anordnungen der Regel untersteht.
4 Das Priestertum sei ihm nicht Anlaß,
den Gehorsam gegenüber der Regel
und ihren Forderungen zu vergessen;
vielmehr schreite er mehr und mehr auf Gott zu.
5 Als seinen Platz betrachte er stets den,
der seinem Eintritt ins Kloster entspricht,
6 außer beim Dienst am Altar

oder wenn die Wahl der Gemeinschaft
oder der Wille des Abtes ihn höher stellen,
weil seine Lebensführung das verdient.
7 Doch wisse er, daß auch für ihn die Regel gilt,
die für Dekane und Prioren aufgestellt ist.

8 Nimmt er sich etwas anderes heraus,
so gelte er nicht als Priester, sondern als Aufrührer.
9 Und ändert er sich nach wiederholter Mahnung nicht,
ist auch der Bischof als Zeuge beizuziehen.
10 Wenn er sich auch so nicht bessert,
und wenn die Schuld klar zutage liegt,
verstoße man ihn aus dem Kloster,
11 doch nur wenn seine Widersetzlichkeit so groß ist,
daß er sich nicht unterordnen
noch der Regel gehorchen will.

1 Sir 45,15

1 a. Der einleitende Grundsatz dieses Kapitels[1] stimmt überein mit der «Mönchsregel des Aurelian»[2]: «Keiner empfange die Würde des Presbyterats oder Diakonats, außer der *Abt* wünsche die Weihe eines Presbyters, *eines* Diakons oder eines Subdiakons. Es ist sein Recht, wen er will, auszuwählen und ihn, wann er will, weihen zu lassen»[3]. Die Mönche von Lérins haben auf dieser Ordnung bestanden[4]: Der Bischof darf nicht über den Abt hinweg Weihen erteilen. Er soll nicht Mönche durch Weihen für den Dienst in der Diözese ihrer Gemeinschaft entfremden; einzig der Ruf auf einen Bischofssitz berechtigt zum Verlassen des Klosters[5].

b. Im vorbenediktinischen Mönchtum galt die Regel, daß der Mönch in seiner *Demut* die «Würde des Priestertums» fliehen soll, dies bei aller Ehrerbietung gegenüber dem Priester[6]. Kassian († 430), der mit einer Schwester aufgewachsen war und bei der Priesterweihe die Handauflegung des Bischofs empfangen hatte, schreibt nicht ohne Schmunzeln: «Die Väter halten seit jeher und bis heute am folgenden Grundsatz fest, den ich zu meiner Beschämung wiedergebe, da ich weder meine Schwester meiden noch den Händen des (weihenden) Bischofs entfliehen konnte: ‹Ein Mönch muß unbedingt fliehen vor den Frauen und vor den Bischöfen.› Die einen wie die andern lassen ihn nämlich, sobald er in ihre Gesellschaft geraten ist, nicht mehr ruhig in seiner Zelle verweilen oder sich mit großer Herzensreinheit der religiösen Betrachtung und der Gottesschau widmen»[7].

c. Auf das Drängen der Kirche zeigten sich diese Mönche aber *dienstbereit*, z. B. Honoratus von Lérins (†428), der lange der Priesterwürde auswich und später «im Priestertum die Demut des Mönchs bewahrte»[8]. Bei Benedikt zählt die Gemeinschaft normalerweise den einen oder andern Priester und Diakon, was auf eine zunehmende Bedeutung des sakramentalen Lebens innerhalb des Klosters selber hinweist[9]. Im älteren Mönchtum erscheint das sakramentale Leben eher als einmaliger, herausragender Höhepunkt der Woche. «Abt Poimen sprach: ‹Wie der Hirsch lechzt nach frischem Wasser, so lechzt meine Seele, Gott, nach dir.›[10]. Die Gazellen in der Wüste treten oft auf Schlangen. Wenn deren Gift sie erhitzt, sehnen sie sich, ans Wasser zu kommen; wenn sie dann trinken, wirkt die vom Schlangengift verursachte Fieberglut ausscheidend. So erhitzt das Gift unguter Geister die Mönche, die ein Leben der Einsamkeit führen; darum sehnen sie sich danach, am Sabbat des Herrn zu den Wasserquellen zu kommen, das heißt zum Leib und zum Blut unseres Herrn Jesus Christus, um rein zu werden von allen unguten Geistern der Bitterkeit»[11]. Die Glut der Gemeinschaft mit Christus reinigt das Herz.

2–7 a. Benedikt schreibt dem Priester im Kloster eher *sakrale* Funktionen zu[12]; der Abt als «Lehrer» nimmt den Dienst am Wort wahr[13], was aber die wichtige individuelle Seelsorge durch andere «geistliche Väter» nicht ausschloß[14].

b. Benedikts Hauptsorge gilt nicht der Rangordnung, sondern besonders der inneren Haltung des Prieters. Wie schon zuvor[15] setzt er den Akzent auf Gehorsam und Demut, also auf die Gesinnung der Selbstentäußerung und auf die evangelische Einfachheit der Bergpredigt[16].

c. Das Priestertum ist kein Anlaß zu Macht- oder Geltungsstreben, sondern ein Motiv, die Grundhaltung liebender Hingabe beispielhaft vorzuleben. Benedikt führt eine Formel an, die sich schon bei Cyprian[17] findet: «er schreite mehr und mehr Gott entgegen»[18]. Cyprian (†258) hat diese Mahnung an «Bekenner» gerichtet, die in der Verfolgung standhaft geblieben waren, aber nicht auf der Höhe ihres damals gewonnenen Ansehens als Bekenner Christi blieben. Benedikt überträgt die einst an solche Laien gerichtete Erklärung auf Priester. Er fordert von ihnen also keine andere *Spiritualität* als die in der Taufe grundgelegte, aber sie ist vorbildhaft zu leben (A. de Vogüé). Es gilt, Christus näher zu kommen, ihm zu folgen, zu ihm zu führen, das heißt «mehr und mehr auf Gott zuschreiten».

d. Die Anwesenheit des Priesters in der Gemeinschaft ruft den andern Brüdern den Auftrag des *allgemeinen Priestertums*[19] in Erinnerung. Für Augustinus († 430) heißt dieser Auftrag: «sacrum facere», d. h. zu einem Mehr an «Glücklich-sein» (beatius esse), oder näher «zu Gott» zu führen, der die Fülle von Sein und Seligkeit ist. «So ist ein wahres Opfer (sacrificium) jede Tat, die geschieht, damit wir uns in heiliger Gemeinschaft mit Gott verbinden. Das Opfer ist ausgerichtet auf jenes (höchste) Gut, durch das wir in Wahrheit glücklich sein können»[20]. Für Augustinus ist das vollendete Opfer nicht eine bloß individuelle Handlung, sondern ein Vorgang, der die Gemeinschaft einschließt: «die ganze erlöste Stadt (Gottes), d. h. die Versammlung und Gemeinschaft der Heiligen ist das universale Opfer», in ihrer vollen Offenheit auf Gott hin[21].

e. Die Regel stellt im übrigen an die Obern und die Priester die gleichen Forderungen nach einer *würdigen* Lebensführung[22].

8–11 Mit rechtlichen Begriffen wird ein eigentliches Verfahren gegen den *unwürdigen Priester* skizziert. An sich dürfen Laien, ob Brüder oder Abt, nicht über einen Priester urteilen[23]; deswegen wird der Bischof in den Vorgang einbezogen; erst wenn eine Besserung aussichtslos und die Schuld notorisch ist, erfolgt der Ausschluß[24].

KAPITEL 63
VON DER RANGORDNUNG IN DER GEMEINSCHAFT

1 Im Kloster hält man seine Rangordnung ein,
wie sie durch die Zeit des Klostereintritts
oder eine verdienstvolle Lebensführung bestimmt
und wie sie vom Abt festgelegt ist.
2 Der Abt soll die ihm anvertraute Herde nicht verwirren
und nicht ungerechte Verfügungen treffen,
als dürfe er unumschränkt Macht ausüben;

3 sondern er bedenke stets,
daß er für alle seine Urteile und Handlungen
Gott Rechenschaft abzulegen hat.
4 In der Rangordnung also, die der Abt bestimmt,
oder die die Brüder selber einhalten,
treten sie vor zum Friedenskuß, zur Kommunion,
zum Vortrag eines Psalmes und um sich im Chor aufzustellen.
5 Nie und nirgends aber darf das Alter für die Rangordnung
den Ausschlag geben oder dafür die Vorentscheidung bilden,
6 denn Samuel und Daniel haben als Jugendliche
über Ältere geurteilt.
7 Abgesehen also – wie gesagt – von jenen,
die der Abt aus einer höheren Sicht heraus voranstellt
oder die er aus bestimmten Gründen zurückstellt,
nehmen alle den Platz ein, der ihrem Eintritt entspricht.
8 Wer zum Beispiel zur 2. Stunde des Tages ins Kloster kam,
muß sich jünger wissen als einer, der zur 1. Stunde kam,
was immer sein Alter oder seine Stellung sein mag.
9 Die Kinder aber sollen von allen und in allem
zur Ordnung angehalten werden.

10 Die Jüngern sollen also die Ältern ehren,
die Ältern die Jüngern lieben.
11 Wenn man einen andern beim Namen rufen will,
darf man ihn nicht mit dem bloßen Namen anreden,
12 sondern die Ältern sollen die Jüngern
mit dem «Bruder»-Namen,
die Jüngern einen Ältern «Nonnus» rufen,
was soviel heißt wie «ehrwürdiger Vater».
13 Weil aber der Abt als Stellvertreter Christi gilt,
nennt man ihn «Herr» und «Abt».
Das maßt er sich nicht selber an,
sondern wir ehren und lieben in ihm Christus.
14 Er selber denke daran und verhalte sich so,
daß er solcher Ehre würdig ist.

15 Wo immer sich Brüder begegnen,
bitte der Jüngere um den Segen des Ältern.
16 Wenn ein Oberer vorbeigeht, STEHE der Jüngere AUF
und biete ihm den Platz zum Sitzen an.
Der Jüngere nehme sich nicht heraus, sich hinzusetzen,
ehe ihn der Ältere dazu auffordert.
17 Es geschehe, was die Schrift sagt:
ÜBERTREFFT EUCH IN GEGENSEITIGER ACHTUNG!

18 Die kleinen Knaben und die Jugendlichen
haben im Oratorium und bei Tisch
ihre Reihenfolge einzuhalten und die rechte Ordnung.
19 Draußen aber und überall stehen sie unter Aufsicht
und werden zur Ordnung angehalten,
bis sie das verständige Alter erreichen.

2 1 Petr 5,1–5 **6** Vgl. 1 Sam 3; Dan 13 **16** Lev 19,32 **17** Röm 12,10

1–9 a. Der «Magister» läßt keine Rangordnung unter den Brüdern aufkommen, sondern organisiert unter ihnen eine Art Tugendkonkurrenz, mit dem Versprechen, den Besten aus ihnen zum Nachfolger zu machen[1]. Von dieser schulmeisterlichen und zur Augendienerei verführenden Lösung ist bei Benedikt nichts zu finden. Er vertritt eine *feste Rangordnung* der Brüder, was eine Tradition des jüdischen Mönchtums[2] und, besonders ausgeprägt, der pachomianischen Klöster ist, deren Ordnung Benedikt wiedergibt[3].

b. Ganz unproblematisch fand man aber eine feste Rangordnung nicht in allen christlichen Mönchsgemeinschaften. Basilius († 379) läßt durchblicken, daß es gelegentlich unter Berufung auf die Mahnung des Herrn, «nicht den Ehrenplatz auszusuchen»[4], zu einem regelrechten Gedränge um den «letzten Platz» kommen konnte. Er schlägt darum vor: «Man soll demjenigen, dem die Verantwortung übertragen ist, zugestehen, daß er alles ordnet, die Sitzordnung einhalten und ihm gehorchen, damit sich das Wort erfülle: ‹Bei euch soll alles in Anstand und Ordnung geschehen.›[5]»[6].

c. Die *Ordnung* ist Benedikt ein wichtiger Faktor des Gemeinschaftslebens[7]. Der Abt selber soll sich an die durch die Zeit der Profess vorgegebene Rangordnung halten. Er kann zwar Änderungen treffen, speziell mit Rücksicht auf die Lebensführung der einzelnen[8]; aber Benedikt ermahnt den Abt (!) – was für ihn typisch ist – den Frieden in der Gemeinschaft aufrecht zu erhalten und keine Willkür-Macht auszuüben, sondern eine bestehende Ordnung gelten zu lassen. In Benedikts Worten hört man Augustinus (†430), der über den Vorsteher geschrieben hat: «Er halte sich glücklich, nicht wenn er eine Gewaltherrschaft ausübt, sondern wenn er in Liebe dient, immer im Gedanken an die Rechenschaft, die er für euch vor Gott ablegen muß»[9].

d. Benedikt läßt sich nicht bloß von gruppensoziologischen Überlegungen leiten. Er anerkennt in diesem Abschnitt über die Rangordnung (!) überhaupt *keine sozialen Unterschiede*[10]. Wie er schon früher erklärt hat[11], hält er sich an paulinische Weisungen[12]. Paulus hatte die durch die Taufe begründete volle Gleichheit und Einheit aller vorwiegend mystisch verstanden; nur in der gottesdienstlichen Versammlung fielen alle Unterschiede zwischen Sklaven und Freien[13], sonst nicht[14]. Bei Benedikt begründet die Profess eine tatsächliche Aufhebung aller auf dem natürlichen Alter oder der bisherigen Stellung beruhenden Rangunterschiede (A. de Vogüé). Das Gemeinschaftsleben im Kloster hat einen sakralen Charakter, wie er sonst dem christlichen Gottesdienst eigen ist[15].

10–17 Nicht nur das Verhältnis zwischen Abt und Mönch interessiert Benedikt, sondern auch das Verhältnis der Brüder untereinander[16]. Die Frage der Rangordnung, die Streitigkeiten vorbeugen und dem *Frieden* dienen soll, wird ihm Anlaß, im folgenden[17] oft auf das Gemeinschaftsleben und die Bruderliebe einzugehen.

10 Die Mahnung, die *Jüngern* zu lieben, die *Älteren* zu ehren, findet sich auch in Benedikts «geistlicher Kunst»[18], dagegen nicht im entsprechenden Text des «Magisters». Die Liebe steigt von den Alten nieder, die Ehre steigt zu ihnen auf. Diese Doppelbewegung erinnert an das Verhältnis Christus–Kirche[19], Eltern–Kinder[20], Vorsteher–Gemeinde[21] (A. de Vogüé). Das klösterliche Gemeinschaftsleben orientiert sich am biblischen und kirchlichen Gemeinschaftsideal.

11–12 Benedikt legt Gewicht auf den christlichen *Bruder-Namen*. Das Kloster soll der Urkirche gleichen, in der sich alle als «Brüder» betrachteten. Basilius (†379) begründet die Anrede als «Vater» oder «Bruder» biblisch: «man wird eher die als Väter ansehen, die einen durch das Evangelium gezeugt haben[22], als Brüder aber jene, die den gleichen Geist der Kindschaft empfingen»[23]. Nicht nur die individuelle Berufung, sondern auch die brüderliche Gemeinschaft als ganze ist ein Werk des Geistes. Die innere religiös motivierte Gesinnung der Brüderlichkeit ist wichtiger als die Benützung des Bruder- oder Nonnus-Titels vor dem Eigennamen[24].

13–14 Die Ehrenbezeugung gegenüber dem Abt erscheint als Steigerung der Ehre, die den älteren Brüdern erwiesen wird. Die aufsteigende Linie (A. de Vogüé) führt weiter zu Christus[25]. Der Abt ist nur sein Stellvertreter, wie schon im ersten Abtskapitel erklärt wurde[26]. Der Doppelname «Herr» und «Abt»[27] entspricht der ihm um *Christi* willen erwiesenen «Ehre» und «Liebe».

15–16 Benedikt ruft in einer Zeit des Niedergangs traditionelle biblische und kirchliche Anstandsregeln in Erinnerung: der Segenswunsch[28] und das Aufstehen vor dem Älteren[29].

17 a. Das Apostelwort über die gegenseitige *Ehrerbietung*[30] wird von Benedikt wiederholt zitiert und interpretiert[31]. Er spricht doppelt so oft von der Ehrerbietung als von der Liebe, aber die Bezeugung von Achtung und Respekt gegenüber der Person des andern muß eine «gegenseitige» sein[32]. Dieses Zusammenleben in bewußter «Gegenseitigkeit» ist ohne die «brüderliche Liebe»[33] undenkbar. Diese Liebe wird von Paulus im gleichen Atemzug mit der «gegenseitigen Achtung»[34] und von Benedikt zweimal zusammen mit der Ehrerbietung gegenüber andern erwähnt[35].

b. Nicht zu *«alt* und *jung»*, sondern zu ehedem «reich und arm» sprechend, redet Augustinus (†430), ohne wegen der sozialen Herkunft einen Unterschied zu machen, alle als «Brüder» an. Die ehedem Armen sollen «nicht den Kopf aufwerfen», sondern «die Herzen erheben» (sursum corda), die ehedem Reichen ihre vorher armen «Brüder» nicht geringschätzen. «Lebt alle als eine Einheit von Herz und Seele, und ehrt in euch gegenseitig Gott, dessen Tempel ihr wurdet»[36].

18–19 Dieser Anhang zeigt, daß das natürliche Alter doch seine Bedeutung hat: Gegenüber *Kindern* unter 15 Jahren[37] haben alle eine Verantwortung, wie sie sonst nur der Abt und sein Stellvertreter ausüben[38].

KAPITEL 64
VON DER EINSETZUNG DES ABTES

1 Bei der Einsetzung eines Abtes gelte immer der Grundsatz,
daß der aufgestellt wird,
den SICH die ganze Gemeinschaft einmütig, in Gottesfurcht
oder dann ein auch noch so kleiner Teil der Gemeinschaft
auf Grund einer wirklich gesunden Einsicht WÄHLT.
2 Wer es wegen Lebensführung und Lehrweisheit verdient,
den wähle man, damit er eingesetzt werden kann,
auch wenn er in der Rangordnung der Gemeinschaft
der Letzte wäre.

3 Wenn jedoch eine ganze Gemeinschaft einmütig
eine Person wählt, die mit ihren Lastern einiggeht,
– was nicht vorkommen möge –,
4 und wenn der Bischof, zu dessen Diözese der Ort gehört,
irgendwie Kenntnis von diesen Mißständen bekommt,
oder wenn sie für benachbarte Äbte oder Christen
klar zutage liegen,
5 sollen sie verhindern,
daß sich die Verschwörung von Verworfenen durchsetzt,
und sollen DEM HAUS GOTTES
EINEN würdigen VERWALTER BESTELLEN.
6 Wenn sie uneigennützig und aus Eifer für Gott handeln,
mögen sie wissen, daß sie einen guten Lohn erhalten,
und umgekehrt, daß sie sündigen,
wenn sie gleichgültig bleiben.

7 Wenn der Abt eingesetzt ist, bedenke er stets,
welch schwere Aufgabe er übernommen hat
und wem er FÜR seine VERWALTUNG RECHENSCHAFT GEBEN muß;
8 er wisse auch, daß es für ihn wichtiger ist,
vorzusehen als vorzustehen.
9 Er muß sich im göttlichen Gesetz auskennen

und ein Wissen besitzen,
aus dem er ALTES UND NEUES HERVORHOLEN kann.
Er sei KEUSCH, NÜCHTERN, BARMHERZIG,
10 und DAS ERBARMEN ÜBERTREFFE immer DAS RICHTEN,
damit auch er Gleiches erfahre.
11 Er hasse das Böse und liebe die Brüder.
12 Muß er zurechtweisen, so gehe er klug vor
und tue nicht zuviel des Guten,
damit das Gefäß nicht zerbricht,
wenn er den Rost allzu eifrig auskratzen will.
13 Stets mißtraue er seiner eigenen Schwachheit
und erinnere sich:
EIN GEKNICKTES ROHR DARF MAN NICHT BRECHEN!
14 Damit sagen wir nicht, er dürfe Fehler wuchern lassen,
sondern er schneide sie klug und liebevoll heraus,
wie es dem einzelnen nach seiner Ansicht hilft,
– was wir schon sagten –;
15 und er suche, mehr geliebt als gefürchtet zu werden.

16 Er sei NICHT AUFGEREGT oder ängstlich,
nicht maßlos oder engstirnig,
nicht eifersüchtig oder argwöhnisch,
weil er sonst nie zur Ruhe kommt.
17 Bei Anordnungen sei er weitsichtig und besonnen.
Ob ein Arbeitsauftrag, den er erteilt,
Göttliches oder Weltliches betrifft,
wisse er zu unterscheiden und Maß zu halten.
18 Er denke an die Unterscheidungsgabe des heiligen Jakob,
der sprach:
WENN ICH MEINE HERDEN UNTERWEGS ÜBERANSTRENGE,
GEHEN ALLE AN EINEM EINZIGEN TAG ZUGRUNDE.
19 Dieses und andere Zeugnisse für die Unterscheidungsgabe
– die Mutter der Tugenden! – nehme er sich vor;
so ordne er alles mit Maß,
damit die Starken finden, was sie suchen,
und die Schwachen nicht abgeschreckt werden.

20 Ganz besonders halte er in allem die vorliegende Regel.
21 Hat er dann GUT GEDIENT,
hört er vom Herrn, was DER GUTE KNECHT vernahm,
der den Weizen den Mitknechten rechtzeitig zuteilte:
22 AMEN, ICH SAGE EUCH, sprach er, ER WIRD IHN
ZUM VERWALTER SEINES GANZEN VERMÖGENS MACHEN.

1 Vgl. Ps 33,12; 132,13; 135,4 **2** Vgl. Jer 3,15; Apg 2,42; Tit 1,9; 2,7 **5** Ps 105,21; Lk 12,42; vgl. Hebr 10,21; 1 Tim 3,4 **7** Lk 16,2 **9** Mt 13,52; vgl. 1 Tim 3,2; Tit 1,7–9; 2,2.4–5; Mt 5,7 **10** Jak 2,13 **13** Jes 42,3; Mt 12,20 **16** Jes 42,2 **18** Gen 33,13 **21** 1 Tim 3,13; Mt 24,45 **22** Mt 24,47

1–6 a. Dieses zweite Abtskapitel ergänzt das erste, zunächst mit einer kurzen Weisung für die *Abtswahl*. Das Vorgehen wird als bekannt vorausgesetzt, während der «Magister» ausführlich über die Ernennung des würdigsten Bruders durch den Vorgänger spricht[1]. Das ganze Interesse gilt der Wahl eines Würdigen[2], was der kirchlichen Tradition entspricht. Erwartet sind vor allem zwei Qualitäten: die vorbildliche «Lebensführung»[3] und die «Lehrweisheit», denn der Abt muß geistlicher Vater, Lehrer und Arzt sein[4]. Entgegen einer vielfach geübten Praxis[5] gelten das natürliche Alter oder der Rang in der Gemeinschaft nicht als Kriterien[6].

b. Erwünschte Voraussetzungen einer guten Wahl sind die *Einmütigkeit* der Gemeinschaft und die *«Gottesfurcht»* der Wähler, also einerseits ein «geistbeseelter Konsens» (Origenes)[7], anderseits das wache Bewußtsein der persönlichen Verantwortung vor Gott[8]. Diese spirituellen Faktoren müssen für die Wahl ausschlaggebend sein, nicht demokratische Mehrheitsverhältnisse[9].

c. Eine Rechtsunsicherheit oder unlösbare praktische Schwierigkeiten sind nicht befürchtet. Auf den Vorgang der «Wahl» folgt nämlich ein zweiter, nicht bloß formeller Schritt: die «ordinatio» oder Amtseinsetzung des Erwählten durch den Bischof. Hier zeigt sich, daß das Kloster in die Ortskirche integriert ist. Der Bischof muß sich vergewissern, ob der als Abt einzusetzende Mönch würdig ist. Der Verfasser rechnet realistisch damit, daß Mißstände möglich sind. Man denkt hier an die Gemeinschaft von Vicovaro, die sich Benedikt als Abt erbeten hatte, ihn aber wegen seiner Reformversuche vergiften wollte[10]. Äbte oder Christen der Umgebung müssen den Bischof aufmerksam machen. Nach dieser Bemerkung sind nicht nur der Bischof, sondern auch die andern Glieder der *Ortskirche* mitverantwortlich für das Wohl der religiösen Gemeinschaften im eigenen Lebensraum. Dabei wird vorausgesetzt, daß Laien vollkommener sein können als Mönche. Jedenfalls ist es Sache des Bischofs, anstelle des gewählten unwürdigen Mönchs einen «würdigen Verwalter»[11] einzusetzen. Dabei wird das Kloster als «Haus Gottes» definiert, welcher Ausdruck in der Regel dreimal wiederkehrt[12]. Es scheint, daß die Regel in verschiedenen Diözesen beobachtet wird[13] und den Bischöfen bekannt ist[14].

7–22 Mehr als am Vorgang der Abtswahl ist Benedikt interessiert, dem Abt zu erklären, wie er sein Amt ausüben soll. Während Benedikt im ersten, fast ganz dem «Magister» entnommenen Abtskapitel[15] vorwiegend dem Lehrer-Schüler(-Jünger)-Modell verhaftet bleibt, entwickelt er hier ein Abtsbild, das verschiedenste Züge des *kirchlichen Vorstehers* integriert, Benedikt korrigiert oder ergänzt damit das von Kassian († 430) und vom «Magister» stammende, von der Gestalt des Abba in halberemitischen Siedlungen Unterägyptens geprägte Bild des Obern[16]. Das stärker von der «Koinonia» oder «Lebensgemeinschaft» der Brüder in Christus ausgehende Verständnis des Klosters herrschte vor in Kappadokien[17], in den pachomianischen Klöstern[18] und bei Augustinus († 430), dessen «Zweckparagraph» des Klosters lautet: «Ihr seid zu *einer* Gemeinschaft versammelt, hauptsächlich, um einmütig in einem Hause zu wohnen[19], ein Herz und eine Seele zu sein ...»[20]. In dieser Tradition trägt der Obere die Züge des kirchlichen Vorstehers der als ein Dienender in der Mitte der Gemeinde steht, aber auch als «epi-skopos» (Aufseher) das «Auge» der Gemeinschaft bildet, also weitsichtig und umsichtig alles beurteilt und ordnet[21].

7–8 a. Benedikt beginnt sein *Pflichtenheft* des Abtes mit einem Hinweis auf das Gericht[22]. Der Abt ist als «Stellvertreter» dem eigentlichen Oberhaupt des Klosters, nämlich Christus, Rechenschaft schuldig.

b. In einem wohlgeprägten Merksatz[23] wird der *dienende* Charakter des Amtes deutlich herausgestellt. Dies ist ein komplementärer Gesichtspunkt des Gehorsams[24], der im christlichen und kirchlichen Verständnis nie nach dem Muster politischer Machtstrukturen verstanden wird.

9–10 Der Abt muß *Schriftkenntnis* und ein Wissen besitzen, das ihm gestattet, die Gemeinschaft zu lehren und ihr «Auge» zu sein. Außerdem wünscht Benedikt beim Abt Eigenschaften, die in den Pastoralbriefen von kirchlichen Vorstehern oder Dienern erwartet werden[25]. Weder monarchische noch demokratische Herrschaftsstrukturen schweben Benedikt vor, sondern schlicht die kirchliche Dienstauffassung. Im besondern wird das Heilmittel der Barmherzigkeit empfohlen, nicht der Legalismus oder die Prinzipienreiterei.

11 Der Merksatz über den Haß des Bösen und die *Liebe* zu den Brüdern hat Vorbilder bei Horsiesi (†um 380)[26] und vor allem bei Augustinus (†430): «Für die Aufdeckung ... und Bestrafung jeder Schuld gelte: es geschehe mit Haß für das Böse und mit Liebe zu den Menschen»[27].

12–15 a. Das volkstümliche Sprichwort «*nicht zuviel* des Guten»[28] dient als Mahnung zur Ausgeglichenheit. Vom Gründer von Lérins heißt es, er habe «gütig und umsichtig» gesorgt, daß nicht «zuviel Arbeit» oder «zuviel Ruhe» irgendeinem schade[29].

b. Augenmaß, Vorsicht und Rücksicht sind vor allem bei der *Korrektur* von Fehlenden erforderlich. Der Obere muß sich seiner eigenen Schwäche bewußt bleiben. Benedikt erinnert sich hier an eine Erzählung Kassians (†430): «Ein recht eifriger junger Mann begab sich zu einem Altvater, um Heilung von Schwierigkeiten zu finden. Schlicht gesteht er, daß ihm der Geschlechtstrieb und der Geist der Unzucht zu schaffen machten. Er hoffe, im Gebet des Altvaters einen lindernden Trost in seinem Ringen zu finden und eine Arznei für seine Wunden. Der Altvater aber schimpft ihn bitterböse aus und erklärt, er sei ein elender Nichtsnutz und unwürdig, den Namen eines Mönches zu tragen, wenn er derart triebhaft und lasterhaft angefochten werde. Mit dieser Zurechtweisung verwundet der Alte ihn nun wirklich sehr schwer. Er treibt den jungen Mönch in die tiefste Verzweiflung und entläßt ihn konsterniert, in tödlicher Niedergeschlagenheit aus seiner Behausung. In seiner bittern Depression sinnt der junge Mönch nicht mehr auf inneren Frieden, sondern brütet in Gedanken, wie er seine Begierden ausleben könnte. Da begegnet ihm Abt Apollo, ein erfahrener Altvater. An den Gesichtszügen des Jungen liest er den inneren Kampf und die heftige Anfechtung ab und fragt nach dem Grund der Schwierigkeiten. Apollo stellt die Frage mit aller Liebenswürdigkeit, aber der junge Mönch bringt keine Antwort heraus. Abt Apollo spürt immer deutlicher, daß eine bestimmte Hemmung den jungen Menschen veranlaßt, den Grund seiner tiefen Niedergeschlagenheit zu verschweigen, obwohl schon sein bloßer Anblick vorhandene Probleme verrät. Apollo läßt nicht nach und erkundigt sich besorgt nach den Gründen seiner großen Traurigkeit. Befangen gesteht jetzt der junge Mann, daß er in sein Dorf zurück müsse; denn nach der Erklärung jenes Altvaters sei er nicht fähig, ein Mönch zu sein, unfähig seine geschlechtlichen Triebe zu zügeln und außerstande, ein Heilmittel für seine Anfechtung zu finden. So kehre er jetzt dem Kloster den Rücken, gehe in die Welt zurück und nehme sich eine Frau. Da beginnt Altvater Apollo ihn liebevoll zu trösten und zu beruhigen. Apollo erklärt, daß die gleichen Triebregungen täglich auch ihm selber zusetzen und sein Gemüt erhitzen. Der junge Mönch dürfe sich also keinesfalls der Verzweiflung überlassen und sich nicht wundern, wenn eine Anfechtung heftig sei. Sie müsse nicht so sehr durch eigene Anstrengungen, sondern durch die Gnade und Barmherzigkeit des Herrn besiegt werden.» Wenig später findet dann Apollo, daß der alte Scharfmacher selber unfähig ist, sich einer Anfechtung zu erwehren. Er hält ihm eine Standpredigt über die liebevolle Geduld, mit der man jungen Leuten beistehen müsse und zitiert dabei das Schriftwort vom geknickten Rohr, das man nicht brechen darf[30]. Nur «Gottes Gnade» könne «unserer Schwachheit» helfen[31]. Es ist bezeichnend, daß sich Benedikt von diesem Text über die *individuelle Seelsorge*[32] zu einer entsprechenden Mahnung an den Abt inspirieren läßt.

c. Von der Volksweisheit des «nicht zuviel des Guten» ist Benedikt zur tieferen biblischen Sicht übergegangen, denn mit dem eben erwähnten Schriftwort führt er das Bild des *Gottesknechtes* bei Jesaja[33] an, also das Bild Christi[34]. Jesus, von dem es in der Perikope über den Gottesknecht heißt: «er heilte alle Kranken»[35], ist das Vorbild für den Abt als Seelsorger. – Benedikt bleibt entgegen seiner sonstigen Tendenz zur Kürze und anders als im ersten Abtskapitel[36], dem er komplementäre Aspekte hinzufügen will, lange beim Thema milder Güte und kluger Rücksicht. Auch die Tendenz, gleichzeitig Übertreibungen nach der einen wie der andern Seite abzuweisen, ist für Benedikt typisch[37].

d. Die Losung, «*mehr geliebt als gefürchtet* zu werden», erinnert an Augustins († 430) Mahnung an den Vorgesetzten: «Er liebe die Ordnung und stehe mit Autorität für sie ein; und obwohl beides nötig ist, suche er von euch doch mehr geliebt als gefürchtet zu werden, immer im Gedanken an die Rechenschaft, die er Gott für euch ablegen muß»[38].

16 Die Liste *negativer* Eigenschaften im Bild eines Abts wird mit einem Wort eröffnet, das in Erinnerung ruft, wie der Gottesknecht nicht ist (A. de Vogüé). Benedikts Abtsbild weist die Züge des milden und ruhigen Gottesknechts[39] auf, nicht die eines autokratischen Monarchen, eines römischen pater-familias, eines

hektisch tätigen Managers oder eines argwöhnischen Aufpassers.

17–19 a. Ausdrücklich spricht Benedikt jetzt über die Aufgabe des Abtes, *«Auge» der Gemeinschaft* zu sein. Weitsicht und Umsicht sind die Früchte der «Diskretion», das heißt der Gabe der Unterscheidung[40] und des Augenmaßes oder Maßhaltens[41]. Die Kraft zur «Unterscheidung der Geister» wird uns «vom Geist gegeben»[42]. Für Kassian († 430) ist diese «Diskretion» die Gabe des «Rates». «Nach der Erklärung des seligen Antonius und aller andern führt sie den Mönch sicheren Schrittes zu Gott, ohne daß der Mönch irgend etwas zu fürchten hätte ... Sie ist Mutter, Beschützerin und Maßstab aller Tugenden»[43].

b. Im Namen der Unterscheidungsgabe, die Kassian für eine sinnvolle «Selbstbeherrschung» und für einen Fortschritt im inneren Leben unerläßlich hält, lehnt er *«Überreibungen* in der einen oder andern Richtung» mit dem «alten Sprichwort» ab: «les extrêmes se touchent»[44], z. B. in der Fastenfrage[45]. Kassian macht aber aufmerksam, daß die «discretio» nicht eine gutbürgerliche Mittelmäßigkeit, sondern «eine der vornehmsten Geistesgaben»[46] ist, ... zur Unterscheidung der Geister, die aus unserem Innern aufsteigen[47]. Sie setzt die Demut voraus, d. h. die existentielle Betroffenheit der Personmitte von der Gegenwart Gottes[48].

c. Auffallend ist, daß derselbe Abt, der als Geistesmann gesehen wird, auch *«weltliche Arbeitsaufträge»* erteilt[49].

d. Benedikt geht auf das ihm wichtige Thema der *«Starken»* und *«Schwachen»* ein[50]. Sein Grundsatz, den «Starken» ein ansprechendes und anspruchsvolles Ideal aufzuzeigen, die «Schwachen» aber nicht zu überfordern und einen Austritt zu provozieren[51], darf nicht als Opportunismus verstanden werden. Die Fähigkeit, einen gewissen Pluralismus zu akzeptieren und gegenüber «Schwächen» Toleranz zu zeigen, zeugt von einem «weiten Herzen»[52]. Basilius († 379) hat dieser Haltung eine eigene Frage und Antwort gewidmet: «Frage: Wie vermögen die stärkeren Brüder die Schwachheiten der schwierigeren Brüder zu ertragen? Antwort: ‹Tragen› heißt ‹auf sich nehmen› und ‹heilen›, nach dem Schriftwort: ‹Er hat unsere Krankheiten getragen und unsere Schmerzen auf sich genommen›[53]. Nicht daß er sich selbst die Schwächen zugezogen hätte! Er hat sie ihren Trägern abgenommen und sie geheilt. So können auch bei uns durch eine Bekehrung die Schwachen geheilt werden, und zwar durch die ausdauernde Beständigkeit und die Gesundheit der Stärkeren. Von ihnen heißt es[54], daß sie die andern ‹ertragen›, d. h. sie nehmen den

Schwachen ihre Schwierigkeiten ab und tragen sie weg.»[55] Der Gottesknecht ist wieder das Vorbild des Abtes und aller, die zu jener Toleranz aufgerufen sind, von der Benedikt eine therapeutische Wirkung erhofft.

20–22 Diese Aufforderung zur Regeltreue, ist mit dem Motiv des Lohnes für den *treuen Knecht*[56] verbunden; wiederum zeigen sich die biblischen Züge des benediktinischen Abtsbildes und Autoritätsverständnisses. Autorität ist Dienst am Herrn, der in den Brüdern begegnet. Sie heißen nicht Untergebene, sondern «Mitknechte»[57]. – Die Regeltreue wurde vor allem im Umkreis von Lérins gefördert[58].

KAPITEL 65
VOM PRIOR DES KLOSTERS

1 Nur zu oft kam es vor, daß die Einsetzung seines Priors
in den Klöstern schwere Konflikte auslöste.
2 Von einem bösen Geist des Stolzes aufgebläht
bilden sich dann einige ein, «zweite Äbte» zu sein.
Sie reißen die Gewalt an sich, schüren Konflikte
und verursachen Spaltungen in den Gemeinschaften,
3 vor allem an Orten,
wo vom gleichen Bischof oder von den gleichen Äbten,
welche den Abt einsetzen, auch der Prior eingesetzt wird.
4 Wie verkehrt das ist, wird man leicht einsehen;
denn gleich vom Tag seiner Einsetzung an
wird ihm Anlaß gegeben, stolz zu werden.
5 Seine Gedanken flüstern ihm nämlich zu,
er sei unabhängig von der Autorität seines Abtes:
6 «Du bist ja von den gleichen eingesetzt wie der Abt!»
7 Daraus entstehen NEID, AUSEINANDERSETZUNGEN
VERLEUMDUNGEN, EIFERSUCHT, SPALTUNGEN UND UNORDNUNG.
8 Denn solange Abt und Prior gegensätzlicher Meinung sind,
bringt dieser Zwiespalt notwendig ihre Seele in Gefahr,

9 und dazu laufen auch ihre Untergebenen ins Verderben,
wenn sie den Parteien schmeicheln.
10 Hauptverantwortlich für diese schlimme Gefahr ist,
wer eine solche Unordnung verursacht hat.

11 Zur Sicherung des Friedens und der Liebe
halten wir es darum für angebracht,
daß die Besetzung der Ämter seines Klosters
ganz vom Ermessen des Abts abhängt.
12 Für alle Angelegenheiten des Klosters sollen
– wie wir schon früher bestimmt haben –
die Dekane zuständig sein, so wie es der Abt bestimmt;
13 denn wenn mehrere beauftragt sind,
muß nicht ein einzelner stolz werden.
14 Wenn es aber die örtlichen Verhältnisse fordern
oder die Gemeinschaft demütig die begründete Bitte stellt,
und wenn es der Abt für zuträglich hält,
15 dann wähle der Abt einen aus,
nachdem er sich mit gottesfürchtigen Brüdern beraten hat,
und setze ihn selber als seinen Prior ein.

16 Der Prior führe respektvoll aus,
was ihm von seinem Abt aufgetragen wurde.
Er tue nichts gegen Willen und Weisung des Abtes.
17 Denn je höher er über andere gestellt ist,
um so eifriger muß er die Vorschriften der Regel halten.

18 Wenn man feststellt, daß der Prior voller Fehler ist
und sich zu Überheblichkeit und Arroganz verleiten ließ
oder daß er erwiesenermaßen
ein Verächter der heiligen Regel ist,
werde er bis zu vier Malen mit Worten zurechtgewiesen.
19 Bessert er sich nicht,
wende man auf ihn die Strafmaßnahmen der Regel an.
20 Geht er auch jetzt nicht in sich,
so enthebe man ihn seines Amtes als Prior

und setze an seine Stelle einen andern,
der würdig ist.
21 Ist er in der Gemeinschaft
auch nachher nicht ruhig und nicht gehorsam,
so stoße man ihn sogar aus dem Kloster.
22 Der Abt bedenke jedoch,
daß er für alle seine Entscheidungen
vor Gott Rechenschaft ablegen muß;
es sollen nicht etwa Flammen von Neid oder Eifersucht
seine Seele versengen.

7 2 Kor 12,20; Gal 5,20–21

1–10 a. *«Präpositus»* (Propst) hieß anfänglich der «Erste» im Kloster; der Ausdruck bedeutet nichts anderes als «Vorgesetzter». So hat sich zur Zeit Benedikts der Brauch verbreitet, den «Zweiten» Präpositus zu nennen; später hat sich für ihn der Name «Prior» eingebürgert. Das Amt begegnet bei Caesarius († 542)[1], während der «Magister» keinen «Zweiten» dulden will[2].
b. Nicht neu ist die Ablehnung jedes «tyrannischen» *Machtmißbrauchs*[3], der den Gegenpol zum «Dienen in Liebe und Demut»[4] darstellt.
c. *«Spaltungen»* in der Gemeinschaft stehen im Widerspruch zu Wesen und Sinn eines Klosters[5]. Die Gefahr dazu besteht, wenn ein Kloster zwei Äbte hat, was vorkam, wenn der Abt unfähig ist, der Prior dagegen auf der Höhe seiner Aufgabe steht[6] oder bei Einmischungsversuchen von außen, vor allem wenn der Bischof oder andere Äbte[7] sowohl den Abt wie den Prior einsetzen. Gregor der Große († 604) erzählt ausgerechnet von Benedikt, er habe in der Neugründung von Terracina den Abt und den Prior eingesetzt[8]. Auch Papst Gregor hat, wenn er wegen Mißständen in Klöstern eingreifen mußte, wiederholt beide Ämter gleichzeitig neu besetzt[9] (A. de Vogüé). Muß man annehmen, dieses stilistisch und inhaltlich eigenartige Kapitel stamme nicht von Benedikt, sondern sei später (in Rom) eingefügt worden, wegen Mißständen wie sie zu Gregors Zeit vorkamen? (E. Manning).

11–13 Die Aufrechterhaltung von *Frieden* und *Liebe* in der Gemeinschaft ist das Motiv dafür, daß die Bestellung der Ämter im Kloster ausschließlich in die Kompetenz des Abtes verwiesen wird[10]. Die Sympathie des Verfassers gilt eigentlich dem System der

«Dekane»; das betreffende Kapitel wird eigens in Erinnerung gerufen[11].

14–15 Der Verfasser ist bereit, von seiner Theorie und Wunschlösung abzusehen und mit sich reden zu lassen. Wegen *«örtlicher Verhältnisse»*, womit wohl die zahlenmäßige Größe der Gemeinschaft gemeint ist[12], werden Initiativen zu Änderungen des Systems zugelassen. Man kann dem Abt «demütig eine begründete Bitte» stellen[13]. Er will auf den «Rat der Brüder» hören[14].

16–17 Die Gehorsamsforderung gegenüber dem «Zweiten» entspricht den allgemeinen Regeln. Das Motiv des *guten Beispiels* ist traditionell: «Die ihr im Kloster die ‹Zweiten› seid, sollt euch in den Tugenden als die ‹Ersten› erweisen»[15].

18–21 Das Verfahren gegen einen *unwürdigen* Prior, der ein «Verächter der heiligen Regel ist»[16], soll mit Sinn für Gerechtigkeit durchgeführt werden[17]. Wenn es zu einer Amtsenthebung kommt, setzt der Verfasser wie selbstverständlich die Bestellung eines neuen Priors voraus. Er scheint seine vorher angemeldeten eher theoretischen Bedenken gegen das System des Priors ganz zu vergessen. In Wirklichkeit muß sich der «Prior» längst durchgesetzt haben. Der Ton des ganzen Kapitels ist nervös. Der Verfasser nimmt sogar die mögliche «Verstoßung» eines unwürdigen Priors in Aussicht[18]. Entsprechende konkrete Erfahrungen[19] dürften den Hintergrund dieser Darstellung bilden. Eine viermalige Mahnung findet sich einzig hier.

22 Der Autor rechnet mit möglichen Fehlern des Abtes (was der «Magister» nicht tun würde!)[20]. Die *Gewissenhaftigkeit* bei allen Entscheiden wird in der Regel wiederholt eingeschärft[21].

KAPITEL 66
VON DEN TÜRHÜTERN DES KLOSTERS

1 An die Pforte des Klosters wird jemand gestellt,
der gesetzten Alters und erfahren ist,
der Rede und Antwort zu stehen weiß,
und den ein reifer Charakter hindert, herumzuschweifen.
2 Der Pförtner muß seine Wohnung neben der Pforte haben,
damit die Besucher ihn immer dort antreffen
und von ihm Bescheid erhalten.

3 Sobald jemand geklopft oder ein Armer gerufen hat,
antworte er «Dank sei Gott!» oder «Segne mich!»
4 Aus Gottesfurcht gebe er in aller Freundlichkeit Antwort
und mit Eile, da die Liebe ihn drängen muß.
5 Braucht der Pförtner Hilfe, erhält er einen jüngern Bruder.

6 Wenn möglich ist das Kloster so anzulegen,
daß alles Notwendige, nämlich Wasser, Mühle, Garten ...
und die verschiedenen Berufe
innerhalb des Klosters ausgeübt werden können.
7 So brauchen die Mönche nicht draußen umherzulaufen,
was ja ihren Seelen keineswegs zuträglich ist.

8 Wir wollen, daß diese Regel
öfters in der Gemeinschaft gelesen wird,
damit sich kein Bruder mit Unkenntnis entschuldigen kann.

1–5 Viele Mönchsschriften erwähnen den *Pförtner* des Klosters [1], und der «Magister» entwirft ein detailliertes Pflichtenheft für ihn [2]. Benedikt kümmert sich um das reife Alter und überhaupt um die menschlichen und geistlichen Qualitäten des Pförtners. Er soll nicht draußen «herumschweifen» [3]; er soll sich stets antreffen lassen. Die Erwähnung der «Besucher» und der «Armen», die zahlreich sein mochten [4], veranlaßt Benedikt, zu «Freundlichkeit» [5] und zuvorkommender Liebe ihnen gegenüber aufzufordern. In Ihnen wird Christus aufgenommen [6].

6–7 a. Wie im Gästekapitel [7] ist hier der Einfluß der *«Geschichte der Mönche in Ägypten»* spürbar: «Wir haben in der Thebais auch das bekannte Kloster Isidors gesehen. Es ist durch weitläufige Mauern eingefriedet, so daß es den Bewohnern geräumige Behausungen bietet. Innerhalb des Klosters finden sich mehrere Brunnen, bewässerte Gärten, verschiedene Baum- und Obstgärten. Für alle Bedürfnisse ist genügend oder reichlich gesorgt, damit es keiner von den dortigen Mönchen nötig hat, auszugehen um irgend etwas zu suchen. Ein würdiger Älterer, der von den Ersten ausgewählt wurde, sitzt an der Türe. Seine Aufgabe ist es, die Besucher zu empfangen ... In der Nähe befindet sich eine Gastwohnung, in welcher er die Besucher aufnimmt und mit aller Freundlichkeit bewirtet» [8].

b. Gregor der Große († 604) beschreibt Benedikt selber als draußen *vor dem Klostertor* (!) sitzenden Pförtner: «Ein Gote namens Zalla ... quält eines Tages raubgierig und grausam einen Bauern. Übermannt von den ausgestandenen Quälereien gesteht der Bauer, daß er sich und seinen Besitz dem Diener Gottes Benedictus anvertraut habe. Wenn ihm der Quälgeist glaubt und zeitweise von den Foltern abläßt, kann der Bauer sich ein paar Stündlein des Lebens ergattern. Zalla hört auf, den Bauern zu mißhandeln, aber fesselt seine Arme mit festen Stricken und beginnt, ihn vor seinem Pferd herzutreiben, damit er ihm zeige, wer dieser Benedictus ist, der seinen Besitz übernommen hat. Mit gefesselten Armen geht der Bauer vor Zalla her und führt ihn zum Kloster des heiligen Mannes. Der Bauer sagt zum nachfolgenden, wütenden Zalla: ‹Schau, hier ist der Mann, von dem ich dir sprach: Benedictus, der Vater!› Zalla sieht ihn, und schnaubend vor Wut denkt er in seiner krankhaften Geistesverfassung, er wolle Benedikt in oft praktizierter Art terrorisieren. Laut grölend schreit er Benedikt an: ‹Auf! Aufstehen! Gib die Sachen dieses Bauern heraus, die du angenommen hast!› Auf dieses Geschrei hin erhebt Benedikt mit einem Mal die Augen von seiner Lektüre, schaut Zalla fest an, bemerkt dann auch den gefesselten Bauern und blickt auf seine gefesselten Arme. Da lösen sich die Stricke mit wunderbarer Schnelligkeit ... Erschrocken fällt Zalla zu Boden. Der harte und grausame Mann beugt seinen Nacken zu Füßen Benedikts und empfiehlt sich seinem Gebet. Der Heilige bleibt mit seinem Buch sitzen, aber er ruft Brüder, damit sie Zalla hereinnehmen und ihm ein geweihtes Brot geben. Wieder vor ihn geführt, ermahnt ihn Benedikt, von seiner krankhaften Grausamkeit abzulassen»[9]. Anschließend erklärt Papst Gregor, daß Benedikt eine «Vollmacht»[10] gegeben war. Kraft dieser bei der heiligen Lesung empfangenen, inneren, geistlichen Autorität konnte er Fesseln lösen und einen heilen, der wie ein Besessener schrie.

c. Der «Magister» hält Ausgänge für schädlich, weil die Mönche draußen bald für Heilige gehalten, bald verhöhnt werden[11]! Eine gewisse Abgeschiedenheit oder eine *Distanz zur Umwelt* hat Basilius († 379) zu begründen versucht: «Vor allem, um sich dem Gebet widmen zu können, muß man sich in die Abgeschiedenheit zurückziehen ... So brechen wir mit den alten Gewohnheiten ... Wir müssen das Kreuz Christi annehmen und ihm folgen ... Es ist schwer, wenn nicht unmöglich, im Leben alles beim alten zu belassen und sich doch zu ändern und zu bessern»[12]. So ist Christus sowohl der Grund der Zuwendung zu den Menschen[13] wie für die Distanz ihnen gegenüber[14].

8 a. Die «Magisterregel» schließt mit dem Kapitel über die «Türhüter des Klosters»[15]. Der *Schlußsatz* von Benedikts Pförtnerkapitel muß in einer bestimmten Phase der Redaktion den Schluß seiner Regel gebildet haben.

b. Eine Mahnung zur *Regeltreue* findet sich auch am Schluß der Augustinus-Regel: «Der Herr schenke euch die Kraft, das alles in Liebe zu halten, weil ihr die geistliche Schönheit liebt und weil aus euch, dank eurer Lebensweise, der Wohlgeruch Christi[16] strömt. Ihr seid nicht wie Sklaven unter das Gesetz[17], sondern wie Freie unter die Gnade gestellt[18]. Damit ihr euch in dieser Schrift wie in einem Spiegel prüfen könnt und nichts vergeßt oder vernachlässigt, lest sie jede Woche»[19]. Ein Gott und Menschen erfreuendes, freies und harmonisches Christenleben soll die Frucht der Regeltreue sein.

KAPITEL 67
VON BRÜDERN, DIE AUF REISEN GESCHICKT WERDEN

1 Brüder, die auf Reisen geschickt werden,
empfehlen sich dem Gebet aller Brüder und des Abtes.
2 Beim letzten Gebet des Gottesdienstes
gedenke man immer aller Abwesenden.
3 Von der Reise zurückgekehrt,
werfen sich die Brüder am Tag der Heimkehr,
bei der nächsten kanonischen Gebetsstunde
am Schluß des Gottesdienstes im Oratorium nieder
4 und bitten alle um das Gebet wegen der Fehler,
die ihnen vielleicht auf der Reise unterlaufen sind
durch Blicke oder durch das Anhören von etwas Bösem
oder durch unnütze Reden.
5 Auch nehme sich keiner heraus, einem andern zu berichten,
was er außerhalb des Klosters sah und hörte,
weil das großen Schaden anrichtet.

6 Wenn es sich einer herausnimmt,
verfällt er der Strafe der Regel.
7 Gleiches gilt, wenn einer sich herausnimmt,
den geschlossenen Bezirk des Klosters zu verlassen
oder irgendwohin auszugehen
oder ohne Erlaubnis des Abtes
etwas auch noch so Geringfügiges zu tun.

1–4 a. Ähnlich wie der «Magister»[1], aber kürzer legt Benedikt dar, wie man sich vor und nach einer Reise dem *Gebet* empfiehlt. Der «Magister» empfiehlt dafür die Gebetspause nach dem Psalm[2].
b. Die Warnung vor *schlimmen Eindrücken* auf der Reise taucht mit wörtlichen Anklängen in der «Lebensbeschreibung der Juraväter» auf[3] und hat bei Augustinus († 430) Entsprechungen[4].
c. Benedikt spricht stets von Reisenden in der Mehrzahl; nach Pachomius († 346)[5] geht man *zu zweit* aus. Nach der «Geschichte der Mönche» besorgen zwei Ältere die Geschäfte mit der Außenwelt[6]. Das Reisen galt als «beschwerlich». Handwerker wurden vom «Magister» dispensiert[7]; es kam vor, daß jemand arrogant wurde und sich weigerte, wegen eines Auftrags auswärts zu gehen[8].

5 Schon Pachomius († 346) befiehlt, nicht über *Erlebnisse* auswärts zu berichten[9]; Benedikt fügt eine Warnung vor einem «Schaden» hinzu.

6–7 a. Eine Strafandrohung findet sich in den Vorlagen nicht, sondern einzig bei Benedikt[10], der darauf beharrt, daß der Abt alles kontrolliert. Vielleicht konnte sich zu Benedikts Zeit die äbtliche Autorität nur *mit Mühe* Geltung verschaffen[11]. Mit seiner Formulierung kann sich Benedikt Einzelregelungen ersparen wie etwa das Verbot, der Jagdlust zu frönen, das der zeitgenössische Ferreolus mit wörtlichen Anklängen anführt[12].
b. Das Verbot unerlaubter *Ausgänge* begegnet bei Pachomius († 346)[13] und in der «Geschichte der Mönche»[14], ebenso bei Basilius († 379)[15]. Statt viel Kasuistik zu entwickeln nennt Basilius ein Kriterium auf Grund des Evangeliums[16]: Um «das Gut des Glaubens» zu fördern, nicht «um der bloßen Menschengunst willen» darf man mit der Erlaubnis der Obern auswärts Besuche machen. – Caesarius († 542) schließlich beschreibt eine Art «Klausur» seines Frauenklosters[17].

KAPITEL 68
WENN EINEM BRUDER ETWAS UNMÖGLICHES AUFGETRAGEN WIRD

1 Wenn einem Bruder etwas aufgetragen wird,
was schwer oder unmöglich ist,
nehme er die Weisung des Auftraggebers
in aller Ruhe gehorsam entgegen.
2 Wenn er aber sieht, daß die auferlegte Last
das Maß seiner Kräfte völlig übersteigt,
suche er die Gründe seines Unvermögens seinem Vorsteher
in geeigneter Form und mit Geduld verständlich zu machen,
3 ohne Stolz, Widerstand oder Widerspruch.
4 Wenn der Obere nach einem solchen Vorschlag
bei seinem Wort und Befehl bleibt,
wisse der Jüngere, daß es für ihn so zuträglich ist,
5 und er gehorche aus Liebe, im Vertrauen auf Gottes Hilfe.

1–3 a. Benedikt bringt im Schlußteil der Regel einige *Ergänzungen*, hier einen komplementären Gesichtspunkt zum Thema Gehorsam. Er rundet den etwas einseitigen Gehorsamsbegriff des «Magisters» ab, den er in den ersten Kapiteln fast unverändert übernommen hatte[1].

b. Benedikt hält zunächst an der Verpflichtung zum Gehorsam fest. Das ist die traditionelle Sicht. Kassian († 430) rühmt den *unbedingten* Gehorsam der «Jünger»: «Sie nehmen auch unmögliche Befehle gläubig und willig an ... und messen aus Ehrfurcht vor dem ‹Ältern› nicht ab, ob und wie weit das Gebot unmöglich sei»[2]. Daß ein bedingungsloser Gehorsam, wenn er die Ausschaltung des eigenen Gewissens bedeuten sollte, problematisch ist, scheint Kassian nicht bewußt zu werden.

c. Basilius († 379) vertritt ein *ausgewogeneres* Gehorsamsverständnis. Er besteht zunächst auf einem vorbehaltlosen Gehorsam, der sich an der Gehorsamsbereitschaft Jesu «bis zum Tod»[3] orientiert[4]. Wer am Gehorsam vorbei seinen eigenen Weg sucht, weicht von der Gesinnung Jesu, von seiner Selbstentäußerung ab. Er gewöhnt sich eine oppositionelle Haltung an und zieht andere auf diesen Weg. – Dann fährt Basilius fort: «Wenn aber ein bestimmter Entschuldigungsgrund vorhanden ist, der jemand wirklich von seinem Auftrag zu entschuldigen scheint, lege er diesen Grund dem Vorsteher dar und überlasse es seinem Urteil, damit dieser prüfe, ob die angeführte Entschuldigung begründet ist»[5]. Benedikt übernimmt aus der langen «Antwort» des Basilius mit wörtlichen Anklängen[6] nur diesen Schlußteil, weil er auf das ihm wichtige Problem eines möglichen inneren Konflikts eingeht. Benedikt betrachtet das Problem gleichsam von der Seite der Untergebenen und aus ihrer inneren Situation heraus (A. de Vogüé). Er nimmt an, daß in einem bestimmten Fall nicht nur der Abt Träger einer Weisung des Herrn sein kann[7]. Die eigene Einsicht darf geäußert, und ein innerer Konflikt soll *nicht totgeschwiegen* werden. Mit viel psychologischem Einfühlungsvermögen spürt Benedikt, daß das bloße Schweigen keine Lösung wäre. Der einzelne darf seine Schwierigkeit in einem vertrauensvollen Gespräch mit dem Obern darlegen. Er darf plausible Vorschläge machen. Unzulässig ist nur eine destruktive Oppositionslust, die aus einer negativen Haltung[8] oder aus Arroganz stammt.

4–5 Benedikt holt den Hinweis auf die Notwendigkeit des Dialogs eigens in seine kurze Regel hinein; aber er will nicht ein Dialogisieren, bis der Obere einlenkt. Er setzt mit Basilius († 379) voraus, daß der Obere klarer unterscheiden kann, was das Bessere ist[9]. Benedikt spricht vom entscheidenden *Wort des Obern*, wie er anderswo vom Wort des Herrn oder des Apostels spricht[10]. Der Gehorsam gegenüber dem Abt als Hausverwalter Gottes und Stellvertreter Christi[11] wird nicht zu einer bloß horizontalen Beziehung eingeebnet, auch nicht zu einem bloß funktionalen Verständnis im Sinn einer soziologischen oder organisatorischen Notwendigkeit. Benedikt will letzlich zum Liebesgehorsam führen[12], den Basilius mit der Aufforderung des Herrn zum Dienen begründet[13] und mit dem Pauluswort: «Dient einander in der Liebe des Geistes!»[14]. Diese Kraft des Geistes wird bei Benedikt zur «Hilfe Gottes», bei dem «nichts unmöglich»[15] ist.

KAPITEL 69
DASS SICH IM KLOSTER KEINER HERAUSNEHME, DEN ANDERN ZU VERTEIDIGEN

1 Man sorge vor, daß im Kloster auf keinen Anlaß hin
ein Mönch sich herausnimmt, so aufzutreten,
als wäre er Verteidiger oder Beschützer eines andern,
2 wie nahe sie als Blutsverwandte sich auch stehen mögen.
3 Die Mönche dürfen sich das in keiner Weise herausnehmen,
weil dies Anlaß zu schwersten Skandalen werden kann.
4 Wenn jemand in dieser Sache einen Fehltritt begeht,
strafe man ihn besonders streng.

1–3 a. Basilius († 379) hatte geäußert, wer die Sünde eines andern «verteidige»(!), ihn auf diese Weise bestärke und andere provoziere, verdiene ein härteres Urteil als jene, die «Ärgernisse»(!) verursachen[1]. An diesen Basiliustext scheint sich Benedikt zu erinnern. Doch wird nicht deutlich, daß er die *Begünstigung* der Sünde verurteilt. Er argumentiert auf der zwischenmenschlichen Ebene. Auch im pachomianischen Schrifttum finden sich einschlägige Texte[2].

b. Wenn Benedikt möglichen *Übergriffen* von seiten von «Blutsverwandten» einen Riegel schieben will, scheint er von «Erfahrungen» zu sprechen, wie er sie im Fall der «Söhne von Vornehmen oder Armen» bereits angetönt hat[3]. Offenbar konnten schon zu Benedikts Zeiten eine Sippschaft oder die «Patrone» einer Mafia-Verbindung ihre vermeintlichen Rechte sehr unangenehm bemerkbar machen.

4 Wie es Benedikt häufig tut, führt er eine nicht präzisierte Strafdrohung an.

KAPITEL 70
DASS KEINER SICH HERAUSNEHME, ANDERE WILLKÜRLICH ZU SCHLAGEN

1 Im Kloster beuge man allem vor,
was Übergriffen Vorschub leistet.
2 Wir bestimmen, daß es keinem erlaubt ist,
einen seiner Brüder auszuschließen oder zu schlagen.
3 WER SICH darin VERFEHLT,
WERDE IN GEGENWART ALLER ZURECHTGEWIESEN,
DAMIT DIE ANDERN SICH FÜRCHTEN.
4 Bei Kindern bis zum Alter von fünfzehn Jahren
sollen alle für die gute Ordnung besorgt sein
und sie beaufsichtigen,
5 aber immer mit Maß und mit Verständnis.

6 Wenn sich einer ohne Erlaubnis des Abtes
irgend etwas gegen einen Erwachsenen herausnimmt,
oder wenn er, ohne ein Maß zu kennen,
gegen Kinder losbrennt,
verfalle er der Strafe der Regel;
7 denn es steht geschrieben:
WAS DU NICHT WILLST, DASS MAN DIR TUT,
DAS FÜGE AUCH KEINEM ANDERN ZU.

3 1 Tim 5,20 7 Tob 4,16; Mt 7,12

1–2 Benedikt sucht die Autorität des Abtes[1] und seine ausschließliche Zuständigkeit in Strafsachen gegen «Übergriffe» zu sichern[2]. Eine Norm über dieses *Kontrollrecht* des Abtes findet sich sonst nur bei Pachomius († 346)[3]. Benedikt lehnt eine brachiale Eigenjustiz entschieden ab.

3 Mit diesen «Sündern» sind vermutlich Brüder gemeint, die sich *«Übergriffe»* zuschulden kommen ließen oder handgreiflich wurden[4].

4–5 a. Benedikt überträgt Sorge und Aufsicht über die *Kinder* allen, während er sonst stets die Zuständigkeit des Abtes oder seiner

Beauftragten zu schützen sucht. Das natürliche Alter, das sonst keine Rolle spielt, begründet eine besondere Regelung für Kinder[5].
b. Benedikt weicht teilweise von Basilius († 379) ab, der die Obsorge für die Knaben nicht der Gemeinschaft, sondern ausgewählten Brüdern überträgt, die sich durch *Geduld* auszeichnen und das rechte Maß im Strafen einzuhalten wissen[6]. Benedikt traut der Gemeinschaft Diskretion und Verständnis zu[7].

6–7 Am Schluß des Kapitels steht nicht mehr einzig die Wahrung der Autorität des Abtes im Blickfeld, sondern auch das *gegenseitige Verhältnis*. Benedikt fordert Achtung und Respekt voreinander[8] und die gegenseitige Liebe, indem er dem Mönch die für jeden Christen geltende «goldene Regel» vorhält[9]. Achtung voreinander und brüderliche Liebe sind das Thema der Schlußkapitel[10].

KAPITEL 71
DASS MAN SICH GEGENSEITIG GEHORCHE

1 Der Gehorsam ist so wertvoll,
daß ihn alle nicht nur dem Abt erweisen sollen,
sondern die Brüder sollen sich auch gegenseitig gehorchen.
2 Sie dürfen wissen,
daß sie auf diesem Weg des Gehorsams Gott entgegengehen.
3 Befehle des Abtes und der von ihm bestimmten Vorgesetzten
haben also Vorrang, und wir gestatten nicht,
daß private Befehle vorgezogen werden.
4 Im übrigen sollen alle Jüngern ihren Ältern
in aller Liebe und bereitwillig gehorchen.
5 Zeigt es sich, daß einer OPPOSITION MACHEN WILL,
werde er zurechtgewiesen.

6 Wenn ein Bruder vom Abt oder einem seiner Ältern
aus einem noch so geringfügigen Grund
irgendwie zurechtgewiesen wird,
7 oder wenn er spürt, daß irgend ein Älterer innerlich

leise gegen ihn zürnt oder auch nur etwas erregt ist,
8 werfe er sich ohne Zögern sofort auf den Boden nieder,
liege zu seinen Füßen und leiste solang Genugtuung,
bis ein Segensspruch die Aufregung beigelegt hat.
9 Wer sich verächtlich weigert, das zu tun,
den treffe entweder eine körperliche Strafe
oder, wenn er hartnäckig bleibt,
werde er aus dem Kloster verstoßen.

5 1 Kor 11,16

1–4 a. Benedikt fühlt das Bedürfnis, das Gehorsamsverständnis des «Magisters» zu ergänzen, das er zu Beginn der Regel übernommen hatte[1]. Während der Gehorsam in den ersten Sätzen der Regel aus einem asketischen Blickwinkel heraus als «Mühe» oder «Arbeit» bezeichnet wird[2], gilt er am Ende der Regel als ein *«Wert»* oder «Gut» (E. Manning). Kassian († 430) hat ausdrücklich vom «Wert des Gehorsams» gesprochen als einer Stufe im Aufstieg zur Vollkommenheit, das heißt zur Fülle der Liebe und damit zu Gott[3]. – Benedikt zieht jetzt eine Parallele: Wie dem Abt zu gehorchen ist, so (ita) ist gegenseitiger, dienender Gehorsam notwendig (Manning).

b. Wenn Benedikt im vorangehenden Kapitel die Rechte der «Älteren» umgrenzt hat, äußert er sich jetzt zum Verhalten der Jüngeren (A. de Vogüé). Er läßt eine Einladung des Basilius zum spontanen, gegenseitigen Gehorchen oder *«Aufeinander-hören»* anklingen[4]. Ohne das Problem der Rangordnung oder des Alters ins Spiel zu bringen, wünscht Basilius († 379) von allen, daß sie einander «wie ihren Herren» gehorchen mit der Dienstbereitschaft Jesu[5]. Er führt das Apostelwort an: «Dient einander in der Liebe des Geistes»[6]. Basilius betont den spontanen Gehorsam, der nicht bloß den Vorgesetzten zu leisten ist. Er weiß aber auch um die unverzichtbare Funktion des persönlichen Gewissens: «Wenn uns irgend jemand etwas aufträgt, was mit Gottes Gebot übereinstimmt und zum Heil der Person beiträgt, wollen wir einen solchen Auftrag wie den Willen Gottes in Liebe, bereitwillig annehmen und so das Wort erfüllen: ‹Gehorcht einander in der Liebe Christi›[7]. Wenn uns aber irgend jemand etwas tun heißt, was den Geboten Gottes widerspricht, sie verdirbt oder verwässert, dann ist es Zeit zu sagen: ‹Man muß Gott mehr gehorchen als den Menschen›[8].»

c. Bei Benedikt klingt das Motiv des spontanen, liebenden Gehorchens an, während die Gewissensklausel fehlt. Weil ihm die Rangordnung wichtig scheint[9], spricht er auch hier von einer Stufenfolge der Kompetenz und Autorität, was an die von Kassian († 430) erwähnte *«Ordnung in der Liebe»* erinnert: «Eine recht geordnete Liebe haßt niemand, liebt aber mit Vorzug jene, die ein verdienstvolles Leben führen. Sie liebt alle ohne Ausnahme, nimmt sich aber vor, einigen mit ganz besonderer Zuneigung zu begegnen, wobei unter ihnen wieder einzelne den allerhöchsten Rang in der Liebe einnehmen und im Vergleich mit andern am meisten Zuneigung finden.» Kassian denkt im Zusammenhang an die besondere, aber nicht exklusive Liebe zu «Eltern, Gatten, Brüdern, Kindern», an die Liebe Jakobs zu seinem Sohn Joseph, an die Liebe Jesu zu Johannes[10]. So wünscht Benedikt allgemein das «Aufeinander-hören», aber mit Vorzug die Willigkeit der Jüngeren gegenüber den Älteren. Im Prinzip ist jeder Ältere berechtigt, Weisungen zu geben (was der «Magister» nie gesagt hätte).

d. Kassian († 430) erzählt aus eigener Erfahrung, daß er in jungen Jahren «in Fragen der Moral und der Schrift» oft mit Nachdruck «Thesen» vertreten habe, die er erst im Dialog mit andern, «nach gemeinsamer *Diskussion* und Prüfung», als falsch und schädlich erkannte. Er mußte lernen, sich an den Väterspruch zu halten, «daß sich keiner mehr auf das eigene Urteil als auf das seines Bruders verlassen dürfe». Beim andern vermutet man «die größere Unterscheidungsgabe als bei sich selber». Das Urteil «eines erfahrenen Bruders oder eines bewährten Älteren» schützt vor Selbsttäuschung[11].

e. Benedikt ist daran interessiert, in welcher *Gesinnung* der gegenseitige Gehorsam geleistet wird. Mit Basilius († 379) nennt er «Liebe und Bereitwilligkeit»[12]. «Der Wert der Liebe, des Friedens und der Geduld» wird von Kassian († 430) ausführlich erklärt. Unter Berufung auf Psalmworte[13] stuft er die Bruderliebe als so hohen Wert ein, daß wir: 1. ihr keinen Eigenbesitz vorziehen dürfen; 2. nicht dem Eigenwillen verhaftet bleiben dürfen, sondern gehorsam auf die Ansicht der andern hören sollen; 3. das Gut des Friedens privaten Interessen vorziehen müssen; 4. uns vor Aggressivität hüten sollen; 5. einem andern, der aggressiv ist, zum Frieden verhelfen müssen; 6. nicht auf zweitrangige Werte pochen oder in negativen Stimmungen verharren dürfen[14].

f. Fast alle diese Aussagn kehren bei Benedikt wieder, vor allem in diesem und im folgenden Kapitel. Kassian motiviert seine Lehre über die Bruderliebe mit dem Beispiel der apostolischen

Urgemeinde[15] mit dem Gehorsam und der Selbstentäußerung Jesu[16], mit dem Liebesgebot, an dem man die Jünger erkennt[17]. Die Gehorsamsforderung hat nicht eine negative personfeindliche Sinnspitze, sondern zielt auf die *«Vollkommenheit im Geist»*[18]. Diese Vollkommenheit wird nicht individualistisch verstanden, als ob ein mit sich selbst und mit der eigenen Tugendhaftigkeit beschäftigter «Pneumatiker» hochgezüchtet werden müßte. Die «Vollkommenheit des Geistes» besteht vielmehr in der ungeteilten *«communio»* und dem «Willen zum Konsens». Sie ist eine «Einmütigkeit der Herzen», die nicht aus der begehrenden Liebe, sondern aus der apostolischen Caritas-Liebe stammt[19]. Mit dem Apostel Johannes sagt Kassian, daß diese Liebe «Gott» ist[20]. Sie wird durch den Heiligen Geist in die Herzen «ausgegossen», wo dieser Geist für uns betet und uns so mit Gott vereint[21]. Wer «wahrhaft Gott sucht»,[22] sucht diese Liebe, die Brüderlichkeit in der Gemeinschaft des Geistes ist. Es ist die benediktinische «pax»; der «Friede ist in Gott».

5–8 a. Die Zurechtweisung von aggressiven und streitsüchtigen Gliedern der Gemeinschaft ist nicht mehr dem Abt vorbehalten, der in den frühern Kapiteln als einzige Autorität in Strafsachen erscheint[23]. Der Verfasser geht allgemein auf die Frage der Zurechtweisung ein und auf mögliche Differenzen zwischen Abt[24] oder Älteren und Jüngeren[25]. Benedikt wendet sich besonders an die Jüngeren und erklärt ihnen, wie sie eine *«brüderliche Zurechtweisung»*[26] entgegennehmen sollen.

b. Kassian (†430) lehrt, daß aggressive Emotionen in eine Depression oder «Traurigkeit» umschlagen können. Man darf solche Emotionen nicht durch ein aufreizendes Verhalten steigern, sondern soll sie durch «ein *Zwiegespräch* und eine demütige Genugtuung lindern»[27]. Kassian empfiehlt eine «rasche Genugtuung», auch wenn «ein nur leichter und unbedeutender Anlaß die Erregung ausgelöst» hat[28].

c. Benedikt nimmt offensichtlich diese Gedanken Kassians auf[29] und sucht mit Generalklauseln alle möglichen Einzelfälle einzubeziehen. Die Wirkungen der sofortigen *«Genugtuung»* ähnelt der Wiederherstellung der brüderlichen Einheit bei der Aufhebung einer «Ausschließung»[30], wenn sie auch in der Form einfacher ist[31] (A. de Vogüé).

9 Die Strafe für eine gemeinschaftswidrige, hartnäckige Unversöhnlichkeit ist hart. Nach Kassian (†430) ist der unversöhnliche Typ vom *«rebellischen Geist»*[32] beherrscht. Auch für den erwiesenermaßen «rebellischen» Priester ist die Verstoßung aus dem Kloster vorgesehen[33].

KAPITEL 72
VOM GUTEN EIFER, DEN DIE MÖNCHE HABEN SOLLEN

1 Wie es einen bösen, BITTEREN EIFER gibt,
der von Gott trennt und in das Reich des Todes FÜHRT,
2 so gibt es einen guten Eifer, der von der Sünde trennt,
zu Gott und ZUM ewigen LEBEN FÜHRT.

3 Diesen Eifer sollen die Mönche in glühender Liebe pflegen:
4 SIE SOLLEN SICH IN GEGENSEITIGER ACHTUNG ÜBERTREFFEN.
5 Ihre körperlichen oder charakterlichen Schwächen
sollen sie gegenseitig MIT großer GEDULD ERTRAGEN.
6 Im gegenseitigen GEHORSAM sollen sie sich überbieten.
7 KEINER SOLL DEN EIGENEN VORTEIL SUCHEN,
SONDERN eher DEN DES ANDERN.
8 Die BRÜDERLICHE LIEBE sollen sie einander
SELBSTLOS entgegenbringen.
9 GOTT sollen sie in Liebe FÜRCHTEN.
10 In AUFRICHTIGER und DEMÜTIGER LIEBE
seien sie ihrem Abt zugetan.
11 Sie sollen gar nichts höher stellen als Christus,
12 der uns alle gemeinsam zum ewigen Leben führe.

1 Jak 3,14; Mt 7,13; vgl. Gal 4,17–18 **2** Mt 7,14; vgl. Gal 4,17–18 **3** Röm 12,10a **4** Röm 12,10b **5** Vgl. Röm 12,12; Eph 4,2 **6** Vgl. 1 Petr 1,22 **7** Vgl. 1 Kor 10,24.33; Phil 2,4 **8** 1 Petr 1,22; 2,17; Röm 12,10a; 1 Thess 4,9; Hebr 13,1 **9** Vgl. 1 Petr 2,17 **10** Vgl. Eph 4,15; 1 Kor 4,21

1–3 a. Die Schlußkapitel sprechen vom Ziel des «Aufstiegs»[1]. Beim «Magister» findet sich zwar der Ausdruck «Eifer für das Gute». Doch hat Benedikts *«guter Eifer»* nichts mit der vom «Magister» organisierten «Tugendkonkurrenz» im Kloster zu tun[2]. Benedikt denkt vielmehr an den «guten Eifer im Heiligen Geist»[3], nämlich an die Liebe. Dies erhellt aus seiner Gegenüberstellung von «bitterem Eifer» und «gutem Eifer».[4]

b. Ähnlich unterscheidet Kassian († 430) zwischen «Liebe und Frieden» einerseits, Angst oder Depression (tristitia) und Aggressivität (ira, eine Folge der Angst!) anderseits [5]. Kassian warnt davor, einem emotional Erregten weiter zu provozieren mit «wegwerfenden Gesten», «unzugänglicher Miene», verletzendem Benehmen oder mit «bitterem Schweigen» (amara taciturnitate). Sonst versinke ein Bruder in noch größere Angstzustände (tristitia); man löse Ausbrüche aus und die «bittere Stimmung der Aggressivität» (amaritudo irae). Auch dürfe man einen Bruder nicht sich selbst überlassen; man dürfe ihn nicht mit «einem bösen Schweigen» oder mit «fingierter Geduld» bis aufs äußerste reizen [6]. Solch «bitterem Eifer» [7] stellt Benedikt den «guten Eifer» entgegen, nämlich die *«glühende Liebe»* [8], die zu Gott führt. Kassian spricht von einer heroischen «Geduld», die «nicht bloß auf den Lippen getragen», sondern «in der geheimen Tiefe der Psyche verborgen» sein muß. Das Ziel besteht darin, auch dem andern zum inneren Frieden zu verhelfen, also «das Böse durch das Gute zu besiegen» [9].

4–12 Die folgenden Merksätze für das Gemeinschaftsleben wurden in den vorangehenden, nicht dem «Magister» entnommenen Kapiteln vorbereitet [10]. Die sonst so wichtig genommenen Grundsätze der Ordnung, der Rangfolge und der Bescheidenheit gegenüber den Älteren treten am Schluß der Regel hinter dem vorherrschenden Thema der Liebe zurück. Andere Leitmotive der Regel gruppieren sich als Merksätze um dieses zentrale Thema. Wie bei den «Werkzeugen der geistlichen Kunst» [11] handelt es sich hier um eine *frühkirchliche Moralkatechese* oder Mahnrede an die Gläubigen [12], mit einer einzelnen Ergänzung für die Mönche [13].

4 Für Benedikt setzt die gegenseitige Liebe notwendig die *Achtung vor der Person* des andern voraus, wie er an vielen Stellen unterstreicht [14]. Er zitiert gern das Apostelwort: «Übertrefft euch in gegenseitiger Achtung!» [15]

5–6 a. Der erste Satz erinnert an das Kapitel über die Sorge für die Kranken [16] und an die vielen Mahnungen zur Rücksichtnahme auf die *Schwachen* [17]. Der zweite Satz nimmt aus dem vorangehenden Kapitel das Motiv des gegenseitigen Gehorsam oder des «Aufeinander-hörens» auf. Kassian erklärt, «wer seinen Willen dem eines Bruders unterwirft, ist im allgemeinen der stärkere Partner als wer hartnäckig an seinen Behauptungen festhält und sie verteidigt. Wer den andern aushält und erträgt, zeigt sich stark; wer dagegen schwach, fast krankhaft veranlagt ist, den muß man vorsichtig und sanft behandeln; manchmal muß man dem andern um seiner Ruhe, seines Friedens und Heils willen auch in notwendigen Dingen nachgeben. Niemand soll dann glauben, er habe etwas von seiner Vollkommenheit verloren, weil er wider Willen einen Kompromiß eingegangen ist; vielmehr soll einer wissen, daß er die Gaben der Geduld und der Langmut erlangt hat[18] ... Niemals nämlich erträgt der Schwache einen Starken. – Im übrigen ist auch festzuhalten, daß die Schwachen von Natur aus immer rasch bereit sind, andere zu beleidigen oder einen Konflikt auszulösen, selber aber nicht einmal den Schatten eines Unrechts tolerieren können»[19]. Als Modell für das Tolerieren von Unrecht führt Kassian «das Leiden des Herrn und der Heiligen (Märtyrer)» an[20].

b. Benedikt spricht hier vom *spontanen*, gegenseitigen Gehorsam, ohne Klauseln zugunsten der Obern oder der Älteren anzusbringen[21]. Das Ziel des Gemeinschaftsgehorsams[22] sind die Solidarität und der Friede dieser Gemeinschaft.

7 Einzig an dieser Stelle der Regel ist die *Selbstlosigkeit* so ausdrücklich gefordert, und zwar im Anschluß an ein Apostelwort[23]. Kassian († 430) nennt die uneigennützige, auf den Vorteil des andern bedachte Liebe «apostolische Caritas»[24]. Der Sache nach ist aber die Selbstentäußerung und Hingabe Jesu schon in früheren Kapiteln sehr oft das Vorbild für das jeweils erwartete Verhalten[25]. Die uneigennützige Dienstbereitschaft für den andern ist eine Grundtugend des Gemeinschaftslebens, wie vor allem Basilius († 379) herausgestellt hat[26].

8 a. Unmittelbar vor der Gottesliebe ist die selbstlos (caste) zu leistende *Bruderliebe* aufgeführt. Der Schrift und der Praxis der frühen Kirche entsprechend gehört die so werthohe Bruderliebe zum Kern des Christen- und Mönchslebens. Schon Athanasius († 373) schreibt über Antonius († 356): «Er führte sein Leben so, daß ihn alle Brüder mit reiner Zuneigung liebten; er ging zu allen, um von ihnen lernen zu können, das heißt um zu gehorchen. So schöpfte er von den Gnadengaben jedes einzelnen: vom einen lernte er Selbstbeherrschung, vom andern die Freude, von jenem die Freundlichkeit, von diesem die Wachsamkeit ... Er durfte die Gegenliebe aller erfahren und nahm sie in sich auf»[27]. Wenn bei Benedikt im Anschluß an Kassian († 430) und den «Magister» stark das Verhältnis «Lehrer»(Abt)-«Jünger» betont ist, so schließt diese Beziehung des Führens und des Hörens oder Gehorchens, wie man dem eben angeführten Text der Antonius-Vita entnehmen darf, die selbstlose gegenseitige Liebe ein.

b. In den pachomianischen Klöstern gilt die «Gemeinschaft» ausdrücklich als zentrales Moment des Klosters: «Der Kreis der ‹*koinonia*›, die uns verbindet, stammt von Gott»[28]. Ebenso hat die «Brüderlichkeit» bei Basilius († 379) bei weitem den Vorrang vor dem Verhältnis «Vorgesetzter» – «Jünger»[29]; auch bei Augustinus († 430) ist das Verständnis des Klosters ganz geprägt vom Gemeinschaftsideal der Urkirche[30]. Dieses gleiche Ideal tritt bei Benedikt am Schluß eines langen Aufstiegs ins helle Licht. Wie in der «geistlichen Kunst»[31] auf das Alpha der Gottesliebe unmittelbar die Nächstenliebe folgt, so geht hier die Bruderliebe unmittelbar dem Omega der Gottesliebe voran.

c. Benedikt denkt freilich etwas weniger systematisch als es dem Aufstiegsmodell eigentlich entsprechen würde. Er gebraucht den Begriff «caritas» großzügig schon vor der Erreichung des Ziels für das Verhältnis zu Außenstehenden: zu Ausgeschlossenen[32], zum Gast[33], zu Besuchern[34]. Die Gemeinschaft darf nicht um sich selber kreisen und einem *Gruppenegoismus* verfallen. Die Liebe öffnet sich der Umwelt, besonders den Armen.

d. Die Liebe ist für Benedikt das *innere Motiv* des gegenseitigen Dienstes[35], des Gehorsams[36], der Askese[37], der Maßnahmen zur Besserung der Fehlenden[38] und der Verhältnisse[39], wie sie auch das Kriterium für die Ausübung der Autorität ist[40].

9—10 a. Der Gedanke der *Gottesfurcht*, das heißt der persönlichen innern Betroffenheit von der Gegenwart Gottes[41], verbindet sich mit der *Gottesliebe*. Im Demutskapitel stand auf dem Gipfel des Aufstiegs die vollkommene Gottesliebe, die die Furcht vertreibt[42]. Hier begleitet die Furcht die Liebe. Kassian erklärt den scheinbaren Gegensatz. Es gilt, von der Furcht zur Hoffnung und zur Liebe voranzuschreiten[43]. Zuletzt vereinen sich aber für Kassian Furcht und Liebe: «Nicht die Angst vor Strafe oder der Wunsch nach Lohn, sondern nur die großzügige Zuneigung vermag die Furcht-Liebe zu gebären ... Ihretwegen scheuen sich Freunde oder Gatten, ... die gegenseitige Liebe auch nur im geringsten zu trüben ... Wir wollen von der Straffurcht voranschreiten zur vollen Freiheit der Liebe und zum Vertrauen von Kindern und Freunden Gottes»[44]. In diesem Sinn wird man Benedikt verstehen müssen, wenn er hier das auch von Augustinus oft gebrauchte Begriffspaar «Furcht» und «Liebe»[45] zusammenrückt[46].

b. Wenn man Christus im Bruder, im Kranken, im Gast, besonders in den Armen liebt, dann besonders auch im *Abt*[47]. Er hat eine einheitsstiftende Funktion in der Gemeinschaft zu erfüllen und wird an dieser Stelle etwa zum 130. Mal erwähnt, jetzt in einem der brüderlichen Gemeinschaft gewidmeten Kapitel. Die eigentliche Bezugsperson im Kloster ist aber Christus selber, der Abt ist sein Repräsentant[48].

11 Dieses Losungswort: «*Gar nichts höher stellen als Christus!*», stammt aus der Märtyrerzeit[49]; es findet sich gleichlautend und in einem ähnlichen Kontext bei Cyprian (†258)[50]: «Ein Unrecht erdulden können, den Frieden unter den Brüdern wahren, Gott aus ganzem Herzen zugetan sein, ihn als Vater lieben, als Gott fürchten, überhaupt nichts höher stellen als Christus, weil er auch uns nichts vorgezogen hat; seiner Liebe unzertrennlich verbunden bleiben; mit Starkmut und Glaube unter seinem Kreuz stehen; wenn es um seinen Namen und seine Ehre zu einer Auseinandersetzung kommt: in der Rede ein unerschütterliches (constantia) Bekenntnis ablegen, bei Befragung mit Freimut (fiducia-parthesia) auftreten, im Sterben die Geduld (patientia-hypomone) bewahren, um die Krone zu empfangen. Das heißt ‹Miterbe Christi› sein wollen». Diese im Neuen Testament häufig genannten Geistesgaben, die in der Märtyrerzeit existentiell zum christlichen Lebensgefühl gehörten, sind auch bei Benedikt oft genannt[51].

12 In einer früheren Redaktionsphase schloß wohl mit diesem Satz die ganze Regel. Christus, der Erlöser, der eigentliche Abt[52], führt in seiner Gnade die Brüder zum Ziel des langen Weges (E. Manning). Alle treten gemeinsam, als Gemeinschaft, in das ewige Leben ein (A. de Vogüé). Der Aufstieg erfolgte über die Stufen von Demut und Gehorsam, Askese, Dienstbereitschaft und Bruderliebe und erreicht nun das Ziel des Gott-suchens[53], das *Reich Gottes*[54]. Im Anschluß an Kassian (†430) kann man sagen, dieses ganze Kapitel handle vom letzten Wegstück oder von der «Zielgeraden» unmittelbar vor dem Einlaufen in die Vollendung: «Das Ziel unserer Berufung ist das Reich Gottes; niemand kann das Ziel erreichen, wenn er nicht in die Zielgerade[55] einläuft, nämlich zur ‹Reinheit des Herzens›[56] gelangt[57], die schon in diesem Leben «in der Liebe besteht»[58].

KAPITEL 73
DARÜBER, DASS DIESE REGEL NICHT ENTHÄLT, WIE *ALLE GERECHTIGKEIT* TREU ZU VERWIRKLICHEN IST

1 Diese Regel haben wir niedergeschrieben,
damit man sie in den Klöstern treu verwirkliche

und damit wir uns so ausweisen können
wenigstens über Anstand und Sitten
und über einen Anfang im klösterlichen Leben.
2 Wer aber der Vollkommenheit im klösterlichen Leben
entgegeneilen will,
hat die Lehren der heiligen Väter, die, treu verwirklicht,
den Menschen bis zur Höhe der Vollkommenheit führen.
3 Ist denn nicht jede Seite
und jeder von Gott beglaubigte Ausspruch
im Alten und im Neuen Testament
eine genaue Richtlinie für das menschliche Leben?
4 Oder welches Buch der heiligen katholischen Väter
redet nicht laut davon
wie wir auf geradem Weg zu unserm Schöpfer gelangen?
5 Auch die «Unterredungen», die «Einrichtungen»
und die «Lebensbeschreibungen der Väter»,
sowie die «Regel» unseres heiligen Vaters Basilius,
6 was sind sie anderes als Anleitungen zur Tugend
für Mönche, die gut und gehorsam leben?
7 Wir aber sind träge, leben schlecht, sind nachlässig
und müssen VOR SCHAM ERRÖTEN.

8 Wenn du also DEM HIMMLISCHEN VATERLAND ENTGEGENEILST,
wer immer du bist, verwirkliche mit der Hilfe Christi
diese kurze Regel, die für Anfänger geschrieben ist.
9 Dann wirst du schließlich unter Gottes Schutz
die oben erwähnten Höhen
der Lehre und der Tugend erreichen.
Amen.
(Ende der Regel)

Tit. Mt 3,15; 5,6.10 **7** Jes 45,16; 61,7 **8** Hebr 4,11; 11,14–16

a. Der Epilog ist gleichsam Benedikts Rechenschaftsbericht[1] über sein Werk oder seine *Absichtserklärung*[2] zur ganzen Regel. Der Epilog gibt klar Auskunft über die Intentionen des Verfassers wie über die wichtigsten «Quellen» und die Mönchsschriften, denen er sich verpflichtet fühlt. Damit gibt er selber den Schlüssel für die Interpretation der Regel.

b. Gregor der Große (†604) schreibt über die *Regel* Benedikts: «Er verfaßte mit hervorragender Unterscheidungsgabe und in lichtvoller Sprache eine Mönchsregel. Wenn jemand seine Lebensweise genauer kennen lernen will, kann er in dieser Regel und ihren Weisungen alles finden: seine Lehre und ihre Verwirklichung[3]; denn der heilige Mann konnte unmöglich anders lehren als er lebte»[4].

c. Es ist eine «lichtvoll» geschriebene Regel. Gregor erwähnt sie, unmittelbar nachdem er gezeigt hat, daß Benedikt in einer mystischen Entrückung «innerlich» bis in das «Licht» Gottes hinein «ergriffen» und erhoben wurde, so daß er die Welt und ihre Grenzen in diesem Licht schauen konnte[5]. Gregor will zeigen, daß Benedikt Verfasser dieser Regel werden konnte, weil er ein asketisches Leben führte, weil er ein «Geistträger» war (was «Erweise von Kraft» bezeugen) und weil der «Mann Gottes» ein kontemplativer «Seher» war. Das hohe Lob von Papst Gregor für Benedikt und seine Regel hat dieser Regel des «römischen Abtes»[6] ein unvergleichliches Ansehen verschafft. Das einzigartige Lob ist verdient, ob man Bendikts Kraft zur *Synthese* von Schrift und überlieferter Spiritualität des Ostens und Westens[7] betrachtet oder seine Fähigkeit zu einer zukunftsträchtigen[8] und flexiblen[9] *Neukonzipierung*[10] des Mönchtums.

d. Der entscheidende Kern der Regel ist die Heilige Schrift. Darauf deuten schon der Titel dieses Kapitels und die Anklänge an das Evangelium, die er enthält: Nicht die Regel, sondern Jesus selber erfüllt *«alle Gerechtigkeit»*; Menschen der Seligpreisungen sehnen sich nach dieser Gerechtigkeit. Für diesen Weg bietet die regel erste Weisungen[10a].

1 a. In einem auffallenden Kontrast zum innern Wert der Regel, den die nachfolgende Geschichte bezeugt und ausweist, steht die sehr zurückhaltende Selbsteinschätzung der Regel durch den Verfasser. Wie schon zuvor wird hier gesagt, daß die Regel für *Anfänger* bestimmt ist, die sich dem klösterlichen Leben zuwenden»[11]. Während der «Magister» seine Regel derjenigen der «heiligen Väter» gleichsetzt[12], bestimmt Benedikt seine Regel für die «Anfänger» im klösterlichen Leben. Er faßt dieses als ein dynamisches Geschehen auf, denn er unterscheidet einen «Anfang»[13], ein «Fortschreiten»[14] und eine «Vollkommenheit»[15] des klösterlichen Weges, den er im Sinn der alexandrinischen Schule einem «Aufstieg» zur Liebe vergleicht[16].

b. Benedikt spricht von einem «Anfang des Bekehrungsweges»[17]. Kassian (†430) hat darauf beharrt, daß am Anfang des Weges die Bekehrung unerläßlich ist: «Anfang und Wächterin unseres Heils ist die Furcht des Herrn. Sie ist ein *Anfang der Bekehrung* und besteht in der Reinigung von Fehlern und in der Praxis eines positiven, wertvollen Lebens, für alle, die sich auf dem Weg zur Vollkommenheit bemühen»[18].

c. Das alte Mönchtum war sich bewußt, daß eine *Einschulung* in das klösterliche Leben unerläßlich ist. «Ein Bruder entsagte der Welt, nahm das Mönchsgewand, zog sich ganz in die Einsamkeit zurück und erklärte: ‹Ich will Einsiedler sein.› Als die benachbarten Altväter davon hörten, kamen sie und vertrieben ihn. Sie hießen ihn, bei allen Behausungen der Brüder vorbeizugehen, vor jedem einzeln Buße zu tun und zu sagen: ‹Verzeiht mir, ich bin kein Einsiedler. Ich habe erst vor kurzem den Anfang als Mönch gemacht.›»[19] «Einige Altväter sagten: Siehst du einen Jüngling, der in seinem Eigenwillen in den Himmel hinaufsteigen will, dann pack ihn am Fuß, und hol ihn auf die Erde herunter. Alles andere schadet ihm»[20].

d. Unter *«Anstand und Sitten»* ist hier ein rechtes Christenleben zu verstehen. Kassian spricht im gleichen Sinn vom «praktischen Wissen», das eine Vorstufe des kontemplativen oder «theoretischen» Wissens ist. «Das aktive (praktische) Wissen besteht in einem gebesserten Leben und in der Reinigung von Fehlern[21], das kontemplative (theoretische) Wissen besteht in der Schau göttlicher Wirklichkeiten und in der Einsicht in die hochheiligen Sinndeutungen (der Heiligen Schrift)»[22].

e. Die Regel scheint für eine Mehrzahl von «Klöstern»[23] bestimmt. Hatte dieser *«Epilog»* vielleicht ursprünglich den Sinn eines Begleitbriefes?[24] (E. Manning).

2 a. Das Suchen nach *Vollkommenheit* erscheint als eine vorgezeichnete, aber frei gewählte Initiative. Kassian (†430) erklärt: «Christus zwingt niemand durch ein nötigendes Gebot auf die hohen Gipfel der Tugend, sondern er spricht unseren freien Willen an, er sensibilisiert uns mit seinem guten Rat und entzündet in uns eine Sehnsucht nach Vollkommenheit»[25]. Durch Askese und ein wertvolles, positives Leben läuft man schon in diesem Leben in die Zielgerade ein, unmittelbar vor der Ziellinie zur jenseitigen Vollendung[26]: «In der Reinheit des Herzens erreicht man die Vollkommenheit der apostolischen Liebe»[27]. Diese Vollkommenheit ist ohne «die Gnade Gottes» unerreichbar[28].

b. Benedikt verweist über die eigene Regel hinaus auf die *heiligen Väter»*. Caesarius (†542) wiederholt oft, er habe sich an die «Satzungen der alten Väter gehalten»[29]. – Auch schon bei den Pachomianern verehrt man die «heiligen Väter» der verewigten Generation: «Da wir nun in den Zönobien zusammenwohnen und miteinander in gegenseitiger Liebe vereint sind, wollen wir uns bemühen, daß wir so, wie wir uns hienieden der Gemeinschaft der heiligen Väter erfreuen durften, auch dereinst ihrem Kreis zugehören können. Wir haben uns dabei bewußt zu bleiben, daß das Kreuz die Grundlage unseres Lebens und unserer Lehre ist»[30]. – Für die Schwestern seines Frauenklosters spricht Caesarius den Wunsch aus, daß sie «mit der heiligen *Maria* und allen andern *Jungfrauen* die Krone der Herrlichkeit empfangen dürfen»[31].

3 a. Die auffällige Reihe von rhetorischen Fragesätzen beginnt mit einem Lob der *Heiligen Schrift*. Benedikt versteht ein asketisches Leben und das Mönchtum als eine Stiftung der Heiligen Schrift[32]. Die Formulierung erinnert an Kassian († 430), der die Schrift als Bezugs- und Orientierungspunkt, als Norm und Richtschnur des Lebens proklamiert: «Wir haben unsere Blickrichtung ganz der Zielgeraden[33] zuzuwenden und unseren Lauf ganz genau auszurichten auf diese klare Linie hin. Wenn wir in Gedanken irgendwie davon abweichen, ist sie wieder ins Auge zu fassen. Wir haben umzukehren und unseren Kurs dieser Richtlinie entsprechend zu korrigieren»[34].

b. Benedikt selber verfaßt alle wichtigen Kapitel der Regel aus einem Gewebe von Sätzen und Worten der Bibel. Er pflegt die Schriftworte zu *aktualisieren* und braucht sie in einem übertragenen oder «geistlichen» Sinn[35]. In der Kraft des Geistes wird der «verborgene» Sinn eines Schriftwortes gedeutet, oder Benedikt glaubt, mit dem Beistand des Geistes von einem Schriftwort ausgehend, es weiterführend auf neue Zusammenhänge anwenden zu dürfen.

c. Mit seiner Schriftkenntnis und -frömmigkeit und mit seiner Tendenz zu einer *«geistlichen» Auslegung* der Schrift zeigt sich Benedikt stark der alexandrinischen Theologenschule verpflichtet. Origenes hat z. B. geschrieben: «Wir haben oft betont, daß sich in der Schrift eine dreifache Weise des Verstehens findet: eine ‹geschichtliche›, eine ‹moralische› und eine ‹mystische›, so daß wir auch einsehen, daß die Schrift aus ‹Leib›, ‹Seele› und ‹Geist› besteht»[36]. Kassian hat dieses Schriftverständnis in Ägypten kennengelernt: «Die Beschauung besteht in der Erkenntnis der göttlichen Wirklichkeiten und in der Erkenntnis des heiligen, verborgenen Sinnes (der Heiligen Schrift)»[37]. Die Kontemplation[38] ist eine doppelte: «historische Deutung und geistliche Einsicht». «Das geistliche Wissen umfaßt drei Arten»: 1. die Tropologie

(z. B. Jerusalem, ‹historisch› die Stadt der Juden[39], als seelische Situation des Menschen), 2. die Allegorie (z. B. Jerusalem[40] als die Kirche Christi), 3. die Anagogie (z. B. Jerusalem[41] als himmlische Stadt Gottes)[42]. «Wer noch auf dem Weg voranschreitet,[43] wird von der Betrachtung (des Beispiels von Heiligen) aufsteigen zu dem EINEN, das heißt zur intuitiven Schau des alleinigen Gottes, mit Hilfe seiner Gnade, ... und so allein von der Schönheit und Erkenntnis Gottes leben»[44]. Die Interpretation der Regel kann nicht genug auf ihren biblischen Hintergrund achten, auf die Anklänge an die Schrift und die entsprechende Terminologie. Nur so bewegt man sich im Verstehenshorizont von Benedikt. Er ist ein Mensch, der sich die Schrift ganz einverleibt hat[45].

4–7 a. Benedikt verweist auf die «heiligen *katholischen Väter*»[46]. Auch hierin ist er Schüler Kassians († 430). Dieser gibt an: «Die Katholizität des Glaubens hat mich veranlaßt, auch die andern Provinzen zu durchwandern»[47]. Wie Kassian um die «Catholica» beflissen ist und das authentische, in allen Provinzen verbreitete Mönchtum schildern will, so weiß sich auch Benedikt schlicht der Kirche zugehörig und will in seiner Regel im wesentlichen die den «katholischen Vätern» gemeinsame Lehre zusammenfassen. – Benedikt selber würde sich schlecht zurechtfinden, wenn er sich plötzlich mit unseren heutigen Begriffen: «Benediktiner», «Augustiner», «Basilianer» usw. konfrontiert sähe. Zu seiner Zeit – wie noch heute im Orient – hatte man die Schriften und Regeln verschiedener «katholischer Väter» zur Hand und suchte in ihnen die Antwort auf die eigenen Fragen nach der rechten klösterlichen Lebensweise. Man wußte sich innerhalb eines «katholischen» Rahmens legitimiert, auf die eine oder andere Quelle oder auf die Praxis bekannter Klöster zurückzugreifen. So entwickelte sich unter Führung eines Abtes die konkrete Lebensordnung eines Klosters, eine ungeschriebene oder eine schriftlich gefaßte «Regel», die einer Entwicklung oder Weiterbearbeitung stets offen blieb (E. Manning).

b. Welche Mönchsschriften hat Benedikt gekannt und benützt? Die Formulierung, die er an dieser Stelle braucht, erinnert an einen Satz in der «Lebensbeschreibung der Juraväter», deren Verfasser (um 515) folgendes *Dossier* aufzählt: «die Einrichtungen, die herausgegeben wurden vom großen heiligen Basilius, dem Bischof der Hauptstadt Kappadokiens, von den heiligen Vätern von Lérins, auch vom heiligen Pachomius, einem frühen Abt der Syrer (!), und in jüngerer Zeit vom ehrwürdigen Kassian»[48]. Aus dieser Liste führt Benedikt namentlich Basilius an. Mit den «Unterredungen» und «Einrichtungen» sind das Werk Kassians, aber auch andere Schriften aus dem Kreis der «heiligen Väter» von Lérins und aus dem Jura gemeint; dabei müssen wir auch an die «Magisterregel» oder ihre frühen Entwicklungsstufen denken. Neben Pachomius spielt für Benedikt Augustinus, den er nicht erwähnt, eine große Rolle. In der Einführung und im ganzen Kommentar wurde auf diese Schriften wie auch auf die «Lebensbeschreibungen der Väter» und auf die Väterssprüche hingewiesen; das ist die geistliche Lektüre, die Benedikt empfiehlt. – Deutlich bringt er zum Ausdruck, daß das zeitgenössische Mönchtum nicht mehr vom Rang der Väter ist[49].

8–9 a. Benedikt schreibt für «Anfänger»[50], die als «Menschen des Exodus»[51] zur künftigen Heimat[52] unterwegs sind. Für sie schreibt er eine «bescheidene» oder «kurze» oder «*Minimalforderungen* enthaltende Regel»[53]. Diese Regel soll niemand überfordern; doch empfiehlt Benedikt die Regeltreue[54].

b. Wie für den Anfang die *Gnade Christi* unerläßlich ist[55], so erst recht für die Vollendung. Kassian (†430) schreibt: «Wer zum Gipfel der evangelischen Vollkommenheit emporsteigt, ... wisse, daß er unter der Gnade des Erlösers steht»[56].

c. Die Regel enthält als Anleitung für Anfänger vor allem das sogenannte «praktische (asketische) Wissen»[57], aber sie lenkt den Blick auch immer wieder auf die Vollendung hin[58]. Die Regel ist *kein geschlossenes System*; sie weist über sich selbst hinaus[59]. Sie will zu einem dynamischen, nämlich in der «Kraft» oder «dynamis» des Geistes vollzogenen Voranschreiten oder einem «Aufstieg» helfen[60], dessen Ziel die Liebe ist, die in Verbundenheit mit Christus erreicht wird[61].

d. Unter den «Höhen der *Lehre*» ist zunächst kein Geheimwissen, sondern eine vertiefte Schriftkenntnis zu verstehen, die bis zur Kontemplation führt[62]. Die «Lehre» ist hier wie am Schluß des Vorworts keine andere als die der urkirchlichen Gemeinde, von der es heißt: «Sie hielten an der Lehre der Apostel fest und an der Gemeinschaft, am Brechen des Brotes und an den Gebeten»[63]. Im gleichen biblischen Sinn werden wir auch die «Höhen der Tugenden» (virtutum) verstehen müssen. In diesem Begriff der «Tugenden» (virtutes) klingt noch das biblische *«dynameis»* (Krafterweis) mit. So heißt es: «Mit großer Kraft(dynamis) legten die Apostel Zeugnis ab von der Auferstehung Jesu, des Herrn, und reiche Gnade (charis) ruhte auf ihnen»[64]. Es ist die Kraft des Geistes, die über der Gemeinschaft der Glaubenden ruht und in vielen Gaben und Charismen[65] wirkt. Zusammenfassend darf man sagen, daß die Benediktsregel Menschen der Kirche, Menschen der Seligpreisungen[66] formen will.

VERZEICHNIS DER KAPITEL

Das Verzeichnis der Kapitel steht in den Handschriften nach dem Prolog, der nicht aufgeführt wird. Die Überschriften der einzelnen Kapitel differieren gelegentlich leicht gegenüber dem Verzeichnis. – Dabei trifft sich das Verzeichnis meist wörtlicher mit dem Magistertext (bei dem die Liste vor dem Prolog steht) als der Wortlaut der Überschrift der einzelnen Kapitel.

ANHANG

ABKÜRZUNGEN

→	Siehe: Kommentar (Kapitel und Verse im Kommentar)
Conl	Conlationes (Kassians)
Dial	Dialogi (Gregors d. Gr.)
Hist mon	Historia monachorum
Inst	Institutiones (Kassians); Instituta (des Pachomius, lat.)
Iud	Iudicia (des Pachomius, lat.)
Leg	Leges (des Pachomius, lat.)
Lib	Liber (des Horsiesi, lat.)
OM	Ordo monasterii (Augustin zugeschrieben)
Praec	Praecepta (des Augustinus = Augustinus-Regel); Praecepta (des Pachomius, lat.)
2PR	2. Regel der Väter
1QS	Regel vom Qumrân
R4P	Regel der vier Väter
RB	Regel des Benedictus
RBasRuf	Regel des Basilius (Übersetzung des Rufinus)
RCaesVirg	Regel des Caesarius für die Nonnen
RF	Regula Ferioli (des Ferreolus)
RM	Regel des Magisters
RM th	RMthema (Taufkatechese)
RM thp	RM thema-pater (Vaterunser-Erklärung)
RM ths	RM thema-servitium operis (Psalmenkommentar)
T	Titel (Kapitelüberschrift)
VAnt	Vita des Antonius
VHonor	Vita des Honoratus
VPJur	Vita Patrum Jurensium
VPach	Vita Pachomii (lat.)
VPatr	Vitae Patrum (Lebensbeschreibungen der Väter, lat., 5 Bücher, mit Hist mon und Verba Seniorum)
Vw	Vorwort (der RB)

QUELLEN- UND LITERATURVERZEICHNIS

Dieses Verzeichnis beschränkt sich auf wenige Publikationen. Sie bieten ausführliche Literaturhinweise.

Quellen, Übersetzungen und Kommentare

Bacht, H., Das Vermächtnis des Ursprungs (Liber Horsiesii) (Würzburg 1972)
De Bruyne, D., La première Règle de S. Benoît (ed.: OM; Augustini Praecepta): Rev. Bén. 42 (1930) 318–326
Frank, K. S., Mönche im frühchristlichen Ägypten (Düsseldorf 1967)
ders., Frühes Mönchtum im Abendland, I–II (Zürich–München 1975)
Guy, J. C., (ed.) Jean Cassien, Institutions (lat.-franz.): Sources chrétiennes 109 (Paris 1965)
Goutagny, E., Commentaire de la Règle de S. Benoît (Dombes ^{2}1978)
Guillaumont, A. u. C., (ed.) Evagre le Pontique, Traité pratique II (Logos praktikos): Sources Chrétiennes 171 (Paris 1971)
Hanslik, R., Benedicti Regula: Corpus Scriptorum ecclesiasticorum latinorum (Wien ^{2}1977)
Holste-Brockie-Migne, Codex Regularum ... collectus olim a S. Benedicto Anianensi abbate (PL 103, 339–664)
Martine, F., (ed)., Vie des Pères du Jura (lat.-franz.): Sources chrétiennes 142 (Paris 1968)
Morin, G., S. Caesarii ... opera omnia I–II (Maretioli 1937/1942)
Pichery, E., Jean Cassien, Conférences (lat.-franz.): Sources chrétiennes 42.54.64 (Paris 1955/1958–1959)
Rochais, H. – Manning, E., Règle de S. Benoît (Rochefort 1980)
Rosweyd-Migne, Vitae Patrum (PL 73)
Steidle, B., Die Benediktusregel (lat.-deutsch) (Beuron ^{3}1978)
Turbessi, G., Regole monastiche antiche (Roma 1974)
Valentin, M. D. (ed.), Hilaire d'Arles, Vie de S. Honorat: Sources chrétiennes 235 (Paris 1977)
Vogüe, A. de, La communauté et l'abbé (Paris 1961)
ders., La Règle du Maître I–III: Sources chrétiennes 105–107) (Paris 1964–1965)
ders., La Règle de S. Benoît I–VII: Sources chrétiennes 181–186 (Paris 1972–1977)
ders., Grégoire le Grand, Dialogues I–II: Sources chrétiennes 251. 260 (Paris 1980)

Studien und weiterführende Literatur

Braulik, G. (Hrsg.), Herausforderung der Mönche (Wien 1979)
Gindele, C., Zur Offiziumsordnung der Regula: Erbe und Auftrag 37 (1961–1963)
Hallinger, K., Papst Gregor d. Gr. und der hl. Benedikt: Studia Anselmiana 42 (1957) 231–319 (Hrsg. B. Steidle)
Heufelder, E., Der Weg zu Gott nach der Regel des heiligen Benedikt (Würzburg ^{2}1964)
ders., Weite des Herzens. Meditationen über den Geist der Benediktusregel (Regensburg 1971)

Hume, B. Cardinal, Searching for God (London [5]1978) Deutsche Übersetzung: *G. B. Kardinal Hume*, Gott suchen (Einsiedeln 1979)
Jaspert, B. – Manning, E., Regulae Benedicti Studia. Annuarium internationale I–IV (Hildesheim 1972–1975)
dies., Regulae Benedicti Studia. Supplementa I–II (Hildesheim 1974–1975). In «Regulae Benedicti Studia» wird die Bibliographie zum Stand der wissenschaftlichen Regelforschung geboten.
Kleiner, S., Dieu premier servi (Paris 1974)
Mundò, A., Bibliotheca, Rev. Bén. 60 (1950) 65–92
ders., les anciens synodes abbatiaux ... Studia Anselmiana 44 (1959) 107–125
Nigg, W. – Loose, H. N., Benedikt von Nursia (Freiburg im Br. 1979)
Rees, D. (a. o.), Consider your call. A theology of monastic life today (London 1978)
Schmitz, P., Geschichte des Benediktinerordens I–VII (Einsiedeln 1947)
Tschudy, F. J. – Renner, F., Der heilige Benedikt und das benediktinische Mönchtum (St. Ottilien 1979)

ANMERKUNGEN

Anmerkungen zur «Einführung»

1 *A. de Vogüé – J. Neufville,* La Règle de S. Benoît: Sources chrétiennes 181–182 (Paris 1972). Diese lateinisch-französische Edition und ihr Apparat sind ein unentbehrliches Arbeitsinstrument; *B. Steidle,* Die Benediktus-Regel, lateinisch–deutsch (Beuron [3]1978). Für Studien über die Regel muß man vom lateinischen Original ausgehen. Steidle bietet dieses Original, dazu eine sehr gute (gelegentlich etwas freie) Übersetzung, eine wertvolle Einleitung in die Regel, ihre Geschichte und Quellen, ferner ein Stichwortverzeichnis der Regel; *F. Fässler,* Die Regel des heiligen Benedictus: H. U. von Balthasar, Die großen Ordensregeln (Einsiedeln [3]1974) 185–295). Eine sehr getreue Übersetzung; *H. Rochais – E. Manning,* Règle de S. Benoît (Rochefort 1980). Diese lateinisch-französische Regelausgabe ist von einer Einführung in den derzeitigen Stand der Regelforschung aus der Sicht der führenden belgischen Wissenschaftler F. Masai († 1979) und E. Manning begleitet.

2 Vgl. Mt 5,1–12.

3 Vgl. Apg 2,44–47; 4,32–37.

4 Dekret über den Ökumenismus 15.

5 Praef in Pach Reg 9.

6 Leider fehlt eine leicht zugängliche deutsche Sammlung der wichtigsten Texte. Ein praktischer «Codex regularum» dieser Art existiert italienisch: *G. Turbessi,* Regole monastiche antiche (Roma 1974). – Für den «Liber Horsiesi» konnte ich eine deutsche Übersetzung vergleichen: *H. Bacht,* Das Vermächtnis des Ursprungs (Würzburg 1972).

7 Nach *H. U. von Balthasar,* Origenes, Geist und Feuer (Salzburg 1938).

8 Vgl. *D. Rees* (Hrsg.), Consider your call (London 1978). – *G. Braulik* (Hrsg.), Herausforderung der Mönche. Benediktinische Spiritualität heute (Wien 1979). – *W. Nigg – H.N. Loose,* Benedikt von Nursia (Freiburg im Br. 1979): ein Schaubuch mit Kurzkommentar.

9 *A. de Vogüé,* La communauté et l'abbé (Desclée 1961); ders., La Règle du Maître I–III: Sources chrétiennes 105–107 (Paris 1964–1965); ders., La Règle de S. Benoît I–VII: Sources chrétiennes 181–186 (Paris 1972–1977)

10 *E. Goutagny,* Commentaire de la Règle de S. Benoît (Dombes 1978).

11 oben Anm. 1.

12 Abschnitte, die vielleicht erst nach Benedikt von unbekannter Seite in die Regel eingefügt wurden, sind nach E. Manning: RB Vw 40–50; 8–18 (teilweise); evtl. RB 64, 1–6; 65.

13 *Wörtlich aus der RM übernommen sind:* RB Vw 5–45.50; 1–11; 2,1.18a.18b–25.30.35–37; 4,1–7.9–59.62–74; 5—7.
Ohne jede Parallele in der RM sind: RB Vw 46–47.49; 2,26–29.31–36; 3,12–13; 13,12–14; 16,5; 18,1–19,2;

20,4–5; 21,1.5–6; 22,2; 25,4; 27,2–3.5–7; 29,1–2; 31,6–7.10–14.16–19; 34,1–7; 36,4–10; 38,5–7; 40,1–2; 41,2–5; 42,2–7; 44,5; 45,1–2; 46,1–4; 48,14–21; 49,1–3; 51,3; 52,1; 53,1–2.8–9.12.15–17.23–24; 55,1–3.7–12.20–22; 57,1–3; 58,5–7; 59,7–8; 60,8–9; 61,11–62,11; 63,10–19; 67,5–70,2; 70,4–7; 71,6–9; 73,1–9. Vgl. *A. de Vogüé*, La Règle de S. Benoît I: Sources chrétiennes 181 (Paris 1972) 174–185.

14 Sie wurde vom Diakon Vigilius für Lérins verfaßt (A. de Vogüé).

15 Diese Väter heißen Serapion, Makarius, Pafnutius und nochmals Makarius. Die Namen sollen einen ägyptischen Ursprung ausweisen; doch ist die Regel eher das Ergebnis einer Synode von Äbten in Südgallien. Diese Regel ist im ältesten Manuskript der Magisterregel (Endfassung) dieser vorangestellt.

16 Vgl. RM 10,23. Teile des Vorworts und der Kapitel 4–7 der RB haben ihren ursprünglichen Platz in diesen «Dienstakten des Herzens».

17 Diese «Regel des Klosters» umfaßte ursprünglich, wie aus einem Titel vor RM 11 hervorgeht, sieben Teile: 1. Organisation des Klosters; 2. Art und Weise; 3. Beobachtung (der Zeit der Gebetsstunden); 4. verschiedene Ränge (Abt, Dekane, Cellerar; der Abschnitt über den Abt wurde später in die Actus militíae cordis verpflanzt, denn der Abt soll Lehrer der Spiritualität sein); 5. Besitz; 6. Aufsicht; 7. Mass. Diese Einteilung wirkt sich bis in die Gliederung der RB aus.

18 → 5,1–9 (Anm. 2).

19 Monasterium Interamne (Insula Barbara). Benedikt von Aniane († 821) erhielt später dieses Kloster übertragen.

20 Ein Buch mit dem «Leben der heiligen Väter» und die «Einrichtungen der heiligen Äbte». Vgl. VPJur 11.

21 Die Klöster lagen in der Franche-Comté (das wichtigste in Condat) und im Schweizer Jura (Romainmôtier?).

22 Abt Eugippus von Lucullanum bei Neapel († nach 533) verwendet eine Regel dieser Art. Er ist ein Nachfolger des heiligen Severin († 482), der Klöster in Norikum (z. B. in Passau) gegründet hatte. Diese Mönche zogen sich nach Süditalien zurück. – Wir besitzen noch ein Manuskript mit Teilen dieses frühen Zustandes der Magisterregel (Paris, B. N. lat. 12634), das sog. Manuskript E. Nach A. de Vogüé wäre es nur ein Exzerpt aus der Endfassung der RM; nach Masai-Manning hingegen bezeugt E eine frühe Redaktionsphase der RM mit der ursprünglichen Kapitelfolge.

23 VPJur 59.

24 Die Mönche von St. Maurice haben den Abt und Presbyter Marinus von Lérins um eine Regel ersucht. Dieser verwies sie in die Juraklöster, wo die Regel vorhanden sei (VPJur 1–2). Ein unbekannter Verfasser aus dem Jura schickt ihnen nun die «Lebensbeschreibung der Juraväter». Dreimal kündet er darin die «Einrichtungen der Väter» oder die «Regel» an (vgl. VPJur 174). Er meint damit die sog. «Magisterregel», denn er hatte angekündigt, daß er «die Akten, das Leben und die Regel» der Juraväter vorlegen werde, die «Magisterregel» aber

umfaßt tatsächlich Teile, die mit «die Akten und das Leben der Mönche» (vgl. RM 1 T. und RM 10,23) und Teile die mit «Regel des Klosters» (vgl. RM 11 T.) überschrieben sind. – Das erhaltene Manuskript der «Lebensbeschreibung der Juraväter» weist aber eine Lücke auf, denn statt die angekündigen «Einrichtungen» oder die «Regel» zu finden, stoßen wir auf die Bemerkung: «nachdem wir das große Meer dieser Einrichtungen betrachtet haben», solle die Lebensbeschreibung zu Ende geführt werden (VPJur 175). – Es bestehen auch viele inhaltliche Parallelen zwischen der RM und der «Lebensbeschreibung der Juraväter».

25 Wir besitzen zwei Manuskripte dieser Endfassung der «Magisterregel». Sie gehen auf die für St. Maurice gefertigte Handschrift zurück (St. Maurice wurde 515 unter König Sigismund erneuert). Es sind dies die Handschriften von Paris, B.N. lat 12205, genannt P, geschrieben um 600 in Süditalien, und die von Benedikt von Aniane (†821) benützte, in München aufbewahrte Handschrift Clm 28118. – Diese Darstellung entspricht der Auffassung von Masai-Manning, während A. de Vogüé annimmt, die (Endfassung der) Magisterregel sei von einem einzigen Autor und zwar in Süditalien geschaffen worden (vgl. Anm. 22).

26 Er beginnt das Vorwort auffallenderweise mit: «Höre, mein Sohn, die Lehren des Meisters (Magisters!)». Im Schlußkapitel braucht er zweimal den Ausdruck «describere», was niederschreiben, aber auch «abschreiben» bedeuten kann.

27 Es bleibt freilich offen, ob Benedikt – wenn ihm eine frühe Redaktionsphase der RM vorlag – sich schon der ganzen Weitschweifigkeit des Magisters gegenübersah, die wir aus der Endfassung des Textes kennen.

28 Vgl. RB 73,2.4.

29 →73,3 (bei Anm. 32).

30 →48,15–16.

31 VPJur 174.

32 S. Anm. 24.

33 →4,20–33.55–58; 72,11 usw.

34 →Vw 28.47.50; 4,20–33.62–73; 5,10–13; 7,35–43; 9,8; 14,1–2; 58,1–4.13–16; 72,7.

35 →Vw 50; 1,2; 21,1–4; 33,6.

36 Caesarea (heute: Kaysari), damals eine griechische Stadt, liegt in der Türkei, östlich von Ankara.

37 RB 73,5. Von Basilius stammen Regeln im Frage- und Antwortstil. Benedikt kannte dieses «Asketikon» in der lateinischen Übersetzung des Rufinus (345–410); «Regula Basilii». Rufinus hat eine frühe Redaktionsstufe des Asketikon wiedergegeben. Beim Lesen des Vorworts zu dieser Regula hat man z.B. den Eindruck, eine von einem Schnellschreiber aufgezeichnete Gelegenheitsansprache vor sich zu haben. Man hat wohl zu Unrecht angenommen, Rufinus habe willkürlich die «längern» und die «kürzern Regeln» des Basilius (eine spätere Phase des «Asketikon») zusammengekleistert.

38 →Vw 1–4.

39 Basilius war bei der kirchlichen Hierarchie unbestritten, ebenso bei den Mönchen. Auch Kassian erwähnt Basilius namentlich (Inst, Praef 5), ebenso der Verfasser der VPJur (174). Es ist denkbar, daß der Abt von Montecassino auf den Hof von Byzanz

Rücksicht nehmen mußte. Dort regierte der energische Justinian (†565), dessen Feldherr Narses die Ostgoten in Italien 554 endgültig besiegte. →Einf. (Anm. 71 b).

40 VPJur 174.

41 Hieronymus (347–419/20) hat diese Regeln ins Lateinische übertragen. Ihr Einfluß ist bei Kassian (†430), Casesarius von Arles (†542) und Benedikt (→21,1–4; 38,5–9 usw.) spürbar.

42 Dieser «Liber» wurde von Hieronymus zusammen mit den pachomianischen Schriften übersetzt.

43 Wichtig ist sein Werk «De opere monachorum» (um 400): über die Handarbeit der Mönche.

44 «Praeceptum» nach der Überschrift: «Haec sunt, quae ut observetis praecipimus ...»

45 Vgl. RB 33,6 (Besitzlosigkeit); 34 (individuelle Bedürfnisse); 63,13 u. 72,10 (Liebe und Furcht); 64,11 (Haß des Lasters und Liebe zum Bruder); 64,15 («mehr geliebt als gefürchtet werden»).

46 Bei einem Besuch der Kirche von Rom lernte Origenes 212 den dortigen Presbyter Hippolyt (†235) kennen, einen Schüler des Irenäus von Lyon († um 200), von dem eine Linie zurückführt zu Polykarp von Smyrna († 22. Febr. 156) und zum Apostel Johannes.

47 Das asketische Ringen wird in einer Analogie zum «Kampf» Jesu gegen das Böse und zum «Kampf» der Märtyrer gesehen; →Vw 2.3.28.29–32.40.45; 4,55–58; 5,10–13; 7,55–43; 24,3; 48,17–18; 49,6–7.

48 RM 11,62; →4,51–54 (bei Anm. 77).

49 →Vw 4.22–27.29–32.41.47.48–49; 1,3–5; 4,62—73.

50 Er wirkte u. a. über Didymus von Alexandrien († 398) und Gregor den Wundertäter († um 270) weiter. Dieser beeinflußte die Spiritualität Kappadokiens bis in die Tage des Basilius.

51 Log. prakt., prol.

52 →72,11 (Anm. 51).

53 Die «Institutiones» oder «Einrichtungen der Väter» bzw. «der Klöster» über die klösterliche Lebensweise (in Ägypten) und über die acht Hauptlaster; die «Conlationes» oder «Unterredungen der Väter» über die Frömmigkeitslehre der Einsiedler Ägyptens.

54 Vgl. RB 42,5; 73,5; Benedikt verschweigt aber den Namen «Kassian», vielleicht wegen der Gnadenlehre Kassians, die nicht mit Augustinus übereinstimmte und Kassian Vorwürfe einbrachte.

55 Vgl. Conl 1,23.

56 →Vw 8–11.45–50.50; 1,2; 2,1–10.11–15.

57 →Vw 28; 3,4–6.7–11; 4,41–50; 7,44–48; 58,1–4; 64,17–19; 68,1–3.4–5; 71,1–4.

58 S. o. Anm. 24.

59 Verfasser ist Athanasius (†373).

60 Übersetzung von Dionysius Exiguus († um 545).

61 Übersetzung von Rufinus von Aquileia († 410).

62 Verfasser ist Hilarius von Arles (†449).

63 Benedikt zeigt sich wiederholt vom orientalischen Mönchtum beeindruckt und hält die eigene, westliche Praxis für eine Verflachung: RB 18,25 (Zahl der Psalmen); 40,6 (Weingenuß). Der lateinischen Übersetzung der «Aussprüche der Väter» liegen griechische Fassungen zugrunde: die «Historia Lausiaca» von Pal-

ladius (†vor 431); die «Historia monachorum in Aegypto» (eine Reiseerzählung von ca. 400); die «Apophtegmata Patrum» (eine teils systematisch, teils nach Autoren gegliederte Sammlung von Vätersprüchen). Diese Vätersprüche klingen meist kernig und kraftvoll, gelegentlich auch naiv oder idealistisch.

64 Vgl. 73,1.

65 Dial 1,36.

66 Dial 2,8.

67 Dial 3,38.

68 Dial 2,36.

69 Die traditionelle Datierung von Benedikts Geburt (480) und Tod (547) ist zu früh angesetzt.

70 Dial 2 prol.

71 Dial 2,3. Diese Darstellung soll zeigen, daß sich unter einem Abt wie Benedikt im zönobitischen Leben das Zwölf-Stämme-Volk des Mose und die auf den Aposteln begründete Kirche Jesu neu verwirklicht. – Weil hier ein Klöster-Verband vorausgesetzt wird, hat man früher unter den erwähnten «Satzungen der Väter» die Regeln des Pachomius verstanden.

71b In der Benediktsregel hat neben der Spiritualität des Ostens auch die Gesetzgebung Justinians (†565) Spuren hinterlassen: →Einf. 5 (Anm. 39); 22,3 (Anm. 3); 24,3 (Anm. 1); 64,1–6 (Anm. 6).

72 *G. Holzherr*, Regula Ferioli (Einsiedeln 1961) 74–75.

73 RB 8–18; vgl. besonders RB 13,10: «wie die römische Kirche psalliert» (eine Einladung an die erst neu in den Lateran gezogenen Mönche, sich dem Ortsgebrauch zu fügen?).

74 →8,0 (E. Manning).

75 Concilum Leudegarii Nr. 15.

76 Historia Langobardorum 4,17; 6,40.

77 Benedikt von Aniane veranstaltete eine Sammlung von vor- und nachbenediktinischen Regeln (Codex regularum) und eine Regelkonkordanz (Concordia regularum), um zu zeigen, daß die Benediktsregel im Einklang mit den andern Mönchsregeln steht.

78 RB Vw 40–50 (mit der aus dem Magister übernommenen Definition des Klosters als «Schule»!).

Anmerkungen zu den «Erklärungen zum Vorwort»:

1 (Ps.) Basilius, «Ermahnung an einen geistlichen Sohn», Prooem.; Vw. 1–4 nimmt Formulierungen der «Ermahnung» (Prooem., Kap. 11) auf.

2 →73,1–7 (Das Zeichen →verweist auf die Erklärungen, in diesem Fall auf die Erklärung zu RB 73,3.) – Das Schlußkapitel 73 enthält eine Absichtserklärung, darum liest man mit Vorteil zuerst diesen Epilog und die zugehörige Erklärung.

3 Vw 8.9.19.

4 →7,62–66.

5 →Vw 2.28.40.49–50; 7,1–4.

6 Ist dieses Wort «Meister»(magister) bewußt gewählt worden, um auf die «Magisterregel» hinzuweisen› →Einf. 4. Man fragt sich auch, ob Benedikt die Regel gleichsam unter das Patronat des Basilius stellen wollte, indem er die ersten Worte von ihm übernimmt und am Schluß ihn allein mit Namen zitiert (Goutagny; →Einf. (Anm. 39).

7 RM pr 8–9; RB Vw 1: RM pr 1.5.8.15.19.22; RB Vw 2: RM pr 3.7.11; thp 6; RB Vw 3: RM

th 18.21.24–53; RB Vw 4: RM thp 69–72.79; RB Vw 5–44: RM ths 2–44; RB Vw 45 RM ths 45; RB Vw 50: RM ths 46. – Die Parallelen (:) zwischen RB und RM verzeichnen wir bei jedem Kapitel. Die Angaben sind etwas vereinfachend übernommen aus: A. de Vogüé – J. Neufville, La Règle de S. Benoît I, S. 174–185.

8 Labor, kopos, ponos; → 71,1–4.

9 Gen 3,17.

10 VPatr 7,13,7.

11 → 1,10–11; 7,10–13; 48,7–8.17–18.24–25

12 Vgl. Röm 5,12–19.

13 Vgl. Röm 6,16–17.

14 Vgl. Anm. 5.

15 Admonitio 11.

16 Eph 6,13–17; → Vw 3.28.29–32.40.45; 1,3–5; 4,55–58; 5,10–13; 7,35–43; 24,3; 48,17–18; 49,6–7; 73,4–7.

17 Origenes, Jes Nave Hom 5,2

18 RM thema; → 73,4–7.

19 → 58,12.17–23.26.

20 Vgl. VHonor 1,5–8.

21 RBasRuf 4 (vgl. Mt 6,14; 16,24).

22 Conl 4,8.

23 Conl 3,6.

24 RM thp. Sie stammt ebenfalls aus den «Actus militiae cordis».

25 → Vw 35–41.

26 → Vw 18.

27 Admonitio 11.

28 RM ths 2–46. Ursprünglich gehört der Psalmenkommentar zu den «Dienstakten des Herzens».

29 RB Vw 5–45.50.

30 Vgl. Röm 5,5; 8,15–17.

31 Vgl. Eph 2,3; 5,6.

32 RBasRuf 2,33–44.

32a V. 10; vgl. Mt 13,19; Lk 8,15.

33 VPatr 7,29.

34 Vgl. Mt 11,15.

35 Vgl. Offb 2,7.

36 → 7,67–70.

37 Vgl. RB Vw 9.13.43; → 21,4–6; 41,7–9.

38 → Vw 3.12–13.

39 Photismos. Vgl. Hebr 6,2.4; 10,32; Justinus, Apol. 61,12–13; 65,1; Thomas Aq., S.th. 3,67 ad 2: «Die Taufe ist nicht nur eine Reinigung, sondern die Kraft der Erleuchtung». Auch der jetzige Taufordo spricht von der «Erleuchtung» und kennt die Lichtsymbolik.

40 Ex 19,18–19; Mt 17,1–9.

41 Vgl. Origenes, Matth Komm 12,43.

42 Job Fragm 22,2; vgl. V. 10.

43 Joh 1,14.9.

44 RBasRuf 2,24–30; vgl. Ps 42,3.

45 Logos praktikos 9.

46 Vgl. Mt 7,6; V. 11; Kassian, Conl 14,17; → 19,3–7; 73,3.

47 Ps 34,12.9.6; → Vw 8–11.

48 Vgl. RB 7,67.69.

49 → 4,55–58; 7,10–30; 62–66; 31,10–12; 72,12; 73,2. – In den Vers Joh 12,35 (V. 13) hat Benedikt die Worte «des Lebens» und «des Todes» eingefügt. So schimmert die johanneische Theologie klar durch.

50 RB 4,25.73; 34,5; 53,4–5.

51 RB 65,11; 4,71–73.

52 → Vw 48–49.

53 → 4,73.

54 → 7,67–68.

55 → 72,8–11.

56 Vgl. RB 58,7.

57 Vgl. Ex 33,11.

58 Benedikt fügt in Vers 19 zur Anrede «Brüder» eigenhändig das «liebe» (carissimi) in den Magistertext ein.

59 Lk 12,35.

60 Ex 12,11.

61 → 7,10–30; 73,8–9.

62 Eph 6,15.

62a Vgl. Hors Lib 15.

63 Peri Archon 3,1,18–19.

64 Enchiridion 9,32.
65 Peri Archon 3,1,19.
66 VPatr 5,11,6.
67 Joh 1,14.
68 VAnt 4–5.
69 →24,3.
70 →Vw 3.50.
71 Benedikt ist diskret; er erwähnt den Teufel etwa 3 mal, der «Magister» dagegen 37 mal! Auch manche Mönchsviten gefallen sich in phantasievollen Teufelsgeschichten. →25,4.
72 Vgl. 1 Kor 10,4; RB 4,50; 7,44.
73 VAnt 9.
74 Kassian, Conl 18,6.
75 Evagrius, Log prakt 6–44; Kassian, Conl 5,3; VAnt 21.
76 Vgl. Eph 6,11–12; VAnt 15; Kassian, Conl 5,16.
77 Vgl. Mt 4,1–11.
78 VAnt 23.
79 RM 1–10.
80 Actus militiae cordis (RM 10 expl.).
81 →Vw 1.
82 →Vw 3.
83 Conl 5,16; vgl. Mt 12,43–45.
84 17.
85 Peri euches 552.
86 VAnt 20.
87 →64,19.
88 Judic Hom 9,1.
89 Peri Archon 3,3,4. Zur «Verdüsterung»: →31,1–2; 72,1–3.
90 Vgl. VAnt 10.
91 Judic Hom 3,4.
92 VAnt 8.
93 S. o. Anm. 71.
94 Dial 2,10.
95 Dial 2,12–13.20.
96 Dial 2,14.
97 Dial 2,8.
98 Dial 2,15. Weil Totila im Herbst 546 in Rom eindrang, folgerte man, Benedikt könne frühestens 547 gestorben sein. Daher das traditionelle Todesdatum: 21. März 547; s. «Einführung» 9.
99 →Vw 12–13,7,10–13.
100 Unter «Observanz» ist die Askese zu verstehen, wie sie z. B. in VAnt 17 empfohlen wird (s. o. Anm. 84).
101 Lk 1,46–55.
102 Benedikt zitiert in V. 32 nicht wie der Magister (RM ths 28) 2 Kor 12,1, sondern 2 Kor 10,17.
103 →Vw 28.
104 →4,55–58; 8–20; 43,3; 49,4–5; 52,1–3.
105 «Wer sich daran hält, wird niemals wanken».
106 Vgl. Mt 7,24–25; →Vw 28.
107 Vw 33–34.
108 Vgl. Lk 15,20; →Vw 3.
109 →Vw 12–13.29–32; 5,1–9; 7,5–9.10–13.62–66.67–70.
110 Vgl. Jak 5,7; Mk 4,26–29 (die Frucht wächst im Stillen!).
111 Joh 10,10.
112 Vgl. Vw 50.
113 Cant Komm. 2,16.
114 →Vw 1.
115 →Vw 28.
116 →Vw 4.
117 →Vw 5–7.
118 →Vw 3.
119 Vgl. Mt 11,29.
120 Vgl. Mt 28,20.
121 Vw 45; vgl. Vw 50; 2,11–15; 65,7–22.
122 Im sog. «interpolierten Text» kommt der Begriff «Schule» überhaupt nicht vor. Er findet sich einzig im längern Schluß des Vorworts. Es bestehen Zweifel, ob dieser längere Schluß von Benedikt selber stammt oder später (aus dem «Magister») eingefügt wurde, um auch in der Benediktsregel den Begriff «Schule des Herrn» für das Kloster verankert zu haben.
123 Vw 46–49.

124 Vw 50.
125 →Vw 3.28.40.45–50.
126 Vw 50; vgl. Apg 2,42.
127 →Vw 1.8–13.18–20.21.
128 →Vw 3.28.
129 →Vw 12–13.
130 Vgl. Mt 10,1; 12,1.
131 Vgl. Mt 8,21.
132 Vgl. Lk 10,1.
133 Vgl. Lk 6,17; 19,37; Joh 6,60.
134 Vgl. Apg 6,1–7; 9,10–26.
135 RB 18,25; 40,6; 73,7.
136 RB 18,10; 35,13; 66,5.
137 VPatr 5,2,9.
138 RB 58,8. Es kann nicht übersehen werden, daß der Verfasser des langen Prologschlusses viel milder formuliert als Benedikt in Kapitel 58.
139 Conl 15,2.
140 →72,9–10; 73,8–9.
141 Mt 7,14.
142 →7,5–9; 4,1–9.55–58; 72,12; 73,8–9.
143 →73,9.
144 Conl 3,19.
145 Vgl. RB 64,19.
146 Conl 3,15.
147 1 Petr 1,8; → 51,3 (bei Anm. 8–9).
148 Vgl. Ps 119,32.
149 Röm 5,5.
150 Erkl. Ps 119,32.
151 Conl 16,27.
152 Vgl. Mt 11,28–29.
153 →Vw 50.
154 VHonor 6,26.
155 Dial 2,35.
156 →Vw 45–50.45.
157 Apg 2,42; →73,8–9.
158 →Vw 45–50.45. Im anschließenden Kap. 1 wird sogleich das Kloster definiert werden.
159 Conl 19,11; vgl. RB 3,1; 19,4.
160 Gal 6,14.
161 Conl 18,7.
162 Phil 2,8.
163 RB 5 (Hören–Gehorchen); RB 7 (Demut, Selbstentäußerung, Kenosis).
164 Ps Comm 118,20.
165 Vgl. z. B. Mt 24,13: «Wer (in der Verfolgung) standhält bis zum Ende» ...
166 Der Heide Celsus spottet über die Schwäche der Christen, nämlich über ihren Mangel an stoischer Ruhe, wenn sie vor dem Martyrium zu Christus um Hilfe riefen: «Christus, hilf mir, ich bitte dich! Christus, erbarme dich meiner, ich bitte dich! Christus, gib mir Kraft!» Aus diesen Worten klingt menschliches Empfinden, kein Fanatismus, sondern vertrauender Glaube.
167 Im Brief der Kirche von Lyon und Vienne über die Märtyrer des Jahres 177 ist z. B. nie von «andreia», dem männlichen Mut oder Selbstvertrauen der Griechen die Rede, sondern stets von der neutestamentlichen «hypomone».
168 →Vw 37–38; 7,35–43; 72,11.
169 17,3.
170 Apg 4,33.
171 Lib 50.
172 Vgl. 1 Petr 4,13; →72,12.

Anmerkungen zu Kapitel 1

1 RB 1–9: RM 1,1–9; RB 1,10–11: RM 1,13–74; RB 1,12: RM 1,13; RB 1,13: RM 1,75.
2 griechisch: monazon.
3 Apg 4,32.
4 Ps Comm 132,6.
5 Lk 10,42.
6 Conl 18,8.
7 Ep. 22.
8 Vgl. RB 5,12; griechisch: koinos (gemeinsam), bios (Leben).
9 Vgl. Kassian, Conl. 18,9–10. Da der entsprechende deutsche Aus-

druck «Münster» einen Sinnwandel durchgemacht hat, muß man dafür «Kloster» setzen, was wörtlich den «abgeschlossenen» Klosterbezirk bedeutet (vgl. RB 4,78; 67,7).
10 VPach (lat.) 4.
11 Lib 12.
12 Hebr 13,16.
13 Apg 4,32.
14 Lib 50, wo das Zitat Ps 133,1 folgt.
15 →73,2.
16 Apg 4,32–35; 2,45.
17 Conl 18,15.
18 →73,4–7.
19 Apg 2,46.
20 Ps 133,1.
21 Ps 67,7 LXX.
22 R4P 1,5–8.
23 Für ihn hat die Stelle Ps 133,1 (s. o. bei Anm. 20) «die Klöster geboren». Er zitiert sie am Anfang seiner Regel (Praec 1,2–3) zusammen mit Ps 67,7 LXX (s. o. bei Anm. 21). Ebenda und sonst sehr häufig (vgl. besonders: sermo 356,1–2) beruft er sich auf das Beispiel der Urkirche: «sie waren ein Herz und eine Seele» (vgl. Apg 4,32.35).
24 →Vw 50; 31,8–9; 33,6.
25 →68,4–5; 70,6–7; 71,1–4; 72.
26 →Vw 3.28; 7,62–66.
27 RB 3,7.11; 7,55; 23,1; 37,1; 58,9.12.13–16; 62,4.7.11; 64,20; 65,17–18; 66,8; →73.
28 Conl 18,4.
29 RM 1,82–92.
30 1 Kor 12,28.
31 Vgl. Lk 10,16.
32 RM 1,83.
33 Vgl. Apg 4,32; →Vw 50.
34 →73,3.
35 Titel vor RB 1.
36 RM 1, 82–92.
37 →45–50.45.50.
38 →Vw 50; 1,2.
39 →2,1–10; 5,1–9.
40 Conl 18,5.
41 →Vw 28.
42 Vgl. Joh 1,13: «nicht aus dem Willen des Fleisches». Durch das Wollen des Menschen kann das «Fleisch» und sein «Trachten» (vgl. Röm 8,5–6) zu einer Gefahr werden.
43 Matth Comm 15,19.
44 Inst 5,36: «eine sehr lange Bewährungszeit im Kloster», das «Erlernen der Regel der Geduld und der Unterscheidung der Geister» (→Vw 28.50; 64,19), sowie «Demut, Besitzlosigkeit und Freiheit von Fehlern» (vgl. RB 7; 33).
45 Von «eremus» = Wüste, Einöde.
46 →72,1–2.
47 →Vw 45–50.45.50; 1,2.
48 →Vw 28.
49 Paraklese, Consolatio.
50 →1,2.
51 Ps 133,1.
52 →Vw 45–50.45.50; 1,2; 33,6; 34,6; 34,1–2; s. o. Anm. 23.
53 1 Kor 13,5.
54 Vgl. Röm 12,5.15.
55 1 Kor 12,8–9.
56 RBasRuf 3.
57 Vers 5.
58 Conl 18,7. Das Wort selber stammt aus dem Koptischen: sar = vereinzelt; abat = Kloster.
59 Biblische Parallelen sind die «Jungfrauen» (1 Kor 7) und die «Witwen» (1 Tim 5,3). Bekannte Asketen waren z. B. Origenes in Ägypten und Johannes Chrysostomus in Syrien.
60 Vgl. RB 2,7.10.32.39; 63,2.18.
61 Vgl. Horsiesi, Lib 17; 40.
62 Vers 11.
63 Inst 10,5–6.
64 Vgl. RB 4,12.
65 →4,78; 58,13–16.17–23; 60,9; 61,5.

66 →Vw 21; 67,6–7.
67 VPatr 7,32,6–7.

Anmerkungen zu Kapitel 2

1 Zwei Drittel des Kapitels sind aus dem «Magister» direkt übernommen: RB 2,1–18a. 20–25.30.37–40 = RM 2,1–21.22–25.32–34.39–40. Beim «Magister» folgt das Abtskapitel unmittelbar auf die Aussagen über die «Regel». Der Abt ist der Lehrer der Regel. Der «Magistertext» über den Abt stand ursprünglich in der «Regel des Klosters», einem Dokument, das zum gleichen Dossier gehört wie die «Actus militiae cordis». Später sind aus praktischen Gründen die Kapitel über die Mönchsarten und über den Abt in die spirituellen «Dienstakte des Herzens» eingeschoben worden (Manning).
2 →Vw 45–50.45.50; 1,2; vgl. RM 1,82–92.
3 Vgl. RB 53,22; vgl. RM 11,5–14.
4 Vers 3; vgl. Joh 17,6.
5 Vgl. auch Apg 4,33: «Große Gnade ruhte auf ihnen allen!»
6 RB 5,12: «Sie wünschen, einen Abt als Vorgesetzten zu haben».
7 Christus ist der «zweite Adam» (vgl. 1 Kor 15,45). Ihm gilt das messianische Prädikat: «Vater in Ewigkeit» (Jes 9,6).
8 Vgl. 1 Kor 4,15–16; Gal 4,19.
9 Vgl. Röm 8,15; Gal 4,6.
10 RBasRuf 4.
11 Horsiesi, Lib 10.
12 Kassian, Conl 18,4; Inst 4,8–10.
13 Vgl. RB 5,6, wo Lk 10,16 zitiert wird: «Wer euch hört, hört mich!»
14 RBasRuf 15.
15 Ez 34,2–5. Gerne werden zitiert: Joh 21,15–17 (Hors Lib 17; RF 37); Hebr 13,17 u. Apg 20,28 (Hors Lib 19.40); Jer 3,15 (RF 37).
16 Hors Lib 7.9.10.11.13; Augustin, Praec 7,1–3; R4P 5,11–17; RCaesVirg 35; RF 37.
17 Z.B. Origenes, Jes Nave Hom 7,6. Honoratus, der Gründer von Lérins, wird kurz «gemeinsame Medizin für alle» genannt (VHonor 6,27). →2,26–29; 27, 2–4; 28; 46,5–6; 64,12–15.
18 Conl 3,1. Er erzählt, selbst alte Einsiedler hätten die «Schule der Jünger» aufgesucht, um wirkliche Fortschritte im Glauben zu machen.
19 In pachomianischen Klöstern hielt der Obere dreimal wöchentlich eine Konferenz oder Katechese (Pach Praec 20–21).
20 «Abt Hyperechios sprach: Der ist wahrhaft weise, der die andern durch sein Tun lehrt, nicht bloß mit seinen Worten» (VPatr 5,12,5).
21 →45–50.
22 Vers 12. Vgl. die Unterscheidung von «Pneumatikern» und andern in der alexandrinischen Schule.
23 →2,31–32; 3,1–3; 31,3–7 usw. Dieses Thema ist den Mönchsschriftstellern geläufig: Hors Lib 9.13; R4P 2,7; Augustin, Praec 7,3.
24 →34,1–2; 63,1–9.
25 Vgl. Hors Lib 9.16; Pach Inst 18; R4P 2,8; 5,11–12.
26 Vers 18–19.
27 →63,1–9.
28 Vor Vers 22.
29 In Vers 22 fügt er eine die Rangordnung verdunkelnde Bemerkung hinzu: «wie es jeder verdient».
30 Vgl. RBasRuf 98 (Wortwahl!)
31 nach Vers 23.
32 Vers 24. Origenes weist auf Gott

selber hin, der diese Eigenschaften zu unserem Heil in sich vereinigt.

33 Eine traditionelle Mahnung: vgl. Pach Inst 18; RBasRuf 122.

34 Vgl. RB 33,1; 55,18.

35 RB 64,14. Vielleicht unter dem Einfluß von Augustin: Praec 7.

36 RBasRuf 23. Zum Bild vom Arzt: s.o. Anm. 17.

37 →2,23–25.

38 →Vw 8–11.

39 Vgl. RBasRuf 17. Zu den körperlichen Strafen →23,5; 28,1–5; 30,2–3; 45,3.

40 →2,1–10.

41 →2,11–15.23–25.27–29. Das Begriffspaar «freundliche Worte» – Tadel findet sich z. B. RF 37.

42 →27,5–6; 28,1–5; 41,5; 46,5–6.

43 VHonor 3,17–4,18.

44 Ebd. 6,26.

45 Praec 7,4; vgl. RCaesVirg 35,4–8.

46 Vgl. Hors Lib 17; s.o. bei Anm. 16. Auch in der Liturgie begegnet dieser Vergleich oft.

47 Vgl. aber RCaesVirg 27,1.

48 Vgl. Apg 4,35: «Sie legten alles zu Füßen der Apostel».

49 Diese alt-monastische Perspektive läßt den Abt in einem andern Licht erscheinen als den Bischof, der sich nicht direkt um die materiellen Fragen seiner Gläubigen kümmern muß.

50 R4P 2,4; vgl. RM 11,94–106.

51 Vgl. RB 31,2 (der Cellerar); RB 53,5–10 (der Betreuer der Gäste); 66,1 (der Pförtner).

52 →31,19–20.

53 RB 64,17.

54 →2,1–10.31–32.

Anmerkungen zu Kapitel 3

1 RB 3,1–11: RM 2,41–50. Der «Magister» bespricht im Abtskapitel die Frage der Veräußerung von Klostergut. Dazu befragt der Abt die zum Rat versammelten Brüder. Vgl. RF 36: Einholung der Zustimmung der Brüder bei der Freilassung eines Leibeigenen. Es ist möglich, daß der Text über den Brüderrat erst in der Fassung P der «Magisterregel» an das Abtskapitel angeschlossen wurde. Benedikt würde dann einer früheren Fassung von RM folgen.

2 Man wird aber annehmen müssen, daß es immer gemeinsame Beratungen gab. In der Gemeinschaft von Qumran fanden sie unter der Leitung des «Aufsehers der Rabbiim» statt (1QS 6,8–14).

3 Bischöfe durften z. B. Kirchengut nur mit Zustimmung ihrer Kollegen in der Kirchenprovinz veräußern. So bestimmte es das unter dem Vorsitz von Caesarius abgehaltene Konzil von Agde (506, can. 7).

4 Justinianus (†565) schreibt die Mitwirkung aller Mönche bei Veräußerungen vor (Codex 1,2,17; Nov. 120,6–7; 123,6).

5 Vgl. RB 64,1–6.

6 Jes Nave Hom 7,6: «in uno consensu ecclesia universa conspirans» (→28,6–8, bei Anm. 19).

7 Conl 2,2.

8 Conl 18,15.

9 VPatr 5,9,4.

10 Conl 2,2.

11 →18,22–25.

12 →58,9–10.

13 →1,2; 73,3.8–9.

14 →73,2.4.

Anmerkungen zu Kapitel 4

1 Zu nennen sind die vor 150 verfaßte «Didache» (Duae Viae 1)

mit ihrer Zwei-Wege-Lehre, ferner zwei Verlautbarungen eines Konzils von Alexandrien von 362: «Syntagma» und «Pistis». – In den «Dienstakten des Herzens» folgte diese Moralkatechese auf die Mahnung, zwischen den «beiden Wegen» zu wählen (→ Vw 2).

2 RB 4, 1–60.62–68.73–78 = RM 3,1–78; vgl. RM 4–5.

3 RB 4,75.

4 Pachomius, Iud.

5 Röm 13,10.

6 RBasRuf 1.

7 RBasRuf 2.

8 Joh 14,21: «Wer meine Gebote hat und sie hält, der ist es, der mich liebt.»

9 RBasRuf 2.

10 Ebenso für den «Ordo monasterii» (OM) 1.

11 →Vw 48–49; 4,1–9.55–58.76–77; 5,10–13; 6,2–5; 7,1–4.5–9.26–30.31–32.55; 72,9–10.12; 73,1.4–7.8–9.

12 RBasRuf 2.

13 Statt «Vater und Mutter ehren» schreibt er «alle Menschen ehren». Dieses Anliegen ist ihm teuer; vgl. RB 53,2; 63,17; 72,3.

14 Sie wird an zwei weiteren Stellen erwähnt: RB 61,14 u. 70,7.

15 Besonders bis Vers 40.

16 Vers 11–13.

17 Vgl. Mt 4,2; 6,16–18; 17,20.

18 Mt 25,31–46.

19 Z. B. VPatr 5,13,15.

20 VPatr 5,13,13.

21 Vgl. Conl 21,1–2; → 1,3–5.

22 Vers 19. → 31,3; 46,5–6.

23 Athanasius schreibt: «Der heilige Antonius wurde von den versammelten Brüdern gebeten, daß er sie unterweise und belehre. Da erhob er mit prophetischem Freimut die Stimme und erklärte, für die Beobachtung aller Gebote genügten die Schriften, aber es sei auch sehr gut, wenn sich die Brüder gegenseitig Trost zusprechen» (VAnt 15).

24 Die beim «Magister» (RM 3,20–21) verzeichneten Mahnungen zum «Ausleihen» und «Almosengeben» läßt Benedikt bei Vers 19 weg, wohl weil man vom einzelnen Zönobiten andere als materielle Gaben erwartet.

25 Ähnlich formuliert ist ein Absatz der «Passio Iuliani» (46). Der Blutzeuge erklärt, daß einem wahrhaft christlichen Leben der Erweis von Kraft verheißen ist. Dieser Absatz der Passio enthält viele Parallelen zur «geistlichen Kunst»; unter dieser ist dabei die Fähigkeit zu wunderbaren Erweisen der Kraft des Geistes verstanden.

26 De or. dom. 15; → 72,11.

27 VAnt 13. Hier ist gleichzeitig die Gabe des «Tröstens» (vgl. RB 4,19) und das Versöhnen von «Zürnenden» (vgl. RB 4,22) erwähnt.

28 Vers 22–23; → 72,1–3.

29 Vers 24–25; vgl. Gal 2,4.

30 VPatr 6,4,25.

31 Vers 26; → 71–72.

32 Vers 27–28.

33 Vers 29–33.

34 Röm 12,21; vgl. Mt 5,44.

35 →Vw 37–38.50; 4,20–33.62–73; 7,35–43; 31,3–7; 36,5–6; 48,17–18; 49,1–3; 58,1–4; 59,1–2; 72,1–3.4–12 (Anm. 12).11 (Anm. 51).

36 VPatr 5,15,83.

37 Vgl. RB 7.

38 VPatr 5,15,74.

39 Vgl. Tit 1,7. Benedikt geht später mit Zurückhaltung auf diese Frage ein; → 40,5–7.

40 Vers 35–38.

41 Kassian, Inst 3,8,3.

42 Vers 39; → 5,14–19.
43 Vers 40.
44 → 72,1.
45 Vgl. 1 Kor 10,10.
46 Vgl. Lk 15,2; Joh 6,41.43.
47 Vgl. Ex 15,24; 16,7.
48 Ähnliche Serien von Fehlern wie von guten Werken findet man in den aus der geistigen Heimat von Lérins stammenden «Homilien an die Mönche», bes. Hom. 9 (PL 50,855–856).
49 Vers 41–42.49.
50 Vers 44–47.
51 Kassian, Conl 11,6.
52 RBasRuf 2.
53 Vers 46.
54 VPatr 5,11,9.
55 VPatr 5,11,52.
56 VAnt 59.
57 VAnt 60; vgl. VPJur 69.
58 Dial 2,37; → 51,3 (bei Anm. 8–9).
59 Vers 50; → Vw 28.
60 Conl 1,13; vgl. Lk 17,21.
61 Log prakt 2.
62 Vers 49.
63 Vers 48.51.
64 VPatr 5,1,12.
65 Kassian, Inst 8,4,2.
66 Es liegt eine offensichtliche Parallele zur «1. Stufe der Demut» (RB 7,10–30) vor, wo die Betroffenheit von Gott als Grundstufe der Demut erscheint.
67 Vers 50; → Vw 28.
68 VPatr 5,10,86.
69 VPatr 5,10,88.
70 → Vw 28.
71 Vers 50; → 46,5–6.
72 Kassian, Inst 4,9.
73 VPatr PG 65,329.
74 → 6; s. o. Anm. 48.
75 VPatr 5,4,51.
76 Vers 53.
77 RM 11,62.
78 VPatr 5,4,50.
79 VPatr 5,4,49.
80 Ep. 1,15; → 9,5–6.
81 Conl 14,12.
82 RB 28,3.
83 Conl 14,10.
84 Origenes empfahl die «tägliche» Schriftlesung (Gen Hom 10,3).
85 Stromata 7,16.
86 → Vw 1,1; 9,5–6; 73,3.
87 Lk 18,1; 1 Thes 5,17; Röm 12,12; Kol 4,2; → 16,1–3.
88 Vers 56.
89 → 8,3; 20,4–5.
90 Kassian, Conl 9,36; vgl. Inst 2,10,3.
91 Vgl. Mt 6,6: «im stillen Kämmerlein».
92 Kassian, Conl 9,35.
93 Vers 57–58.
94 → 4,41–50; bes. bei Anm. 61.
95 Conl 9,2.
96 Vgl. Ps 51,19; → 20,1–3; 49,4–5.
97 Vers 57; → 20,1–3; 49,4–5.
98 Vgl. Mt 14,23.
99 1 Kor 15,28.
100 Joh 17,26.
101 Joh 17,21.
102 1 Joh 4,10.
103 Conl 10,6–7; Kassian läßt, wenn er Joh 17,21 zitiert, die Dimension des weltzugewandten Zeugnisses weg («damit die Welt glaubt»). Weil er anderswo die Pflicht der Bruderliebe sehr stark betont (→ 4,10–19), darf man ihn hier nicht voreilig weltflüchtiger Einseitigkeit bezichtigen.
104 → Vw 48–49; 4,1–9; 7,5–9; 72,9–10; 73,8–9.
105 Vers 57–58.
106 Hebr 12,29.
107 VPatr 5,3,16; → 20,1–3; 49,4–5.
108 Hebr 5,7.
109 Nach Kassian ist Gott in der «Reue des Herzens» erfahrbar wie sonst nie.
110 → 7,23–25.31–34.
111 VPatr 5,11,12.
112 Phil 2,8.
113 VPatr 5,14,11.

114 RM 3,67.
115 Passio 46.
116 Vgl. 1 Kor 9,19–22.
117 VPatr 5,14,13.
118 Vers 64. Trotz dieser Hochschätzung spricht die Regel nur relativ selten und diskret von der Keuschheit, was wohl Absicht ist. → 22,7; 42,8–11.
119 Vgl. Mt 19,11.
120 1 Kor 2,16.
121 Num Hom 24,2.
122 Conl 12,12.
123 Conl 12,14.
124 Mt 5,4.
125 Conl 12,6.
126 → 58,24–25.
127 VPatr 5,10; → 5,10–13; 58,1–4; 72,4–12 (Anm. 12). 11 (Anm. 51).
128 Vers 65.68.
129 Vers 66–67; → 72,1–3.
130 Vers 69; → 4,34–40; 7,1–9.
131 Vgl. 1 Kor 13,13.
132 Vgl. Joh 15,13.
133 VPatr 5,17,10.
134 → Vw 50.
135 Vers 72; → 4,20–33; vgl. Vw 31 (Mt 5,44; Lk 6,22).
136 Vers 69–72. Er wiederholt dabei die Warnung vor der Überheblichkeit (vgl. Vers 34); → 4,34–40.
137 → 63,10–12.
138 → 63,1–9.
139 → 3,1–3; 71; 72,4–12.
140 VPatr 5,16,17.
141 Vers 72.
142 Vers 64–68.
143 Vgl. Vers 31; → 4,20–33.
144 Apg 7,55–56.59–60.
145 Vers 73.
146 → 4,55–58 (s. Anm. 83); 31,10–12; 35, 15–18; 57,7–9.
147 Vgl. 2 Kor 5,18–19. Ein Beispiel der Vesöhnungsbereitschaft s. o. bei Anm. 140.
148 Mt 5,9.
149 Die Hoffnung wird auch zu Beginn der zweiten Reihe von Merksätzen (Vers 41) erwähnt und nun hier am Schluß dieser Reihe.
150 1 Thess 5,8.
151 Conl 7,5.
152 → 4,41–50.
153 RM 3 Titel.
154 Jak 1,22.
155 → 4,1–9 (bes. bei Anm. 8–9).
156 S. o. Anm. 25.
157 Beim «Magister» folgt diese «Kunst» unmittelbar auf das Abtskapitel.
158 → Vw 28 (bes. bei Anm. 80).
159 → S. o. Anm. 1.
160 Das Bild des (Gnaden-)Lohnes ist besonders bei Mattäus häufig: Mt 5,12.46; 6,1–2.5.16; 10,41–42; 20,8. Es ist auch den Aposteln vertraut: 1 Kor 3,8.14; 9,17–18; 2 Joh 8; Apg 11,18; 22,12.
161 RB 35,2; 36,5; 40,4; 49,9; 59,4; 64,6; → 4,74.
162 RM 3,84–94.
163 → 4,55–58 (bes. bei Anm. 103).
164 Mit dem Motiv der selbstlosen Liebe, die zum Tor des ewigen Lebens führt, schließen auch das Vorwort (50) und das Kapitel 72.
165 Kassian, Conl 1,7. – «Instrument» hat vielleicht den Sinn von «schriftlicher Anleitung»: ein «Arbeitsinstrument».
166 RM 4. Bei Benedikt fehlt diese Liste wie der parallele Lasterkatalog (RM 5).
167 1 Kor 13,13.
168 Gal 5,22–23.
169 Die drei klösterlichen Tugenden «Demut, Gehorsam, Schweigsamkeit» (vgl. RB 5–7) scheinen hier aus einer ältern Vorlage eingeschoben zu sein.
170 Gal 5,23.
171 Eine solche findet sich auch am Schluß des Vorworts (Vw 45–50).

172 → 66,6–7; 67,6–7.
173 → 2,10–11; 58,13–16.17–23; 60,9; 61,5.
174 → 1,2.3–5. Der Gemeinschaft werden auch die Schlußkapitel der Regel gelten (63–73).

Anmerkungen zu Kapitel 5

1 Vgl. RB 71,1. Benedikt übernimmt in diesem Kapitel, zwar gekürzt, aber meist wörtlich, den Text des «Magisters». RB 5,1–9 = RM 7,1–9; RB 5,10–13.14–19: RM 7,47–51.67–74.
2 Vgl. Kassian, Inst 4,32. – In RB 7,10 beginnt ebenfalls eine «erste Stufe der Demut», die aus einer andern Tradition stammt.
3 → Vw 1.2.3.
4 → Vw 2.8–11.18–20.
5 Vers 2.
6 VHonor 4,18.
7 Ebd. 4,19.
8 Vgl. Vers 7.
9 Vers 5–6.
10 Lk 10,16. Vers 6 und Vers 16.
11 → 7,49–50.
12 Vers 2.
13 Vers 3; → Vw 45.
14 Vers 3; → Vw 12–13.21; 4,41–50.74.76–77.
15 Vers 4.
16 Vers 5: Ps 18,45.
17 Vers 7; → 71,1–4.
18 Kassian, Inst 4,8.
19 Benedikt verlangt oft die Rücksichtnahme auf den individuellen Charakter: → 2,11–15. 23–25.27–29.31–32; 5,1–9; 7,55; 23,5; 27–30; 34,1–2; 48,9
20 Kassian, Inst 2,3,4.
21 Vers 8–9.
22 Kassian, Inst 4,12; VPatr 5,14,5.
23 Kassian, Inst 4,10.
24 → 68,1–3.
25 Benedikt hat RM 7,47–52 zusammengefaßt.
26 Vgl. 2 Kor 5,14; → 68,4–5.
27 Vgl. Phil 2,8.
28 Vers 13: Joh 6,38; vgl. Mt 26,35: «Nicht mein Wille geschehe, sondern der deine!»
29 Inst 12,32.
30 Eine Anspielung an den Tierkampf (der Märtyrer) in der Arena.
31 Pachomius, Praec 30.
32 Vgl. Lk 12,35–37.
33 Vgl. Phil 4,4.
34 Vgl. Phil 2,14.
35 Hors Lib 19.
36 Vers 16.
37 Vers 17.
38 Vgl. Ez 11,19; 36,26; Jer 31,33.
39 Röm 6,7.
40 Vgl. 1 Kor 10,10; → 4,34–40.
41 Vers 14–19.
42 Röm 15,2.
43 RBasRuf 68.
44 Er zitiert Lk 10,16, was in unserm Kapitel eine Wiederholung darstellt.
45 RBasRuf 70–71.
46 RBasRuf 72.
47 RBasRuf 71.
48 Luk 22,42.
49 RBasRuf 81.
50 → 4,78; 58,13–16.
51 Vers 14.17–18.
52 Inst 4,24,1.
53 Praec 7,1.
54 Vers 14.15.16.18.
55 Vers 13; → 7,10–30.34.
56 R4P 2,33.
57 R4P 1,12.
58 RB 2,4.
59 RM 7,53–56.
60 Vers 16–18.
61 Vgl. RB 68. Benedikt bringt auch einen Text (RM 7,57–66) über die dem Martyrium vergleichbaren Schwierigkeiten an dieser Stelle nicht (vgl. aber: RB 7,38–40).

Anmerkungen zu Kapitel 6

1 RB 6,1–6.8 = RM 8,31–33.35–36; 9,51; RB 6,7: RM 9,1–50.
2 Kassian (Inst 4,41,2) empfiehlt, Ps 39,2 «in seinem Herzen vor sich hinzusingen», wenn jemand durch Unrecht oder Beleidigungen provoziert wird, um sich nicht zu liebloser Gegenrede hinreißen zu lassen.
3 Im Wort spricht sich die Person aus. Darum ist Zurückhaltung geboten: → 4,51–54; 24,3.
4 Mk 1,23–24.
5 Mt 11,29.
6 Vgl. RB 7.
7 Vgl. RB 5.
8 Vgl. RB 6.
9 Inst 4,39,2.
10 RB 7,56–60.
11 → 72,1–2.
12 RB 7,60; s. o. Anm. 3; → 31,3–7 (gute und heilige Worte).
13 RB 66,2–4 (der Pförtner); 31,7 (der Cellerar); 61,4 (ein fremder Mönch).
14 → 68; 71,2; 72,6.
15 Kol 4,6.
16 RBasRuf 136.
17 Praec 31;33–34.
18 Praec 60; 116.
19 Praec 68.
20 Jak 3,8.
21 Vers 2: «sogar auf gute Rede verzichten»; Vers 3 «selten» reden.
22 Mt 26,62–63.
23 Vgl. Mk 1,23–24; → 66,6–7 (bei Anm. 9–10).
24 Vgl. Mk 1,25.
25 Benedikt vermeidet sonst die dem «Magister» geläufige Unterscheidung zwischen «vollkommenen» oder «geistlichen» und unvollkommenen Jüngern. Vgl. aber RB 2,12.
26 → 4,51–54; 24,3.
27 Mt 11,29.
28 VPatr 5,2,3: «fuge, tace, quiesce!»
29 VPatr 7,32,4.
30 Vgl. Mk 1,12.
31 Vgl. Mk 1,35; 6,31.
32 RM 21,14: «sit monasterium taciturnitatis et pacis».
33 Kassian, Inst 10,3.
34 → Vw 48–49.
35 → 52,4.
36 → Vw 8–11.28.
37 Vgl. Mk 9,2; Lk 5,16.
38 Vgl. Luk 22,44.
39 Conl 9,15; → 19,1–3; 20; 52,4.
40 Vgl. Lk 3,21.
41 Vgl. Lk 9,29.
42 Vgl. Mt 14,23; vgl. Lk 9,18.
43 Vgl. Mk 1,37.
44 Er betet vor ihrer Wahl (Lk 6,12).
45 Er betet, bevor er sie beten lehrt (Lk 11,1).
46 Vgl. Lk 3,21; 6,12; 9,29; 11,1.
47 Vgl. Lk 9,18.
48 Vgl. Lk 10,40–42.
49 Kassian, Conl 1,8.
50 VPatr 5,11,7.
51 → 22,4–6; 8,3.
52 → Vw 46; 73,1.
53 außer: RB 36,10.
54 Vers 7 stammt von Benedikt selber, faßt aber RM 9,1–50 zusammen.
55 → 67,6–7.
56 VPatr 5,15,81.
57 → Vw 2a.
58 → Vw 45–50.45.50; 1,2.3–5; 2,1–10.11–15; 5,1.9.14–19.
59 Kassian, Conl 1,13.
60 RBasRuf 8.
61 RBasRuf 40.
62 RBasRuf 41–45.
63 Er hat in diesem Schlußsatz aus dem «Magister» nur «an allen Orten» eingefügt.

Anmerkungen zu Kapitel 7

1 RB 7 = RM 10. Benedikt läßt RM 10,20–29.92–122 weg.
2 →Vw 28 (bei Anm. 80).
3 Vers 1: Lk 14,11.
4 →Vw 5–7.
5 →4,34–40.
6 Der Vergleich mit der abschrekkenden Behandlung eines entwöhnten, die Mutterbrust wieder suchenden Kindes (VPatr 5,5,30) ändert den ursprünglichen Sinn des Psalmes.
7 Stromata 2,134,2–3.
8 Vgl. Phil 2,5–11.
9 Vgl. 2 Petr 2,2.
10 Vgl. Eph 2,20.
11 Vgl. Gen 28,12.
12 Lib 21–22.
13 Vgl. Lk 14,11.
14 Vgl. Mt 23,11–12.
15 Vgl. Lk 18,14.
16 Inst 4,38; vgl. 4,23.39.
17 Gen 18,12. Das Bild findet sich auch in VPJur 123.
18 Lk 14,11 (Vers 1).
19 Vgl. Vw 13.
20 VAnt 15.
21 Vers 8.
22 →7,67–70. Benedikt hat das Wort, versehentlich oder aus Absicht, schon bei RB 7,34 eingefügt.
23 →Vw 47.48–49.
24 →72,8.9–10.
25 →6,6–7 (bei Anm. 56).
26 VHonor 1.
27 Dial 2, Vw.
28 Vers 8.
29 VPatr 5,15,49.
30 Vers 8.
31 Mt 5,3.
32 VPatr 5,15,23.
33 Vgl. Phil 2,5.
34 VPatr 5.12.73.
35 Vers 9. Man denkt hier auch an die Apostelgeschichte (2,36–37): Das Wort von Jesus als dem gekreuzigten Herrn «traf sie mitten ins Herz».
36 Inst 4,39,1.
37 RBasRuf 2 (unter Berufung auf Spr 1,7).
38 Ps 112,1.
39 Ps Comm 118,128.
40 Vers 10.
41 RBasRuf 2.
42 Vgl. Mt 6,33; Lk 10,42.
43 Vers 12.
44 Vgl. Mt 16,24. Diese Stelle wird von Basilius zitiert (RBasRuf 2), ebenso von Pinufius im folgenden Text.
45 Inst 4,34–35; → 5,1–9 (bei Anm. 2).
46 Mt 16,25.
47 Vers 20: Lk 2,44.
48 Vers 23.
49 Vgl. Ps 119, 120.
50 Inst 4,34–35; → 5,1–9.
51 Zu Vers 11 vgl. RB 4,45; zu Vers 12 vgl. RB 4,48; zu Vers 13 (Auge Gottes) vgl. RB 4,49; →4,75; 4,41–50; 7,62–68; 19,1–2.
52 Zu Vers 13 (Berichterstattung der Engel) vgl. Visio Pauli 7; 10); vgl. auch: VAnt 37.
53 Vers 13.
54 VPatr 5,11,23.
55 VAnt 6.
56 VAnt 6.
57 Hier wird RB 7,12 im Detail erklärt, doch läßt Benedikt die Ausführungen des «Magisters» über die Sünden der «Zunge», der «Hände» und der «Füße» weg (RM 10,10–29).
58 Jes Nav Hom 4,3.
59 Vers 21.
60 Vers 22; zum Begriff «Eigenwille»: → 5,1–9.
61 VPJur 75.
62 Vgl. RB 4,60 und RB 7,31–33 (zweite Stufe).
63 Vgl. RB 4,59 und RB 7,31–33 (zweite Stufe).

64 Vers 23–25.
65 Vers 27: «intellegens».
66 Ebd.: «requirens Deum».
67 Dial 2,1.
68 Dial 2,2.
69 Vgl. Vers 25–26.
70 Vers 28–30.
71 Dial 2,3; → Einführung.
72 → 4,76–77.
73 → 5,1–9 (Anm. 2). Kassian spricht von «Stufen» zur Vollkommenheit; er nennt die «Furcht des Herrn» den «Anfang» des Heils (s. o. Anm. 16) und spricht anschließend von zehn «Anzeichen» der Demut (Inst 4,38–39).
74 → 4.59–61; 7,19–25.
75 Vgl. Joh 1,13.
76 Dazu wird Joh 6,38 zitiert.
77 RBasRuf 12.
78 RBasRuf 12;15.
79 Phil 2,8.
80 Joh Comm 1,37.
81 Origenes, Comment Series 113.
82 Phil 2,5; vgl. RBasRuf 65.
83 VPatr 5,14,9.
84 Das vierte und fünfte «Anzeichen» der Demut bei Kassian ist hier die «vierte Stufe» (Inst 4,39).
85 Vers 35–41.
86 Vers 42–43.
87 RM 7,59.
88 → Vw 28.47; 4,20–33.62–73; 5,10–13; 72,11.
89 → Vw 2.2.28.29–32.40.45; 1,3–5; 4,55–58; 5,10–13 (Kampf); 7,26–30 (Ringen); 58,1–4; 72,4–12 (Anm. 12). 11 (Anm. 51).
90 Vgl. Mt 10,34.
91 Vgl. Mt 11,12.
92 Vgl. Mt 4,1–11; 12,27; Lk 11,18. Jesus siegt im Tod über die Macht des Bösen: Joh 12,31; 16,33.
93 1 Thess 5,8; Eph 6,11.13–17; → Vw 2.3.28.29–32.40.45; 1,3–5; 4,55–58; 5,10–13; 7,35–43; 24,3; 48,17–18; 49,6–7; 73,4–7.
94 Offb 12,11; 14,1–5.
95 Offb 21–22.
96 RB 7,24.33, vielleicht auch an andern Stellen.
97 Martyrium Polycarpi 18.
98 Darum heißt der Asket in den Lebensbeschreibungen oft «Athleta Christi».
99 Vgl. 1 Kor 9,25; 2 Tim 2,5; Hebr 12,1.
100 Vgl. Röm 15,30; Kol 4,12.
101 Kol 2,1.
102 → 7,19–25.31–32.
103 → 4,55–58; 48,1–2.17–18.
104 → 4,55–58; 6,2–5; 16,1–3; 18,22–25; 31,3–7.10–12; 32,1–4; 33,6; 35,10–12.15–18; 39,6–9; 40,5–7; 41,2–4.5; 43,13–17; 48; 64,17–19.
105 Vers 35.36.37.38.39.50.42.43; s. o. Anm. 89.
106 Vers 42.
107 VPatr 5,7,32.
108 VPatr 5,7,45.
109 Vers 42: Mt 5,39–41; → 25,1–2; 26,1–2.
110 VPatr 5,7,11;
111 VAnt 40; → 2,31–32 (bei Anm. 43–44).
112 Vers 44. → 1.3–5; 4,41–50; 7,14–18.
113 → 7,26–30.
114 Vgl. RB 58,7.
115 RBasRuf 2.
116 Vgl. Mt 5,8.
117 VPatr 5,12,13
118 Vgl. Inst 4,9; Conl 2,11–13; → 46,5–6.
119 Vgl. Vers 45: «vertrau auf ihn!»
120 → 4,10–19.20–33.
121 Gedacht ist dabei wohl an die Einfachheit der Kleidung; vgl. VPJur 62: «in vestitu vilitas»; → 55,7–8.
122 → 61,1–4.
123 → 61,5–12 (Vers 6–7).
124 Mt 19,21; VPatr 5,6,5.
125 → 5,10–19; 31,8–9.

126 →33.
127 →31,3–7; 33,5; 34,1–2.
128 →Mt 23,11–12.
129 Vgl. Lk 17,10.
130 Vers 51.
131 Ebd.
132 Vgl. 1 Kor 15,9.
133 Mt 11,29.
134 RBasRuf 62.
135 Vgl. Joh 15,13.
136 Vgl. RB 7,39.
137 VPatr 5,8,20.
138 →4,51–54.
139 Inst 4,39,2.
140 →Vw 29–32.
141 VPatr 5,8,11.
142 →1,3–5.
143 Diesen Themen gelten Merksätze bei RB 4,51–54 und das ganze 6. Kapitel.
144 VPatr 7,32,3.
145 RM 10,80; →6,2–5; 4,51–54.
146 Z. B. RBasRuf 53.
147 →49,1–3; 6,8.
148 Vgl. Lk 19,41; Joh 11,33.35.
149 RF 14.
150 Vgl. Lk 6,25.
151 →31,6–7.
152 →53,3–5; 6,2–5; 7,35–43.
153 →7,10–30.
154 Vers 62–63.
155 VPatr 5,11,45.
156 Vers 63; →Vw 1 (bes. bei Anm. 4).
157 1 Kor 13,4.
158 RBasRuf 86.
159 Vgl. Joh 19,30.
160 →7,14–18.
161 Vers 64.
162 Vers 5.66–67.
163 Vgl. Mt 5,8.
164 Vers 70.
165 Inst 4,39,3.
166 Vgl. 1 Joh 4,18.
167 Vers 69: «amor». Benedikt fügt hinzu: «zu Christus».
168 1 Joh 4,8; →51,3.
169 VPatr 7,13,7.
170 Vgl. Irenäus, Adv. Haeres. 4,20,7.
171 →7,26–30.
172 Kassian, Conl 11,7.
173 →7,5–9; 73,9. Benedikt verzichtet auf die farbige Schilderung des Jenseits, die der «Magister» hier anschließt (RM 10,92–122).
174 Vers 70.
175 Vgl. Röm 5,5.
176 Vers 70.
177 Vgl. 2 Kor 3,17; → 73,8–9.
178 Conl 11,6.
179 RBasRuf 12; vgl. Joh 14,7.

Anmerkungen zu Kapitel 8

1 Inst 2–3.
2 Obwohl die gleiche Ausführung gemeint ist, wechseln die Ausdrücke «sprechen», «singen» usw. ohne ersichtlichen Grund: dicere, cantare, legere, recitare, imponere, modulatis …
3 Vgl. RB 42–47 und RB 50–52.
4 →48,6.10–12.14.
5 RB 18,22; vgl. RB 13,10.
6 Vgl. Einführung 9.
7 Vgl. Hebr 5,7–8.
8 Vgl. RB 4,8; 53,2; 63,10.17; 72,4.
9 Vgl. RB 11,9; 19–20; 63,13.
10 →7,5–9.10–13.62–66.
11 →19–20.
12 RB 8,1–2: RM 33,3–9; RB 8,3: RM 44,12–19; RB 8,4: RM 33,10–26.
13 Vgl. Kassian, Inst 3,4; RB 8,3.
14 1QS 6,7–8.
15 VPatr 5,12,1.
16 Auf dem Weg zum Speisesaal, beim Verteilen des Brotes (Praec 28; 37).
17 Praec 116.
18 Paec 122.
19 Praec 139–140.
20 RBasRuf prooem.
21 Matutini (scil. laudes).

22 RB 12 T: «matutinorum solemnitas».
23 →12,1–4.

Anmerkungen zu Kapitel 9

1 Vgl. RM 33,27–34; 34,1–4. – Die Numerierung nach dem lateinischen Psalterium wird in der Übersetzung von Benedikts Text beibehalten. Sonst folgen wir der jetzt gebräuchlichen hebräischen Numerierung der Psalmen.
2 Vgl. RB 47,2–3: «imponere, legere, cantare». Anderswo steht einfach «dicere»; →8,0 (Anm. 2).
3 →17,6.
4 Vers 4.
5 RB 12,4; 13,11.
6 RB 17,8.
7 Vgl. RCaesVirg 69,23.
8 Vgl. Kassian, Inst 2,4–6; vgl. RB 10,3; 11,2.4.12; 18,21.
9 RCasVirg 69,24.
10 →38,2–4.
11 Kassian, Inst 2,8.
12 Vers 7.
13 →Vw 1,1; 4,55–58; 6,2–5.6–7; 48,14.
14 VAnt 3.
15 Conl 1,17.
16 →73,4–7; 4,62–73; 7,55.
17 RCaesVirg 69,20; RF 18. Das sog. Decretum Gelasianum, zu Beginn des 6. Jahrhunderts in Südgallien verfaßt, will die Märtyrerakten vom Gottesdienst ausgeschlossen wissen, obwohl der Verfasser des Decretum sie schätzt. →Vw 28; 7,35–43.

Anmerkungen zu Kapitel 10

1 RB 10,1–3: RM 33,35–41; 44,5–8.
2 RCaesVirg 69,25 (z.B. im Fall eines verspäteten Beginns); →11,11–13.

Anmerkungen zu Kapitel 11

1 RM 49.
2 RF 13: «Sooft eine nächtliche Vigil ... von der Frömmigkeit gewünscht wird oder von einem Feiertag verlangt ist ...»
3 Kassian, Inst 3,8–9.
4 →9,1–4.
5 RCaesVirg 69,11.
6 Vgl. Constit. apost. 7,48.
7 →8,1–4; 10,1–3. Der «Magister» läßt notfalls kürzen, entweder indem er erst nach jedem dritten Psalm eine Psalmoration halten läßt (→20,4–5) oder indem von jedem der vorgesehenen Psalmen nur ein kurzer Abschnitt gelesen wird (RM 33,42–54).

Anmerkungen zu Kapitel 12

1 Also nicht wie beim «Magister» (RM 35,1; 39,1–5; 45,12), mit dem aber terminologische Übereinstimmungen bestehen.
2 Dan 3,57–88.
3 Evangelienbuch.
4 Lk 1,68–80.
5 →8,1–2.4.
6 Cyprian, De or. dom. 35.

Anmerkungen zu Kapitel 13

1 Vers 3. Die Ordnung des «Magisters» ist anders: RM 35,1; 39,1–4.
2 Vers 10. S. Einführung, Anm. 83.
3 Mit einer Ausnahme im Schlußkapitel (RB 73).
4 RCaesV 64,2–4.
5 Konzil von Gerona I. (517) c. 10.
6 Conl 9,22.

Anmerkungen zu Kapitel 14

1 Titel. Gemeint ist der Sterbetag als «Geburtstag» für den Himmel.
2 Beim Magister folgt gleich auf die Besprechung der Sonntagsvigil (RM 45,12–15) eine Bemerkung zur Heiligenvigil (RM 45,16–18), die kein eigenes Kapitel bildet. →Vw 28; 4,62–73; 7,35–43.
3 Vgl. RF 18.
4 Vgl. RCaesVirg 69,20.
5 VPJur 44.

Anmerkungen zu Kapitel 15

1 RB 15,1: RM 45,1; RB 15,2: RM 44,2–7; RB 15,3: RM 45,12; RB 15,4: RM 45,1; vgl. 44,3.7.
2 Vgl. RM 28,47; →Vw 50.
3 Inst 2,11,3.

Anmerkungen zu Kapitel 16

1 Sie finden sich auch beim «Magister»: RB 16,1–3: RM 34,1–3; RB 16,4: RM 33,1.
2 Vgl. Luk 18,1; 1 Thess 5,17.
3 Inst 2,1; vgl. 9,2.7; 10,10. Vgl. RCaesVirg 21,7.
4 Inst 3,1–3.
5 →4,55–58; 48.
6 RB 50,4.
7 →43,3; 4,55–58.
8 VPatr 5,12,6.
9 Log prakt 49
10 Peri euches 12,2.
11 I Reg Hom 1,9.
12 →31,10–12; 35,7.
13 Vgl. 1 Thess 5,16–18.
14 Vgl. Mt 18,20.
15 Vgl. Mt 28,20.
16 Vgl. 1 Kor 14,24 («prophetisch reden»).
17 →1,3–5 bei Anm. 56.
18 1 Kor 14,25.

Anmerkungen zu Kapitel 17

1 RM 35,2. RB 17,1–5: RM 35,2–3; RB 17,6: RM 55,6; RB 17,7–8: 36,1–9; RB 17,9–10: RM 37,1–2; vgl. 42,1–4.
2 Kassian, Inst 3,3,1.
3 Caesarius sieht sie nur an Sonntagen vor: RCaesVirg 69,13–15.
4 Vers 4.
5 Tertullian, De or. 25; De ieiunio 10; Cyprian, De or. 34; Kassian, Inst. 3,2–7.
6 →9,1–4.
7 Apg 20,7; 1 Kor 7,5; 11,17.34; 14,23; 20,33. Kassian braucht den Ausdruck «Synaxis» (Inst 2,10,1); vgl. VPJur 64.
8 RB 12 T.
9 →53,23–24.
10 RB 18,12.
11 Leges 10; →41,7–9 (Abendgebet).
12 VPJur 130.
13 Im Unterschied zum «Magister» (RM 36) und zum römischen Brauch.
14 Z. B. RM 36.
15 Es soll alles bei Tageslicht geschehen; →41,7–9. Das christliche «Lucernar» hat seine Entsprechung in der jüdischen Feier am Freitagabend.
16 Vgl. Hippolyt, Trad. apost. 41.
17 Beim «Magister» sang man die Kompletpsalmen mit Antiphonen, den dritten mit «Halleluja». Der Abt trug das «Evangelium» vor (den Lobgesang des Simeon?). Vgl. RM 37; 42.

Anmerkungen zu Kapitel 18

1 Der «Magister» betont diese Reihenfolge an acht Stellen: «currente semper psalterio». Auch andere zeitgenössische Quellen (z. B.

RF 12) bezeugen den Brauch, «das Psalterium stets in seiner Reihenfolge» zu verrichten. Die Ostkirche blieb bei diesem Brauch.
2 RB Vw 23.30; 2,9; 6,1.2; 7,3.14.23.29.47.50.52.66; 11,6; 13,10; 16,1.4; 19,3.
3 →16,5 (bei Anm. 16.18).
4 Conl 10,11.
5 Röm 8,26.
6 Ps 70,2.
7 Conl 10,10; →6,2–5.
8 →35,15–18.
9 Ps 110–147.
10 Der Magister sieht 6 Psalmen vor (RM 36,1.7). In Rom sang man 5 Psalmen.
11 Inst 2,11,2; →20,4–5.
12 Auch der «Magister» scheint täglich die gleichen drei Kompletpsalmen gekannt zu haben.
13 →9,1–4.
14 Vgl. VPach 22.
15 →Vw 46; 40,6; 73,4–7.
16 VPatr 5,4,57.
17 →4,55–58; 16,1–3.

Anmerkungen zu Kapitel 19

1 →8,0 (bei Anm. 5–8). Beim «Magister» fehlt eine Parallele.
2 Ps 25,15.
3 RBasRuf 109.
4 →16,5.
5 Spr 15,3.
6 De or. dom. 4.
7 Conl 9,15; →6,2–5; 20,4–5; 52,4.
8 Conl 9,16.
9 RM 47,4–8; RB 19,3–7: RM 47,1–24. RB 19–20 stammen vielleicht ursprünglich aus einer eigenen, in Südgallien zirkulierenden Schrift (E. Manning).
10 →8,0 (bei Anm. 5–8); 19,1–2.
11 De or. dom.
12 Vgl. Ps 47,8.
13 RBasRuf 110; vgl. RCaesVirg 66,1.
14 →Vw 8–11 (bei Anm. 46); 18,12–18; 73,3.
15 Offb 2,7; → Vw 8–11 (bei Anm. 35.46).
16 →16,5 (bei Anm. 14); 17,7–8.
17 Vgl. 2 Petr 1,21; 1 Petr 1,11; 2 Tim 3,16.
18 Vgl. Gen 3,8; 4,14.
19 Apg 10,30–31 (Cornelius); Tob 12,12–15 (Rafael).
20 Vgl. Offb 19,8.
21 Vgl. Mt 3,10.
22 De or. dom. 32.
23 →22,8.
24 RM 47,12.14–15.
25 De or. dom. 4.
26 Praec 2,3.
27 Vgl. RB 9,7; 11,3.9; 50,3.

Anmerkungen zu Kapitel 20

1 Das entsprechende Kapitel beim «Magister» (RB 20,1–4: RM 48,1–14) gibt einen Hinweis in diese Richtung (RM 48,10–11). →20,4–5; 52,4.
2 →4,55–58; 6,2–5; 7; 7,35–43; 19,12.3–7.
3 →8,0.
4 Vgl. Luk 18,9–14.
5 De or. dom. 6.
6 RBasRuf 108.
7 Conl 23,6.
8 →7,62–66.67–70.
9 →4,55–58; 6,2–5; 8,0.
10 →7,44–48,62–66.67–70.
11 1 Kor 13,3–5.
12 Conl 1,6.
13 Admonitio 11.
14 Vers 3: «Tränen der Zerknirschung». Vgl. Ps 34,19; 51,19; Kassian, Inst 4,43; s. o. Anm. 9.
15 →Vw 4,56–58; 7,10–13.62–66; 49,4–5; 52,4.
16 RBasRuf 123.

17 →4,76–77; 7,26–30.
18 →Vw 48–49.
19 Mt 11,28–29; →Vw 40.45–50.
20 →17,7–8.
21 Inst 2,7–8.10; eine Parallele beim «Magister» liegt nicht vor; vgl. aber Anm. 1.
22 RB 50,3 (man «beugt die Knie» zur Gebetsstunde am Arbeitsplatz, was bei der Psalmoration üblich ist); RB 67,2 (das «letzte Gebet» eines Gottesdienstes setzt frühere voraus, also die Psalmorationen). Der Magister schreibt: «wenn nach Beendigung der Psalmen alle dem Gebet obliegen» (RM 14,1). Er erwähnt in Kap. 48 (Über die Ehrfurcht beim Gebet) das Beten während der Prosternation am Boden (RM 48,10–11).
23 S. o. Anm. 20.
24 → 19,3–7 (bei Anm. 14).
25 Vgl. RM 48,6–14.
26 Vers 4.
27 →6,2–5; 19,1–2; 52,4.
28 Vgl. Mt. 6,7.
29 Es kann im «Ja» der Hingabe, im «Amen» des Glaubens bestehen, wenn nur der Geist in uns betet (Röm 8,26).
30 Inst 2,10,1.
31 Inst 2,7,4.

Anmerkungen zu Kapitel 21

1 Titel vor RM 11. S. Einführung, Anm. 27. RB 21,1: RM 11,4; RB 21,2: RM 11,27–30; RB 21,3–4: RM 11,20–21. Im Vergleich zum «Magister» ist das Kapitel außerordentlich kurz gehalten, ein Zeichen, daß die Dekanie nicht mehr dieselbe Bedeutung hat wie zur Zeit des Magisters.
2 IQS 6,3.11.
3 Hieronymus, praef in Pach Reg 2.
4 Horsiesi, Lib 7.
5 Hieronymus, ep. 22,35; Kassian, Inst 4,17.
6 Dt 1,13–15; Ex 18,21.
7 Der Magister (RM 11,9–11) zieht eine Parallele zwischen dem Bischof mit seinen Priestern und Diakonen einerseits, dem Abt und den «praepositi» (= Vorgesetzte; vgl. RB 65,12.18–21), d. h. Dekanen, anderseits.
8 Apg 6,3.5.
9 Vgl. RB 2,4; 62,1; 63,14; 64,2.20; 65,13.
10 Sie heißen auch «(spirituales) seniores», d. h. (geistliche) Ältere»; vgl. RB 22,3; 23,1–2; ferner: 3,12; 4,50; 27,2; 46,5; 48,17; 58,6.
11 →65,18–22; 23,2.
12 RB 65.

Anmerkungen zu Kapitel 22

1 Vgl. RM 11,109 (Einzelbett). Beim «Magister» findet sich keine Parallele zu Vers 2 (Bettzeug). RB 22,1: RM 11,109; RB 22,3: RM 11,108; 29,2–4; RB 22,4: RM 29,5–6; RB 22,5: RM 11,111–112; RM 22,6: RM 11,114; RB 22,7: RM 11,121. →4,34–40; 8,1–2.
2 Vgl. Hieronymus, praef in Pach Reg 2; →Vw 46; 6,2–5.
3 Vgl. VPJur 170: Eugendus († 510) ließ nach einem Brand die einzelnen Häuschen zerstören; zum gemeinsamen Eßraum kam nun der gemeinsame Schlafraum mit Einzelbetten. Kaiser Justinian erließ Vorschriften über den gemeinsamen Schlafraum mit Einzelbetten, über das gute Beispiel der ältern für die jüngern Mönche und über die Verhütung eines Unglücks «im Traum» (Nov. 5,

c. 3 vom 20. März 535; Nov. 133 von 539 und Nov. 123, c. 36 vom 1. Mai 546). Die wörtlichen Anklänge sind eindeutig. Vgl. RF 16.

4 Vgl. Lk 12,34–40; Offb 16,15.
5 Vgl. RB 42,1; →Vw 8–11.
6 →Vw 9; 42,7–9.
7 Vgl. Röm 13,12–13; Eph 5,8–14; 1 Thess 5,5–8.
8 RB 8,4; 41,8.
9 Vers 4.
10 →Vw 8–11 (beim Anm. 46). Der «Magister» ließ die Lampe gegebenenfalls löschen (RM 29,6).
11 →43,3.
12 RB 6,3; 7,60; 42,11; 43,2; 47,4.
13 Vers 1; vgl. VPJur 170; RF 23.
14 Vers 6; vgl. VPatr 5,5,37.
15 Es war bei den Alten nicht üblich.
16 Vgl. RM 11,118–119.
17 Vgl. RB 4,64; 33,4; →4,62–73; 33,4; 42,8–11; 43,18–19; 58,17–18.24–25.
18 Ohne Parallele beim «Magister».
19 RB 63; 68–72.
20 RB 42,11; RM 30,19.25–26; →6; 7,56–58.

Anmerkungen zu Kapitel 23

1 RB 23,1–3: RM 12,1–2; RB 23,4–5: RM 14,79–86.
2 RBasRuf 122. Er zitiert: Mt 18,15–17; 1 Kor 5,2; 2 Kor 7,11.
3 RBasRuf 194.
4 Inst 2,15–16; 4,16.
5 RB 23–30.
6 RB 43–46.
7 RM 12–14.
8 →1,2; 3,7–11; 4,75; 7,55.
9 RCaesVirg 62; 64.
10 VPach (lat.) 29.
11 Vgl. Mt 18,15–17; 1 Tim 5,20.
12 Vgl. RBasRuf 16; 122; →2,32–29.
13 →Vw 3.12–13.22–27; 58,26.
14 Vers 2–3.
15 RB 24–25.
16 RB 28–29.
17 RB 43–46.
18 Vgl. Mt 18,15–18; 16,19; Joh 20,23.
19 Die Regel von Qumrân erwähnt als Strafe für einen Betrug mit materiellen Gütern die «Ausschließung von der Gemeinschaft der Reinheit der Rabbiim für ein Jahr» (1QS 6,24) und ähnliche Strafbestimmungen für Sünden der Zunge, Gehässigkeiten ...
20 →Vw 45.50; 6,2–5;
21 →Vw 8–11; 3,1–3; 7,67–70.
22 Verschiedene Konzilien verhängen körperliche Strafen, z. B. für Kleriker, die trinken, für Kinder, statt einer Exkommunikation (Vannes, 465, c. 13; Agde, 506, c. 41; Epaon, 517, c. 15). Pachomius (Iud 4) sieht für Querulanten und Unruhestifter eine dreimalige Ermahnung vor, bei andauernder Widersetzlichkeit: Schläge vor der Klosterpforte, Fasten bei Brot und Wasser.

Anmerkungen zu Kapitel 24

1 RB 24,1–2: RM 12,4–7; RB 24,3: RM 13,60; RB 24,4: RM 13,66–67; RB 24,5–6: RM 13,50–52; RB 24,7: RM 13,61; →44,9–10. Verschiedene Stellen der Bußordnung Benedikts klingen an ein Gesetz Justinians vom 1. Mai 546 an: Nov. 123, can. 4 (RB 24,3; 44,9); can. 5 (RB 24,1; 25,1–2; 28,2).
2 →73,8–9.
3 →Vw 28.
4 Vgl. Mt 5,18.
5 RBasRuf 17.
6 2 Thess 3,14.
7 RBasRuf 16.

Anmerkungen zu Kapitel 25

1 RB 25,1: RM 13,41–42; 62; RB 25,2–3: RM 13,43–45; RB 25,5: RM 13,50–53; RB 25,6: RM 13,46–47.
2 Inst 4,16,3.
3 Inst 2,16.
4 RB 49,1.
5 → Vw 2.3.
6 2 Kor 7,10.
7 RBasRuf 50; → 7,59–61; 31,3–7; 72,1–3
8 1 Kor 5,5.
9 Vgl. dagegen: Kassian, Inst 2,16. Der «Magister» hat keine Parallele; → Vw 28 (bei Anm. 71).

Anmerkungen zu Kapitel 26

1 Vgl. RM 13,54–56; → 25,1–2.
2 → 27,2–4.

Anmerkungen zu Kapitel 27

1 RB 27,1: RM 14,12; RB 27,4: RM 15,19–27; RB 27, 8–9: RM 14,7–8.
2 Vgl. Röm 12,21; → 4,20–33.
3 → 2,1–3.26–29; 28; 46,5–6; 64,12–15.
4 Ignatius, Eph 7,2.
5 Lev Hom 7,1–2; 8,1–4.
6 RBasRuf 23.
7 VPatr 5,5,4.
8 VPatr 5,10,85; → 4,55–58.
9 Aus dem griechischen Fremdwort (Sympekte heißt «Spielgefährte», von sym-paizein) hört Benedikt fälschlich das lateinische «sen-iores» (Ältere) heraus.
10 2 Kor 2,7.
11 Inst 9,11; → 7,59–61; 25,3; 31,3–7; 72,1–3.
12 Inst 9,11.
13 Vers 4. Das Zitat fehlt beim «Magister».
14 → 28,1–5; 44,1–3.4–5.
15 → 2,31–32.37–40; 4,41–50.51–54; 21,1–4; 23,1; 27; 28,1–5; 31,3–7; 41,5; 44,0.6–8; 46,5–6; 60,1–7; 62,2–7; 64,12–15.
16 RM 14,3–19.
17 RB 46,3.
18 → 65,1–10.
19 → 2,16–20; 34,1–2.
20 Z. B. in der zeitgenössischen RF (37), wo auch andere für die Hirten der Kirche geltenden Mahnungen auf den Abt angewandt werden; → 1,2. Das Ezechielzitat ist sehr frei.
21 Vgl. Mt 6,12; 18,21–22; Joh 8,7; → 3,4–6 (bei Anm. 9).
22 Origenes, Ies Nave Hom 7,6.
23 Vers 3.
24 VPJur 79–81.

Anmerkungen zu Kapitel 28

1 Nur wenige Anregungen finden sich beim Magister; RB 28,1: RM 13,69; 14,87; RB 28,2–5: RM 15,19–27; RB 28,6–8: RM 13,70–73.
2 RBasRuf 22.
3 Zu den körperlichen Strafen: → 23,5 (bei Anm. 22); 30,2–3.
4 → 27,7–9 (bei Anm. 23): Ies Nave Hom 7,6.
5 Origenes, Lev Hom 8,1.
6 → 27,1–4.
7 Inst 10,7; → 4,55–58.
8 → 2,31–32; 27,5–6; 41,5; 46.5–6.
9 VPJur 85–86.
10 Vers 4–5; → 27,1–4.7–9; 44,1–3.4–5.
11 Benedikt zitiert dafür 1 Kor 5,13, während er für den bloßen Ausschluß von den Akten des Gemeinschaftslebens (RB 25,4) 1 Kor 5,5 angeführt hatte, obwohl es bei Paulus derselbe Fall ist.
12 Mt 5,29–30.

13 RBasRuf 25.
14 Mt 18,17; RBasRuf 73.
15 Mt 15–18.
16 Praec 4,8–9.
17 → 27,7–9 (Ies Nave Hom 7,6).
18 Mt 5,29.
19 Ies Nave Hom 7,6.

Anmerkungen zu Kapitel 29

1 Vgl. Mt 18,25–31; → 27,7–9.
2 → 7.
3 RBasRuf 22.
4 Praec 136.
5 RB 29,3: RM 64,1–4.
6 Vgl. Mt 18,15–17; → 23,2–3; 28,6–8.

Anmerkungen zu Kapitel 30

1 RM 14,79–86.
2 Für das «jugendliche Unverständnis» (Pachomius, Iud 13) läßt der Magister «Schläge» zu, sonst jedoch die Ausschließung, außer bei Diebstahl oder kriminellen Vergehen (RM 14,89); → 23,5 (bei Anm. 22).
3 → 28,1–5.

Anmerkungen zu Kapitel 31

1 RB 23–30.
2 RB 31–42.
3 Vers 4.12.15.
4 RB 31,1–2: 16,62–66; RB 31,3–5: RM 16,32–37; RB 31,8: RM 16,53–56; RB 31,9.15: RM 16,27–37. Vgl. Pachomius, Praec 137; RBasRuf 111–114.185–186; Augustinus, Praec 5,9; R4P 3,22–26; RCaesVirg 30.42.
5 Vgl. 6,31–33.
6 RM 16,1–45.
7 RB 33,5; 49,9.
8 → 2,1–10.
9 RB 64.
10 RB 4,34–36.
11 Vgl. 1 Tim 3,2.
12 Vgl. Jes 42,2.
13 Dieses Wort taucht in der RB vierzehnmal auf, daneben etwa siebzehnmal der Ausdruck «Sorgfalt» (sollicitudo).
14 → 33.
15 Vers 6–7.
16 Vgl. RB 31,19; → 34,3; 35,12–14; 36,1–4; 38,10–11; 41,5; 48,7–8.
17 RBasRuf 8.
18 Vgl. 2 Kor 7,10.
19 → 7,59–61; 25,3; 27,1–4; 72,1–3.
20 RBasRuf 50–51.
21 RBasRuf 71–72.
22 Log prakt 10.
23 A. a. O. 19.
24 Inst 9.
25 Inst 9,1.
26 Inst 9,4.
27 Inst 9,5: «reconditas in nobismetipsis habemus offensionum causas».
28 Inst 9,7.
29 RB 31,7.13–14; 63; 68,2; 71,1–2; 72,6.
30 VAnt 55.
31 VPJur 150; → 6,2–5 (bei Anm. 12).
32 VHonor 4,18.
33 Dial 2,8.
34 Vgl. 2 Kön 6,7.
35 Von Subiaco («unter dem See»).
36 Dial 2,6.
37 RB 31,13–14.16–17.19; 34,3.13; 36,4; 40,8–9; 41,2.5; vgl. 5,16; 7,49; 27,3; 48,7; 49,6; 54,4.
38 1 Tim 3,8–13. Das Wort wird auch zitiert in R4P 3,26.
39 Vers 1; vgl. Apg 6,2.
40 → 31,1–2 (bei Anm. 11); 1,2; 5,1–9.
41 Dial 2,28.
42 Vgl. Joh 6,38; Mt 20,28.
43 Vgl. Joh 13,15–17.

44 Vers 9; 36,2–3.
45 Vgl. Vers 16.
46 Vgl. Mt 25,31–46.
47 Vgl. RB 35,6: Gal 5,13.
48 →Vw 45
49 RB 31,8; 35,1.6; 36,1.4.7.10.
50 →7,49–52.
51 Vgl. Mt 25,46; →4,41–50.74.76–77; 5,1–9.14–19; 19,3–7; 35,1–3; 36,1–4; 40,4.
52 Basilius spricht von «Geräten Gottes» (RBasRuf 103–104); die Regel der vier Väter» nennt alle Dinge des Klosters «heilig» und verbietet, sie «nachlässig» zu behandeln (R4P 3,27–28). Vgl. Kassian, Inst 4,19–20.
53 →14,20–21.
54 Vers 19.
55 →16,1–3; 17,5; 35,7.
56 →Vw 8–11; 22,4–7.
57 Vgl. 1 Petr 2,5.9.
58 Comm Series 18.
59 Lev Hom 4,6.
60 Lev Hom 9,1.
61 Dial 2,2.
62 Vgl. 2 Kor 5,18–19.
63 →Vw 48–49; 4,62–73; 72,8.
64 Vgl. 1 Kor 14,33.
65 →7,49–50.
66 →4,10–19 (bei Anm. 21–22); 6,2–5.8; 27,1–4; 28,1–5; 31,3–7; 72,6.
67 Vgl. Augustinus, in Ps 103,1,19.
68 Vers 16; vgl. Augustinus, ep. 22,6.
69 →33,5.
70 Vers 18; →47–48.
71 →7,62–66.
72 →31,3–7.
73 Vers 19; →31,10–12 (bei Anm. 44).

Anmerkungen zu Kapitel 32

1 →2,33–36; 33,5; 55,16–19; 58,1–4.24–25; vgl. RB 22,2; 31,4.15; 34,1; 64,17.
2 RB 32,1–2: RM 17,1–4.10–20; RB 32,3: RM 17,5; RB 32,4–5: RM 17,6–9.
3 Vgl. RBasRuf 110.
4 Bei Pachomius erfolgte der Wechsel wöchentlich (Praec 66).
5 RBasRuf 103–104; →31,10–12. Der nachlässige Umgang mit dem als sakral verstandenen Klostergerät wird auch in der «Regel der vier Väter» gerügt (R4P 3,29).
6 1 Kor 13,5.
7 Praec 5,2; vgl. 1 Kor 13,8.
8 →24,3; einige Beispiele von Strafen finden sich im Kapitel 43.

Anmerkungen zu Kapitel 33

1 Der «Magister» nennt wiederholt folgenden «Grundsatz»: «Der Besitz des Klosters gehört allen und keinem» (RM 16,61; 2,48). RB 33,1–6: RM 16,58–61; 82; RB 33,7–8: RM 82,26–27. Vgl. Kassian, Inst 4,13–15; RBasRuf 29; 106. Auch das Bild von der Operation an der «Wurzel» ist bekannt: →28,1–5 (bei Anm. 2); vgl. RB 2,26; 55,18.
2 →7,31–32.
3 Ebd.
4 Inst 4,20.
5 RBasRuf 29.
6 Vgl. Phil 2,5–8; R4P 2,32.
7 Vgl. Mt 5,3.
8 Inst 4,21.
9 Vgl. auch RB 58,25.
10 →58,5–7.
11 →20,1–3 (bei Anm. 16–19).
12 →2,33–36.
13 →57,1–3.
14 Praec 81.

15 Vgl. RB 31,7.13.18.
16 Vers 3; vgl. Kassian, Inst 4,13: dem einzelnen bleiben nur wenige Kleidungsstücke.
17 → 33,4.
18 → 2,1–10.
19 RM 82. Er zitiert Mt 6,25.33 und 2 Tim 2,4; → 31,1–2.
20 Ps 24,1.
21 → 4,10–19.
22 → 31,1–2.
23 → 2,33–36, mit den Zitaten: Mt 6,33 und Ps 34,10.
24 → 32,1–4; vgl. RB 31,3–5.11–12.18.
25 → 48,7–8.10–12.
26 → 48,6.
27 → 50,1–3.
28 → 39,6–9; 40,5–7; 41,2–4.
29 → 57,7–9.
30 Apg 4,32.
31 Praec 1,2–3.
32 RBasRuf 29.
33 Apg 4,32: «Sie waren ein Herz und eine Seele».
34 Apg 4,35: Sie legten alles «den Aposteln zu Füßen; jedem wurde davon zugeteilt, was nötig war».
35 RB 58,7.
36 → 2.
37 → 34,1–2.
38 → 57,4–6 (mit Zitat aus Apg 5,1–11: Hananias und Saphira).
39 Inst 4,14.
40 Inst 7,21.

Anmerkungen zu Kapitel 34

1 → 2,16–32.
2 → 31,3–7.16–19.
3 → 2,11–15.23–25.27–29.31–32; 5,1–9; 7,55; 23,5; 27–30.
4 → 33,6.
5 4,35.
6 RBasRuf 111.
7 RM 86.
8 Praec 1,4–6.
9 → 31,13–14.
10 → 31,3–7.
11 → 31,10–12 (bei Anm. 53).
12 Vgl. Röm 12,4–5; RB 61,6: «Leib des Klosters».
13 RBasRuf 3.
14 Inst 1,2,2.
15 → 31,3–7.
16 → 5,14–19.
17 Praec 5,1.

Anmerkungen zu Kapitel 35

1 → 33,4; vgl. Kassian Inst 4,20.
2 → 4,41–50.74.76–77; 5,1–13.14–19; 22,8; 31,8–9; 35,6; 40,1–4.
3 → Vw 48–49; 4,1–9.10–19.55–58.62–73; 7,67–70.
4 Vgl. Mt 5,3.
5 Vgl. Pachomius, Praec 44.
6 RB 35,1–2: RM 18,1–12; RB 35,3–4: RM 19,18; RB 35,5–6: RM 18,1–12; RB 35,7–8: 19,19–27; RB 35,9: RM 19,20–21; 30,4–7; RB 35,10–11: RM 16,39–40; RB 35,12–14: RM 21,11–14; RB 35,15–17: RM 25,3–7; RB 35,17–18: RM 19,1–8.
7 RM 21,12–14.
8 RM 18,10–12.
9 RBasRuf 131.
10 → 31,6–7.
11 Vgl. RB 31–32.
12 → 22,8; 35,1–3.
13 RM 25,4; 18,8.
14 Nach der «Regel der vier Väter» ist nur in großen Gemeinschaften ein «Wochendienst» zu organisieren (R4P 3,21).
15 Inst 4,19,1; 4,21; Conl 20,1,3.
16 Man kennt ihn nach Kassian in allen Klöstern Mesopotamiens, Palästinas, Kappadokiens und im ganzen Orient, aber nicht in

Ägypten, wo der Speisezettel sehr einfach sei (Inst 4,19.22). Auch die pachomianischen Klöster kennen den Wochendienst (Hieronymus, praef in Reg Pach 2).

17 → 17,5; 31,10–12.16–19.

18 Vgl. Röm 12,1; 15,15–16; 1 Kor 6,20 usw.; → 16,1–3.

19 Inst 4,19,2.

20 → 31,8–9.

21 RCaesVirg 14.

22 RM 21,8–10. Er gibt Einzelanweisungen über den Kommunionempfang der Diener, die rasch zu ihrer Arbeit zurückkehren sollen (RM 21).

23 → 4,34–40; 5,14–19; 31,3–7; 34,6–7.

24 Praec 5,9.

25 Vers 14.

26 → 41,2–4.

27 Der Sinn des Wortes «missas» ist hier nicht eindeutig (→ 17,4; 38.10–11).

28 Die Beschreibung dieser Riten des Sonntags würde sich besser an die Zeilen über den Abschluß des Dienstes am Samstag anschließen (nach Vers 11). Vers 12–14 ist vielleicht ein Einschub.

29 Ps 20,4.

30 Kassian, Inst 4,19,2.

31 → 31,10–12 (bei Anm. 48–50).

32 → 18,1; vgl. Kassian, Conl 18,1; dieser Vers wurde auch anderswo dreimal repetiert (Cassiodor, Comm. Ps 69,2; Kolumban, Reg. coen. 9).

Anmerkungen zu Kapitel 36

1 → 31–35.

2 RM 28,13–18.

3 Vgl. Mt 25,36.

4 RM 70,1–3.

5 RBasRuf 36 (Mt 25,40).

6 Ebd.

7 Vers 4. → 31,3–7.

8 RBasRuf 37.

9 Ebd.

10 → Vw 37–38.50; 4,20–33.62–73; 7,35–43; 31,3–7.

11 Der Magister ist eher bedacht, Pseudo-Kranke zu entlarven (RM 28,17).

12 RCaesVirg 42,1–6; vgl. RB 36,10.

13 Pachomius, Praec 40–48; vgl. Hieronymus, praef in Pach Reg 5 (eigene Speisen).

14 RCaesVirg 32; 43.

15 Praec 5,8 (der Krankenpfleger); der Magister kennt den Krankenpfleger nicht.

16 Praec 92; 93.

17 Praec 5,5.7.

18 RCaesVirg 31.

19 RCaesVirg 71.

20 → 36,5–6 (bei Anm. 12).

21 → 2,1–10.27–28; 27–28; 31,3–7.

22 → 27,1–4 (s. o. Anm. 12).

Anmerkungen zu Kapitel 37

1 RB 37,1–3: RM 28,19–26.

2 RBasRuf 2.

3 Conl 16,2.

4 RBasRuf 2.

5 RM 28,24.

6 → 1,2; 3,7–11; 7,55; 23,1.

7 Hieronymus, praef in Pach Reg 5.

8 → 33,6; 34,1–2.

Anmerkungen zu Kapitel 38

1 RB 38,1: RM 24,1–4; RB 38,2–4: RM 24,6–12; RB 38,8–9: RM 24,19; RB 38,10: RM 24,14; RB 38,11: RM 24,30.40; RB 38,12: RM 24,1–4.

2 4,4: «Nicht vom Brot allein ...»

3 RM 24,4–5.

4 Fast gleich begründet bei Caesarius (RCaesVirg 18), ferner, weniger motiviert, in der «Klosterordnung» (OM 7) und bei Augustinus (Praec 3,2).
5 Inst 4,17.
6 Pachomius, Praec 33.
7 Vgl. Basilius, kürzere Regeln 180.
8 Vgl. Augustinus, Praec 3,1.
9 Praec 15–16; 18; → 38,10–11 (bei Anm. 31).
10 → 17,1–4.
11 Vgl. RM 45,14.17 und RB 59,2.8; 60,4; 59,2.8.
12 Vgl. RB 17,4.8.10; 35,12–14 (bei Anm. 27); → 38,2–4.
13 Vers 1.
14 Vgl. RM 24,3.18.
15 → 35,15–18.
16 S. o. Anm. 14.
17 Das entspricht nicht der Vorschrift von RB 41,8.
18 Dial 2,20.
19 Vers 5–7 ist ohne Parallele beim «Magister». Dieser ließ stets seine Regel vorlesen, außer wenn «Laien» anwesend waren, die sich über die Regel lustig machen könnten (RM 24,15–30).
20 Vers 7; vgl. Pachomius, Praec 33; vgl. Kassian, Inst 4,17.
21 RCaesVirg 18.
22 RM 24,19.
23 R4P 2,42 (Schriftlesung oder ein Wort des Obern); 2PR 2,46.
24 Der «Magister» läßt zu Beginn reinen Wein reichen, während des Mahls Mischwein (RM 27,1.5); → 4,34–40; 40.
25 → 48,7–8.
26 RCaesVirg 14 («Stärkung»); vgl. RB 35,12–13.
27 RM 24,14: aus Furcht vor einem «Ausspeien des Sakramentes».
28 1 Kor 11,29 («wer unwürdig ißt und trinkt ...»); Lk 22,19 («mein Leib, hingegeben für die vielen»); Joh 1,14 («das Wort ist Fleisch geworden ... wir haben seine Herrlichkeit gesehen ... voll Gnade ...»); Phil 2,6–8 («er hat sich selbst erniedrigt ...»).
29 Mit Zitat: 2 Kor 5,14.
30 RBasRuf 134.
31 Vgl. RM 45,14–17; 81,7.
32 Vgl. RM 21–22.
33 → 35,9–10 (Anm. 22); 38,2–4; 50; 61,1–7; 62,1.
34 → 31,3–7.
35 → 48,7–8 (Anm. 19).
36 Vgl. RM 24,3.
37 → 47,2–3.

Anmerkungen zu Kapitel 39

1 RB 39,1–3: RM 26,1; RB 39,4: RM 26,2; RB 39,5: RM 26,3; RB 39,6–9: RM 26,11–13; RB 39,10: RM 26,14; RB 39,11: RM 53,26–33.
2 Benedikts Kloster ist ärmer als das des «Magisters»: → 38,10–11; 48,7–8.
3 RBasRuf 89; 91; 94.
4 RM 26,2–3.
5 Inst 4,14; Conl 2,19; 12,15.
6 Dial 2,21.
7 Vgl. RBasRuf 94.
8 RM 26,11–12. Cäsarius sieht normal drei Gerichte vor, an Festtagen ein viertes, dazu Salat und Süßes (RCaesVirg 94).
9 RM 24,14.
10 Vgl. Kassian, Inst 4,14; → 38,10–11; 39,1–3 (Anm. 2); 38,7–8.
11 RM 53,26–27.
12 VPJur 66; → 49,4–5.

Anmerkungen zu Kapitel 40

1 RBasRuf 9.
2 Etwa ein Viertelliter (Steidle)

wohl reinen Weines, der dann gemischt wurde; → 38,10–11.
3 RB 40,3: RM 27,39–40; RB 40,4: RM 27,47–51; RB 40,5–7: RM 27,43–46; RB 40,8–9: RM 27,52–54.
4 Vgl. 1 Tim 5,23.
5 → Vw 45–50; 73,4–7.
6 Vgl. 1 Kor 3,8.
7 Vgl. Kassian, Conl 24,2, wo die «tolerantia laboris» ebenfalls mit 1 Kor 3,8 begründet wird; → 35,1–3 (Anm. 2).
8 RM 27,44–45.
9 → 39,6–9.
10 RBasRuf 94.
11 Vgl. RM 27,46; RBasRuf 9; Kassian, Inst 5,6.
12 VPatr 5,4,31.
13 VPJur 66; vgl. VAnt 6; VPach 6; Pachomius, Praec 45; 54; Kassian, Inst 5,6.
14 1 Tim 5,23: «Trink nicht nur Wasser, sondern nimm etwas Wein, mit Rücksicht auf deinen Magen und deine häufigen Krankheiten.»
15 RM 27,47–53; → 4,10–19.
16 → 38,10–11; 39,1–3.6–9.10; 48,7–8.
17 → 34,3–5.
18 Praec 3,5.
19 → 4,34–40; 5,14–19; 31,3–7; 34,6–7; 35,12–14; vgl. RBasRuf 93.

Anmerkungen zu Kapitel 41

1 Ostern ist überhaupt sein Ausgangspunkt bei der Ordnung des Tagewerkes im Jahresablauf: → 48,3.
2 RB 41,1: 28,37–40; RB 41,6: RM 28,1–2; RB 41,7: RM 28,8; 53,34; RB 41,8–9: RM 34,12–13; 36,10; 50,70–71.
3 RB 41,2–6 sind ohne Entsprechungen in der RM.
4 Kassian, Conl 21,23.
5 RM 28,37–38.
6 RM 28,1–2.
7 → 48,7–8.
8 Vgl. auch RB 35,12–14; 38,10; 43,19; → 48,5.
9 Vgl. Hieronymus, praef in Pach Reg 5.
10 Z. B. RCaesVirg 67 (die Äbtissin soll alles den Verhältnissen entsprechend ordnen); VPJur 31: im Sommer ißt man zweimal im Tag, offenbar wegen der vielen Arbeit; Abt Eugendus selber hält sich aber an eine einmalige Mahlzeit.
11 → 49,4–5.
12 → 3,4–6; 7,44–48; 64,12–15.17–19; 70,4–5.
13 → 2,31–32; 4,41–50; 21,1–4; 23; 27–28; 31,3–7.
14 Sonst ist ihm das Murren stets ein schlimmes Übel: → 4,34–40; 5,14–19; 31,3–7; 34,6–7; 35,12–14; 40,8–9.
15 Pachomius, Iud 5; vgl. RM 78,11–12: «berechtigte» Klagen von Mönchen über Parasiten-Gäste.
16 Inst 2,18; 3,9–12; Conl 21,17–33; vgl. R4P 3,2–5 (Ausnahme ist nur der Sonntag).
17 → 17,7–8; 22,4–7.
18 → 42,1.
19 → Vw 8–11.28; 6,2–5; 8,4; 9,1–4; 17,7–8; 22,4–7; 38,2–4.
20 De or. dom. 35.

Anmerkungen zu Kapitel 42

1 → 6,2–5 (bei Anm. 30–31). Beim «Magister» stand an dieser Stelle das Kapitel über das Schlafen (RM 29). Benedikt hat dieses Thema schon vorausgenommen (RB 22). Anknüpfend an das Stichwort vom «Licht» (→ 22,4–7; 41,7–9) geht er nun über zum Schweigen der Nacht.

2 RB 42,1: RM 30,8–10; RB 42,8: RM 30,12–13; RB 42,9: RM 30,28–30; RB 42,10: RM 30,24–27.17–22; RB 42,11: RM 30,19.25.25–26.
3 Vers 3.7.8.
4 Die «Magisterregel» kennt den Brauch nicht, wohl aber ist er in der «Klosterordnung» knapp erwähnt (OM 2).
5 Vitae Patrum, Historia monachorum in Aegypto, Vita Antonii, Vita Pachomii, Vita Honorati, Vitae Patrum Jurensium ... (→ Einf. 5).
6 Conl 19,16.
7 Gravitas: vgl. RB 6,3; 7,60; 22,6; 43,2; 47,4.
8 RBasRuf 137.
9 Praec 88; 94.
10 Praec 92–93; 95.
11 Inst 2,15,2; vgl. Vers 11 «würdige (honestissima) Zurückhaltung».
12 Vgl. RB 48,5; 52,2–3.5.

Anmerkungen zu Kapitel 43

1 RB 43,1–3: RM 54,1–2; RB 43,4–9: RM 32,9–15; 73,1–5; RB 43,10–12: RM 73,6–7; RB 43,13–16: RM 73,8–10; RB 43,17: RM 73,11; RB 43,18: RM 21,8–10; 30,23; RB 43,19: RM 22,7–8; 74.
2 Inst 4,12; → 5,1–9 (bei Anm. 22).
3 2PR 31.
4 → 42,8–11 (Anm. 7).
5 2 PR 31.
6 Vgl. 1 Thess 5,17; Lk 18,1.
7 Vgl. Horsiesi, Lib 12; → 58,5–7 (bei Anm. 26)
8 → 4,20–33 (bei Anm. 26–27); 72,11.
9 → 4,55–58; 16,1–3.
10 2 Psalmen in der Nacht (Ps 3 nach RB 9,2 mitgezählt); 1 Psalm in den Horen am Tag (RB 43,10).
11 Sie sind einfacher als beim «Magister» (RM 73,1–5).
12 Inst 3,7; 4,16,1; Kassian spricht aber nicht vom «Ehre sei», sondern von der Psalmoration (→ 20,1–5).
13 Pachomius, Praec 9–10; 121 (ebenfalls mit mehr Nachsicht in der Nacht); RM 73,2; RCaesVirg 12.
14 2PR 32; 37.
15 Dial 2,4.
16 Vielleicht ist RB 17,3 ein Einschub (A. de Vogüé); → 9,1–4.
17 → 1,3–5; 16,5.
18 RBasRuf 57.
19 RBasRuf 97.
20 Vers 15: vgl. 2PR 35 (vitium).
21 → 23,2–3; vgl. Pachomius, Praec 31–32; RM 73,8–11; RCaesVirg 12.
22 RB 35,12–14; 37,1–3.
23 Inst 4,18; 5,20.
24 Pachomius, Praec 71–80 (die Mönche dürfen nicht auf Palmen klettern oder sonstwie Obst suchen); Augustinus, Praec 3,1 (wenigstens nicht zwischen den Mahlzeiten essen, wenn man schon nicht fastet!); RCaesVirg 30; 41)
25 RM 22,5–8.
26 RBasRuf 96.

Anmerkungen zu Kapitel 44

1 Er knüpft an die im Zusammenhang mit Verspätungen beim Gottesdienst im vorangehenden Kapitel erwähnten «Strafen» an.
2 RB 23–30; → 23,0.
3 → 25,1–2.
4 → 23,2–3.
5 → 24–25.
6 RB 44,1–3: RM 14,20–22; RB 44,4: RM 14,17; RB 44,6: RM 13,66; 73,17; RB 44,7–8: RM

14,20–22; RB 44,9–10: RM 13,61.

7 →23,4.

8 Benedikt faßt lange Ausführungen des «Magisters» über die große (RB 44,1–8) und die kleine (RB 44,9–10) Buße kurz zusammen.

9 →27–28.

10 RM 14; zum «Bekenntnis der Schuld»: →7,44–48.

11 RM 14,17: «Löse durch deine Fürsprache beim Herrn die Bande, in die mich meine Nachlässigkeit verstrickt hat».

12 Inst 2,16; 4,16,1.

13 RM 14,24.

14 Vers 4; →27,1–4.7–9.

15 Vgl. RB 58,23.

16 Vgl. RB 44,9–10; 29,2; 43,4.

17 →49,1; 7,59–61.

18 Vers 8; →2,31–32; 3,4–6.7–11; 38,2–4.

19 VPatr 5,10,40.

20 Vgl. RM 13,61.

Anmerkungen zu Kapitel 45

1 RB 45–46.

2 Praec 14: Fehler beim Beten.

3 Inst 4,16,1 (Zerbrechen eines Gegenstandes, Störungen beim Psalmensingen).

4 Inst 3,7,1.

5 →71,6–9.

6 →23,5; 24,3; 30; Benedikt ist in Vers 3 wohl von RM 14,79–82 abhängig (bis zum 15. Altersjahr).

Anmerkungen zu Kapitel 46

1 Vgl. Pachomius, Praec 125 (Zerbrechen eines Gegenstandes); 131 (Verlieren); Kassian, Inst 4,16,1–2 (Zerbrechen; Stören des Psalmengesangs).

2 Vgl. RB 7,63.

3 Praec 4,11.

4 Die heimliche Entgegennahme von Briefen einer Frau (→54,1–5).

5 Vers 4.

6 RM 17,7; 30,29. Im übrigen enthält dieses Kapitel nur wenige Anklänge an den Magister.

7 →7,44–48.

8 Der Plural «oder geistlichen seniores» (gemeint sind nach RM 15,14 die Dekane) ist wohl ein Einschub, denn Benedikt fährt im Singular fort.

9 RM 15,1–17.

10 Conl 2,11–13; Inst 4,9; →64,12–15 (bei Anm. 31).

11 →2,26–29.31–32.37–40; 4,41–50.51–54; 27–28; 31,3–7; 41,5; 44,6–8; 64,12–15.

12 RBasRuf 200.

13 1 Kor 4,1.

14 Mt 3,6.

15 Vgl. Apg 3,19.

Anmerkungen zu Kapitel 47

1 Der «Magister» spricht lange über die Verantwortlichen (RM 31,1–9). Seine Weckordnung steht vor den Kapiteln über die Vigil und die andern Gottesdienste (→8,0).

2 Beim «Magister» geht die Weckordnung der Gottesdienstordnung (Vigil!) voran, während die Regeln über Sänger und Leser am Schluß der Gottesdienstordnung folgen (RM 46,1–7). Die Gottesdienstordnung selbst steht bei Benedikt an früherer Stelle (→8,0), so daß sich jetzt disparates Material (Weckordnung – Sänger) in diesem Kapitel beisammen findet; →38,12.

3 Benedikt hat die ihm wichtige

Weisung, die schon in R4P 2,10–11) enthalten ist, kurz zusammengefaßt. Es ist aber nicht klar, wer nun wirklich anstimmt. Besteht eine Reihenfolge oder gibt der Abt Auftrag?

4 Parallelen finden sich in RM 47, welches Kapitel Benedikt bereits als Vorbild für RB 19 gedient hat, das am Schluß seiner vorgezogenen Gottesdienstordnung steht.

5 →38,12;7.

6 Inst 11,13.

7 42,8–11 (Anm. 7).

Anmerkungen zu Kapitel 48

1 RBasRuf 92; vgl. Sir 33,28–29.

2 RB 48,1: RM 50,1–7; RB 48,2–6: RM 50,39–69; RB 48,7–9: RM 86; RB 48,10–13: RM 50,8–38; RB 48,22: RM 75,1–7; RB 48,23: RM 50,76–77; RB 48,24–25: RB 50,75.78.

3 RM 50,7.

4 Vers 2; →31,16–19; 41; 48.

5 Vgl. RB 18,22; 39,1; 40,3; 55,4.

6 De op. mon. 37.

7 Joh 6,27.

8 Lk 10,42.

9 VPatr 5,10,69.

10 →41,1. Die Übersetzung bereitet Schwierigkeiten: «früh ausgehen» zur Arbeit (vgl. VPatr 5,6,21) oder «vom Morgen an, von der Prim kommend, bis ...»?

11 →41,2–4.

12 →48,14. Nur die «Klosterordnung» (OM 3) erwähnt, daß die Lesung auf die Arbeit folgen kann.

13 Hieronymus, ep. 22,35,7; Augustinus, De op. mon. 37; Kassian, Inst 4,12; vgl. VPJur 126.

14 →41,2–4.

15 Vgl. RM 50,61–64.

16 Vgl. RM 50,12. Die Alten pflegten (halb-)laut vor sich hinzulesen, um mit der «scriptura continua» zurechtzukommen.

17 →41,7–9; vgl. 47,1; 48,4.11.

18 →48, 10–12.

18a Vgl. RB 40,5.8

19 Vgl. 38,11. Die Klöster konnten zur Zeit Benedikts Diener haben (vgl. RF 36) oder einen «weltlichen Angestellten» (conductor; RM 86,2).

20 RM 86 (bes. 86,27).

21 RM 86,19–20.

22 Conl 24,4; 24,12,14. Bei diesem Zitat denkt man an viele alte Klostergründungen an Flußläufen oder auf Inseln.

23 →41,2–4.

24 →48,6; 11,1–3.

25 →31,3–7.

26 →RF 28.

27 Conl 24,12, mit Zitat 2 Thess 3,10: «wer nicht arbeiten will, soll nicht essen».

28 Inst 10,7–9; Conl 24,11–22; 48,17–18.

29 Inst 10,23.

30 VAnt 25.

31 De op. mon. 17–18.

32 VPJur 10.

33 RBasRuf 127; dies ist auch ein Motiv des «Magisters» (RM 50,7).

34 Hist mon 18.

35 →58,13–16.

36 Vgl. RB 3,4–6; 8,4; 24,1; 25,2; 30,1; 31,12; 41,9; 39; 49,6; 40,2.8; 48,9; 55,8; 68,2; 70,5.

37 Conl 24,21.

38 VPatr 5,10,78.

39 RCaesVirg 19; 69; 20.

40 Nicht in RB 48,3.14.

41 →48,7–8 (bei Anm. 24)

42 →50,1–2.

43 →41,7–9.

44 →48,10–12.

45 Vgl. R4P 3,8: «Von der 1. Stunde bis zur 3. ist man frei für Gott».

46 →49,4–5; 48,17–18.
47 S. Anm. 45.
48 →Vw 1; 4,55–58.
49 Vgl. Hieronymus, ep 22,35,7; Augustinus, De op. mon. 37; →48,1–2.
50 Sie ist eingeteilt in: «Heptateuch» (RB 42,4), «Könige» (RB 42,4), «Prophet» (Vw), «Evangelia» (11,9), «Apostolus» (13,11) ... (Mundò). →73,4–7.
51 →48,5; beim «Magister» wird in der Dekanie vorgelesen (RM 50,11).
52 Horsiesi, Lib 51; Pachomius, Praec 3; 6; 28; 36–37; 59–60.
53 Die Regel vom Qumrân schreibt vor: «Wo immer 10 am gleichen Ort sind, darf nie einer fehlen, der ‹Tag und Nacht das Gesetz betrachtet›, der Reihe nach abwechselnd, einer nach dem andern.» (1QS 6,6–7).
54 →6,2–5; 8,3; 38,5–9.
55 RBasRuf 107.
56 S. Anm. 54.
57 Vgl. RB 56,3 (wohl «Dekane»).
58 Inst 10,2,1 (sie verhindert Lesung und Arbeit); →Vw 2; 1,10–11; 7,10–13; 48,7–8.
59 Vgl. Tit 3,14; Kassian, Inst 10,2,4.
60 De op. mon. 20.
61 S. o. Anm. 28.
62 Vgl. Röm 12,1.
63 Inst 10,22; → 31,10–12.
64 Log prakt 12.
65 Vgl. RB 70,3.
66 Praec 112; vgl. 89.
67 Inst 2,15.
68 RBasRuf 101.
69 RBasRuf 174; vgl. RB 48,18.
70 R4P 3,6–7.
71 Vgl. die Tendenz zu «institutionalisieren»: →7,55; 16,1–3; 35,6.
72 Vgl. RM 50,7.
73 RBasRuf 192: «Wer zum Studium oder zu geistiger Tätigkeit weniger geeignet ist, soll zu einer andern Beschäftigung angehalten werden.»
74 RM 50,75–76.
75 Praec 140; 39; 139.
76 RBasRuf 81.
77 Dial 2, prooem (scienter nescius et sapienter indoctus).
78 De doctr. christ. 1.
79 VHonor 1.
80 VPJur 125.
81 VPJur 126.
82 VPJur 174; →73,4–7.
83 →48,1–2.
84 →36–37 (Kranke, Kinder, Greise); →48,23 (bei Anm. 73: Zuteilung geeigneter Arbeit).
85 →31,3–7.
86 RM 50,75–76.
87 →48,7–8 (bei Anm. 29).17–18; 7,10–13 (bei Anm. 41).
88 →Vw 2; 1,10–11; 7,10–13; 48,7–8.17–18.
89 Inst 10,2.

Anmerkungen zu Kapitel 49

1 Vgl. Mk 9,29; 1 Kor 9,25–27; Apg 13,2–3; 14,23; Röm 13,14.
2 Vgl. Apg 4,35.
3 RBasRuf 8–9; 88–94.
4 Praec 1,3; 3,1–2.
5 Inst 5,5,1; →4,10–19.34–40.51–54; 6,8; 7,26–30; 43,18–19.
6 Conl 21,13 mit Zitat 1 Tim 4,3–4.
7 Conl 21,15.
8 Vers 4; →4,41–50.55–58.59–61; 7,14–18.26–30.35–43.44–48; 20,1–3.
9 Conl 21,16.
10 Mt 9,15.
11 Conl 21,30.
12 Kassian, Conl 21,30.
13 Die Einleitung hat keine Parallele beim «Magister». RB 49,4–7: RM 51–53; RB 49,8–10: RM

53,11–15; 74,1–4. In der «Magisterregel» beginnt mit Kap. 51 eine ursprünglich wohl separate, eigene «Regula Quadragesimalis» (RM 51–53). Auf die vielen rituellen Weisungen der RM geht Benedikt nicht ein.

14 → 1,3–5.
15 Serm. de Quadr. 1–4.
16 → Vw 46; 18,24–25; 40,5–7; 73,9.
17 Kassian, Col 21,30; Leo, serm. de Quadr. 2,1.
18 Kassian, Inst 12,16.
19 RM 51–52.
20 → 4,55–58; 6,2–5; 20,1–3; vgl. Kassian, Inst 5,14,1; Conl 1,17,2.
21 Vgl. Gal 5,16–22; → Vw 2.3.28.29–32.40.45; 5,10–13; 7,35–43.
22 Vgl. Gal 5,24.
23 Diese andere Sicht vertritt der Magister (RM 53,19–25).
24 VPJur 17.
25 «Schwatzhaftigkeit und Ausgelassenheit» passen schlecht, weil sie in RB 6,8 gänzlich ausgeschlossen wurden.
26 Vgl. Luk 22,15: «Ich habe mich sehr darnach gesehnt, ... dieses Pascha mit euch zu essen».
27 → 38,10–11; 41,1.
28 → Vw 3.50; 8,4; 11,6–10; 12,1–4; 15; 38,2–4.
29 RM 53,11–15.
30 → 7,19–25.31–32.35–43; 43,19–19; 48,1–2.
31 → 49,1–3.
32 RBasRuf 98; 88; → 3,4–6.7–11.
33 Praec 3,1.
34 Origenes, Ex Hom 8,4.
35 Inst 11.
36 Inst 11, bes. 11,4.
37 Beim Auswendiglernen sprach oder summte man Worte oder Sätze vor sich her (Meditation).
38 Anspielung an eine sinnvollere Verwendung von Papier.
39 Er fastet als Rohköstler.
40 VPatr 5,10.94.
41 RM 51–53.

Anmerkungen zu Kapitel 50

1 → 48,7–8.10–12 (bei Anm. 42).
2 → 48,10–12.
3 → 48.
4 RB 50,2.
5 → 9,1–4; 10,1–3; 11,1–3.6–10.11–13; 16,12–18.
6 → 48,7–8 (bei Anm. 24 u. 41).
7 → 42,2–8 (bei Anm. 3); 48,10–12 (bei Anm. 42).
8 RM 55,2; nur an bewölkten Tagen, wenn die genaue Zeit nicht an der (Sonnen)Uhr abgelesen werden kann, sind Abweichungen von der exakten Gebetszeit entschuldbar (RM 56,18–21). RB 50,1–3: RM 55; RB 50,4: RM 56; 58.
9 RBasRuf 107.
10 RM 53,4–8; → 20,4–5.
11 Praec 141.
12 Praec 142.

Anmerkungen zu Kapitel 51

1 RM 59–61.
2 ähnlich wie OM 8.
3 Vgl. RM 61 T; → 38,10–11; 35,9–10 (Anm. 22); 43,18–19.
4 → 23,4; 24,3.
5 Dieser Zug entspricht nicht der Regelvorschrift.
6 1 Joh 4,16.
7 Dial 2,33.
8 Dial 2,34.
9 → Vw 39.48–49; 4,41–50; 7,67–70.

Anmerkungen zu Kapitel 52

1 Praec 2,2.
2 Kassian, Inst 2,12; Pachomius, Praec 5.
3 →8,0; 19,1–2.3–7; 20,1–3.
4 Vers 2.
5 RM 68.
6 Praec 2,2.
7 Vgl. Mt 6,5–8; →20,1–3; 17,7–8.
8 De or. 4.
9 Vw 4; 4,55–58; 19,3–7; 20,1–3; 31,10–12.
10 Vgl. 1 Sam 1,10–13.26–27; Ps. 51,19; →6,2–5; s. o. Anm. 9.
11 Kassian, 9,9–15.
12 →6,2–5; 19,1–2; 20,4–5; 49,4–5.
13 Vgl. Röm 8,26.
14 Conl 9,15.
15 Vgl. Kassian, Conl 1,7–8; 9,11; 9,15,1; Hist mon 1,397b–398b; s. o. Anm. 9–10.

Anmerkungen zu Kapitel 53

1 RB 53,3–4: RM 65,1–8; RB 53,4–5: RM 71,1–10; RB 53,6–7: RM 65,1–8; RB 53,10–11: RM 72; RB 53,13: RM 30,5.26; 53,4; RB 53,14: RM 65,9; RB 53,18–20: RM 16,45–46; RB 53,21–22: RM 79.
2 →36,1–4.
3 Vgl. RB 4,8; vgl. Röm 12,10.
4 Historia monachorum in Aegypto 1; 2; 7; 9; 17; 21; Kassian, Inst. 5,24.
5 Pachomius, Praec 51–54; RBasRuf 32–33; besonders R4P 2,36–42; 2PR 14–16; RCaesVirg 38; 40; VPJur 172. Ein Zeichen dafür, daß Benedikt von alten Vorlagen ausgeht, ist die Bezeichnung «Prior», der «Erste», für den Abt. (E. Manning).
6 Vgl. RB 4,8.
7 Vgl. RB 31,9; 56,1–2; 61,1–5.8–11; 66,1–5.
8 Vgl. RB 50,4; 51,1–3; 54,1–5; 61,2.6–7; 66,6–7; 67,3–5; zur «Unterscheidung der Geister»: →Vw 28.
9 RBasRuf 87.
10 Ohne Parallele in der RM.
11 Vgl. RB 43,13; →50,1–2.
12 Vers 12.
13 «Humanitas»: vgl. Apg 28,2; Hist mon 17.
14 Vers 16.
15 Inst 5,24.
16 Vgl. RM 30,5.
17 Vgl. 1 Tim 5,20; 53,1–2; 10,11.
18 →53,1–2.
19 Vgl. RB 34; 36–38; 53,2.
20 Vgl. Mt 19,21.
21 VHonor 4,20–21.
22 Eine neue redaktionelle Schicht? Zu den zahlreichen Gästen, s. bei Anm. 21.
23 Vgl. R4P 2,41: die Gäste sollen aus diesem Grund nur mit dem Abt Kontakt haben.
24 Vgl. RM 79,5–6.
25 Beim Magister sind zwei Küchendiener (plus Hilfen) für eine Gemeinschaft von etwa 25 Gliedern (plus Gäste) vorgesehen (RM 18,1–3; 19,18.20; 53,51–54; A. de Vogüé).
26 RM 79.
27 Vers 15.
28 Vgl. RB 36,7.
29 Auch der Cellerar und der Pförtner müssen «gottesfürchtig» und «weise» («sapiens», vgl. «savoir» faire = «erfahren» sein: RB 31,1–2; 66,1–4.
30 RCaesVirg 40; →53,3–5; 61,1–4; 66,6–7; 67,5.

Anmerkungen zu Kapitel 54

1 Er unterscheidet sich darin vom «Magister», der an einer andern Stelle über die Entgegennahme

von geweihten Gaben spricht, die der Bischof oder ein Priester sendet (RM 76).

2 Die vielleicht späteren Einschübe sind inhaltlich im Titel nicht erwähnt und grammatikalisch schlecht eingefügt.

3 Pachomius, Praec 53; 106; Basilius, RBasRuf 31; 98; 105; Kassian, Inst 4,16,2; Caesarius, RCaesVirg 25; 43; 54; vgl. VPJur 172.

4 Vers 1.3: vgl. Augustinus, Praec 4,11; 5,3.

5 → 25,1–2.

6 Vgl. Apg 4,32.

7 Vgl. Apg 4,35.

8 Vgl. RBasRuf 31.

9 → 23,4.

10 geweihte Brötchen; RCaesVirg 25; → 66,6–7.

11 Praec 1,4; → 31,3–7.

Anmerkungen zu Kapitel 55

1 RB 55,4–6: RM 81,1–30; RB 55,13–14: RM 81,7; RB 55,15: RM 81,31–32; RB 55, 16–17: RM 81,23–31; RB 55,18–19: RM 82,1–22.

2 Vgl. Kassian, Inst 1,10: in Gallien ist anderes notwendig als in Ägypten.

3 → 39,1–3; 40,1–4.

4 Vgl. Lk 3,11: «Wer zwei Tuniken hat, gebe eine dem, der keine hat!» Dieses Wort hat Basilius stark betroffen (RBasRuf 129).

5 Der Ausdruck kommt sonst einzig in VPJur 127 vor als ein die Kukulle im Sommer ersetzendes, leichtes Arbeitsgewand.

6 RBasRuf 143 (auch für Tag und Nacht, für Winter und Sommer).

7 Beim Magister sind «pedules» Pelzschuhwerk für den Nachtchor im Winter; die «caligae» sind beim «Magister» tagsüber gebrauchte, «beschlagene» Schuhe; daneben kennt der «Magister» leichte Sandalen (RM 81,25–30).

8 RBasRuf 9.

9 Vers 4.10.15.

10 Vgl. RBasRuf 11 (dreimal: «genügen»).

11 Vgl. Vers 18–20.

12 Vgl. 1 Tim 6,8.

13 RBasRuf 11; vgl. Kassian, Inst 1,2,1.

14 RBasRuf 11.

15 Vers 9: Man kann die Kleider den Armen weitergeben.

16 Bezeichnenderweise braucht er die Ausdrücke synonym.

17 RBasRuf 11.

18 RBasRuf 95.

19 Praec 5,1; einschlägige Vorschriften über die Kleidung: Pachomius, Praec 42; 65; 70; 81; 105; Leges 15; Hieronymus, praef in Pach reg 4; Kassian, Inst 4,10.

20 RCaesVirg 43.

21 → 53,15.

22 Lib 22.

23 Vgl. Kassian, Inst 1,3–5.7–8 (Zeichen von Abtötung, Kreuz, Unschuld, geistlicher Kraft).

24 Die Hose ist das Kleidungsstück, das erst die «Barbaren» nach Rom brachten. Im Unterschied zu Benedikt trug man im Kloster des «Magisters« längst ständig dieses Kleidungsstück (RM 81,7). Die Situation in Montecassino war eine andere.

25 RM 81,31–32 (ohne «Kopfkissen»).

26 Der «Magister» motiviert den «geistlichen» Menschen mit dem «Verzicht» auf zeitliche Sorgen. – Zur Strafe: RCaesVirg 30. – Im Jura versteckte einer eine Hacke im Bett (VPJur 80). – «Opus peculiare» würde eigentlich «Son-

derwerk» heißen; vgl. Kassian, Inst 4,14; 4,16,3; 7,7,3.
27 Vgl. RB 33,1–3 (die «Nadel» ist vielleicht eine Spange für die Tunika); die Liste der Gebrauchsgegenstände ist hier länger.
28 → 34 (mit Zitat: Apg 4,35): Weisungen für Schwache und Starke.
29 Vgl. RBasRuf 94; → 3,4–6.
30 Praec 1,4–8; 3,3–5; 6—7; → RB 64.
31 → 3,11; 65,22; vgl. RB 36,10.

Anmerkungen zu Kapitel 56

1 Der Verfasser (ein Einschub?) greift RB 53,16 auf. – Vgl. R4P 2,41: der Abt «erbaut» die Gäste.
2 → 53,10–11.16.23–24.
3 Vgl. RB 38,9.
4 RM 84.
5 → 53,10–11.
6 VPJur 170.
7 RM 84,3.

Anmerkungen zu Kapitel 57

1 Darüber hat der «Magister» ein eigenes Kapitel: RM 85. RB 57,4–6: RB 85,8–11; RB 57,7–9: RM 85,1–7; → 33,5.
2 → 21,2–5; 31,4–7.12–16; 65,1–6.13–21.
3 → 5; 7.
4 Praec 1,7.
5 Inst 4,17.
6 Vgl. 1 Petr 2,11.
7 Vgl. Lk 12,40.
8 RBasRuf 67; 102; 105; vgl. RCaesVirg 8.
9 RM 50,73–74; 57,14–16.
10 → 44,1–8.
11 Vgl. Apg 5,1–11; vgl. Kassian, Inst 7,30; VPJur 31 u. passim.
12 OM 8.
13 Im Vergleich zum «Magister» und zu Vers 4–6; → 2,33–36; 38,10–11; 39,1–3 (Anm. 2).6–9; 40,8–9; 48,7–8; 64,17–19).
14 → 33,5.
15 → 53,8–9.21–22.
16 → 31,10–12; 35,15–18.
17 Vers 1–3.

Anmerkungen zu Kapitel 58

1 RB 58,1–4: RM 87,2; 90,1–71; RB 58,8: RM 87,4; 90,3–67; RB 58,9: RM 88; RB 58,9–10: RM 87,3–4; RB 58,12: RM 89,1; RB 58,13: RM 89,1; RB 58,14: RM 90,67; RB 58,15–16: RM 90,66; RB 58,17–23: RM 89,3–28; RB 58,24–25: RM 87,5–75; RB 58,26: RM 90,80; RB 58,27: RM 90,83; RB 58,28: RM 90,84–87; RB 58,29: RM 89,27; 90,88–95.
2 Bei Romanus (†um 463) im Jura stellten sich nach den ersten beiden jungen Männern aus Nyon (VPJur 13) sehr zahlreiche Kandidaten ein. Romanus nahm jedermann auf, doch gingen viele weg. Immerhin zählte Laucon bald 150 Mönche, La Balme 105 Nonnen (VPJur 24–25). Abt Lupicinus († um 480) mußte seinem allzu milden Bruder zu Hilfe eilen und konnte die vielen Unberufenen nur mit einer strammen Fastenkur vertreiben (VPJur 36–40). – Die Lebensbeschreibung des Caesarius spricht von 200 Nonnen.
3 Pachomius, Praec 49.
4 Kassian, Inst 4,3,1 (10 Tage); vgl. R4P 2,25–28 (eine Woche); VPachom 6–7.
5 Kassian, Inst 4,32–33.
6 1 Joh 4,1.
7 Ebd.
8 RM 90,71: Man muß sich vor dem «Wolf im Schafspelz» hüten (vgl. Mt 7,15; RM 90,72).

9 → Vw 37–38. 48–49. 50; 4,20–33. 62–73; 5,10–13; 7,35–43; 31,3–7; 35,5–6; 48,17–18; 49,1–3; 72,4–12 (Anm. 12.51).
10 Man erinnert sich an Berichte der Märtyrerzeit über Christen, die sich vordrängten, um wichtig zu tun, aber in der Prüfung versagten, während andere angsterfüllt waren, aber mit dem Beistand Christi das Martyrium bestanden.
11 → Vw 28; 3,4–6.7–11; 4,41–50; 27,1–4; 31,3–7.16–19); 49,8–9; 53,3–5; 64,17–19.
12 Historia lausiaca 19–20 (PG 34,1057).
13 Kassian, Inst 4,3–6 (10 Tage); vgl. R4P 2,25 (einwöchige Probezeit); vgl. RB 58,24–28.
14 Kassian, Inst 4,7. Eine einjährige Probezeit ist auch in Qumrân vorgesehen. Der Novize lernt die Regel kennen und wird nach einem weiteren Jahr zur Gütergemeinschaft und zum gemeinsamen Rat zugelassen (1QS 6,13–23).
15 Vers 3–4; → 58,26.
16 Codex Iustiniani (535), Nov. 5,2; 123,35. Das Konzil von Orléans (V., 549) nennt 1 oder 3 Jahre Prüfungszeit. Das jetzige Ordensrecht sieht ein Postulat, ein einjähriges Noviziat, eine mindestens dreijährige zeitliche Bindung und erst dann die endgültige Profess vor.
17 → 56,1–2.
18 Inst 4,7: er betreut die Gäste.
19 RCaesVirg 7.
20 VHonor 4,18.
21 → Vw 46–49; 2,32.
22 Mt 11,28.
23 RBasRuf 6.
24 → 33,4.4; vgl. Weish 1,1: «Sucht ihn mit reinem Herzen!»; vgl. Mt 5,3.8: «Selig, die arm sind vor Gott ... die reinen Herzens sind, denn sie werden Gott schauen!»
25 RBasRuf 7.
26 → 43,3.
27 → Vw 2; 5; 7,34; 71,2.
28 RBasRuf 7.
29 Ebd.
30 → Vw 45; 7,35–43.
31 RBasRuf 6; → 1,10–11; 48,1–2.
32 RBasRuf 14.
33 Ebd.
34 → Vw 18–20; 7,5–9.10–13.14–18.19–25.62–66.
35 VHonor 3,17; vgl. 1 Tim 2,5.
36 RM 87,4; 90,3–67.
37 Conl 24,25,2.
38 Vgl. RM 89,1.
39 S. o. bei Anm. 9.
40 Vgl. RM 89,1.
41 → 1,1; die Regel hat für die Mönche von Lérins eine vorrangige Bedeutung (vgl. RCaesVirg 58: «häufig» vorlesen; vgl. RB 66,8).
42 Im Unterschied zu Kassian: → 58,1–4 (bei Anm. 14); vgl. RM 88,5.
43 Sind Vers 5–7 ein späterer Einschub? Sind die «paar Tage in der Wohnung der Gäste» (RB 58,4) identisch mit den «zwei Monaten» (RB 58,9)? (A. de Vogüé). Die Behausung (cella) der Novizen ähnelt der eigenen Wohnung (cella) der Kranken (RB 36,7).
44 Vers 1.
45 Sie hießen auch «petentes» (vgl. RM 87,1: für den Klosterkandidaten). Benedikt gebraucht den Ausdruck «petitio» (Bitte, Bittschrift, Urkunde) bei der Profess (Vers 19.29; RB 59,2).
46 → 21,1–4; 23,4; 31,1–2.8–9; 49,8–9.
47 → 58,5–7 (bei Anm. 29).
48 RCaesVirg 2 («bis zum Tod»); 36–40 (Klausur); ebenso unter Caesarius und nach ihm gallische

Konzilien: Agde (506), c. 27; Orléans I. (511), c. 19.

49 Schon Horsiesi wünscht, daß die Mönche «zum einmal gefaßten Entschluß stehen» (Lib 12). Kassian warnt vor der Illusion, durch einen Ortswechsel mehr Frieden zu finden (Conl 24,13,9).

50 S. o. Anm. 9.

51 → Vw 28; 47; 4,20–33.62–73; 5,10–13; 7,35–43; 9,8; 14,1–2.

52 → 1,10–11; 4,78; 5,1–9.14–19; 6,2–5; 48,7–8.17–18; 58,17–23.

53 Röm 11,29.

54 Vgl. 1 Tim 5,12 (junge «Witwen», «die ihrem Versprechen untreu» wurden).

55 Vgl. Mt 11,30; Horsiesi, Lib 7; Kassian, Conl 24,23–24; Teridius, ep. hortat. 3; RF praef; Versus Simplicii; s. Anm. 41.

56 Mit Varianten gegenüber dem längern Magister (RM 89,3–28).

57 Vgl. RB 59,2.8; der «Magister» ließ das Versprechen nach der Prim ablegen (RM 89,3).

58 RM 89,6–16.

59 → 58,9–10.

60 → 58,13–16.

61 Der «Magister» gebraucht folgende Formulierungen (RM 90,1): «Wenn sich ein Neuling aus der Welt zum Dienst Gottes ins Kloster zurückzieht und erklärt, sich bekehren zu wollen ...» (zum «Dienst Gottes»: s. o. bei Anm. 25; zu «bekehren»: bei Anm. 44–45; → Vw 3.45; 4,20–33. Eine Bitte, die der «Bittsteller» oder «Bewerber» (petitor; s. Anm. 45) dem Abt stellt, lautet (RM 89,8): «Ich will Gott dienen gemäß der Disziplin der Regel deines Klosters, die mir gelesen wurde.»

62 Schon Origenes hat als Grundzüge eines asketischen Lebens genannt: Vigilien, Schriftlesung, Meditation, Fasten (Ex Hom 13,5; Ps Comm 34,13; Gen Hom 10,3). Horsiesi schreibt: «Wir wollen dem Wandel (conversatio) unserer Väter und Brüder folgen, die uns im Herrn vorangingen; sie haben der Welt entsagt, sind unbeirrten Schrittes dem Herrn entgegengegangen und besitzen nun seinen Erbteil» (Lib 47). Vgl. VPach 16.

63 S. o. Anm. 61.

64 → 33,4; 58,24–25.

65 Z. B. Konzil von Orléans I. (511), c. 21 (Keuschheit).

66 Benedikt formuliert etwas «persönlicher» als der «Magister»: «Gott, diesem Oratorium und dem heiligen Altar» (RM 89,11).

67 Vgl. RM 89,20–23 (mit Zitaten: Lk 10,16; Phil 1,21).

68 → 72,4–7; 1,2.3–5; 5,14–19; 36,1–4.

69 RM 89,11–16.

70 Vers 24; vgl. RM 89,17; vgl. RB 59,3.

71 Diese Wendungen braucht der «Magister» (RM 87,35; 89,18–19). Deswegen ist die Urkunde auch verlangt, wenn jemand keine Güter besitzt (Vers 24).

72 → 7,51–54; 33,4; 35,1–3.6.

73 → 5,10–13; 7,5–9.31–32.34; 38,10–11; 57,1–3.

74 Vers 2; → 58,1–4.13–16.

75 → 58,19–20.

76 Mt 19,21.

77 VAnt 2.

78 RBasRuf 5.

79 Vgl. Joh 15,13.

80 RBasRuf 29.

81 RBasRuf 106; vgl. Kassian, Inst 2,3,1; RF 10.

82 → Vw 50; 4,59–61; 33,4; 55,9–12.

83 Conl 21,10; zur Keuschheit: → 4,62–73; 22,4–7; 33,4; 42,8–11; 43,18–19; 58,17–18.

84 Vgl. Pachomius, Praec 49.

85 Inst 4,5.
86 Conl 18,17.
87 Conl 24,23.
88 Vgl. RCaesVirg 4; RM 90,83–87.
89 Vgl. Mt 3,16: «Kaum war Jesus getauft und aus dem Wasser gestiegen, da öffnete sich der Himmel, und er sah den Geist wie eine Taube auf sich herabkommen.» →Vw 48–49.50; 1,2; 7,26.30.
90 VPatr 6,1,9.
91 S. Anm. 44–45.
92 RCaesVirg 4.
93 RM 90,80.
94 Im Unterschied zu früheren (→58,1–4, bei Anm. 13) und heutigen Gebräuchen.
95 Inst 4,6; RM 90,83–87.
96 Vgl. RM 89,31–35; 90,88–95.

Anmerkungen zu Kapitel 59

1 RM 91.
2 →37; 39,10; 63,18–19.
3 Der Fall, daß das Kloster elternlose Kinder aufnimmt, wird nicht erwähnt; →59,7–8.
4 Ein Teil des Altartuchs wird über die Hand des Knaben und über die Gaben umgefaltet (was üblich war; aus den beiden Teilen des Tuches wurden «Corporale» und «Palla»).
5 RBasRuf 7.
6 Man kann herauslesen, im reifen Alter werde die «professio virginitatis» von selbst «gültig». Die Einführung dieser Klausel hätte aber keinen Sinn.
7 Vgl. 1 Kor 7,7.
8 Vgl. V. Konzil von Orléans (549)c.19; RCaesVirg 6–7.
9 →58,13–16.17–23.
10 →58,0; zur Armut seines Klosters: →48,7–8; 57,7–9.
11 R4P 2,32; vgl. Mt 16,24.
12 Sie sind im Titel nicht erwähnt. Die Regelung für sie ist nicht neu, so daß man diese Fälle an sich schon oben hätte mitbehandeln können (A. de Vogüé).
13 RBasRuf 7.
14 RM 87,34.36.

Anmerkungen zu Kapitel 60

1 RB 58–59 und RB 60–62.
2 VPach 24.
3 →58,1–4.
4 Nach der Mönchsregel des Augustinus war der «Presbyter» ein außenstehender Beauftragter (des Bischofs), dem die Oberaufsicht über die Gemeinschaft anvertraut war (Praec 4,9; 7,1–2). Im Bischofshaus von Hippo dagegen hatte Augustinus eine Klerikergemeinschaft eingerichtet. Im Kloster von Hippo gab es einzelne Kleriker. – Die «Regel der vier Väter» läßt Kleriker nur zum Besuch ins Kloster (R4P 4,14–19). Der «Magister» duldet Priester nur als Gäste im Kloster, sofern sie arbeiten und, bei allen Ehren, die man ihnen erweist, sich keine Autorität anmaßen (RB 60,1–7: RM 83).
5 →58.
6 →60,8–9.
7 Vers 4.
8 RM 92–93.
9 VPach 24.
10 →2,31–32.37–40; 4,41–50.51–54; 21,1–4; 27–28; 31,3–7; 46,5–6.
11 VPJur 151.
12 VPJur 133–134.19.
13 Vers 5.
14 Conl 4,20; 5,12; →62.
15 →58,1–4.13–16.
16 →58,17–18.

Anmerkungen zu Kapitel 61

1 → 1,10–11.
2 RB 61,1–4: RM 79,29–34; RB 61,5–10: RM 79, 23–28; → 53,23–24.
3 → 7,49–50; 31,3–7; 33,4.5.6; 34,3–5; 40,1–4; 8–9; 55,7–8.9–12.
4 Vgl. 53,1.7.15 (Christus im Gast). Ähnliches wird vom Ratschlag eines jungen Mönches gesagt (vgl. RB 3,2–3).
5 → 58; 60,1–7.
6 RM 79,23: langer Aufenthalt, Arbeitswilligkeit.
7 → Vw 3.45; 1,2; 58,17–18.
8 Vers 6; → 34,5–6.
9 Inst 4,5; RF 10 bringt eine ähnliche Wendung.
10 → 60; 62.
11 Vers 12.
12 Vgl. Konzil von Chalkedon, c. 11; 13. Gallische Konzilien übertragen diese Ordnung auf die Mönche. So hat das Konzil von Agde (506), unter dem Vorsitz des Caesarius) die Vorschrift erlassen, die Benedikt hier aufstellt (can. 27; 38); vgl. I. Konzil von Orléans, 511, can. 59).
13 R4P 4,1–13: «um des sicheren Friedens zwischen den Klöstern willen»; RF 6: gleiche Bestimmung wie RB mit wörtlichem Gleichklang und mit Zitat der «goldenen Regel» (Mt 7,12); Ferreolus erklärt, daß die Mißachtung zu endlosen Streitigkeiten zwischen den Klöstern führt und hält die friedliche Überlassung eines Mönchs für unwahrscheinlich.
14 S. Anm. 1.

Anmerkungen zu Kapitel 62

1 Es ist ohne Entsprechung beim «Magister».
2 Aurelian war 546–551 Bischof von Arles, der zweite Nachfolger des Caesarius.
3 C. 46.
4 Konzil von Agde (506 unter Caesarius), c. 27: «Wenn es notwendig ist, einen von den Mönchen zum Kleriker zu weihen, möge es der Bischof nur mit Willen und Zustimmung des Abtes tun.» Vgl. Vita Caesarii 1,11: Der Abt von Lérins wird um die Erlaubnis für die Diakonats- und Priesterweihe des Caesarius gebeten. Dieser bleibt den Gebräuchen von Lérins treu. «Was Demut, Liebe, Dienstbereitschaft und das Kreuz betrifft, bleibt er ein Mönch.»
5 Mönchsregel des Aurelian, 46.
6 Kassian, Inst 11,14; VPatr 7,33,7; → 60,1–7.
7 Inst 11,18.
8 VHonor 3,16.
9 → 38,10–11; 60,8–9; 61,5–12.
10 Ps 42,2.
11 VPatr 5,18,17.
12 Vers 6: «Dienst am Altar»; RB 60,4: «segnen und Gebete beschließen».
13 2,1–10.11–15; 64,9.
14 → 60,1–7.
15 → 60,1–7; 61,5–12.
16 → 5; 7 und passim.
17 Ep. 13,6.
18 Vers 4.
19 → 4,55–58.62–73; 31,10–12; 35,15–18; 57,7–9.
20 De civ. Dei 10,6.
21 Ebd.
22 → 21,5–6; 60,1–7; 61,5–12 (wie bei der Wahl wird gefragt, ob er «würdig» (dignus) ist.

23 Vgl. VPach 24 (→60,1–7, bei Anm. 2).
24 →21,5–6; 65,18–21.

Anmerkungen zu Kapitel 63

1 RM 92.
2 1QS 6,2.9.11.
3 Vers 1.4–5. Bei den Pachomianern gilt: Wer zuerst eintritt, nimmt den ersten Platz ein im Sitzen und Gehen, beim Psalmenvortrag und Kommunionempfang. «Unter ihnen beobachtet man nicht das Alter, sondern die Zeit der Profess» (Hieronymus, praef in Pach Reg 3; Pachomius, Praec 20; 59); R4P 10–13.
4 Vgl. Lk 14,7–11.
5 Vgl. 1 Kor 14,40.
6 RBasRuf 10.
7 →5,14–19; 7,55; 32,1–4; 35,5; 38,5–9; 43; 48,1–2; 53,10–11.16; 56,3.
8 Vgl. RB 21,5–7; 60,4; 61,11–12; 65,18–20.
9 Praec 7,3; vgl. 1 Petr 5,1–5; →27,5–6; vgl. RB 65,2.
10 Vers 8.
11 →2,16–22.
12 Vgl. Eph 6,8; Röm 2,11; 10,12; Gal 3,28; Kol 3,11.18.
13 Vgl. 1 Kor 11,21–22; Jak 2,1–9.
14 1 Petr 2,18–3,7.
15 →2,33–36; 31,10–12; 32,1–4; 52,1–3.
16 →1,1.2.3–5; 5,14–19; 22,8; 35,1–3; 36,1–4; 48,17–18; 58,17–18.21–23; 61,5–12.
17 →69–72.
18 RB 4,70–71.
19 Eph 5,22–33; Kol 3,18–19.
20 Eph 6,1–4; Kol 3,20–21.
21 1 Petr 5,1–5.
22 Vgl. 1 Kor 4,15.
23 Vgl. Röm 8,15; RBasRuf 4; vgl. Anm. 16.
24 Ursprünglich setzte man nicht immer ein «Bruder» vor den Eigennamen: vgl. Joh 11,43; 14,18; 21,15; 1 Tim 6,20; Apg 1,1. Der Brauch kam zur Zeit Benedikts aus Nostalgie für die Urkirche auf. Der Ausdruck «Nonnus» hat sich deutsch erhalten in «Nonne», italienisch in «nonno» (Großvater).
25 →72,8.9–10.11.
26 →2,1–10.
27 Vgl. VHonor 4,19: «alle nannten ihn Herrn, alle Vater».
28 Die Segensbitte lautete: «Benedic(ite)! – Segne(t)!»; die Antwort: «Deus(te benedicat)! – Gott (segne dich)!»; vgl. RM 23,18.29; 27,8.
29 Das Aufstehen beim Kommen des Bischofs oder Priesters war altkirchlicher Brauch (Cyprian, Test. 3,58); vgl. Lev 19,32.
30 Röm 12,10.
31 Vgl. RB 72,4; →4,1–9; 53,1–2.
32 Der Ausdruck «gegenseitig» steht zehnmal in der Regel.
33 Vgl. 72,8: «caritas fraternitatis».
34 Vgl. Röm 12,10.
35 Vgl. RB 72,4.8.
36 Praec 1,6–7; →34,3–5; 55,20–22; vgl. RCaesVirg 21.
37 Vgl. RB 70,4.
38 Vgl. RB 63,9; 22,7.

Anmerkungen zu Kapitel 64

1 RB 64,1–6: RM 92–92; RB 64,7–22: RM 93,15–23. In Rom kam im 6. Jahrhundert die Bestellung des Bischofs durch den Vorgänger vor. In der Pachomius-Vita liest man von einem Wahlverzicht der Brüder und der Ernennung des Petronius durch den sterbenden Pachomius, sowie von der Ernennung des Horsiesi

durch Petronius (VPach 53). Kassian erwähnt den Wahlvorschlag eines sterbenden Abtes (Inst 4,28). Auch in den Juraklöstern gab es die Ernennung des Nachfolgers durch den Vorgänger (VPJur 115; 132).

2 Vers 5 vgl. RB 2,1; 21,6; 62,1; 63,14; 65,20.

3 → 21,1–4; 5–6; 60,1–7; 61,5–12; 62,8–11.

4 → 2,1–10. 11–15; 27–28; 60,1–7.

5 Vgl. Kassian, Conl 21,1.

6 Vgl. RB 21,4. Unser Text weist wörtliche Anklänge an ein Gesetz von Justinian vom 1. Mai 546 (Nov. 123, c. 34) auf. Die Rangordnung der Mönche ist bei der Wahl nicht zu berücksichtigen, wohl aber die Lebensführung. Der Gewählte muß würdig sein. Der Ortsbischof setzt ihn ein. Frühere Gesetze Justinians lauten ähnlich (Codex 1,3,46 vom 17. Nov. 530; Nov 5,9 vom 20. März 535).

7 → 3,1–3 (bei Anm. 6); 4,62–73.

8 → 5,1–9; 7,10–13. 26–30. 62–66.

9 → 3,1–3.

10 Dial 2,3.

11 Vgl. RBasRuf 15: «Verwalter der Geheimnisse Gottes» (1 Kor 4,1).

12 RB 31,19; 53,22; Vers 5; → 2,1–10. Der Begriff «Schule des Herrendienstes» steht dagegen nur in der aus dem «Magister» übernommenen längern Version des Prolog-Schlusses (Vw 45).

13 → 7,55; 18,22–25; 55,1–3; 7–8.

14 Gelegentlich ist einer Mönchsregel ein Widmungsbrief an einen Bischof vorangestellt (RF praef).

15 RB 2.

16 → Vw 45–50; 1,2; 2,11–15.

17 RBasRuf 3; → 1,2.

18 Horsiesi, Lib 50.

19 S. o. bei Anm. 12.

20 Praec 1,2.

21 → 27,7–9 (bei Anm. 23); 64,12–15. 17–19.

22 Vgl. Horsiesi, Lib 10–11.

23 Vers 8: Das Wortspiel «magis prodesse quam praeesse» ist schwer wiederzugeben: «mehr fördern als vorstehen». Es hat augustinischen Klang (vgl. sermo 340,1; De civ. 19,19).

24 → Vw 45; 2,31–32; 4,59–61. 62–73; 5; 7,35–43 und passim.

25 Siehe Schriftzitate zu Vers 9.

26 Lib 9: «Achte vor allem darauf, nicht den einen zu lieben, den andern zu hassen» (vgl. Lib 16).

27 Praec 4,10; vgl. RCaesVirg 24.

28 «Ne quid nimis» (nur nicht zuviel).

29 VHonor 4,18.

30 Mt 12,20.

31 Conl 2,13; vgl. Vers 13 («fragilitas»; Mt 12,20).

32 → 2,31–32. 37–40; 4,41–50. 51–54; 21,1–4; 23,1; 27–28; 31,3–7; 41,5; 44,0. 6–8; 46,5–6; 60,1–7; 62,2–7.

33 42,3.

34 Vgl. Mt 12,20.

35 Vgl. Mt 12,15–21.

36 Vgl. den Verweis in Vers 14. Das erste Abtskapitel (RB 2) ist durch Kürzungen und Zusätze deutlich schärfer ausgefallen als das des «Magisters» (RM 2); → 2,26–29; Anm. 32.

37 → Vw 46. 47; 3,4–6; 41,5; 48,9.

38 Praec 7,3; vgl. VHonor 3,17: «keiner wurde so wie er gleichzeitig geliebt und gefürchtet»; 7,30: «er suchte eher mit Liebe als mit Furcht zu leisten».

39 S. Anm. 21; → Vw 45–50; 7,26–30.

40 → Vw 28; 3,4–6. 7–11; 4,41–50; 49,8–9; 53,3–5; 58,1–4.

41 → 3,4–6; 41,5; 48,9.

42 Vgl. 1 Joh 3,24–4,6.
43 Conl 2,4.
44 «Akrótetes isotetes» – «nimietates aequales sunt».
45 Conl 2,16–17.
46 Vgl. 1 Kor 12,10.
47 Conl 2,1.
48 Conl 2,16; →7,10–13.26–30.62–66.
49 Vers 17; →2,33–36; 41,4–5.
50 Vers 19; →55,20–22; 18,1; 27,7–9; 31,3–7; 36–37; 40,1–4; 49,1–3.
51 Vgl. Kassian, 2,13; →Vw 48; 29; 48.17–18.24–25; 62,1; 64,12–15; 17–19.
52 →Vw 48–49; 20,1–3; 72,1–3.5–6.
53 Jes 53,4.
54 Vgl. Kol 3,13.
55 RBasRuf 177.
56 →5,14–19; 22,4–7; 57,4–6; 61,5–12.
57 Vgl. Mt 24,49; Horsiesi, Lib 14; 15,1–4; 33,5; 48,24–25; 58,5–7.17–23; 61,5–12; 64,1–6.
58 →Vw 1; 1,2; 3,7–11; 4,75; 23,1; 37,1–3; 48,23; 51,3; 53,10–11; 58,9–10.12–13; 60,1–7; 65,18–21; vgl. RM 93,13–15; R4P 6,1; RCaesVirg 61: «wählt alle einmütig und der Eingebung Christi folgend eine heilige und wahrhaft geistliche Äbtissin, die eine tatkräftige Wächterin der Klosterregel sein kann»; RCaesVirg 35: Äbtissin und Priorin sollen «mit Liebe und Güte die Diskretion der Regel aufrechtzuerhalten suchen».

Anmerkungen zu Kapitel 65

1 Die Priorin ist Vertreterin der vielbeschäftigten Äbtissin (RCaesVirg 25; 35; 42,44; 47). Vgl. RF 17: «Hilfe für den Abt».
2 RB 65,1–10: RM 92–93; RB 65,11–13: RM 92; RB 65,14–15: RM 93,56–68; RB 65,16–17: RM 93,69–70. Beim «Magister» heißen die beiden «seniores» einer Dekanie (decada) «praepositi». Die Benediktsregel hat keine feste Terminologie, ein Zeichen für die Benützung verschiedener Vorlagen.
3 →27,5–6; 62,1–9; vgl. Horsiesi, Lib 13 (aus «Stolz»).
4 →35,1–3.6; 57,1–3; vgl. Augustinus, Praec 7,3.
5 →1,1.2.3–5 und passim.
6 Vgl. Gregor, Dial 1,2.7.
7 →64,1–6.
8 Dial 2,22.
9 Ep. 11,48; 5,6.
10 →21,1–4; 62,1.
11 RB 21. Nur in RB 62,7 taucht der Begriff «Dekane» noch auf; sonst heißen sie immer «seniores».
12 Vgl. RB 35,4.
13 Vgl. RB 31,5; 61,4; 68,2–3.
14 →3.
15 Horsiesi, Lib 14. Caesarius, der von Äbtissin und Priorin Regeltreue erwartet, sieht die Höhergestellten größeren Gefahren ausgesetzt (RCaesVirg 35).
16 →64,20–22 (bei Anm. 58).
17 Die Bestimmungen von RB 21,5–6 werden wiederholt. Die Schuld muß nachgewiesen sein. Die Zahl der Zurechtweisungen ist höher als üblich (→21,5–6).
18 Vgl. RB 62,10.
19 Vers 1.
20 3,7–11; 4,59–61; 65,22.
21 «Cogitet»: vgl. RB 2,34; 55,22; 63,3.14; 64,7; 65,22.

Anmerkungen zu Kapitel 66

1 Pachomius, Praec 53–54; Kassian, Inst 4,7.
2 RB 66,1–5: RM 95,1–3; RB 66,6:

RM 95,17; RB 66,7: RM 95,18–21; RB 66,8: RM 95,24; 24,15–17.26–27.31–33.
3 Oder «müßig sein»? vgl. Vers 7.
4 →53,16.17–20.
5 →6,2–5; 7,59–61; 31,3–7; 53,8–9.
6 Vgl. RB 53,1.7.15.
7 →53,1–2.
8 Hist mon 17.
9 Dial 2,31.
10 Vgl. Mk 3,15: «mit seiner Vollmacht Dämonen austreiben»; Mt 16,19: «was du auf Erden lösen wirst» Lk 13,16; →6,2–5 (bei Anm. 23).
11 RM 95,17–21.
12 RBasRuf 2.
13 →31,8–9; 53,3–5.15; 61,1–4.
14 →6,2–5; 51,1–2; 53,3–5.23–24; 27,1–4.5; vgl. 2 Tim 2,4.
15 RM 95,24: «Ende der Regel der heiligen Väter».
16 Vgl. 2 Kor 2,14–15.
17 Vgl. Gal 5,18.
18 Vgl. Gal 4,22–31.
19 Praec 8,1–2; vgl. R4P 3,30.

Anmerkungen zu Kapitel 67

1 RB 67,1: RM 66,1–4; RB 67,2: RM 20,2–13; 67; RB 67,3–4: RM 66,5–7.
2 Vgl. Vers 2; RM 76,3; 20,4–5.
3 VPJur 50.
4 Praec 4,2–11.
5 Praec 5–6; vgl. OM 8.
6 Hist mon 17; →66,6–7.
7 RM 50,72.
8 RM 57,14–15.
9 Praec 57; 86.
10 →24,3.
11 →6,6–7; 64,12–19; 65,14–15.
12 RF 22.
13 Praec 54–55; 84.
14 Hist mon 17; s. Anm. 6.
15 RBasRuf 80.
16 Vgl. Lk 9,59–60.
17 RCaesVirg 2; 50 (das Kloster bis zum Tod nie eigenmächtig verlassen; auch nicht um in die Basilika zu gehen); 36 (kein Zutritt für Männer mit Ausnahme des Bischofs, des Verwalters, von Priester, Diakon, Subdiakon, von etwa zwei Lektoren, von Arbeitern); 38–39 (Gespräche in Begleitung einer ältern Schwester im eigenen Besuchszimmer).

Anmerkungen zu Kapitel 68

1 →Vw 2.45; 2,31–32; 4,59–61.62–73; 5; 6,1.2–5; 7,5–9.35–43.
2 Inst 4,10.
3 Vgl. Phil 2,5.
4 RBasRuf 65.
5 RBasRuf 69.
6 Nur an dieser Stelle der Regel wird der Obere als «is qui praeest» (Vorsteher) bezeichnet, genau wie im angeführten Basilius-Text).
7 →3,1–3; 61,1–4; 65,14–15.
8 →4,34–40; 5,14–19; 34,6–7; 35,12–14; 41,5.
9 Vers 4; vgl. RBasRuf 69.
10 «Sententia»: vgl. RB 5,13; 25,3; 55,20.
11 →2,1–10; 5,1–9.10–13; 58,17–18; 63,13–14.
12 Vers 5; →5,10–13.
13 Vgl. Mt 20,27–28.
14 Gal 5,13; RBasRuf 65.
15 Lk 1,37.

Anmerkungen zu Kapitel 69

1 RBasRuf 26.
2 Pachomius, Iud 16; Horsiesi, Lib 24 (der Fürsprech und Verteidiger eines andern wird verurteilt, weil er Ärgernis gibt).
3 Vgl. RB 59,6.

Anmerkungen zu Kapitel 70

1 Offenbar war sie nicht unangefochten: →65,1–10.11–13; 67,6–7. In RB 69–70 kommt der auch sonst häufige Ausdruck «sich herausnehmen» im Sinn von Anpassung, Übergriff, sechsmal vor!
3 Inst 5.
4 Vgl. T. und RCaesVirg 26; 33.
5 →63,1–10; 18–19; 37,1–3.
6 RBasRuf 7.
7 →2,33–36; 41,5; 64,12–15.17–19.
8 →8,0; 53,1–2.21–22; 55,1–2; 63,10.13–14.17.
9 Vgl. Tob 4,16 Vg; RB 4,9; 61,4.
10 RB 63; 67–72.

Anmerkungen zu Kapitel 71

1 →68,1–3.
2 Vw 2.
3 Kassian, Inst 12,31; 4,30,1; Conl 16,3 →72,1–3.8.9–10; 73,2.8–9.
4 «Invicem ob-audire»: T. und V. 1; vgl. RBasRuf 64.
5 Vgl. Mt 20,27–28.
6 Vgl. Gal 5,13.
7 Ein freies Zitat; vgl. Eph 4,2.32; 5,2; 6,1.
8 Apg 5,29; RBasRuf 13.
9 →2,16–22; 29,1–2; 38,12; 43,7–9; 47,2–3 (Anm. 3); 60,1–7; 61,5–12; 62,2–7; 63; 64,1–6.
10 Conl 16,14; zur Aggressivität: 4,20–33.62–73; 5,1–9; 7,26–30; 31,3–7; 49,1–3.
11 Conl 16,10–13; Kassian zitiert dabei Röm 12,10: «übertrefft einander in gegenseitiger Achtung!» (vgl. RB 63,17; 72,4).
12 Vers 4; vgl. RBasRuf 64 (s. Anm. 4).
13 Ps 133,1: «Seht doch, wie gut und schön ist es, wenn Brüder miteinander in Eintracht wohnen.» Ps 67,7: «Sie wohnen einträchtig im Haus.»
14 Conl 16,5–6.
15 Apg 4,32: «Die Gemeinde der Gläubigen war ein Herz und eine Seele.»
16 Mt 26,39: «nicht wie ich will, sondern wie du willst»; Joh 6,38: «nicht um meinen Willen zu tun».
17 Joh 13,35; ferner: Mt 5,22–24; Eph 4,26; 1 Tim 2,4.
18 Conl 16,5: «spiritalis perfectio».
19 Vgl. Conl 16,12.28.
20 Vgl. 1 Joh 4,16.
21 Vgl. Röm 5,5; 8,26–27; Kassian, Conl 16,13 → 1,2.
22 →58,5–7.
23 Vgl. RB 24,2; 25,5; 26,1; 27–28; 43–44; 69–70.
24 →68.
25 →3,1–3; 4,62–73; 7,62–66; 37; 63,10.17.18–19; 64,1–6; 66,1–5; 70,4–5.
26 Vgl. Mt 18,15; 1 Thess 5,14; 2 Thess 3,15; Kol 3,16; 2 Tim 2,25.
27 Conl 16,15.
28 Conl 16,16.
29 Vers 6–8.
30 →44,6–8.9–10.
31 Vgl. Kassian, Inst 4,16,1–2: Schuldbekenntnis vor der Gemeinschaft nach begangenen Fehlern.
32 Conl 16,16; gemeint ist der Teufel.
33 →62,8–11; 65,18–21.

Anmerkungen zu Kapitel 72

1 →Vw 48–49; 4,1–9.76–77; 7,1–4.5–9.26–30.31–32.55; 72,9–10; 73,8–9.
2 RM 92,51 (zusammen mit dem positiv eingestuften «Streben nach Ehrungen», nämlich nach

der möglichen Beförderung zum Abt). Ein ferner Anklang findet sich in Vers 6: «sich überbieten»; vgl. RB 63,1.7; VHonor 2,9.
3 Vgl. RCaesVirg 65.
4 Die biblischen Wendungen gemahnen an die bei den frühen Vätern häufige Unterscheidung der «zwei Wege» (Klemens v. Rom, um 96, ep. ad Cor 9; Didache).
5 Conl 16,6–7.
6 Conl 16,18.
7 Basilius versteht unter «Bitterkeit» eine raffinierte, mit andern abgesprochene Bosheit (RBasRuf 159). Bei Hilarius von Arles heißt es: «Bitterkeit, Roheit und Unvernunft wichen der Freiheit, die Christus gebracht hat» (VHonor 3,17). → 4,62–73.
8 → 71,1–4.
9 Röm 12,21; Conl 16,22.
10 Vgl. RB 64,15; 66,4; 68,1–2; 70,7; 71,1–4 (A. de Vogüé).
11 → 4.
12 So schreibt z. B. Cyprian (De or. dom. 5) in einem Zug über die Liebe und die Furcht gegenüber Gott (vgl. Vers 9). Cyprian führt wörtlich den Satz an: «Christus darf nichts vorgezogen werden!» (vgl. Vers 11; RB 4,21). Er spricht vom Ertragen der andern (Vers 5), vom Frieden unter den Brüdern (vgl. Vers 8), von Demut (Vers 10) und Geduld (Vers 5).
13 Vers 10.
14 → 70,6–7 (Anm. 8).
15 Röm 12,10; vgl. 63,17. Dieses Zitat schwebt ihm an andern Stellen über die Ehrerbietung (s. Anm. 14) vor; in Vers 3 klingt Röm 12,10a, in Vers 5 Röm 12,12 an.
16 → 36.
17 → 27,7–9; 31,3–7; 37; 40,1–4; 49,1–3; 55,20–22; 64,12–15.17–19.
18 Kassian zitiert hier Röm 15,1 u. Gal 6,2. Zu den Gnadengaben von «Geduld» und «Langmut»: → Vw 37–38.50; 4,20–33.62–73; 7,35–43; 31,3–7; 36,5–6; 48,17–18; 49,1–3; 58,1–4; 59,1–2.
19 Conl 16,23–24.
20 Inst 12,33,1; vgl. Conl 6,3.
21 → 71,1–4.
22 → 5,14–19; 7,35–42.
23 Vgl. 1 Kor 13,5.
24 Conl 16,22.
25 → 5,10–13; 7,5–9.31–32.34.51–54; 33,4; 35,1–3; 38,10–11; 57,1–3; 58,19–20; 62,2–7; 68,1–3; 71,1–4.
26 RBasRuf 3; 12; → 1,3–5 (bei Anm. 56).
27 VAnt 3.
28 Horsiesi, Lib 50; → 1,2.
29 RBasRuf 3; vgl. Anm. 26.
30 Praec 1,1–3.
31 RB 4,1–2.
32 RB 27,4
33 RB 53,3 (mit Bevorzugung der Armen und der Pilger).
34 RB 66,4.
35 RB 35,2.6.
36 RB 68,5; 71,4.
37 RB Vw 47.
38 RB 64,14.
39 RB 61,4.
40 RB 2,22; 65,11.
41 → 5,1–9; 7,5–9.10–13.26–30.62–66; 19,1–2.5–7; 58,5–7; 64,1–6.
42 → 7,67–70; vgl. Kassian, Inst 4,39.3.
43 Vgl. Conl 11,7.
44 Conl 11,13.
45 Praec 7,3.
46 → 7,67–70.
47 → 2,1–10; 68,4–5.
48 → 2; 64.
49 Vgl. 4,21; Vw 3; 61,10.
50 De or. dom. 5; → 72,1–3 (bei Anm. 12).

51 Virtus, fortitudo (dynamis) – Kraft oder Starkmut: RB Vw 3; 1,13; 4,19; 73,9; patientia, sustinere (hypomone), tolerantia – Geduld, Standhalten, Aushalten; RB Vw 37.50; 2,25; 4,30; 7,35.42; 36,5; 40,4; 58,3.11; 68,2; 72,5; fiducia (parrhesia) – Freimut, Vertrauen: RB 68,5; patientia/longanimitas (makrothymia) – Langmut: vgl. RB Vw 37–38; temperantia, continentia (enkrateia) – Selbstbeherrschung: RB 49,4; 64,17–19; perseverantia, constantia, stabilitas (karteria) – Ausdauer, Festigkeit, Beständigkeit: RB Vw 50; 7,36; 58,3.9.17.

52 →2; 64.

53 →58,5–7.

54 →Vw 22–27.

55 Skopos, destinatio; →7,5–9; 20,1–3.

56 Vgl. Mt 5,8; →4,41–50.55–58.59–61; 6,2–5; 7,5–9.14–18.26–30.35–43.44–48.62–66; 20,1–3; 31,10–12; 49,1–3; 52.

57 Conl 1,4.

58 Kassian, Conl 1,6.

Anmerkungen zu Kapitel 73

1 Folgte der Epilog einst unmittelbar nach dem Pförtnerkapitel, mit dem die Regel in einer früheren Redaktionsphase schloß? (→66,8). Der Epilog beginnt «Regulam autem ...» wie es am Schluß des Pförtnerkapitels heißt: «Hanc autem Regulam ...» (RB 66,8). (A. de Vogüé).

2 Gelegentlich steht dieser «Epilog» unmittelbar nach dem Vorwort, vor dem ersten Kapitel (Concordia regularum!). Der Titel des Epilogs spricht von der «Gerechtigkeit»; es fällt auf, daß nach RM 11,1 «auf den ersten Seiten der Regel von den Akten der Gerechtigkeit» gehandelt wurde.

3 «Actus» ist vielleicht mit «Dokumentation» oder «Akten» zu übersetzen.

4 Dial 2,36.

5 Vgl. Dial 2,35; →Vw 48–49.

6 Benedikt wird in verschiedenen Regelhandschriften «abbas romensis» bezeichnet.

7 →73,3.4–7.

8 →48,7–8.23.

9 →18,22–25; 48,1–2; 55,1–3; vgl. RB 40,5.8.

10 →3,1–3.12–13; 7,55; 8,1–2; 11,1–3.6–10; 18,0.2–6.12–18.22–25; 21,7; 43,7–9; 48,1–2.3–4.5.6; 50,1–2; 53,16.17–20.21–22; 55,13–14; 56,1–2; 59,1–2; 65,1–10.14–15.

10a Vgl. Mt 3,15; 5,6.10. «Gerechtigkeit» ist ein Grundbegriff der Bibel und bezeichnet Gottes heilige und heilende Gerechtigkeit.

11 →Vw 1–4.48–49; Vers 1.8.

12 RM «explicit regula sanctorum patrum».

13 RB 73,1: «initium».

14 RB Vw 49: «processu».

15 RB 73,2: «perfectio».

16 →Vw 48–49; 4,1–9.55–58; 76–77; 5,10–13; 6,2–5; 7,1–4.5–9.26–30.31–32.55; 72,5–6.12; 73,8–9.

17 Vers 1: «conversatio» bedeutet den klösterlichen Weg, die Observanz (→58,17–23); doch kann man an gewissen Stellen «conversio»-Bekehrung mithören.

18 Inst 4,39,1; zur «Furcht»: →7,5–9.10–13.62–66.

19 VPatr 5,10,110.

20 VPatr 5,10,111.

21 →72,12 (Anm. 56); Vw 47; 7,55.

22 Conl 14,1.

23 S. Anm. 9.
24 →64,1–6 (Anm. 14).
25 Conl 21,5,4.
26 →72,12 (Anm. 55).
27 Kassian, Inst 4,43; →72,7.
28 Kassian, Conl 23,10.
29 Oder er hat aus ihnen eine Auswahl für die Frauenklöster getroffen (RCaesVirg 1; 2; 63; 65); vgl. RM explicit; →72,1 (Anm. 12).
30 Horsiesi, Lib 50.
31 RCaesVirg 63.
32 →Vw 1.8–11.18–20.45.50; 18,7–11; 4,55–58; 27,1–4; 38,1; 42,2–8; 48,15–16.17–18.22; 49,8–9; 58,1–4; 64,9–10; 71,1–4.
33 →72,12 (Anm. 55).
34 Conl 1,4.
35 →Vw 8–11; 19,3–7.
36 Lev Hom 5,5.
37 Conl 14,3; →73,1 (bei Anm. 22).
38 theoria (theoretische Wissenschaft), Schau, Intuition, Einsicht.
39 Gal 4,22.
40 Gal 4,24–25.
41 Gal 4,26–27.
42 Conl 14,8.
43 «Fortschritt». Anagoge bedeutet «Hinaufführung».
44 Conl 1,8. Wir stoßen hier auf neuplatonische Kategorien, die aber nur instrumental eingesetzt sind, um der existentiell erfahrenen Schriftfrömmigkeit Ausdruck zu geben.
45 →48,15–16.
46 Vers 4.
47 Conl 18,7.
48 VPJur 174; s. Einführung, Anm. 17.
49 Vers 7; s. Einführung, Anm. 73.
50 →73,1.
51 Vgl. Kassian, Conl 18,5 (recessores): →1,3–5 (bei Anm. 40).
52 Vgl. Hebr 11,14.
53 «Hanc minimam inchoationis regulam descriptam.» Das zweimalige «describere» (Vers 1) und «descriptam» hat zur Frage Anlaß gegeben, ob die Regel als «Abschrift» aus dem «Magister» (Vw 1) erklärt werden soll.
54 →3,7–11; 64,20–22; 66,8.
55 →Vw 4.22–27.29–32.41.47.48–49; 1,3–5; 4,62–73; 37,1–3; 64,12–15.
56 Conl 21,33.
57 →73,1 (bei Anm. 21).
58 →Vw 39.48–49; 4,41–50.55–58; 6,2–5; 7,67–70; 51,3; 64,1–6; 71,1–4; 72,5–6.12.
59 Vers 2–6.9; →3,7–11.
60 →73,1 (Anm. 16).
61 →72,11–12.
62 →73,3 (bei Anm. 36–44).
63 Apg 2,42; →Vw 50.
64 Apg 4,33; vgl. 1 Kor 2,4 («Erweis von Geist und Kraft»).
65 →Vw 50; 1,3–5; 2,31–32.33–36; 3,1–3.4–6; 4,62–73; 5,1–9; 7,31–32.33–36.37–43.67–70; 18,1; 31,3–7; 58,13–16.21–23; 61,1–4; 64, 17–19; 66,6–7; 68,4–5; 72,4–12 (Anm. 12.51).
66 →73,4–7 (Anm. 90): makariotes-Seligkeit als Ziel.

STICHWORTVERZEICHNIS

→Die Zahlen verweisen auf den Kommentar (Kapitel und Verse), bzw. auf die Einführung (Abschnitte).